# 德国统一的外交

THE DIPLOMACY OF GERMANY UNIFICATION

周 弘 主编

社会科学文献出版社
SOCIAL SCIENCES ACADEMIC PRESS (CHINA)

# 目录 CONTENTS

**导　言　关于德国统一的外交博弈** …………………………………… 1
　　一　德国统一的外交难题 ………………………………………… 3
　　二　两个德国与德国统一 ………………………………………… 9
　　三　围绕德国统一的欧洲外交场 ………………………………… 17
　　四　美苏争霸与德国统一 ………………………………………… 22
　　五　一些值得讨论的重要议题 …………………………………… 37

**第一章　联邦德国在德国统一进程中的外交** …………………… 45
　　一　二战后联邦德国的"德国政策" …………………………… 46
　　二　在东欧剧变中极力掀起波澜 ………………………………… 52
　　三　公开展现统一意愿的纲领性文件 …………………………… 58
　　四　寻求盟国的支持或中立 ……………………………………… 64
　　五　迈向德国统一的"大步子政策" …………………………… 70
　　六　扫清最后的统一障碍 ………………………………………… 78

七　结语 …………………………………………… 86

**第二章　民主德国在德国统一问题上的政策变化** …………… 89
　　一　从"追求德国统一"到"谋求民族分离" …………… 90
　　二　在改革和德国统一问题上与苏联产生分歧和矛盾 …… 99
　　三　东欧剧变与民主德国对德国统一的立场变化 ……… 108
　　四　小结 …………………………………………… 125

**第三章　撒切尔夫人与德国统一** ………………………… 132
　　一　德国统一前的英德关系及英国首相对欧洲的看法 … 133
　　二　支持两德自决政策的出台 …………………… 137
　　三　英国首相反对德国统一及使其进程减速的外交
　　　　努力 ………………………………………… 142
　　四　"2+4"框架的形成 ……………………………… 172
　　五　英国首相被迫接受德国统一 ………………… 186
　　六　结论 …………………………………………… 204

**第四章　法国对德国统一的外交** ………………………… 209
　　一　二战后法国的"德国政策" …………………… 209
　　二　法国在德国统一问题上的真实态度及外交活动 …… 211
　　三　把德国拴在欧洲一体化的"列车"上 ………… 230
　　四　统一的第二个先决条件——波德边界问题 …… 243
　　五　新欧洲秩序的法美之争——欧洲主义 vs 大西洋
　　　　主义 ………………………………………… 248

六　结语 ………………………………………………… 255

第五章　欧共体与德国统一进程 ……………………………… 259
　　一　20世纪80年代末欧洲一体化的状况 …………………… 260
　　二　德洛尔对德国统一的立场及发挥的作用 ……………… 262
　　三　欧共体机构为德国统一所做的准备 …………………… 271
　　四　结语 ………………………………………………… 279

第六章　美国在德国统一进程中的"超越遏制"战略 ………… 281
　　一　战后美国的德国政策演变 ……………………………… 282
　　二　布什政府对苏"超越遏制"战略及其对未来欧洲的
　　　　构想 …………………………………………………… 290
　　三　布什提出重大裁军建议并提升西德在北约内的
　　　　地位 …………………………………………………… 301
　　四　美国以多进程相配合促使苏联接受两德按西方方案
　　　　统一 …………………………………………………… 312
　　五　美国在德国统一进程中的外交谋略特点及其战略
　　　　收益 …………………………………………………… 327
　　六　结论 ………………………………………………… 333

第七章　苏联在德国统一进程中的外交 ……………………… 337
　　一　从防御到对抗：苏联1945~1985年的对德外交
　　　　政策 …………………………………………………… 338
　　二　戈尔巴乔夫外交政策调整下的对德外交政策 ………… 342

三　戈尔巴乔夫对德国统一问题的步步退让 …………… 365
　　四　结论 ……………………………………………………… 381

**附　录** ……………………………………………………………… 387
　　附录一　《联邦德国基本法》第 23 条 …………………… 387
　　附录二　《克服德国和欧洲分裂的"十点纲领"》 ……… 388

**参考文献** …………………………………………………………… 395

**索　引** ……………………………………………………………… 410

# 导　言

## 关于德国统一的外交博弈[*]

自从欧洲民族国家出现以来，外交作为一种"治国之术"（statecraft）不断发展，成为处理国家间各种关系的一门行业，一种说服、妥协和使用强制力的艺术。[①] 数百年来，运用这种艺术为国家所获取的利益、机遇和荣耀不胜枚举，而由于失败的外交丧失国家利益、发展机遇与民族尊严的例子亦俯拾皆是。外交作为一种战略、一门艺术、一个领域，在经济全球化和民族国家主权行为政治重心并行的时代，更是经历着前所未有的革新。

当代外交早已超出外交部门的专属权力范畴，扩展到众多的领域，并呈现多种专业形态，如"能源外交""石油外交""环境外交""发展外交""疫病防控外交"，等等。[②] 世界正在发生快速的变化，许多问题超出了国家行政治理的能力和范畴，国家间的合作

---

[*] 【作者简介】周弘，中国社会科学院学部委员、国际研究学部主任、中国社会科学院大学特聘教授，中国欧洲学会会长，"东西德统一的历史经验"课题组组长。
[①] 〔美〕汉斯·摩根索：《国家间政治：权力斗争与和平》，徐昕等译，北京大学出版社，2006，第565页；熊炜编著《外交谈判》，北京大学出版社，2014，第7页。
[②] 关于现代外交性质的变化，参见〔英〕R.P.巴斯顿《现代外交》，赵怀普等译，世界知识出版社，2002，第1~10页。

| 德国统一的外交

与竞争在全面而深入地展开，许多领域里的外交内容首先遵循该领域的规律而发展，迫使国家不能依照传统的交往方式行使权力，甚至使传统外交和领域外交的主从关系倒置。但是，在事关国家领土主权的重大外交领域，传统外交依然占据主导地位，而领域外交则扮演了积极的辅助作用。

75年前，第二次世界大战结束。在世界纵横捭阖的外交场中，有一脉错综复杂但源流清晰的外交活动，活跃在东西方之间，起伏跌宕、蜿蜒不断，经历数十年之久，最终于二战结束45年后，经过一场短兵相接式的外交博弈而见出了分晓。这一脉外交活动牵连着第二次世界大战的战胜国与战败国之间的关系，也考验了战胜国之间的关系，更见证了东西方分野和两大阵营的对峙、和解与成败，甚至渗透经济、货币、政党和社会的层面，这就是围绕德国的分裂与统一展开的外交活动。

我们在这里尝试讨论德国统一外交这一改变了德国、欧洲和东西方边界的具体的外交案例，不仅是因为它重大到了涉及错综复杂的国家领土主权和边界问题，也不仅因为它的内容极其丰富，涉及超越传统外交范畴，即包括高层首脑外交、经济货币外交、媒体意识形态外交、财政援助外交以及政党社会团体外交等多个领域，更因为它提供了一个二战后"分裂国家统一"的现实案例。我们的聚焦点是起主导作用的传统外交的政策、策略、方式和工具，但也关注其他领域外交的作用。希望这个案例能够让我们更加深刻地理解真实的、多领域的、多形式的外交在解决分裂国家统一难题、改变地缘政治和经济格局、撬动人类历史变迁中的重要作用。

导　言　关于德国统一的外交博弈

## 一　德国统一的外交难题

由于一系列历史档案的提前开放[①]和众多当事人回忆录的陆续出版[②]，关于两个享有国际法主权国家地位的东西德国最终能够实现和平统一这一罕见的外交历史现象，目前已有很多解说[③]。历史资料的挖掘已经不再是人们关注的重点，从不同的视角解读海量的资料则使学者们趋之若鹜。关于美国在整个过程中的主导作用，苏联放弃使用武力的缘由，科尔对于"以实力求和平"和"以接近求转变"策略的交替使用，以及对"支票外交"的纯熟应用，斯大林的以"中立化换统一"和戈尔巴乔夫的"小圈子外交"（极少数人决策）及对东欧的"选择自由"和"甩包袱"政策，等等，可以说是众说纷纭、五花八门。在这种情况下，联邦德国总理科尔组织并支持联邦德国学者精英，集体撰写了《德国统一史》一书，[④]并为此向他们开放了大量当时尚未解密的档案。该书通过联

---

[①] 例如联邦德国总理府 1998 年解密和出版的《德国统一：总理府档案专辑》（Deutshce Einheit. Sonderedition aus den Akten des Bundeskanzleramtes 1989/90. Oldenbourg, 1998），英国外交部对与德国统一相关的档案进行的解密和汇编，美国威尔逊国际冷战史研究中心、老布什图书馆、乔治·华盛顿大学的美国国家安全档案馆所编辑的丛书，还有戈尔巴乔夫基金会汇编的与德国统一相关的苏联档案等。
[②] 例如布什和斯考克罗夫特出版了《重组的世界：1989-1991 年世界重大事件的回忆》，科尔出版了《我要的是德国统一——科尔自述》、撒切尔夫人出版了《唐宁街岁月——撒切尔夫人自传》，科尔的首席谈判代表特尔切克出版的《329 天：德国统一的内部视角》，根舍、昂纳克、克伦茨、贝克、密特朗的特别顾问雅克·阿塔利，还有佐利克等人也都相继出版了自己的回忆录。
[③] 例如德国国际关系学者卡尔·凯撒（Karl Kaiser）1990 年在《外交事务》上发表的《德国的统一》、斯特芬·斯扎尔伯（Stephen F. Szarbo）1992 年发表的《德国统一的外交》等。
[④] 〔德〕卡尔-鲁道夫·科尔特等：《德国统一史》（四卷本），周弘主编，刘宏宇、邓文子、杨橙、欧阳甦等译，社会科学文献出版社，2016。

| 德国统一的外交

邦德国的视角，从政策和机制、经济和货币、社会和思想以及外交斡旋等诸多方面系统地介绍了德国统一最后阶段的全景进程。这幅全景图置各种关于德国能够实现统一的猜测和分析于不顾，为我们展现了两条被规范了的清晰脉络：一是所谓"内部进程"，即在两个德国之间进行的博弈；二是所谓"外部进程"，即两个德国和各利益攸关国之间就德国统一问题所展开的外交活动。

东西德国的分裂缘起于二战后的国际关系和国际秩序的确立，因此，尽管联邦德国可以主导德国统一的"内部进程"，但德国的最终统一必然要牵涉国际法、国际格局和国际关系的变动，必然要牵涉国家和国家集团之间力量的消长与博弈、牵涉国家间盟约的废立以及东西方边界的改动，所以德国统一的问题也必然需要通过外交或战争这样的"外部进程"才能得到最终解决。德国统一是以和平的方式解决的，最后的冲刺是通过外交活动完成的。让立场截然相反而实力依然雄厚的美苏英法四个战胜国允准两个德国的统一，接受因德国统一而产生的国际格局和地缘边界的戏剧化变动，使德国统一具有合法性，乃是20世纪90年代世界外交难题中的难题。

德国统一的历程是曲折的。直至柏林墙倒塌以后，德国统一都笼罩在一种为主要大国无法接受和万般阻挠之中。中国前驻联邦德国大使梅兆荣曾简洁地概括了当时的局势：

> 对柏林墙倒塌后的新形势，有关各方反应不一。戈尔巴乔夫强调战后存在两个德国并存的现实不能改变，战胜国的权利不容损害，这主要关系到柏林的地位、盟军的驻扎、德国的边

界以及东西德的结盟状况。美国意识到可能出现德国统一的问题，强调不可避免的事情要"审慎地演变"，要维护美国在欧洲的主导地位，防止美国在欧洲的地位被边缘化，确保德国留在北约和美国在欧洲的驻军不受影响。法国的对德政策目标是防止德国成为强权政治因素和欧洲安全风险，主张通过欧洲一体化控制西德，通过把西德融入北约和美国在西德驻军使西德处于两大军事集团交汇处的"前沿地带"，确保法国处于"二线"。因此，虽口头上赞成德国有自决权，但主张维持现状，不赞成德国统一。英国强调均势，主张法德和解、美军长期驻留欧洲大陆，并把西德维系在西方联盟，认为西德作为北约正式成员不可替代，但又担心德国主导欧洲或陷入对苏依赖，从而危害欧洲均势和安全。……撒切尔夫人认为德国统一会对欧洲稳定带来危险，主张建立一个"拒绝阵线"。东德……坚持东德的社会主义制度和国家主权的合法性，并忠于华约和经互会的国际义务，建议两德之间建立"条约共同体"，开展"史无前例的紧密合作"，但拒绝任何统一的思想。①

晏小宝教授认为，德国统一的外部问题远较内部问题复杂。②难题之一是"统一后的德国的军事和政治问题"。这个问题最为棘手，因为美、苏各持己见，美国坚持统一后的德国保留北约成员国的地位，而苏联则主张统一后的德国取中立立场，不属于任何一个

---

① 〔德〕维尔讷·魏登菲尔德等：《德国统一史（第四卷）——争取德国统一的外交政策：决定性的年代（1989~1990）》，欧阳甦译，梅兆荣、邓志全审校，社会科学文献出版社，2016，第3页。

② 晏小宝：《德国的统一》，上海远东出版社，1992，第12页。

军事集团，东德从开始支持苏联立场倒向了西方立场。这个难题之所以关键，是因为它涉及的不仅仅是德国内部边界的改变（两德之间边界的消失），而且是东西方之间边界和权重的改变。

难题之二是所谓"边界问题"，这里特别是指德波之间的奥得—尼斯河边界。在这个问题上，西德总理科尔迟迟没有做出明确的承诺，这使得波兰十分紧张，并多次提出要参与有关德国统一的谈判，波兰的利益不仅受到了苏联的关切，而且得到了英、法等西欧大国的支持。根据《波茨坦协定》，德波边界并未最终确定。但是，东德1953年与波兰签订的《格尔利兹条约》、西德1970年与波兰签订的《华沙条约》都从国际法上认可了奥得—尼斯河边界，如果科尔在此时再次承诺接受奥得—尼斯河边界不仅意味着德国将永久失去西里西亚、东普鲁士和柯尼斯堡（今加里宁格勒），而且会招致德国国内民族主义者的强烈反对。

难题之三是德国统一可能"在货币和经济方面对欧共体产生冲击"。如果德国实现了统一，其在欧共体中将成为经济与人口的第一大国，挑战欧共体内经过多年磨合产生的权力平衡。[①] 欧洲向何处去将再度成为一个议题。

在上述难题尚未找到解决方案的情况下，与德国统一相关联的几个欧洲大国都曾或立场鲜明或态度暧昧地持反对德国统一的立场，美国虽然表示支持德国统一，但是提出了统一后的德国要留在北约内的先决条件。与此针锋相对的是戈尔巴乔夫提出的，"德国

---

① 晏小宝：《德国的统一》，上海远东出版社，1992，第12~13页。

的统一不得破坏（华约和北约）两大国际组织间的军事战略平衡"①。从外交的角度看，一直到德国统一前数月，"德国向何处去"还被拧在死结中难以破题。

然而，仅仅数月之后，继一系列多双边、多领域的交错外交之后，在两个德国之间频频互动的基础上，各相关大国纷纷改变了口风。在1990年9月12日的最后一轮"2+4"会议上，两个德国和美苏英法四大国外长共同签署了《关于最终解决德国问题的条约》。条约确定了德国现有领土和边界的最终性，从而安抚了波兰等德国的邻国。德国声明放弃核武器、化学武器和生物武器，并在4年内裁军25万人，算是对欧洲安全的一种承诺。苏联军队将在1994年底前撤离东德，苏军完全撤走后，德国可在东部地区部署隶属于北约的德国军队，但外军、核武器不得进驻该地区。美苏英法将宣告战胜国对德权利和责任的终结，统一的德国对内对外享有完全主权，可以自由结盟，从而在事实上替代了二战后的对德和约，从国际法上解决了德国统一的外部问题。德国统一在苏联做出巨大战略让步的前提下，以和平的方式获得了解决，又在短短数月间完成了错综复杂的外交谈判，在世界外交史中堪称奇迹。

可以说，自二战结束以后，围绕着东西德分裂与德国统一的外交博弈一直都没有间断过，双方使用的手法包括立场的直接对抗、审时度势的目标设定和对历史机遇的认识及把握。在这些博弈中不乏武力威慑与军备竞赛，也不乏制度竞争和意识形态鼓动，还有不

---

① 〔苏联〕《真理报》1990年2月21日，转引自晏小宝《德国的统一》，上海远东出版社，1992，第13页。

## 德国统一的外交

可或缺的财政援助诱惑,即所谓"支票外交",以及不引人注目的社会渗透和引人注目的外交综合压力。在德国统一的最后冲刺阶段,也就是上面提到的"数月间",我们看到了分外活跃的外交谈判在多个层次进行:在科尔、根舍与莫德罗及其他东德领导人之间,在科尔与撒切尔夫人和密特朗之间,在科尔与布什、贝克之间,在布什、贝克与戈尔巴乔夫之间,在科尔与戈尔巴乔夫之间。英国的煞费苦心、法国的深谋远虑、欧共体的张网以待、西德的张弛有度,尤其是美国的咄咄逼人与苏联的节节让步和东德的溃不成军形成了鲜明对照。

在本书中,我们将主要讨论德国统一的外部进程或外交博弈,讨论主张并践行德国统一的势力如何在外部进程中折冲樽俎,实现德国统一的既定目标。在本书启动的时候,我们有幸得到田少颖博士的加盟,在本书快要成书的时候,我们又看到王帅博士的博士学位论文,而邓红英教授则提供了对民主德国政策的理解,[①] 他们对德国统一问题的长期研究与我们的初衷志趣相合。在他们研究的基础上,我们进一步认为,德国统一的外交之所以精彩,不仅在于它解决了传统外交的巅峰问题(领土和边界问题),而且大量地使用了多领域的外交工具,以经济外交、政党外交、社会外交助推了政治外交难题的解决,其中经济外交的分量尤为重要。我们这个团队由从事国际关系和世界历史两个研究方向的学者构成,在资料的使用和分析角度方面各具特色,也各有贡献。

讨论德国统一的外交,可以有很多角度,也可以从很多立论出

---

[①] 王帅:《两德统一的外交史研究(1989—1990)》,南京大学 2017 年博士学位论文;邓红英:《民主德国德国政策的演变(1949—1990)》,湖北人民出版社,2009。

发。我们选择从六个主要利益攸关方的角度出发，一则是避免《德国统一史（第四卷）》[①]中那种比较单一的西德视角；二则是当我们对比六方的外交时发现，这些外交可以大致分为三个不同层面，即两个德国层面、欧洲层面和东西方层面。每个层面都有不同的优先外交关切和议题，在每个层面的外交博弈之后都出现了一个赢家和至少一个输家，而赢家都是主导了议题的一方。在两德层面，西德最终以自己的方式赢得了国家统一；在欧洲层面，法国在各种外交选择之后，保住了欧洲一体化和经济与货币联盟建设的主目标；在东西方层面，美国没有花费一兵一卒即结束了冷战，实现了欧洲整体西化的战略目标，不仅北约剑指苏东腹地，而且挤垮了华约；而反观东德、英国和苏联，或是失去了主导权，或是选错了外交战略、定错了外交政策和目标，或是兼而有之。

德国的统一，是苏联输掉的第一场"颜色革命"，也是东方战略大规模收缩的开端，同时也是西方制度展现局限性的肇始，其中的深意并非现代人可以盖棺论定，也非"外交"二字可以概括。我们的研究只是那个大转折时代的冰山一角，我们的努力仅仅是为了通过对于德国统一外交活动的梳理，增加有关分裂国家统一的知识，接近德国统一的真实和内在的原因及路径。

## 二 两个德国与德国统一

二战结束伊始，德国分为两个政权，而两个政权都曾将完成国

---

[①] 〔德〕维尔纳·魏登菲尔德等：《德国统一史（第四卷）——争取德国统一的外交政策：决定性的年代（1989—1990）》，欧阳甦译，梅兆荣、邓志全审校，社会科学文献出版社，2016。

家统一作为主要目标。后来立国的民主德国（东德）在其首部宪法中声称："德国是由德国各州组建的一个不可分割的民主共和国，……只存在一个德意志民族。"① 联邦德国（西德）在1949年5月的过渡性宪法《基本法》中也宣示："努力争取德国的统一，是联邦德国追求的目标之一。"②

然而，二战后的世界格局却使德国的统一目标难以完成。占领德国的四大国（美苏英法）迅速分为两个不同的战略、政治和经济阵营，它们之间不仅有明确的意识形态分野，而且建立了相互对峙的军事集团和自我循环的跨国经济互助体系。处于西欧的英国和法国被纳入美国的阵营，苏联和东欧诸国则形成社会主义阵营，被分成两个部分的德国迅即成为两大阵营战略对峙的前沿。德国的东西分裂即是欧洲的分野，也是世界的分野。只要欧洲分裂、世界分裂，德国统一的难度极大。

20世纪50年代中叶后的数年间，德国分裂逐渐固化。在两极格局中，东德开始重新定义德国的分裂，认定德意志民族中有两种性质完全不同的、独立平等的主权国家。自1961年8月柏林墙建成后，东德彻底放弃了"德国统一"的旗帜，提出了"阶级民族"学说（即西德的资产阶级民族和东德的社会主义民族，两个民族之间是资产阶级和劳动大众之间不可调和的阶级矛盾）③ 和"两种制度对立竞争"理念，联邦德国则始终坚持国家统一的目标，在外交上坚持奉行强硬地打击东德生存空间的"哈尔斯坦主义"（即

---

① Rudolf Schuster (Hrsg.), *Deutsche Verfassungen*, 13. Aufl. München: W. Goldmann, 1981, S. 189.
② 朱明权：《联邦德国早期的"一个德国"政策》，《德国研究》2001年第1期。
③ 〔民主德国〕埃里希·昂纳克：《我的经历》，龚荷花等译，世界知识出版社，1987，第334页。

除苏联外，不与任何与东德建交的国家建立或保持外交关系）。

自20世纪60年代后期到整个70年代，东西方呈现长期对峙态势，西德开始实行以缓和与接触为基调的"新东方政策"，对东德实行单方面减免出口附加税，将对东德贸易视为"国内贸易"，提出两德不互为外国，两国关系是德意志内部的特殊关系等一系列"以接近求转变"的"小步子策略"，寄统一希望于渐变。在欧洲局势开始缓和（détente）的大形势下，1972年东西德签署了《联邦德国和民主德国之间关系的基础条约》（简称《基础条约》），公开承认了两个德国的共存。西德联邦宪法法院确定与东德签署的《基础条约》具有法律合法性，但在《基础条约》后附加了"统一备忘录"[①]，要求该条约服从西德《基本法》中有关德国统一的规定，即德国仍然是一个国际法主体，保留在自由自决基础上实现统一的目标。不过，1973年东西德《基础条约》的生效使很多人都认定，德国问题已经盖棺论定，德国的分裂已经固化了。[②]

20世纪70年代欧洲缓和的氛围给东西德经济合作和人员交流创造了条件。在缓和的氛围下，全德人的福利成为主题，随着大量免息贷款和现金从西德流向东德，数十万的人口也在东西两德之间流动。两种制度之间的并存和竞争关系逐渐显现。东德虽然是社会主义阵营中最具经济实力的工业化国家，但在德国分裂前只是德国的农业区。德国分裂后，东部德国的工业在计划经济条件下取得了迅速的发展，但是由于工业基础相较于西部德国仍显薄弱，而且作

---

[①] 桂莉：《联邦德国的新东方政策》，《国际研究参考》2018年第2期。
[②] 〔德〕科尔：《我要的是德国统一——科尔自述》，葛放主译，辽宁人民出版社，1999，第12页。

# 德国统一的外交

为经互会成员国的民主德国和作为欧共体成员国的联邦德国，享受着不同的物质和市场资源，由美、英、法占领区合并而成的西德也比东德占有更多的人口和土地。西强东弱表现在东西德的贸易中，西德占东德对外贸易的10%，反之东德仅占西德外贸的2%。

几乎整个80年代，西德都在设法接触东德，但是两德关系不断被更高层面的博弈打断或推进。1983年，美苏中程导弹谈判破裂，美国在西德部署新式中程导弹，两德关系随之跌入低谷。东德通过强制西德旅游者兑换东德马克来限制西德到东德的访客，从西德前往东德的旅游者随之下降了60%。稍后，在世界银行"结构调整"的口号下，整个世界开始谈论改革开放，东西方再度出现缓和，100多名西德官员前往东德莱比锡参加世博会。随后，联邦德国总理科尔和民主德国领导人昂纳克于1987年签署了多项协议，其中包括维护德国领土上的和平，尽管他们在德国统一的问题上继续持对立的立场。

科尔继承了基民盟阿登纳总理"以实力求和平"的"西方政策"，重申通过自由和自决使德国重获统一，同时也继续了前任社民党勃兰特总理"以接近求转变"的"新东方政策"，提出"两个国家一个民族"，以否定东德关于"两个民族"的定位，并想方设法维系民族感情、扩大合作交流、提高贸易额，促使东德放松旅游管制，鼓励西德退休人员到东德走亲访友。

随着交往的日益增多，东德政府开始对政治安全和社会稳定产生担忧，时断时续地采取了限制人员往来的措施，但是这些并没有改变西强东弱的态势。到了1989年，人均GDP东德虽高达11829马克，但是西德已经达到了35856马克。同时，东德的能源严重依赖进口，苏联则因自身经济危机而减少了向东德提供廉价石油的份额。自石油危机以后，东德的西方债务就一直攀升，到1989年10月底，为了偿付外债，东德不得不大幅度削减经济和社会开支，将民众生活水平降低了25%~30%。同时，由于匈牙利开放了与奥地利的边界，开始有大量的东德民众借口"度假"，涌向匈牙利等国，寻求去往西方的通道，形成了空前的移民潮。1989年11月9日，出于对放宽居民出行规定的误解，数以万计的西柏林市民走上街头，拆毁了柏林墙，这成为东西德国开放边界的象征。

即使如此，两个德国并不一定就会走向统一。当时东德的民调显示，多数东德居民仍然愿意生活在社会主义的民主德国。11月17日，东德新任总理莫德罗提出了两德建立"契约共同体"的倡议。西德开始接受了这一口号，但坚持"契约共同体"将不会成为西德的终极目标，实现联邦才是西德的政治夙愿。随后，科尔政府在没有知会盟国的情况下，于1989年11月28日抢先发布了关于德国统一的《十点纲领》，向世界展示了德国统一的具体规划。东德民众开始在游行中打出了"德国，统一的祖国""我们是一个民族"的口号。此时的莫德罗政府则提出了德国统一的三个条件，即严格履行两德先前签订的互不干涉内政条约，保障和平、主权完整及边界安全，以及两德实行军事中立。可惜此时已经没有人再认真考虑这些条件了。

对于东德民众来说，能尽快摆脱经济困境，过上和西德人一样的好日子，具有极大的诱惑力。而当时的东德经济学家又达成了一种普遍的共识，认为"为了保障国家的偿付能力，必须同联邦德国政府商讨20亿~30亿民主德国马克的援助"①。科尔的杀手锏就是有条件的经济援助。长期以来,西德一直向东德提供无息马克贷款,年均约有20亿西德马克从联邦德国流入东德。而恰恰在东德面临债务危机之时,西德收紧了援助条件,要求东德执政党放弃绝对权威②,举行自由民主选举。在大选前,西德政府拒绝做出任何给予经济援助的承诺。当时的社会舆论认为,对于东德执政党来说,这就是一个没有出路的悖论:要么冒险去用执政地位换取经济援助,要么就准备财政彻底崩盘,而后因失去执政能力而失去执政地位。

东德的执政者选择了前者,在东德进行的大规模民主选举给了西德全面介入东德政治和社会的机会。为了筹备大选,在东德建立了多个西德政党的"姊妹党",西德对于东德的软援助不是通过政府,而是大量地通过政党和社团渠道流入东德,而且,这些援助不是用于弥补东德政府的财政亏空,而是用于东德民众的自由选举。科尔甚至多次亲临竞选集会现场,给西德基民盟和基社盟在东德的"姊妹党"——"德国联盟"鼓气加油,还亲口承诺,如若东德"德国联盟"能够上台执政,两德便可尽早建立货币联盟,东德民众即可持东德马克以1∶1的比价兑换西德马克。③。

---

① Hans-Hermann Hertle, "The Fall of the Wall: The Unintended Self-Dissolution of East Germany's Ruling Regime", *CWIHP*, Issue 12/13, p.134.
② Letter from Alexander Schalck to Egon Krenz, 7 November 1989, No.3, *CWIHP*, Issue 12/13, p.153.
③ 最终达成的两德经济社会联盟确定按1∶1的比价兑换东德公民的工资、养老金和租金,按1∶1的比价为14岁及以下的公民每人兑换2000西德马克,为15~59岁的公民每人兑换4000西德马克,60岁以上的公民每人兑换6000西德马克个人存款和现金,超出限额的部分按2∶1的比价兑换,其他债务或清偿金额按2∶1的比价兑换。

导　言　关于德国统一的外交博弈

1990年伊始，东德的政治经济稳定性开始急剧恶化。科尔的基民盟也开始在东德内部培育自己的政治代理人，并与东德基民盟新任领导人德梅齐埃取得联系。东德基民盟随即宣布退出由统社党主导的"国家阵线"和联盟政府。科尔会见了东德基民盟、民主觉醒和新成立的德国社会联盟党领导人，公开支持他们组成"德国联盟"。科尔还亲临选战为"德国联盟"助战。西德坚持以联邦德国《基本法》第23条为标准实现统一，又以经济援助为诱饵，俘获了东德的民心，使"德国联盟"能够胜选上台，为德国统一扫清了内部进程障碍。对于国际社会来说，《十点纲领》也将德国统一从一种非正式的设想变成了严肃的国际议题，成功地将各大国吸引到德国统一的问题上来，围绕着《十点纲领》展开了外交博弈。

如果说，科尔在德国统一的内部进程中游刃有余，那么在外部进程中则举步维艰。两德分立是国际条约的产物，没有国际上的认可，德国无法最终实现统一。两个德国又分属在冷战中敌对的两个阵营，两个阵营的霸权国对于两个德国的存续举足轻重。西德先是选择了坚定地与西方盟国站在一起的"优先恢复联邦德国自主权"的"西方政策"。正如西德首任总理阿登纳所说："我们要竭力依靠西方盟国的帮助来完成德国统一。"[①] 在德国统一的进程中，西德随时向美国通报进展，听从美国的意见，与美国保持高度一致。科尔强调："必须依靠北约和欧共体的支持，保障安全和自由并支持统一的愿望。"[②] 来自美国的支持不仅可以平衡来自苏联的阻力，而且可以平衡来自西方联盟内部的反对。为了获得美国的支持，联

---

① 朱明权：《联邦德国早期的"一个德国"政策》，《德国研究》2001年第1期。
② 〔德〕维尔纳·马泽尔：《科尔传》，马福元译，时代文艺出版社，2003，第252页。

15

| 德国统一的外交

邦德国积极支持美国在西德部署中程导弹，坚持"不中立，不非军事化"。在德国统一的整个外部进程中，科尔政府与布什政府密切配合，默契合作。

除了美国以外，西德还极力争取欧洲盟友，特别是法国的理解与支持。科尔承诺，"德国大厦必须建立在欧洲平台的基础上"①，后来又迫于外部压力公开宣称，"联邦德国没有人想要质疑德波奥得—尼斯河边界"②，以此换取了法国和欧共体成员国对德国统一的宽容，成功地孤立了一心想要阻止德国统一的英国。

相比较而言，东德和苏联之间的关系出现了巨大的裂痕。20世纪80年代中后期，苏联因国内陷入严重的经济、政治和社会危机，主动放弃了对东欧盟友事务的控制和干预，开始重视加强与西德的经贸和技术合作。东德在戈尔巴乔夫上台后将苏联的改革与戈尔巴乔夫的新思维视为不稳定因素，限制其著作在东德的出版发行。苏联也不顾东德政府的反对，公开评论"德国问题"，表示要"消除德国的分裂"，构建"欧洲大厦"。东德领导人昂纳克与苏联之间的分歧公开化，克伦茨上台后曾经努力予以修复并寻求苏联的支持，以确保东德的国家独立，但为时已晚。

---

① 《英国海外政策文件集》错误地认为科尔的这次发言是在1月18日，密特朗给科尔的信、特尔切克回忆录、密特朗回忆录等都表明这次发言发生在1月17日，参见 Letter from Mr Powell (No.10) to Mr Wall, 20 January 1990, No.103, Note 2, in Patrick Salmon, Keith Hamilton and Stephen Roberttwigge eds., *German Unification 1989-1990: Documents on British Policy Overseas*, Series 3, Volume7, London: Routledge, 2009, p.218（下文简称 *DBPO*）；Horst Teltschik, *329 Tage, Innenansichten der Einigung*, Berlin: Siedler Verlag, 1991, S.111; Schreiben des Staatspräsidenten Mitterrand an Bundeskanzler Kohl Paris, 17. Januar 1990, Nr.138, *DESE*, S.694.

② Schreiben des Staatspräsidenten Mitterrand an Bundeskanzler Kohl Paris, 17. Januar 1990, Nr.138, *DESE*, S.694.

东西德博弈的最后结果是由"内部进程"决定的——这就是东德在财政危机中接受西德的援助条件而进行的1990年3月18日的"自由选举"。选举的结果使得亲西德的"统一派"执掌了政权，西德势力釜底抽薪地打败了东德反对统一的政党，两德之间的博弈以西德完胜而告终。

## 三 围绕德国统一的欧洲外交场

除了两大阵营之间的关系以外，位于欧洲中部的德国要实现统一，必然会引起欧洲国家的警觉。以英、法为代表的各种欧洲势力在德国统一问题上展开了激烈的外交博弈。原则上讲，德国的欧洲邻国们不能否认德国重新统一的合理性和合法性，但是真正要面对中部欧洲第一大经济体的重新崛起，面对欧洲大陆多年经营的势力均衡被打破，德国在欧共体中的盟友们无不感到头疼、棘手。作为第二次世界大战的受害国和战胜国，这些国家都有千百条理由来反对德国统一。

对于英国来说，欧洲大陆的均势是其根本利益和恒久目标，而德国一旦统一就意味着均势将被打破。英国人反对德国统一的外交努力在整个外交博弈的进程中暴露得淋漓尽致，而撒切尔夫人就如同一位坚持不懈地高调反对德国统一的唐·吉诃德。在撒切尔夫人看来，德国统一只会加强科尔的力量，并满足密特朗和德洛尔强化欧共体的愿望[1]，而她所希望看到的欧洲大陆应该是一种更加松散

---

[1] Margaret Thatcher, *The Downing Street Years*, Harper Collins Publishers, 1993, p.759.

德国统一的外交

自由的结构①。撒切尔夫人坚称，整个欧共体都要为西德在德国统一过程中的巨额支出买单，而统一后的德国也将在不久的将来取代如今的法德轴心而成为欧共体的主导力量。② 为了抵消欧共体内可能出现的破坏传统均衡的力量，撒切尔夫人不惜将苏联带入欧洲大陆的博弈，并希望以此来分离法德轴心，并引来美国插足。但美、苏的涉足导致了英国砝码的降低，英国最后不得不服从美国的战略布局。撒切尔夫人后来在她的回忆录中承认，她关于德国统一的政策即推动东德的民主化进程，借以使东德自立并延缓德国统一的目标未能实现。

英国在德国统一的外交中首先需要服从美国的全球战略布局。例如英国要求升级北约在西欧的短程核武器，但这种武器的使用会给德国带来可怕的伤亡，于是西德要求与苏联谈判削减核武器，而苏联也充分利用了西欧反对核军备竞赛的民意，在外交上占据了上风。不过，西德和美国协商，抢先提出欧洲常规武装力量裁军（CFE）新建议，抓住了主动权。柏林墙倒塌后，撒切尔夫人开始逆流而动，积极开展阻拦德国统一的外交活动。她设计了四强共同管控危机的机制，宣扬东欧和苏联民主化的目标高于德国统一，阻止将德国统一问题列入议事日程，还力图说服美国反对德国统一。撒切尔夫人甚至谋划与所有不想让德国统一的国家结成联盟。1989年11月28日，科尔在未事先通报友党和盟国的情况下，在国会演说中提出谋求德国统一的《十点纲领》，引起撒切尔夫人的恼怒，她甚至对媒体公开了自己反对德国统一的设想，还为德国统一设立

---

① Margaret Thatcher, *The Downing Street Years*, Harper Collins Publishers, 1993, p.761.
② Margaret Thatcher, *The Downing Street Years*, Harper Collins Publishers, 1993, pp.813–814.

了多个过渡期作为防线。但这些都于事无补,就连英国外交部的职业外交官都反对撒切尔夫人的固执己见,主张与西方盟国协商共同解决德国统一问题。最后东欧局势开始失控,波罗的海三国要求脱离苏联,苏联开始瓦解,这使撒切尔夫人把苏联纳入欧洲未来的设想成为空中楼阁。

法国虽然从原则上并不否定德国统一的合法性[①],但是十分明确地表示"两个德国比一个德国要好"。密特朗执政时期的法国,正面临着以社会党为核心,并一度"左右共治"的复杂局面。虽然任何一届法国政府都不可能制定不同于戴高乐将军的对外政策,但是各届政府都会有不同的表达方式。例如,密特朗将外交部改为对外关系部,以展现他推进多重和多领域外交的宏大视野。在德国统一的问题上,密特朗的最初态度也是明确的,首先是和英国一样,对于一个强大的德国将重新出现在欧洲的心脏,他感到不安。密特朗认为,德国统一进程必须是"和平、民主和渐进的"。他明确支持东德、波兰和匈牙利的民主化进程,要求不能动摇戈尔巴乔夫的地位,因为这样可以平衡崛起的德国,密特朗不允许德国提出边界变动的要求,而且刻意不将德国统一问题列入欧共体会议日程,而是只提加速欧洲一体化,以便将来可以把德国统一纳入欧洲整体框架中。[②]

---

[①] 法国外长迪马申明:德国人民对统一的愿望从根本上是合法的,但是该问题有其国际维度,也就是说需要通过外交来解决。"Washington Telno 3105 and Paris Telno 1581:The German Question:Public Line",Sir C. Mallaby (Bonn) to Mr Hurd, No. 1171 Telegraphic [WRL 020/4], BONN, 30 November 1989, 2:45 p.m., Note 2, in P. Salmon, K. Hamilton and S. Twigge (eds.), *Documents on British Policy Overseas*, *German Unification*, New York:Routledge, 2009, p. 145.

[②] Mary Elise Sarrote, *1989-The Struggle to Create Post-cold War Europe*, New Jersey:Princeton University Press, 2014, p. 85.

## 德国统一的外交

与撒切尔夫人大张旗鼓的反对不同，密特朗外交采取的是拖延和迂回战术。他先是坚决支持东德，甚至在柏林墙倒塌之后还带领庞大的代表团访问东德，并签署了涉及经济、科技、环境、青年和文化交流等多方面的合作协议。后来他又声称不反对德国统一，但同意戈尔巴乔夫的看法，认为德国统一应当"慢慢来"[1]。在密特朗看来，科尔不和任何战胜国打招呼便擅自发表《十点纲领》的做法隐含着使欧洲重回1914年危险之境的可能，即打破均势，使列强为重新争夺势力范围再度陷入冲突。在密特朗看来，德国统一应当排在欧洲统一之后，应当是"一个由四大国控制的缓慢的过程"[2]。最后，当德国统一势不可当时，把德国牢牢拴在欧共体内就成为法国政策不可逾越的底线。

与英国相似的是，法国在外交上也主张"均势"，但是法国和英国的"均势战略"从内容、格局到方式都不同。撒切尔夫人关注欧洲大陆上传统势力的均势，认为德国统一将打破已有的均势，寄希望于中东欧的民主化，特别是希望将苏联拉入欧洲大陆的均势游戏，自己则可躲在英伦半岛隔海观火；法国地处欧洲大陆，其志在联合德国，形成同时能够抵御美国和苏联的相对独立的力量。因此，密特朗并不害怕德国统一，但是担心德国统一会破坏欧洲一体化的秩序，特别是科尔的《十点纲领》只字未提德波边界，使得波兰和欧共体的一些成员惴惴不安，这令法国担忧。密特朗认为，

---

[1] Jacques Attali, *Verbatim III*, pp. 377–378.
[2] Jacques Attali, *Verbatim III*, p. 358. 转引自 Ulrich Pfeil, "La portée du voyage de François Mitterrand en RDA"。

从"某种程度上说，西德马克就是德国的核武器"①，必须用共同货币来约束德国，同时也可以在世界货币体系中建立"第三极"，以"欧洲货币"与美元和日元平分秋色。他认为，只有创建欧洲中央银行，才能抗衡美元，同时能通过集体决策方式限制西德马克。因此，只要西德在欧元和经货联盟的问题上支持法国，德国统一的事情就可以商量。

在德国统一的欧洲外交场中，还有一位重要的角色——这就是欧共体委员会主席德洛尔。德洛尔《关于欧洲共同体经济与货币联盟》的报告在很大程度上反映了法国的意见。法国把德国对欧共体的承诺作为德国统一的先决条件，而德洛尔则公开支持德国统一并欢迎东德加入欧共体，科尔则以资助欧共体改革项目的方式支持德洛尔的工作。在关于欧洲未来的问题上，主张政治联盟的西德和坚持经货联盟的法国存在矛盾，而德洛尔支持的是德国立场。②德洛尔在1990年1月17日阐述了对未来欧洲"联邦"的设想，既包括经济与货币联盟，也包含欧共体成员国的政治合作。这一计划得到了欧洲议会和意大利、爱尔兰及比利时等国政府的支持，因为它们也希望将德国更加牢固地拴在欧共体，而不是成为欧洲中部一种巨大而不可知的所谓中立力量。从德国的角度看，在欧共体框架下实现统一，可以消除邻国的疑虑，避免遭到孤立，而且强大的德国工业机器也需要不断壮大的欧共体提供广阔的市场。对于法国来

---

① 〔英〕戴维·马什：《欧元的故事——一个新全球货币的激荡岁月》，向松祚、宋姗姗译，机械工业出版社，2011，第79页。
② 〔英〕戴维·马什：《欧元的故事——一个新全球货币的激荡岁月》，向松祚、宋姗姗译，机械工业出版社，2011，第114页。

说,将一个拥有7500万人口的强大宿敌放在欧共体的集体决策机制中,无论从安全角度还是从发展的角度来看都是最佳选择。而作为欧共体机制的主要领导人之一,雅克·德洛尔通过积极的外交斡旋,坚持让德国首先融入欧共体法律框架的立场,在东西德之间成立经济货币联盟的同时,力主东西德国共同融入欧洲经济与货币联盟,并促使法德和其他欧共体成员之间达成了共识,有力地推动了欧洲一体化的发展。

除了欧洲经货联盟以外,法国的关切还有奥得—尼斯河边界问题。科尔在《十点纲领》中只字未提边界问题,引起波兰和其他欧洲邻国的担忧。为了防止成为盟国越顶外交的牺牲品,波兰开展了活跃的外交,并要求参加关于德国统一问题国际谈判的"2+4"机制,法国也召集欧共体成员会议,意图主导德国统一进程和议题。科尔一方面私下向多方面保证,统一后的德国政府将最终确定德波边界;另一方面宣布,如果波兰明确放弃要求赔款并保障在波兰少数德裔的权利,德国可以承认奥得—尼斯河边界。对于科尔的表态,美国和英国都及时予以赞赏,就连苏联也表示这是"原则性的一步"。在美国的调停下,不仅波兰没有成为"2+4"的正式成员,德波边界问题也淡出了最高层的外交日程,成为外交层面切磋的"次等议题",最终通过德国与波兰之间的条约得到解决,没有成为德国统一的障碍。

## 四 美苏争霸与德国统一

### (一)从势力分割到制度竞争

如前所述,两德分与合的整个过程都处于美苏争霸的时代,身

导　言　关于德国统一的外交博弈

处两种霸权势力分界线两边的两德饱受美苏争端的困扰，亦常常被用作美苏博弈的杠杆。二战结束后，德国的命运曾经面临多种方案，其中包括将德国"肢解为若干个独立国家"，特别是将普鲁士和东普鲁士进行切割。1945年雅尔塔会议期间，美、苏、英成立了"德国分割程序研究委员会"，着手研究分割德国的方案。① 但是随着苏联红军1945年春越过奥得河，苏联开始布局欧洲战略，如果按原定计划分裂德国，苏联将失去对全德事务的影响力，如果德国西部加入西方集团，将在领土、人口、经济上形成对德国东部的优势。② 由此，苏联调整了对德国政策，公开维护德国统一。与苏联当时在欧洲的政治优势相比，被战争破坏而满目疮痍的西欧的颓势更加明显，欧洲大陆鹿死谁手尚未可知。

斯大林显然看到了在欧洲进行制度竞争的机遇。1945年4月，斯大林对来访的南斯拉夫共产党代表团说："这次战争和过去的不同：无论谁占领了土地，也就能在那里强加他自己的社会制度。凡是他的军队所能到达之处，他就强加他自己的社会制度。不可能有别的情况。"③ 1945年5月9日，德国投降第一天，斯大林在《告德国人民书》中宣布："苏联既不打算割裂德国，也不打算消灭德

---

① 沈志华执行总主编《苏联历史档案选编》第16卷，社会科学文献出版社，2002，第517、519、532页。据梁强考证，这段话来自苏联1941年起草的协议，而艾登最终没有签署。梁强：《苏联与大同盟（1941~1946年）——基于新解密档案的研究》，中国社会科学出版社，2014，第408~409页。
② 梁强：《苏联与大同盟（1941~1946年）——基于新解密档案的研究》，中国社会科学出版社，2014，第414页。
③ Robers Geoffrey, "Moscow and the Marshall Plan: Politics, Ideology and the Onset of the Cold War" *Europe-Asia Studies*, 46, 1994, pp.1371-1386. 转引自邓红英《民主德国德国政策的演变（1949~1990）》，湖北人民出版社，2009，第17页。

国。"① 斯大林主张通过在全德建立统一的工人阶级政党来保卫德国的统一,并阻止美国军队继续留在欧洲。② 斯大林还提出了德国中立的设想。斯大林说:"简单地说,苏联在德国问题上的政策在于使德国非军国主义化和民主化。我想,德国的非军国主义化和民主化,是确立巩固的持久和平的最重要的保证之一。"③ 斯大林这段著名的讲话,既回答了战后欧洲人民普遍关心的问题,即"实现持久和平"的问题,又回答了实现持久和平的路径问题——通过实行优越的社会制度。

对此,美国开始针锋相对地将阻止苏联影响力继续向西扩张作为其优先国家战略,而英国也急于恢复被第二次世界大战打破了的欧洲传统均势,除主张恢复法国的大国地位外,还支持意大利作为地中海的反共桥头堡。1946年春,丘吉尔访问美国并发表演说,公开提出建立"各英语民族的兄弟联盟",对以苏联为代表的社会主义制度展开斗争,称"在远离俄国边界而遍布世界各地的许多国家里,共产党第五纵队已经建立。它绝对服从来自共产主义中心的指令,完全协调地工作着"④。对此,斯大林回应道:"毫无问题,丘吉尔先生的方针是进行战争的方针,即号召同苏联开战。"⑤

---

① 转引自梁强《苏联与大同盟(1941—1946年)——基于新解密档案的研究》,中国社会科学出版社,2014,第414页。
② 邓红英:《民主德国德国政策的演变(1949—1990)》,湖北人民出版社,2009,第18~19页。
③ 转引自梁强《苏联与大同盟(1941—1946年)——基于新解密档案的研究》,中国社会科学出版社,2014,第437页。
④ 〔俄〕基·卡尔波夫:《大元帅斯大林》,何宏江等译,社会科学文献出版社,2012,第801~802页。
⑤ 〔俄〕基·卡尔波夫:《大元帅斯大林》,何宏江等译,社会科学文献出版社,2012,第804页。

导　言　关于德国统一的外交博弈

围绕着德国的未来，西方各国与苏联站在了对立的立场上。《大元帅斯大林》的作者称"这是两种制度——资本主义制度和社会主义制度"争夺"控制世界的权力"。① 可以说，从那时起，德国的分裂中就同时夹杂了势力范围划分、社会制度竞争和意识形态斗争等多重因素。这些都是德国统一进程中的难题，而在当时，斯大林也曾表现出一定的灵活性，例如他提出："我必须放弃只能通过苏联制度才可以实现社会主义胜利的观念，它也可以体现在其他的政治制度里，例如民主制与共和制，甚至君主立宪制。"② 这一方面说明斯大林期望战后与西方，特别是与美国长期合作[3]；另一方面说明，斯大林认为德国人民可以有自己的选择，不强求其学习苏联经验，但是要坚持非军国主义化和民主化。

杜鲁门和其顾问们的担心则比较具体，他们认为，如果德国落入共产党人之手，苏联就有了对欧洲的强大杠杆，对美英利益极为不利，西方就白打第二次世界大战了；如果不在德国移植美式体制，美国在欧洲和世界的地位都将不保。④ 于是，在战时盟国之间出现了由谁控制德国的重大议题，这也导致了盟国的分裂。1946年2月，美国驻苏联使馆参赞乔治·凯南给美国国务院发回的8000字"长电"，切中上述担忧，他判断苏联必然采取扩张政策，

---

① 〔俄〕基·卡尔波夫:《大元帅斯大林》，何宏江等译，社会科学文献出版社，2012，第803页。
② 沈志华主编《一个大国的崛起与崩溃:苏联历史专题研究（1917—1991）》，社会科学文献出版社，2009，第572页。
③ 沈志华主编《一个大国的崛起与崩溃:苏联历史专题研究（1917—1991）》，社会科学文献出版社，2009，第571页。
④ William I. Hitchcock, *The Struggle for Europe: The Turbulent History of A Divided Continent, 1945 to the Present*, New York: Anchor Books, 2004, pp. 30-32.

| 德国统一的外交

以维持其"专制"制度,主张对苏联采取"遏制政策"。① 自此,杜鲁门政府不再寻求在德国问题上与苏联合作,也不再试图让美军撤离欧洲。

1947年,冷战开始了。西方担心来自苏联的政治影响,而苏联则担心来自西方的经济优势。双方出于各自的利益回到了分裂德国的立场。1947年6月,美国国务卿马歇尔代表政府提出了经济援助欧洲各国的计划。英国外交大臣贝文设计了使苏联和东欧难以接受,从而不会参加这一经济援助计划的条款。贝文还力促美国加入欧洲安全体系。美欧双方的意愿促成了美国在欧洲政治、经济和军事领域的势力扩张。"马歇尔计划"使德国和欧洲在经济社会层面的分裂全面铺展开来。② 1948年,西方三大国在由其占领区合并组成的德国西占区推行币制改革,为了反击这一改革,斯大林封锁了西柏林对外的陆路和水路通道,仅仅留下空中走廊。第一次柏林危机持续了11个月之久,美英空军共飞行了27万多架次,维持了西柏林人的基本生存,也使苏联意识到西方战略空军的能力及其对苏联的巨大威胁。1949年8月,苏联成功试爆了第一颗原子弹,打破了美国的核垄断。美国为了对抗苏联先行建立了北大西洋公约组织,联邦德国继而立国。苏联也迅速帮助德国统一社会党人建立起民主德国。东西方斗争加剧,德国分裂局面告成。1950年,朝鲜战争爆发。感到威胁的美英开始筹划重新武装西德,使其成为对抗苏联的前沿阵地。1953年,美国在西欧,尤其是在西德部署了

---

① 张曙光:《美国遏制战略与冷战起源再探》,上海外语教育出版社,2007,第23~32页。
② William Hitchcock, *The Struggle for Europe: The Turbulent History of A Divided Continent, 1945 to the Present*, New York: Anchor Books, 2004, pp. 62~65.

核武器。1955年，英国通过把西德引入西欧联盟从而把西德引入北约。苏联也迅速组建了华沙条约组织，东德加入了新成立的华约。① 东西两德成为两极格局的前沿阵地。德国被切分并分属东西方两个世界。不仅在经济上完全割裂，而且两德选择了不同的社会制度和意识形态，展开了全方位的竞争。

### （二）霸权体系下的战略比拼

20世纪60年代中后期至70年代中后期，苏联的国家实力迅速发展，特别是战略核武器力量上升，而朝鲜战争和越南战争则消耗了美国的实力和美国社会的认同。1968年的美元危机和此后的石油危机对资本主义阵营来说更是雪上加霜。于是，苏联开始在欧洲采取进攻性战略，与美国针锋相对地展开霸权竞争。

在霸权体系下，苏联曾经希望德国独立，也希望西欧独立。俄罗斯文明与欧洲文明有继承关系，苏联共产主义思想也来自西欧。苏联认为，美国势力对西欧的影响是负面的，应当把美国逐出欧洲大陆。美国则将苏联的共产主义视为洪水猛兽。双方在欧洲大陆上展开了旷日持久的核军备和常规武器竞赛。苏联威胁要在欧洲部署SS-20中远程弹道导弹，美国则要在西德部署美国的中子弹，双方剑拔弩张，而事实上，受害者将是德国人民和欧洲其他国家人民。

欧洲人民要求和平的呼声高涨，西德开始实行谋求缓和的"新东方政策"。1972年，美苏在莫斯科峰会上达成政治和军控协

---

① 当时北约成员国15个，面积2217平方公里，人口53900万；华约只有8个成员国，面积2342平方公里，人口32260万。北约的GDP比华约高出3倍，而且北约成员国都是传统工业发达国家。见沈志华主编《一个大国的崛起与崩溃：苏联历史专题研究（1917—1991）》，社会科学文献出版社，2009，第1034页。

议，美苏成为军事上势均力敌的超级大国，东西两德也于同年11月达成了规范两国关系的《基础条约》，两个德国实现了相互承认和关系正常化。东西方的缓和给两个德国调整双边关系创造了契机。西德尝试以接触、交流、帮助等手段拉拢东德。这种接触时疏时密，时紧时松，主要取决于东西方，特别是美苏之间的关系。一方面，西德将与东德的贸易视为"国内贸易"；另一方面，东西两德又在明争暗斗，进行着制度和意识形态竞争。赫鲁晓夫后来承认，他的梦想就是在东德建成"道德、政治和物质成就的窗口——让西方世界看到并羡慕"①。

进入80年代以后，整个国际局势的主基调变成"缓和"与"改革"。里根对苏联奉行"以实力求和平"的政策，利用苏联的经济停滞及军备占用过多国家资源的弱点，以战略防御计划对苏联施压。苏联陷入了经济危机，对外控制力下降。此时的美国掀起了"经济自由化"和"裁军"的浪潮，逐渐掌握了对苏联的战略主动。整个世界都开始了"自由化"改革。勃列日涅夫开始允许东欧社会主义国家走自己的路，同时重视加强与西德的经济合作。1985年3月，戈尔巴乔夫执政以后开始推行"新思维"和"全欧合作"，进一步放松了对东欧控制，公开发表了一系列包括欧洲裁军、和平化解冲突、泛欧经贸合作、欧洲文化共同体、合作安全、融入世界经济体系等在内的主张。1987年，苏联推进国内改革，提倡国际关系非意识形态化和非对抗化，默认东

---

① "It was my dream to create such conditions in Germany, that the GDR would become a showcase of moral, political and material achievement—all attracted displayed for the western world to see and admire." See *Khrushchev Remembers*, Introduction by Edward Crankshaw, translated by Strobe Talbott, Little, Brown and Company, 1970, p. 456.

欧国家可以自主选择脱离社会主义大家庭。1988年12月7日，戈尔巴乔夫在联合国大会上关于苏联将单方面从东欧撤军5万人的演说虽然一时引起国际上的轰动，但西进东退的态势已经成型。

**（三）谁将塑造欧洲的未来？**

1989年11月9日，民主德国部长会议决定放宽私人出境限制，私人出国旅行可以随时提出申请并在短期内获得批准，民主德国公民可从柏林墙的任何一个过境站离境。这一决定被理解成"全面开放"，从而导致柏林墙瞬间被人为拆毁。短短的10天中，有300万人从东德到访西德。这一戏剧性的事件预示着不仅德国，而且整个欧洲乃至世界都濒临剧变，众多力量博弈下的欧洲再次呈现多种可能的未来。谁将塑造欧洲的未来，又如何塑造欧洲的未来？欧洲未来的结构将会是怎样的？各相关大国对此都提出了自己的设想。

早在柏林墙被拆除之前，北约在1989年5月的峰会就提出德国可以"通过民族自决重获统一"的基本原则，而当时的苏联尚缺乏危机意识。此后，苏联设想过和西德达成"以中立换统一"的私下交易，提出了德国土地上不能再出现战争威胁、战后边界不可侵犯、德国领土不能被外部力量所利用三原则。但是，美国人并没有给苏联任何机会。1989年12月4日，布什在布鲁塞尔发表了题为"新欧洲以及新大西洋主义的未来形态"的主旨发言，公开支持德国通过民族自决实现统一。他宣称："只要我们的盟友需要我们存在，美国将在欧洲维持重要的军事力量。"① 美国将西方盟国再次拉到自己的立场，直接警示法国，北约对于美国及欧洲的未来极其重要，还拉拢英德支持北约地位及北约政治化改革。

戈尔巴乔夫为欧洲描绘的未来是勃列日涅夫提出过的"欧洲共同家园"的翻版。② 勃列日涅夫时代的"欧洲共同家园"是要将美国挤出欧洲，建立苏联和欧洲国家的共同家园，而戈尔巴乔夫的"欧洲共同家园"则是希望同美国一道，共同应对西德崛起，希望通过改革，将苏联、东德以及所有华约组织成员国和北约组织成员国一道纳入"全欧大厦"。这个空洞而缺乏实施方案的概念是戈尔巴乔夫"改革与新思维"的外交口号，目的是改善同美国及西欧的关系，希望这能有助于解决苏联国内的经济社会问题。为此，戈尔巴乔夫修正了苏联外交政策的理论基础，提出"新思维的核心就是承认全人类价值观的优先地位"，而"被国际社会称之为文明的东西"应该作为判断是非的标准。③ 苏联外交就是通过对话实现世界和平，从而争取国家利益最大化。戈尔巴乔夫在"欧洲共同家园"的构想中有意回避了德国问题，丢开了东欧国家，他希望德国建立邦联，而后与苏联签订合约，德国奉行中立化并纳入"全欧进程"，其中关键的环节是不允许统一后的德国加入北约。但是，苏联勾画的蓝图没有在其他国家引起共鸣，美、英、法各有

---

① Outline of Remarks at the North Atlantic Treaty Organization Headquarters in Brussels, Public Papers, 4 December, 1989, 王帅:《两德统一的外交史研究（1989—1990）》, 南京大学2017年博士学位论文, 第423页。

② Gerald Holden, *Soviet Military Reform: Conventional Disarmament and the Crisis of Mlitarised Socialism*, London: Pluto Press, 1991, pp. xii-xiv, 20, 40.

③〔苏〕米·谢·戈尔巴乔夫:《改革与新思维》, 岑鼎山译, 世界知识出版社, 1988, 第24~126页。

自己的算盘，最终是社会主义阵营的东欧国家脱离了苏联的控制，而美国的势力大举东进，戈氏的"欧洲共同家园"成为泡影。

针对戈尔巴乔夫的"欧洲共同家园"，布什在早前制定的"超越遏制"[①]战略的基础上，提出了"完整而自由的欧洲"的口号。布什的战略意图是让苏联大规模削减进攻性常规武器，实现东欧自由化并结束欧洲分裂，使欧洲整体西化。布什坦率地说："东欧有可能发生民主变革，我们有义务提供一种可靠的催化剂。"[②] 布什政府利用戈尔巴乔夫喜欢唱高调的特点，鼓励苏联一同介入东欧民主化进程，使其难以掉头；又利用西德实现统一的愿望，让其负责在经济上援助苏东改革国家，美国自然要支持欧洲一体化，使欧共体发挥磁石作用，吸引东欧向西方靠拢。在布什的战略中，根本没有什么北约和华约的和平共处，相反，布什一直在组织有关"大西洋共同体定位"的研究，关键的环节就是让统一后的德国留在北约。[③] 布什还说，让欧洲"完整而自由"，将是北约的新使命。当然，布什也没有忘记适当及时地安抚戈尔巴乔夫，称其主张的"完整而自由的欧洲"和戈尔巴乔夫宣扬的"欧洲共同家园"是相近的，同时，他又断然否定了苏联提出的全欧安全架构，强调美国留在欧洲有利于"完整而自由的欧洲"的利益，也就是苏联人说

---

[①] 所谓"超越遏制"的战略即是以"常规裁军倡议为手段，促使苏联对西方做出更大让步"。
[②] 〔美〕乔治·布什、布伦特·斯考克罗夫特：《重组的世界：1989—1991年世界重大事件的回忆》，胡发贵等译，江苏人民出版社，2000，第99~100页。
[③] NSR-5, "Comprehensive Review of US-West European Relations," February 15, 1989, George Bush Presidential Library and Museum, http://bushlibrary.tame.edu/research/pdfs/nsr/nsr5.pdf.

的"欧洲共同家园"的利益,德国留在北约对苏联不会构成威胁。①

在两种不同未来设想的比拼中,美国是立场坚定、方案具体的一方。在有关统一后德国的身份归属问题上,布什的"完整而自由的欧洲"要的是排除了苏联的整个欧洲,是要将东欧和西欧连为一体,成为"自由世界"的一部分。戈尔巴乔夫的"欧洲共同家园"则认为苏联和美国都可以融入欧洲。在路径上,虽然西德外长根舍提出过折中的"图青方案"(即北约军队不驻扎在统一后的德国东部),法国提出过统一后的德国退出北约军事结构,只保留北约理事会成员的身份,但美国坚持德国完整的北约身份和美军继续驻留欧洲。美国这一立场始终未变,最终结果就是苏联大规模从东德和东欧撤军,以及华沙条约组织的解体。当然,美国也承诺了北约将从军事政治组织变为政治组织,但那只是给苏联退场的一个台阶而已,使其没有理由反对德国的北约身份。②

从现实的具体角度看,美国一直都在推动德国统一加速发生,主动帮助西德管控德国统一的外部影响,美国坚持自己在欧洲的军事存在毫不动摇,坚持统一的德国必须保留在北约的框架下也毫不动摇。其他各方也都曾提出过关于德国及欧洲未来的各种设想,例如撒切尔夫人要寻求一个经济上更为松散开放的欧共体,安全上完全依赖北约,政治上则将美苏囊括在内的欧安机制。密特朗提出了

---

① Memorandum of Conversation between George Bush and Eduard Shevardnadze in Washington, April 6, 1990, George Bush Presidential Library, http://nsarchive.gwu.edu/NSAEBB/NSAEBB481/docs/Document%209.pdf.

② Vorlage des Ministerialdirektors Teltschik an Bundeskanzler Kohle, Bonn, 22. Februar 1990, Nr. 191, *DESE*, S. 857-859.

"欧洲邦联"的构想,他想排除美国,建立一个由欧洲各国共同协商并实施安全措施的永久性组织。[1] 东德新任总理莫德罗提出了由两德建立"契约共同体"。科尔提出了《十点纲领》,公开了西德关于在欧洲一体化进程中实现德国渐进统一的设想。西德执政联盟中的根舍外长一派,提出过"全欧联盟"主张。撒切尔夫人试图拉拢密特朗共同给德国统一减速,把西德马克说成是"核武器"[2],密特朗则趁机推动欧洲一体化的加速,与西德在欧洲经货联盟的建设上做成一笔关于欧洲未来的"关键交易"。[3] 德洛尔则想借机推动经货联盟,加强欧共体政治合作,所以更加迎合科尔有关政治经济同步发展的欧洲统一之路。在1989年12月4日北约领导人峰会上,布什发表了题为"新欧洲以及新大西洋主义的未来形态"的演说,声称:"在剧变的任何时候,都应该有坚定的原则指引我们的道路……每个国家的公民有权自由地决定他们自己的生活方式。当然,我们共同支持德国统一已有四十年之久。以我们的观点看来,德国统一的目标应该基于以下四点原则。第一,在不对结果存有偏见的情况下必须追求自决。在此时我们不应承诺,也不用排除统一的任何具体形式。第二,统一应在德国持续加入北约以及不断融入欧洲一体化的背景下发生,并且应关注盟国的合法角色与责任。第三,为了使欧洲保持全面稳定,必须和平、渐进、逐步地迈向统一。第四,在边界问题上,我们应热情重申我们对于赫尔辛基

---

[1] Frédéric Bozo, *Mitterrand, the End of the Cold War, and German Unification*, p.147.
[2] 〔英〕戴维·马什:《欧元的故事——一个新全球货币的激荡岁月》,向松祚、宋姗姗译,机械工业出版社,2011,第79页。
[3] 〔英〕戴维·马什:《欧元的故事——一个新全球货币的激荡岁月》,向松祚、宋姗姗译,机械工业出版社,2011,第115页。

最终法案的支持。"①

布什的演讲无异于是对美国立场的总宣言。应当说，美国比苏联更早预见到德国有可能统一，因此在战略准备上占据了上风，而苏联在德国统一的外交活动中始终处于顾此失彼的局面。此外，苏联也一直没有拿出能够包容德国统一的欧洲秩序方案，其大而空的"欧洲共同家园"既缺少主要国家的支持，也缺乏实施的具体路径。当东西方边界在奥匈边界打开，移民潮开始冲击政治局势，人民运动大规模参与外交进程之时，苏联不仅没有应对之策，甚至缺乏应对之愿。

（四）"2+4"的国际谈判

柏林墙倒塌以后，戈尔巴乔夫于1989年11月15日提出，两个德国都是联合国成员国，"有关重新统一的讨论意味着对两个德国内部事务的干涉"，明显是要阻止将德国统一提到国际议程上来。谢瓦尔德纳泽还提出了"假设的德国（hypothetical Deutschland）"的七大问题（包括政治、司法、安全及和平保障、领土诉求、政治军事身份、与东欧的纽带关系、盟国在德国的驻军等），但是缺乏主要的关切。②

最终达成德国统一的协议是在谈判桌前完成的。"2+4"（即两

---

① Outline of Remarks at the North Atlantic Treaty Organization Headquarters in Brussles, *Public Papers of the Presidents of the United States*, *George Bush*: *1989-1990*, Book II, Washingtong D.C.: U.S.G.P.O., 1990-1991, pp. 1644-1647. 转引自王帅《两德统一的外交史研究（1989~1990）》，南京大学2017年博士学位论文，第189页。

② 王帅：《两德统一的外交史研究（1989—1990）》，南京大学2017年博士学位论文，第218页。

个德国+美苏英法）的谈判框架是西德提出来的，意在将统一的外部因素与内部进程切割开来，并推动外部进程进入谈判阶段。英国钟爱四大国机制，但四大国机制得不到西德的支持，而欧安会35国机制又过于宽泛。[①] 英国赞同"4+2"，但美国支持"2+4"，以突出西德的作用。所谓"2+4"就是在两德讨论"内部问题"（如大选后实行经济货币社会联盟问题）之后，再加上四大国讨论外部问题，最终要达成"有法律约束力的文件"。事实上，"2+4"成了盟国联合劝说苏联接受德国统一的谈判机制，该机制的主动权从头至尾都掌握在美国和西德手里。

在"2+4"机制中，博弈主要体现在议题设定上。西德提出的议程是：边界、政治军事问题、柏林以及四大国的权力和责任。苏联要全面批评科尔动用西德《基本法》第23条，直接"吞并"东德的设想，却没有其他更加具体的方案。法国想要用"2+4"框架从各方面约束德国。布什则认为"2+4"的核心问题应当是如何放弃四大国的权力，使统一后的德国享有完整主权。布什最终成功地把"终结四大国的权力，归还德国完整主权"的提法公之于众。

美国的国安专家接过了"2+4"谈判设想，为了将统一后的德国纳入美国设计的轨道，美国国务院拟定了一个多边政治谈判框架。[②] 这个多边框架充分体现了美国的主导权。首先，它肯定了四大国的权力和责任——由四大国共同商讨德国统一的相关问题，这样就限

---

[①] Ross and Soelick to Baker, "Germany: Game Plan for Two Plus Four Talks", 30 January 1990, in Philip Zelikow and Condoleezza Rice, *Germany Unified and Europe Tranformed: A Study in Statecraft*, Cambridge, Massachusetts: Harvard University Press, 1995, p. 180.

[②] 〔德〕科尔：《我要的是德国统一——科尔自述》，葛放主译，辽宁人民出版社，1999，第207页。

制了苏联影响力和作用的发挥，防止了西德与苏联进行私下交易的可能。欧洲其他中小国家被排除在谈判框架之外，英、法也因而受到限制。美国设定的谈判主题是废除四大国对德国的战胜国权利，给予统一后的德国完全主权。谈判框架和议题的设置压制了苏联提出的德国中立化、长时间过渡期、保留四大国权利、限制德国兵力规模等方案，坚持让德国快速实现统一、新德国享有完全主权等美国立场。美国只在搁置短程导弹升级计划等一些小的方面做了点让步，并给苏联撤军留下了较长的过渡期，军事安置费还是由西德提供。科尔事后说，德国统一进程"如果没有美国朋友帮助的话，是不可想象的"[1]。

在"2+4"框架内，苏联曾经希望和英、法共同落实德国中立化和全欧进程计划，但是英、法各有自己的算盘。加上东德立场的转向，苏联在"2+4"框架内实际上面临着"1+5"的局面，其他5国都赞成德国尽快统一。[2] 苏联没有坚持多久，1990年5月，苏方透露，如果西方对苏联安全提供保障，苏方可以考虑同意让统一的德国成为北约成员。这是关键性的让步。当然，苏方还提出北约彻底改变自己的性质、同华约缔结伙伴关系、德国大幅度削减军费、一次性解决边界问题并减少美军在欧洲的存在等问题。此外，苏联要求西方尽快提供经济援助，并提出了200亿美元贷款的经济要求。[3] 作为回报，在7月9~11日的休斯敦经济高峰论坛上，西

---

[1] 〔德〕科尔：《我要的是德国统一——科尔自述》，葛放主译，辽宁人民出版社，1999，第235页。
[2] Eduard Shevardnadaze, *The Future Belongs to Freedom*, London: Sinclair-Stevenson Ltd., 1991, pp. 137-139.
[3] Philip Zelikow, Condoleezza Rice, *Germany Unified and Europe Transformed: A Study in Statecraft*, Cambridge, Massachusetts: Harvard University Press, 2002, pp. 248-250, 263-265.

方七国表示支持戈尔巴乔夫的政治经济改革,并向苏联提供贷款。在最后的新闻发布会上,科尔表示,西德将提供50亿西德马克的贷款,期限是15年,年化利率9%。戈尔巴乔夫在苏共二十八大上保住了自己总书记的职位,德国统一进程谈判也画上了句号。1990年9月12日,"2+4"各国外长在莫斯科举行最后一次会谈,签署了《关于最终解决德国问题的条约》。10月1日,美苏英法和两德外长在纽约签署宣言,宣布四大国停止在德国行使权力。1990年10月3日,民主德国正式加入联邦德国,德国实现统一。

## 五 一些值得讨论的重要议题

在围绕德国的分裂与统一而进行的外交活动中,有一些贯穿始终的议题,例如"维护持久和平""欧洲的未来""民众的意愿""经济与财政援助的作用",等等。可以说,涉及德国统一的各方对上述问题都有不尽相同的解读,最终能够达成协议,外交起到了至关重要的作用。

二战后的德国"为了和平"而被分裂。参与制定战后世界规则的战胜国首先要确保德国不再对世界和平构成威胁,但对以怎样的秩序确保安全却存在分歧。在斯大林看来,在德国建立一个由共产党领导的统一的议会民主制国家是有利于世界和平的,但在美国人看来,统一的德国可能会亲苏,美国需要以稳定和一体化的西欧对抗不断强大起来的苏联,并重新武装德国,使其成为西方的"桥头堡"。从美国战略的角度看,"和平"并不等于"均势",战略优势也可以在相对和平的条件下,通过其他手段获

德国统一的外交

得，例如通过军备竞赛和裁军谈判。从整个德国统一的外交进程中可以看出，美国外交的目标不是"和平"本身，而是要保证西方制度体系的稳固和优势。美苏英法与将要统一的德国达成了如下"和平"协议：其一，放弃核武器和生化武器；其二，留在北约；其三，承认奥得—尼斯河边界的永久性；其四，确认对欧洲一体化建设的义务，并且承诺向东欧和苏联提供财政援助。这之后四大国和平地移交了权力，同时移交的还有苏联在欧洲大陆的地位和作用。

围绕"和平"展开的外交不仅是一种安全的安排，也是一种攻心的战术。参与德国统一外交谈判的人们曾是二战的亲历者，对于战争的残酷还保有鲜活的历史记忆，对"持久和平"抱有执着的追求和期盼，对此，德国总理科尔表现出了足够的理解力和共情能力。他和戈尔巴乔夫一起谈论在二战中失去的家人，使当事人动容；[①] 他与密特朗重游阿登纳与戴高乐通过拥抱开启德法相互谅解的凡尔登基地，并对邻国不愿意与一个拥有近8000万人口的国家为邻的想法表现出理解；[②] 他对撒切尔夫人不服气德国从最大的战败国变成最大的赢家表示宽容。科尔虽然批评撒切尔夫人满脑子"19世纪的势力均衡思想""已与时代不符"[③]，但也没有忘记提醒德国人记住，纳粹时代的德国外长里宾特洛普曾经对荷兰做出过

---

[①] 〔德〕科尔：《我要的是德国统一——科尔自述》，葛放主译，辽宁人民出版社，1999，第31页。

[②] 〔德〕科尔：《我要的是德国统一——科尔自述》，葛放主译，辽宁人民出版社，1999，第154页。

[③] 〔德〕科尔：《我要的是德国统一——科尔自述》，葛放主译，辽宁人民出版社，1999，第155页。

导　言　关于德国统一的外交博弈

"不侵入"的虚假保证，对这个阴险的谎言荷兰人民不会忘记①。在"追求和平"的外交共振中，西德与苏联的共同声明发出了豪言壮语："在两次世界大战中受苦最深重的欧洲必须为世界树立一个永久和平、睦邻友好和持续合作的典范。这也将使各国的成就，无论其社会制度有何不同，成为共同的福利。欧洲国家能够，也应该生活在不是相互害怕，而是和平竞赛之中……通过建设一个和平和合作的欧洲，建设一个欧洲和平的秩序或共同的'欧洲大厦'……来达到这一目的。"②"永久和平"已近在咫尺，人们为此相拥而泣，感受"成就和平"的荣光。

创造"和平的欧洲未来"是破解德国统一的一把钥匙，目的是要四大国，特别是让除美国以外的欧洲战胜国相信，它们移交权力后的欧洲会向它们所希望的方向发展。关于德国统一的正当性和合法性，在法理上很难否认，但是英、法、苏都试图延长自己作为战胜国的权益，也提出了它们关于欧洲未来的设想。布什的"完整和自由的欧洲"中包含了法国所需要的"更紧密的欧洲一体化"。根据布什对欧洲的设想，统一后的德国仍将是欧共体的重要成员和法国的"天然的伙伴"③，同时也是西方世界的重要成员，而不是没有确定面目的中立国家。撒切尔夫人的眼光是保守了些，她要的是传统的"欧洲内部均势"，还不及密特朗的"欧洲一体化"目光长远。布什想要赢得的是整个欧洲乃至整个世界的西化。

---

① 〔德〕科尔：《我要的是德国统一——科尔自述》，葛放主译，辽宁人民出版社，1999，第254页。
② 〔德〕科尔：《我要的是德国统一——科尔自述》，辽宁人民出版社，1999，第32~33页。
③ 〔德〕霍斯特·特尔切克：《329天：德国统一的内部视角》，欧阳甦译，社会科学文献出版社，2016，第65~66页。

## 德国统一的外交

通过推动德国统一的外交，他前所未有地接近了自己的目标。至于戈尔巴乔夫的"欧洲共同家园"，则从始至终都只是一个空洞的概念。

其实，统一后的德国应归属哪个联盟始终是一个核心的问题，因为德国倒向天平的哪一端都会使另一端失重。美国坚决反对德国中立，认为像德国这样一个处于欧洲腹地，经济上如此举足轻重的国家，不可能中立，至少统一后原联邦德国地区应归属北约。① 对于戈尔巴乔夫来说，统一后的德国归属北约是不可接受的，即使北约只保留在原联邦德国地区的驻军，但是他并没有提出可操作的替代方案，立场也不坚定。东德大选后，戈尔巴乔夫改变了立场，认为一个国家的结盟问题完全是这个国家自己的问题。至于德国外长的"根舍公式"（即统一的德国加入北约，但北约管辖权不东扩，前东德地区不驻扎北约部队，北约、华约政治化并融入欧安会的新安全体系）②，法国总统密特朗提出的"欧洲邦联"③ 构想（弱化北约，加强欧共体，取代美国的大西洋主义，美国离开欧洲）等，或缺乏现实可行性，或需要构建的时间，因此都没有成为外交谈判的主要方向。1990 年 7 月科尔访苏时与戈尔巴乔夫达成协议，在统一后德国的北约身份问题上实现了突破。这一核心问题的解决是

---

① 〔德〕科尔：《我要的是德国统一——科尔自述》，辽宁人民出版社，1999，第 211 页。
② "Germany", Letter from Mr Powell (No. 10) to Mr Wall [PREM: Internal Situation in East Germany], 10 Downing Street, 31 January 1990, Note 3, in P. Salmon, K. Hamilton and S. Twigge eds., *Documents on British Policy Overseas*, *German Unification*, New York: Routledge, 2009, p. 233.
③ President Bush Meeting with Francois Mitterrand of France, 16 December 1989, George Bush President Library and Museum, http://bush41library.tamu.edu/files/memcons-telcons/1989-12-16--Mitterrand.pdf.

以苏联从德国撤军为基础的，随着德国统一并恢复完全主权，法国等欧洲盟国也失去了继续在德国驻军的理由，最后的大赢家是德国和美国。

"经济和财政援助"在德国统一进程中起到的作用绝对不能小觑。提供援助与否，提供的方式和条件，援助产生的杠杆作用和不提供援助造成的压力，都会在特定的形势下影响事态发展的方向。援助甚至可以用来撬动谈判对方的立场，使其做出通常情况下不会做出的让步。在德国统一的外交中，经济和财政外交就扮演了这样一种角色。西德的科尔政府真正做到了"该出手时就出手"。1990年1月，科尔应戈尔巴乔夫的请求，向苏联提供了12万吨的肉类和价值1亿美元的紧急食品援助，表现出西德的诚意。科尔还请求德洛尔领导的欧共体为苏联提供援助。[1] 当苏联表示需要大约200亿西德马克贷款，以保证苏联的国际支付能力不会丧失时，科尔也欣然表示愿意合作，因为他知道"请求他国政府提供财政援助的政府，不会继续奉行引发冲突的方针"[2]。此后，西方七国联合向苏联和中东欧国家的改革提供经济援助，苏联最终做出了关键性的让步。当时苏联军界就有些人说，卫国战争的伟大胜利果实已经被出卖，拿去换西德马克了。[3]

---

[1] Entscheidung für die deutsche Einheit, *DESE*, S. 80.
[2] 总理府的档案并不支持谢瓦尔德纳泽提出贷款请求的说法。不过，特尔切克日记以及他在1997年接受魏登菲尔德采访时都表达了上述观点，参见 Gespräch des Bundeskanzlers Kohl mit Außenminister Schewardnadse, Bonn, 4. Mai 1990, Nr. 267, *DESE*, S. 1084 – 1090; Horst Teltschik, *329 Tage, Innenansichten der Einigung*, Berlin: Siedler Verlag, 1991, S. 221; Werner Weidenfeld, *Aussenpolitik für die deutsche Einheit. Die Entscheidungsjahre 1989/90*, Stuttgart: Deutsche Verlags-Anstalt, 1998, S. 428.
[3] 〔德〕科尔：《我要的是德国统一——科尔自述》，辽宁人民出版社，1999，第340页。

德国统一的外交

但是，当东德急需援助以渡过财政难关时，西德却将在东德地区举行自由选举作为给予援助的必要条件。科尔对莫德罗说，他不相信民主德国的现行体制在目前的局面下，能够凭借来自西德的几十亿马克继续维持下去。① 西德的确为东德提供了援助，不过那是用于职业培训、技术转化、环境保护、路况保护、医疗转移以及向中小企业发放贷款的。用科尔的话说："事实上就是要在民主德国推行路德维希·艾哈德的社会市场经济。"② 在强大的经济压力下，援助促成了东德政权的更迭，使对立方变为伙伴方，"和平演变"取得了成功，"政权更迭"被证明是西方势力打倒对方的成功经验和捷径。随着东德政权的变化，德国统一的外部进程谈判方也从"2+4"变成了"1+5"。

很多出版物都宣称，"德国统一进程中的主导和推动力量"是民众的意愿，是东德民众推倒了柏林墙，是他们形成了移民潮，从而挖空了东德的经济基础，也是他们喊出了"德国，统一的祖国"的口号，特别是3月18日东德大选的结果，有力地支持了科尔的统一方案，打消了西方盟国之间的分歧，动摇了苏联誓不妥协的立场。是这些运动在推动决策者不断地改变博弈的目标、筹码和要价。但是从这些表面现象背后，我们也看到了东西双方在舆论领域的对决。事实上，在柏林墙倒塌以后，多数东德人仍然希望生活在东德的社会主义制度下。群众游行的口号主要是"开放边界""出国旅行自由""民主改革""党政分离"，等等。③ 随着越来越多的

---

① 〔德〕科尔：《我要的是德国统一——科尔自述》，辽宁人民出版社，1999，第202页。
② 〔德〕科尔：《我要的是德国统一——科尔自述》，辽宁人民出版社，1999，第203页。
③ 〔德〕科尔：《我要的是德国统一——科尔自述》，辽宁人民出版社，1999，第85页。

人走上街头，人群中的口号也发生了变化，从开始的"我们是人民"变成"我们是一个民族"。主张以西德《基本法》第 23 条来统一德国的政党赢得了大选，而这个政党得到了来自西德的"姊妹党"的全力支持，民众的口号中都有来自西部的影响。

早在东西方缓和的 20 世纪 80 年代，西德就已经打算通过促进两德之间的人员往来让东德人体验西德人的生活，增强民族认同感。科尔早就开始设想，在有限范围内按 1∶1 实现东、西德马克的兑换，认为这种汇率会在政治心理上产生极大的意义。1990 年，东德民众喊出了："西德马克过来，我们留下来；西德马克不过来，我们到那边去"的口号，而东德政府也最终放弃了自己的制度，选择了举行自由选举，而民选政府结束了原有政府的政策，选择了统一。对西德而言，仅就货币兑换这一宗来看，就是一笔非同寻常的庞大支出，在任何一本历史教科书上都找不到先例。随着东德大选落幕，东西德经货联盟建立，西德马克大量流向东部地区，一年内就流出 1000 亿马克之多，占到西德财政预算的四分之一。科尔回忆说，这种不同寻常的大规模举措就好比二战以后美国在西德和西柏林实施的"马歇尔计划"。①

在强大的攻势下，东德的强力部门被"软"力量所瘫痪，警察被赋予反面形象，警察不敢穿制服上街维持社会秩序，不能进入福音教堂，而抗议者则将福音教堂作为抗议传单的印刷厂。有组织的"政权更迭"运动大批地制造出能够"为大众接受的口号"。在德国统一的进程中，舆论攻心、经济援助和大国外交之间有着错综

---

① 〔德〕科尔：《我要的是德国统一——科尔自述》，辽宁人民出版社，1999，第 327 页。

| 德国统一的外交

复杂又千丝万缕的联系，这种事例俯拾皆是。

有关德国统一的外交，从一开始就不是一个简单的"德国问题"，更不是一国国内政府与民众之间的关系问题，而是至少涉及两个德国、整个欧洲乃至东西方阵营这三个层次的博弈与互动。随着德国实现统一，东西方之间的较量告一段落，西德、法国、美国各得其所，德国本身开始了统一后的恢复期和弥合期。但是在德国统一进程中所使用过的外交手段和谋略，却被一再征用于处理各种国际关系，使得我们对于外交的理解不能不更加丰富起来。

# 第一章

## 联邦德国在德国统一进程中的外交[*]

  1949年德国分裂以来，联邦德国始终将实现德意志民族的重新统一作为自身追求的最高目标。1989年戈尔巴乔夫默许东欧国家国内改革的行动是引发东欧剧变的原因之一，这给德国统一带来了新的历史机遇。联邦德国在东欧剧变中运用自身的经济力量煽动和制造民主德国难民危机，并致使柏林墙倒塌，其后又在第一时间积极提出旨在实现统一的纲领计划，为联邦德国的进一步行动塑造了有利的国际环境。在争取美苏英法四大国认可的过程中，联邦德国紧跟美国路线，"德美特殊关系"奠定了德国统一的外部基础。此后，联邦德国又采取了"从法、苏入手并孤立英国"的各个击破战略，重新掌握了对德国统一的主导权。联邦德国还通过对苏联政治与经济的强力支持，获得了苏联赞同以西方的路径实现德国统一。科尔以及联邦德国政府对时局的敏感性及控制力，是实现德国快速统一的关键因素之一，联邦德国在德国统一进程中也起到了中流砥柱的核心作用。

---

  [*]【作者简介】王帅，历史学博士，政治学博士后，南京师范大学社会发展学院讲师。

| 德国统一的外交

# 一 二战后联邦德国的"德国政策"

第二次世界大战期间,英、美、苏曾提出对战败的德国实行割裂的方式,以彻底破坏它再次发动战争、威胁和平的能力。不过,三大国又担心过度惩罚德国可能会重蹈一次世界大战之后的"凡尔赛之殇",于是逐步将惩罚方式更替为临时性地分区占领与一致管制。然而,美苏英法四大国相互之间存在原则上的利益分歧,前后五轮解决德国问题的四国外长谈判以失败告终,分区占领德国从临时性构想变成了长期存在。随后西方三国试图把手中的三大占领区合并以增强对付苏联的力量,苏联发动第一次柏林危机来加以抵制,这又进一步促动西方决意走上分裂德国的道路。1949年,德国被人为地分裂为联邦德国与民主德国两个实体国家,从此开启了长达40年之久的德国分裂的历史进程。解决战后德国问题、实现德国的重新统一,是两个德国政府无法绕开的核心议题,也是其外交政策的基石。

德国尚未分裂时,联邦德国的首任总理康拉德·阿登纳及其领导下的基民盟便敦促西方尽快统一德国,他试图与德国境内的所有政党组建一个全国代议机构以为统一铺平道路。统一德国的努力失败后,阿登纳意识到德国的"地理位置使我们处在生活理想完全对立的两大国之间。如果我们不愿被碾碎的话,我们必须不是倒向这方,就要倒向那方"[①],于是,他坚定地选择了与西方盟国站在一起的"优先恢复联邦德国自主权"的"西方政策"。不过,选择优先

---

① 〔联邦德国〕康拉德·阿登纳:《阿登纳回忆录》(第1册),上海外国语学院德法语系德语组等译,上海人民出版社,1975,第98~99页。

恢复联邦德国自主权不等于放弃统一诉求，阿登纳从法律原则、外交政策、对待民主德国态度等层面为德国统一塑造了诸多有利条件。

首先，从宪法上坚守一个德国的基本原则。在1948年的联邦议会上，阿登纳表示，形成一部使德国统一永远存在可能的宪法是联邦德国的坚定目标，因而联邦德国的宪法取名为临时性的《基本法》，而不是《宪法》。《基本法》的序言声明，联邦德国"要为那些受到阻挠的同胞加入这种生活秩序进行努力"，要"努力争取德国的统一，这是联邦德国追求的目标之一"①。第23条则规定了德国合法的边界是1937年的边界，概不承认民主德国的存在以及两德分裂的状态。

其次，在外交上坚持"哈尔斯坦主义"与苏联例外论两面结合的政策。"哈尔斯坦主义"彰显了联邦德国的只有自己才能在国际社会中代表整个德国之诉求，因而，联邦德国不得不与承认民主德国并与民主德国建交的国家断绝外交关系。1957年和1963年南斯拉夫、古巴先后与民主德国建交后，这种单独代表权致使联邦德国随即与这两国断交。不过，苏联是"哈尔斯坦主义"的一个例外。苏联直接掌握着解决战后德国问题、实现德国重新统一的关键"钥匙"，断绝与苏联的外交和交流通道，只会将德国统一事业置于无望的僵局之中，因而，1955年，阿登纳前往莫斯科与苏联建立了正式外交关系。作为"哈尔斯坦主义"的例外，联邦政府也以备忘录的形式保留了对德国统一的诉求，②防止苏德建交被人们理解为对分裂状态合法化的认可。

---

① 朱明权：《联邦德国早期的"一个德国"政策》，《德国研究》2001年第1期。
② 邓红英：《论二战后阿登纳的德国统一政策》，《武汉大学学报》（人文科学版）2004年第3期。

| 德国统一的外交

最后，联邦德国不遗余力地对民主德国政府采取积极攻势并主动承担民主德国的国际责任。早在1949年的政府宣言中，阿登纳就开启对联邦德国合法化以及对民主德国非法化的攻势。他声称民主德国政府没有被民主德国人民所接受，而联邦政府是以2300万有选举权的德国人所自由表达的意志为基础的。[①] 20世纪50年代开始，联邦政府又采取了直接针对民主德国政府的"放血政策"，通过宣传自身的经济优势，鼓励和吸引民主德国人民离开民主德国，从而达到破坏民主德国稳定的目的。此外，联邦政府还主动单独承担起德国因战败而产生的赔款，自1952年伦敦债务会议一直到1964年，联邦德国履行了对西方主要国家的赔款义务，以充分证明自己才是"过去德国的唯一合法继承人"。

然而，阿登纳倒向西方的战略没有换来西方对德国统一的鼎力支持。在苏联的轮番通牒和压力下，西方盟国不仅拿联邦德国的利益作为交换筹码向苏联妥协，而且也默认了民主德国的存在以及两德的分裂状态。柏林墙的建立"不仅关闭了东西方之间的最后一扇门，而且毁掉了德国和柏林统一的最后象征"[②]。这都使联邦德国的政治家"开始重新审视其依靠西方盟国与苏联谈判解决德国统一问题的政策"[③]。

1963~1966年，联邦德国进入了"德国统一政策"的调整酝酿期。艾哈德总理虽然继续坚持阿登纳的"以实力求转变"的政策基调，但也开始逐步推行一种灵活的"哈尔斯坦主义"，"其宗

---
① 朱明权：《联邦德国早期的"一个德国"政策》，《德国研究》2001年第1期。
② 邓红英：《论二战后阿登纳的德国统一政策》，《武汉大学学报》（人文科学版）2004年第3期。
③ 邹耀勇：《第二次柏林危机与联邦德国统一政策的转变》，《历史教学问题》2007年第2期。

旨是通过与东欧国家建立密切的经济、政治和外交关系，来达到向东方开放"[1]。1963年前后，联邦政府分别与匈牙利、罗马尼亚和保加利亚达成了设立贸易使团的协议。1966年，艾哈德政府还向除民主德国以外的东欧各国递交了"和平照会"，表达了想要努力改善与东欧国家关系的意愿，并致力于恢复东西方关系的正常化。[2] 直到1966年，联邦德国基民盟和基社盟组成了联盟党，并与社会民主党组成大联合政府，新任总理库特·基辛格才在调整与东方国家关系、践行勃兰特早在1963年便已提出的"东方政策"道路上迈进了一步。大联合政府于1967年同罗马尼亚建交，次年同南斯拉夫建交，这意味着联邦德国已彻底放弃了"哈尔斯坦主义"。库特·基辛格也宣布，联邦政府不能放弃它是德国人民唯一代表的诉求，但这并不影响其承认民主德国政权是一个事实上的政府。

在美苏缓和的大背景之下，1969年社会民主党人勃兰特当选总理，他长期主张的"新东方政策"经大联合政府时期的酝酿之后得以付诸实践。与阿登纳的"西方政策"相比，"新东方政策"不仅要求进一步改善同苏联关系并促成与东欧国家关系的正常化，而且还旨在间接承认民主德国并加强两德间的官方来往。从1970年开始，勃兰特政府相继同苏联、波兰、捷克斯洛伐克、民主德国签订了一系列的双边条约。1970年与苏联签订的《莫斯科条约》第一次承认了奥得—尼斯河边界，这意味着联邦德国将永远失去西里西亚、普鲁士以及柯尼斯堡，也意味着对民主德国的间接承

---

[1] 周琪：《联邦德国的重新统一政策》，《西欧研究》1990年第4期。
[2] 桂莉：《联邦德国的新东方政策》，《国际研究参考》2018年第2期。

认。① 不过，联邦德国最终也劝说苏联接受了在条约之后附加一份谅解备忘录（Brief über die deutsche Einheit），以重申联邦德国对德国统一的愿景。② 1970 年与波兰签订的《华沙条约》进一步承诺了德波奥得—尼斯河边界的不可变更。1972 年与民主德国签署的《基础条约》公开承认了两个德国共存的局面，两国中的任何一方都不能在国际事务中代表另一方或以另一方的名义行动。勃兰特也同意两个德国各自以独立国家的身份共同加入联合国。如《莫斯科条约》一样，联邦德国要求在《基础条约》之后附加了自己的"统一备忘录"。"《基础条约》开启了两个德国相互接触和接近的条约化时代，此后两国交流和合作继续稳步发展，为德国统一事业奠定了基础。"③

施密特上台后进一步强化了联邦德国的"新东方政策"和"德国政策"。就"德国政策"而言，东西德双方的贸易往来获得了大幅度提升，联邦德国向民主德国提供了 8 亿西德马克的免息贷款，同时每年约有 20 亿西德马克从联邦德国流向民主德国；④ 每年联邦德国以及西柏林约有 250 万的人次前往民主德国，到了 1979 年，这一数字蹿升为 800 万人次，而民主德国前往联邦德国的民众也多达 160 万人次。⑤ 施密特与昂纳克之间也建立了不错的私人关系。不过，随着 1975 年之后苏联对外战略的扩张转向，国际上的

---

① Arnulf Baring, *Machtwechsel*, Stuttgart: Deutsche Verlag-Anstalt, 1982, S. 314-332.
② W. R. Smyser, *From Yalta to Berlin: The Cold War Struggle over Germany*, New York: St. Martin's Press, 1999, p. 237.
③ 桂莉：《联邦德国的新东方政策》，《国际研究参考》2018 年第 2 期。
④ Angela E. Stent, "Soviet Policy toward the German Democratic Republic," in Sarah M. Terry ed., *Soviet Policy in Eastern Europe*, New Haven, Conn: Yale University Press, 1984, pp. 44-47.
⑤ Angela E. Stent, *Russia and Germany Reborn: Unification, the Soviet Collapse, and the New Europe*, Princeton: Princeton University Press, 1999, p. 30.

"缓和"趋势受阻,施密特最终选择了一条折中且平衡的道路,对苏联带给联邦德国的直接威胁坚决抵制,同时对远离联邦德国或欧洲的其他一些纷争三缄其口,这种同时讨好美、苏的中间政策既没能赢得苏联的好感,也引起了美国的厌恶。"德国政策"也因此受到了影响,民主德国方面逐步收紧政策,对两德关系采取了保守性的限制措施。"缓和"受阻也让联邦德国内部再度向联盟党传统的"西方政策"倾斜。

1982年联盟党总理科尔上台时,"东方政策"之历史遗产与"西方政策"之政党传统都在科尔政府的对外政策上留下了痕迹。当里根决定采取进一步在欧洲部署中程导弹的政策,并且提出破坏"相互确保摧毁"(MAD)原则的进攻性"战略防御计划"(SDI)时,科尔对里根的坚定支持体现了他坚守"西方政策"的一面。但同时他也决不放弃同苏联以及民主德国加强双边关系的每一次机会,如亲自参加勃列日涅夫的葬礼,并同安德罗波夫会晤,向民主德国提供大量贷款并促进两德民众之间的来往,[①] 这又体现了他对"东方政策"之历史遗产的持续追求。

纵观联邦德国40年的"德国政策",尽管它会根据国际环境以及国内局势的变化进行调整、变革,但其宗旨与目标却始终如一——实现德意志民族的重新统一。阿登纳无奈地选择站在西方联盟一边与苏联对抗,指望利用西方联盟的力量迫使苏联在德国统一问题上予以放行,可西方联盟却忽视联邦德国的利益,把联邦德国作为一种工具来同苏联搞缓和,这一做法破坏了联邦德国对"西方政策"的信心。勃

---

[①] 王超:《科尔的"德国政策"与"统一外交"析评》,《武汉大学学报》(人文科学版)2011年第6期。

兰特等社会党人顺应局势,选择暂且承认民主德国政权并努力实现与东方国家关系正常化,旨在扩大双边交往和相互依赖,通过相互融合的"小步子政策"逐步实现德国的统一。尽管方式有所不同,但一旦出现有利于德国统一的宽松的国际环境与内部机遇,那么不论是联盟党还是社会党,都会不遗余力地追求这一目标。

## 二　在东欧剧变中极力掀起波澜

1985 年戈尔巴乔夫上台后,提出了对苏联从内政到外交实施全面改革的"改革与新思维"。"改革与新思维"在外交上的表现便是鼓励东欧等社会主义国家效仿苏联,推进自由化改革并默许其脱离社会主义大家庭。1989 年上半年,由于苏联的默许,波兰与匈牙利的民主化进程取得了实质性进展。3 月初,匈牙利总理内梅特试探性地向戈尔巴乔夫提出"能否拆除匈牙利与奥地利边境象征着东西方冷战的铁丝网",戈尔巴乔夫模糊地回应"在边界问题上有着严格的制度,但我们也正变得更加开放"[①]。

匈牙利逐步拆除边界铁丝网的行为原本只是一种蕴含民主与开放的象征性举动,但民主德国民众从媒体获知消息后,在暑假期间利用"度假者"的身份前往匈牙利,期望能够借道奥匈边界前往联邦德国。

---

[①] Record of Conversation between Mikhai Gorbachev and Miklos Nemeth, March 3, 1989, No. 50, Svetlana Savranskaya, Thomas Blanton and Vladislav Zubok eds., *Masterpieces of History*: *The Peaceful End of the Cold War in Europe*, 1989, Budapest and New York: Central European University Press, 2010, p. 412 (以下简称 *MH*: *PECWIE*); Record of Conversation between Mikhai Gorbachev and Miklos Nemeth, No. 2, *Cold War International History Project Bulletin*, Issue 12/13, pp. 76-77, http://www.wilsoncenter.org/publication-series/cwihp-bulletin. (以下简称 *CWIHP*)。

第一章 联邦德国在德国统一进程中的外交

不过，民主德国民众只有持有效证件才能顺利通过奥匈边界，那些试图非法过境的人纷纷被逮捕或被遣送回国。一些被匈牙利拒绝出境的民主德国人开始前往东欧各国的联邦德国大使馆寻求庇护，在使馆逗留的人数逐步攀升。匈牙利和联邦德国仍然坚持运用常规手段帮助遣返难民或要求民主德国政府尽快出台解决难民危机的方案。在奥匈边境被抓捕的民主德国的公民被匈牙利政府强制遣返民主德国，且匈牙利当局在他们的护照上盖上印有标识的印戳，这些难民回国后将面临国内的处罚。① 联邦德国则像以往一样坚持"东方政策"既定传统，并不打算接受这些非法潜逃的民主德国难民且尽力劝说他们回国。总理府主任鲁道夫·塞特斯在7月4日同昂纳克会晤时要求昂纳克尊重《赫尔辛基最后文件》，尽快在旅游方面做出开放举动以缓解危机，并指出这是联邦德国政府坚守"东方政策"的前提。②

1989年8月初，民主化压力下的匈牙利社会主义工人党（HSWP）认为，继续固守社会主义集团内部严苛的入境协定、非人道地对待那些渴求自由的难民、积极充当民主德国和联邦德国之间的边界警察等，只会增强国内反对派的谈判砝码并使改革派失去控制改革进程的机会，因而对处理民主德国难民的政策进行了调整。匈牙利政府不再在难民的护照上盖上有标识的印戳，这就意味着这些难民将不再面临民主德国政府的惩罚，其结果也鼓励了更多人前往匈牙利。许多民主德国民众要么在匈牙利继续逗留以等待形势的进一步

---

① Charles S. Maier, *Dissolution: the Crisis of Communism and the End of East Germany*, New Jersey: Princeton University Press, 1997, p. 125.
② Offizieller Besuch des Bundesministers Seiters in Berlin (Ost) 3./4. Juli 1989, Nr. 13, im Hanns Küsters und Daniel Hofmann Hrsg., *Dokumente zur Deutschlandpolitik: deutsche Einheit Sonderedition aus den Akten des Bundeskanzleramtes* 1989/90, München: Oldenbourg Verlag, 1998, S. 331-336. （以下简称 *DESE*）。

发展，要么前往当地的联邦德国大使馆寻求避难。8月7日，联邦德国驻匈牙利大使馆里已聚集了约200名难民。[①]8月9日，匈牙利政府不再强制遣返民主德国的难民，这种宽容的做法让民主德国成千上万的民众接连不断地前往匈牙利边境。[②]

联邦德国政府也变得更具主动性。8月11日，131名民主德国难民被允许进入联邦德国常驻东柏林代表处避难。联邦总理府代表塞特斯表示将不再驱逐这些难民，同时建议这些难民只有在"民主德国政府允许他们离开民主德国的情况下"才能离开代表处，这是科尔政府对昂纳克的直接施压。民主德国外交部副部长赫伯特·柯里柯夫斯基质问塞特斯将如何处理这些难民，塞特斯像以往一样表达了虽然民主德国有权制定它自己的国内旅行法，但联邦德国有义务就全体德国人的利益展开谈判。[③]

8月22日，科尔在新闻发布会上公开吹响了助燃难民危机的号角，他宣称："民主德国人民对民主德国政府的拒绝，清晰地反映出德国问题仍处于议程之中。"[④] 联邦德国决定从已经接受民主化以及西方价值观的匈牙利入手。匈牙利政府正处于改革的关键时

---

① Charles S. Maier, *Dissolution: the Crisis of Communism and the End of East Germany*, New Jersey: Princeton University Press, 1997, p. 125; G. Jonathan Greenwald, *Berlin Witness: An American Diplomat's Chronicle of East Germany's Revolution*, University Park, Pennsylvania: The Pennsylvania State University Press, 1993, pp. 99, 105.

② Dennis Bark and David Gress, *A History of West Germany: Democracy and Its Discontents, 1963-1991*, Cambridge: Basil Blackwell, 1993, pp. 597-598.

③ Kanzleramtsminister Rudolf Seiters am 18. August 1989, Dokument 37, Detlef Nakath und Gerd-Rüdiger Stephan Hrsg., *Countdown zur deutschen Einheit: eine Dokumentierte Geschichte der deutsch-deutschen Beziehungen 1987-1990*, Berlin: Dietz, 1996, S. 197-201. （以下简称 *CDE: DGDDB*）。

④ Bonn Embassy Cable, The German Question and Reunification, 891025, *The End of the Cold War*, Paris, 2006.

## 第一章 联邦德国在德国统一进程中的外交

刻，改革派政党不仅想要控制整个民主化的过程，而且试图使国内经济在一个即将出现的市场经济体制下实现"软着陆"，它们也更需要以联邦德国为代表的西方阵营提供其经济改革所需的经济援助与贷款。[①] 在这样的国内形势下，加上苏联持中立及不干涉的态度，就很难指望匈牙利政府会继续秉持其与民主德国在1969年6月20日签署的相互尊重旅行限制的协议。

8月25日，科尔、联邦德国外长根舍与内梅特、霍恩（匈牙利外长）在波恩附近的圭姆尼希宫（Schloß Gymnich）举行了秘密谈判。内梅特向科尔通报了匈牙利目前的经济困难，他承认戈尔巴乔夫与经济互助委员会都不能给匈牙利提供帮助，只有西方能做到这一点。他继续问科尔："我请问您，总理，我们能否指望您的帮助？我不仅指联邦德国，而且指整个西方。"科尔和根舍基本上答应了将从联邦德国本身、欧洲共同体以及美国主导下的国际货币基金组织三个层面提供切实的帮助。[②] 内梅特表示："我们会开放边境，只要没有外部军事势力或政治势力强迫我们采取其他行动，我们将始终为民主德国的公民开放边境。"[③] 霍恩在8月31日随即告诉民主德国外长奥斯卡·费舍尔，在匈牙利的民主德国难民已经达到了15万人之多，匈牙利不会用不人道的方式对待他们，如果奥地利给民主德国的人发放过境护照，那么在匈牙利的这些民主德国

---

[①] Charles S. Maier, *Dissolution: the Crisis of Communism and the End of East Germany*, New Jersey: Princeton University Press, 1997, p.128.

[②] Vermerk des Bundesministers Genscher über das Gespräch des Bundeskanzlers Kohl mit Ministerpräsident Németh und Außenminister Horn auf Schloß Gymnich, 25 August 1989, *DESE*, S. 377-380.

[③] 〔德〕科尔：《我要的是德国统一——科尔自述》，葛放主译，辽宁人民出版社，1999，第53页。

| 德国统一的外交

难民将于9月11日被准许通过匈奥边检站。① 9月10日，匈牙利宣布第二天将对民主德国难民完全开放奥匈边界。9月11日，约有8100人流向边界，随后的三天内这一数字达到了1.8万人（也有人认为高达2.5万人），② 到了9月末，约4万名民主德国人通过匈牙利去往联邦德国，民主德国政府的合法性受到了难民潮的严重威胁。

在难民危机的冲击下，民主德国的国内局势变得愈发紧张。从1989年3月开始，民主德国的各大城市陆陆续续地出现了一些聚集起来的抗议者，他们公开要求政府开放对旅行的限制。保守的民主德国政府往往通过暴力抓捕、威胁让其失业等手段来遏制游行示威。③ 5月7日的地方选举后，包括教会祈祷者、工人等在内的抗议者更为强烈地要求给予旅行和移民自由；8月28日，一些牧师和一群"和平与人权"派代表号召成立新的社会民主党以推行议会民主制和市场经济；9月9日，反对派群体宣布建立"新论坛"（Neues Forum）；9月19日，大学里开始讨论"为什么新论坛不能被合法化"；直到9月25日，莱比锡公开爆发了有数万民众参加的集会游行与抗议示威。在10月31日召开的政治局会议中，参与商讨"变革"的经济学家传来了雪上加霜的消息：截至1989年10月底，民主德国的外债已经达到了不得不大幅削减经

---

① Charles S. Maier, *Dissolution: the Crisis of Communism and the End of East Germany*, New Jersey: Princeton University Press, 1997, p.126.
② Charles S. Maier, *Dissolution: the Crisis of Communism and the End of East Germany*, New Jersey: Princeton University Press, 1997, p.126.
③ Armin Mitter und Stefan Wolle, Hrsg., "Ich liebe euch doch alle!" Befehle und Lageberrichte MfS Januar-November 1989, Berlin: Basis Druck, 1990, S.28.

济和社会开支、主动将民众生活水平降低25%~30%的境地,而通过暴力手段稳定社会的方式将压垮统一社会党(简称统社党)的最后一根救命稻草。经济学家们普遍认为:"为了保障国家的偿付能力,必须同联邦德国政府商讨给予价值为20亿~30亿民主德国马克的援助。"[1]

11月6日,长期负责同联邦德国进行秘密谈判的民主德国代表向塞特斯以及联邦德国内政部部长朔伊伯勒请求给予20亿~30亿马克贷款,"朔伊伯勒显然是在总理(科尔)的指示下小心行事",他清楚地表明"很多事情取决于总书记在第十届中央委员会上的讲话……民主德国宪法的第一条将马列主义政党定性为领导者,在这种情境下产生了根本性的问题……宪法的修正应把统社党的领导地位转变成为一个建设性的、在所有民主力量中建立合作共识的政党之一……建议让西柏林的边界(柏林墙)更加畅通",他最后强烈建议新的民主德国领导人克伦茨在11月8日统一社会党第十届中央委员会全会上应解决这些问题,如果不这样的话,科尔没有正当的理由说服议会给民主德国提供援助。[2] 当晚6点,联邦德国召开国务秘书紧急会议讨论援助问题,认为:"由于我们的利益是在变化中寻求(民主德国人民)更好的生活水平,长期而言则必须推动建设一个更为自由的民主德国,所以我们不能够拒绝民主德国的合作请求,但这种合作也不能够用来维护现行体制

---

[1] Hans-Hermann Hertle, "The Fall of the Wall: The Unintended Self-Dissolution of East Germany's Ruling Regime," *CWIHP*, Issue12/13, p.134.

[2] Cover Note from Alexander Schalck to Egon Krenz, 6 November 1989, No. 2, *CWIHP*, Issue12/13, pp.151-152.

与政权的稳定,相反,应增大促其持续改革的压力。"① 这一明显改变"东方政策"的意图在第二天(11月7日)直接传达到了民主德国:想要得到经济援助就必须放弃统一社会党的绝对领导地位。②

联邦德国给予经济援助的前提条件——放弃统一社会党的绝对领导地位,这将克伦茨置于一个要么实质性地推进国内政治自由化改革,要么面对经济崩溃并爆发全面革命的境地。历史印证了民主德国无法承受后者之痛,它无奈地选择了开放选举以及政治自由化之路。如科尔所相信的那样:一个民选的民主德国政府没有理由拒绝德国统一。③

## 三 公开展现统一意愿的纲领性文件

柏林墙倒塌前后,随着波匈剧变以及民主德国国内改革的推进,1963年第二次柏林危机后长期尘封的德国问题被重新提上了大国外交的非正式议程。科尔领导下的联邦德国此时面临的环境是极端复杂和困难的。一方面,享有德国问题最终决定权的美苏英法

---

① 11月6日即沙尔克发出援助请求的当晚,联邦德国就决定要把提供援助与统社党放弃垄断性权力挂钩。伊丽莎白·庞德认为,科尔在11月8日的议会发言中公开将二者挂钩是因为"一名民主德国的中间人的请求",事实上无论是否有这样一位"中间人"的请求,科尔早已决定放弃"东方政策",并一步一步将统社党逼上绝境,参见 Besprechung der beamteten Staatssekretäre in Bonn, Nr. 74, *DESE*, S. 482; Elizabeth Pond, *Beyond the Wall*: *Germany's Road to Unification*, Washington, DC: The Brookings Institution, 1993, p. 131。
② Letter from Alexander Schalck to Egon Krenz, 7 November 1989, No. 3, *CWIHP*, Issue12/13, p. 153.
③ Philip Zelikow and Condoleezza Rice, *Germany Unified and Europe Transformed*: *A Study in Statecraft*, Cambridge, Mass.: Harvard University Press, 1995, p. 110.

# 第一章 联邦德国在德国统一进程中的外交

四大国各自都有自己的盘算与考量,不要说让四大国打开德国统一的绿灯,就连把德国问题从非正式台面提升到正式磋商舞台都是十分艰难的。另一方面,即便是在联邦政府内部,各在野党及政治团体对德国究竟要不要统一以及应以什么样的方式统一也存在大相径庭的立场,尚且没有任何一种主导性的主张能够完全赢得公众意见。外部大国的不安与警告、国内政治的分歧与竞争已把科尔置于了"要么在沉默中爆发,要么在沉默中死亡"的境地。

在1989年11月28日联邦议院财政预算辩论会议上,科尔在未同联邦德国各党派以及外部各大国商讨的前提下,[1] 将总理府秘密准备好的关于如何实现德国统一的《十点纲领》在议会上做了公开陈述。[2]

《十点纲领》首次向整个世界明确传达了联邦德国实现德国统一的意愿和决心,并且表明了最终的统一形式是"联邦德国"而不是"邦联德国"。科尔在发言中多次动情地宣称联邦德国想要改变现状并最终实现德国统一。他强调当下正处于"欧洲以及德国历史新篇章的发端,这是一个带领我们超越现状、超越欧洲迄今为

---

[1] 联邦总理府仅在公布《十点纲领》的当天才将包含"纲领"的信通过特别渠道传送到白宫(其他三大国均没有通知),但直到《十点纲领》为全世界都获知之后,这封信才到达白宫,美国官员对这种缺乏磋商的行为感到愤怒,因为布什总统无论什么事总是会一丝不苟地同科尔事先磋商,科尔给布什的信参见 Schreiben des Bundeskanzlers Kohl an Präsident Bush, Bonn, 28. November 1989, Nr. 101, *DESE*, S. 567-573;美国方面的最初反应参见 Philip Zelikow and Condoleezza Rice, *Germany Unified and Europe Transformed: A Study in Statecraft*, Cambridge, Mass.: Harvard University Press, 1995, p. 408, note 56。

[2] 关于《十点纲领》的完整内容可参见 Zehn-Punkte-Programm von Bundeskanzler Kohl vom 28. November 1989, Nr. 56, im Aleksandr Galkin und Anatolij Tschernjajew Hrsg., *Michail Gorbatschow und die deutsche Frage: Sowjetische Dokumente 1986-1991*, München: Oldenbourg Verlag, 2011, S. 236-245. (以下简称 *MGDF: SD*); Schreiben des Bundeskanzlers Kohl an Präsident Bush, Bonn, 28 November 1989, Nr. 101, *DESE*, S. 572-573。

止现存的政治架构的新篇章"①。

《十点纲领》旨在通过"主动设定两德关系的发展议程"来实现德国统一。所谓设定两德关系的发展议程,是指首先由联邦德国对民主德国提供"人道主义援助以及医疗援助"来解决当下迫在眉睫的难民危机与民主德国危机②;随后"联邦政府将在所有领域与民主德国政府展开合作,这将直接惠及边界两边的民众"③;接着,在民主德国推行民主化选举的前提下④联邦德国愿意接受莫德罗的"契约共同体",因为"两个德国之间的亲密与特殊关系需要在所有领域和所有层面都建立更为紧密的协作网"⑤;最后,"契约共同体"并不是两德关系议程的终点,联邦德国"将在两德之间发展一种'邦联结构',并最终形成一个德意志联邦"⑥。

科尔在德国如何实现统一的路径设计上是极富谋略且成功的。其一,没有公开挑战民主德国提出的、苏联支持的"契约共同体"方案,只是给这个方案设定了一个民主德国政权无法接受的条件——民主化选举并放弃统社党的权力垄断,这是一种表面上支持实际上给予否定的做法。其二,避免了在路径设定上围绕"邦联"这一概念做文章,从而也就能避免出现两个主权国家共存于一个国家联盟体系之下的"名义上的统一,事实上的分裂"的结果。其

---

① Zehn-Punkte-Programm von Bundeskanzler Kohl vom 28. November 1989, Nr. 56, *MGDF*: *SD*, S.239.
② Zehn-Punkte-Programm von Bundeskanzler Kohl vom 28. November 1989, Nr. 56, *MGDF*: *SD*, S.239.
③ Zehn-Punkte-Programm von Bundeskanzler Kohl vom 28. November 1989, Nr. 56, *MGDF*: *SD*, S.240.
④ Zehn-Punkte-Programm von Bundeskanzler Kohl vom 28. November 1989, Nr. 56, *MGDF*: *SD*, S.240-241.
⑤ Zehn-Punkte-Programm von Bundeskanzler Kohl vom 28. November 1989, Nr. 56, *MGDF*: *SD*, S.241.
⑥ Zehn-Punkte-Programm von Bundeskanzler Kohl vom 28. November 1989, Nr. 56, *MGDF*: *SD*, S.241-242.

三,"邦联结构"的概念是比较模糊的,这种模糊性给了联邦德国进一步界定它的自由空间,如果国际社会极力反对"邦联结构",那么联邦德国可以将它界定成与"邦联"等同或类似的概念,如果国际社会的容忍度较高,那么这一概念显然是可以指向"联邦"的。

第一,《十点纲领》继承了"西方政策"中"以实力求转变"的核心理念,通过联邦德国的经济力量迫使民主德国改革其国内政治、经济制度。科尔通过这一手段事实上是想要将长期敌视联邦德国政府并牢牢捆绑在苏联阵营的民主德国政权彻底摧毁,不论民主德国选出的是一个社会党政权,还是更好的情况即一个东德基民盟政权(正如历史发展的那样),苏联对民主德国的全方位控制都会极大地被削弱,两个德国统一的内部阻力也将大幅度减小。同时,《十点纲领》也吸纳了"东方政策"中"全欧进程""和平秩序"等概念,把两个德国内部关系的发展置于东西方关系的大框架之下。历史经验告诉科尔,联邦德国难以单凭"西方政策"或仅靠通过改变两德关系来实现德国统一,统一必须"与苏联一同去解决它,而不是将苏联排除在外或是反对它"①。

科尔在德国统一问题尚未被提上国际政治议程时便已开始讨论如何让统一发生,这使整个欧美一片哗然。虽然四大国随即做出了新一轮的政策调整以应对联邦德国正式的统一诉求,但《十点纲领》自提出之日起就已从实质上改变了联邦德国国内、欧洲大陆,以及跨大西洋两岸的政治图景,它已不再是单单几句"如果德国

---

① Manfred Uschner, *Die Ostpolitik der SPD*, Berlin: Dietz, 1991, S. 182–210.

| 德国统一的外交

人想要统一那么统一就会到来"的口号。

第二,《十点纲领》将科尔重新置于联邦德国国内政治竞争的领先地位,这保证了联盟党能够继续统合各方力量推进其一以贯之的统一政策。自由民主党人根舍在11月所获得的民众好感因科尔的统一计划而减弱。科尔不但吸纳了根舍"将两德关系的发展置于欧洲背景之下"的外交政策主张,而且还明确地提出了要实现德国统一,以及如何实现统一等具体目标,这就使整个联邦德国进入了一种看起来符合逻辑的语境——那些只要是不同意科尔政见的人就是反对实现德国统一的人。

《十点纲领》首次把解决德国问题从一个抽象的概念升华到具体的政策。① 自德国问题产生后,联邦德国有关解决德国问题、实现德国统一的基本立场都是以相当抽象的概念呈现,如阿登纳的"以实力求转变",以及勃兰特的"通过相互接纳求转变",这些政策没有阐释两个德国将通过什么样的官方政策最终达成什么样的统一形态。而《十点纲领》首次"弥合了联邦德国抽象的统一意愿与积极完成统一目标之间的鸿沟"②,可以说,科尔把德国统一从一种言语上的概念转变成了具体的政策。③ 并且,这一具体的政策并没有脱离联邦德国传统的有关德国统一的理念而另起炉灶:它在

---

① 这一观点首先由魏登费尔德提出,斯波尔同样认为《十点纲领》是一项"计划"(plan)而不仅是一种抽象的概念(concept),参见 Werner Weidenfeld, *Aussenpolitik für die deutsche Einheit. Die Entscheidungsjahre 1989/90*, Stuttgart: Deutsche Verlags-Anstalt, 1998, S. 95、109; Kristina Spohr, "German Unification: between Official History, Academic Scholarship, and Political Memoirs," *The Historical Journal*, Vol. 43, No. 3, September 2009, pp. 874-875。

② Kristina Spohr, "German Unification: between Official History, Academic Scholarship, and Political Memoirs," *The Historical Journal*, Vol. 43, No. 3, September 2009, p. 875。

③ Werner Weidenfeld, *Aussenpolitik für die deutsche Einheit. Die Entscheidungsjahre 1989/90*, Stuttgart: Deutsche Verlags-Anstalt, 1998, S. 95-109, 640。

第一章　联邦德国在德国统一进程中的外交

继承"小步子政策"的基础上广泛吸纳了社民党"东方政策"的核心要义，如"泛欧进程"和建立"欧洲和平秩序"等，这就有效地维护了勃兰特时期业已种下的"东方政策"的树苗，确保了"从口号到政策"转变过程中的环境稳定，并为政策落实奠定了基础。

第三，《十点纲领》使德国问题从国际政治中的非正式话题转变为严肃性议题，倒逼国际社会不得不对德国问题进行明确表态。柏林墙倒塌后，英法等欧洲大国都想要使德国统一的热情消退并将德国问题冻结在欧洲外交舞台。《十点纲领》提出后，国际舞台上的根舍与戈尔巴乔夫会晤[1]、根舍与英国首相撒切尔夫人的会晤[2]、根舍与法国总统密特朗会晤[3]都以《十点纲领》作为中心议题展开，冰冻德国问题的企图事实上已然破灭。

第四，《十点纲领》成功引燃了民主德国民众的统一热情并有效地损害了莫德罗政府苦苦支撑的合法性根基。民主德国民众从科尔的演讲中看到了联邦德国官方乐见统一的姿态以及短期内实现统一的可能。[4] 在《十点纲领》的鼓动下，民主德国民间集体意识很

---

[1] 德国外交部档案参见 Vermark de D 2, Kastrup, vom 6. Dezember 1989 über das Gespräch von Bundaußenminister Genscher mit dem Generalsekretär Gorbacev am 5. Dezember 1989 in Moskau, Nr. 13, im Andreas Hilger Hrsg., *Diplomatie für die deutsche Einheit: Dokumente des Auswärtigen Amts zu den deutsch-sowjetischen Beziehungen 1989/90*, München: Oldenbourg, 2011, S. 73-80. （以下简称 *DAAD*）；苏联档案参见 Gespräch Gorbacevs mit Bundaußenminister Genscher am 5. Dezember 1989, *MGDF: SD*, S. 254-265。

[2] Vermerk des bundesdeutschen Botschafters in London, von Richthofen, 1 vom 30. November 1989 über das Gespräch von Bundesaußenminister Genscher mit der britischen Premierministerin Thatcher am 29. November 1989, Nr. 10, *DAAD*, S. 50.

[3] Niederschrift des bundesdeutschen Botschafters in Paris, Pfeffer, 1 vom 30. November 1989 über das Gespräch von Bundesaußenminister Genscher mit dem französischen Staatspräsidenten Mitterrand am 30. November 1989 in Paris, Nr. 11, *DAAD*, S. 58-59.

[4] Werner Weidenfeld, *Aussenpolitik für die deutsche Einheit. Die Entscheidungsjahre 1989/90*, Stuttgart: Deutsche Verlags-Anstalt, 1998, S. 94-110.

快从推翻统社党领导并建立一个民选独立的民主德国政府转变为建立起民主的民主德国政府并努力实现德意志民族的重新统一。街头的游行群众也都纷纷喊出了"我们同属一个民族"的口号。[①] 在一波未平一波又起的民众轮番游行冲击下,民主德国的经济、社会陷入极大的混乱,莫德罗的政策回旋余地越来越小。失去合法性的统社党政权也失去了与联邦德国讨价还价的资本,它不得不接受联邦德国"把经济援助与自由选举挂钩"的要求。

第五,《十点纲领》体现了高超的政治技巧与谋略,为联邦德国的进一步行动塑造了有利的国际环境。《十点纲领》对一些根本性问题的忽略显然不是敏锐的科尔及其智囊团的无心之失。科尔与其亲密的助手特尔切克深信,那些与德国统一密切相关的重大问题事实上是实现德国统一道路上最大的阻力,草率地亮出立场底线极有可能将联邦德国置于非常被动的局面,而暂时搁置这些问题无疑将会赋予其较大的运作空间。

## 四　寻求盟国的支持或中立

虽然美国总统布什对《十点纲领》的反应十分积极,但仍然对《十点纲领》未将欧洲现存边界、未来德国的联盟身份问题包

---

[①] 伊丽莎白·庞德以及承袭并引用庞德论著的詹姆斯·迈克亚当斯都错误地将科尔的《十点纲领》看作为了使德国统一放慢脚步并且使情绪冷静的手段,尽管庞德在其随后的专著中修正了这一观点,参见 Elizabeth Pond, "A Wall Destoryed: The Dynamics of German Unification in GDR," *International Security*, Vol. 15, No. 2, Fall 1990, p. 57; A. James McAdams, *Germany Divided: From the Wall to Reunification*, Princeton, N. J.: Princeton University Press, 1993, p. 205; Elizabeth Pond, *Beyond the Wall: Germany's Road to Unification*, Washington, DC: The Brookings Institution, 1993, p. 137。

含在内感到担忧,美国驻联邦德国大使发给华盛顿的电报中表示:"我们对于他没有提及四大国的角色表示震惊。"[1] 美国国务卿贝克在第一时间就把国务院早已规划好的"四项原则"通报给联邦德国驻美国大使,并在媒体发布会上予以公开:(1)美国应在不对任何具体结果背书的情况下支持德国的民族自决;(2)重新统一的德国必须保持北约以及欧共体成员国的身份;(3)应渐进、和平、逐步地迈向统一;(4)在战后边界问题上,各方都应尊重《赫尔辛基最后文件》所蕴含的承认欧洲边界不可侵犯的原则,并且允许可能地和平变更。[2] 这就向联邦德国及全世界表明,遵循"四项原则"才是获得美国支持德国统一的先决条件。

1989年12月12日,科尔在与贝克的会晤中针对"四项原则"中重要的边界和联盟身份问题做出了一定程度上的承诺。科尔解释说,他之所以不提奥得—尼斯河边界,是因为担心英、法想利用冻结波德边界的机会将德国的内部边界也冻结,这是他在《十点纲领》第八点中着重强调《赫尔辛基最后文件》的原因所在,因为《赫尔辛基最后文件》明确允许通过和平方式变更边界,他认为虽然联邦德国目前不能代表"整个德国",但1970年联邦德国总理访问苏联时签订的《莫斯科条约》已经明确界定了波兰与德国之间的边界,科尔相信如果德国明天就实现统一,那么波德边界也不会是问题。[3] 在联盟身份问题上,科尔解释说如果他不提出《十点

---

[1] Bonn Embassy Cable, Kohl's Ten-Point Program-Silence on the Role of the Four Powers, 891201, *The End of the Cold War*, Paris, 2006.

[2] Philip Zelikow and Condoleezza Rice, *Germany Unified and Europe Transformed: A Study in Statecraft*, Cambridge, Mass.: Harvard University Press, 1995, p.113.

[3] Gespräch des Bundeskanzlers Kohl mit Außenminister Baker, Berlin (West), 12. Dezember 1989, Nr. 120, *DESE*, S. 639.

## 德国统一的外交

纲领》，那么，一觉醒来人们将发现，戈尔巴乔夫已把苏联的意见摆在了桌上，苏联的建议也许正是老生常谈的用德国退出北约来换取其认可德国的统一。《十点纲领》则意味着科尔已间接承诺了：统一的德国将留在北约。1990年2月，科尔与布什在戴维营会晤，联邦德国明确接受了美国的"四项原则"，尤其是在联邦德国的北约身份问题上，德美一致同意一个统一的德国应该保留完整的北大西洋公约组织成员国身份，包括加入其军事架构。

从《十点纲领》到戴维营会晤，联邦德国一直跟随美国的路线、听从美国的方案，科尔始终认为，将"通过解决德国分裂来克服欧洲分裂"作为目标的美国没有理由让德国继续保持分裂。作为回馈，美国通过与苏联旗鼓相当的国际身份竭尽所能地缓解《十点纲领》给苏联以及欧洲带来的冲击并帮助德国打破外交僵局。在劝说西方盟友接受《十点纲领》与德国统一时，美国也处处站在同情德国的立场上对盟友软硬兼施。德美之间在德国问题上的惺惺相惜俨然将它们的关系塑造成了一对新的跨大西洋间的"德美特殊关系"。德美协作以及新的"德美特殊关系"为科尔的统一之路奠定了坚实的外部基础。

如果说德国统一外交中的一条主线是德美协作，那么另一条主线便是英、法、苏的犹豫与反对。在柏林墙倒塌前后，英国一直扮演公开反对者的角色，法国是无奈的表里不一者，而苏联则牢牢关紧德国统一的大门。流淌着19世纪经典权谋外交血液的德意志民族向来不乏纵横捭阖的外交大师与战略大家，赫尔穆特·科尔与汉斯·迪特里希·根舍似乎传承了俾斯麦的战略思维与战术素养，他们总是能在关键时刻抓住问题的关键性矛盾并提出切实可行的方案来破解难题。敏锐地体认到法国的政策底线并不是反对统一、苏联

第一章 联邦德国在德国统一进程中的外交

已出现了讨论统一可能性的举动、撒切尔夫人依旧顽固地站在反统一的最前线,科尔与根舍这双驾马车(Tandem)决定推行一种"从法、苏入手并孤立英国",从而各个击破的战略。

早在民主德国危机爆发之前,密特朗便在德国问题上表达了法国的关切:"这个(对欧洲)负责任的国家将继续负责下去,对一系列的问题仍然会进行必要的对话。"① 法国外交部也基本上认定法国的外交目标"不再寻求莫斯科的理解以阻止统一的可能,而是要将联邦德国牢牢地拴在欧共体的战车上"②。将联邦德国牢牢地拴在欧共体的战车上这一原则也就成了法国在处理德国问题上不可逾越的底线。不过,法、德即便在继续建设欧洲上不存在大的分歧,双方对于如何建设欧洲的方式则各执己见,联邦德国偏好通过政治改革的路径促进欧洲建设,它要求欧洲议会的权力不断外扩并形成一个"欧洲政治联盟";而法国重视从经济与金融角度进一步巩固欧共体的深度而不是广度,它要求联邦德国与之一道建立起一个欧洲经济与货币联盟,以强化欧共体的内聚力并牢牢捆绑住作为经济巨人的德国。科尔深知,在欧洲共同体建设方面不做出让步的后果将是出现一个反统一的法国,甚至是反统一的英法、法苏联盟。12月8日,斯特拉斯堡欧洲理事会的午宴时分,科尔公开认可了法国的要求:在1990年末之前正式召开旨在实现经货联盟的政府间会议。③

正是由于联邦德国适时地抛出砝码,使得密特朗在欧洲理事会最

---

① Vorlage des Vortragenden Legationsrats I Bitterlich an Bundeskanzler Kohl, Bonn, 14 Juli 1989, Nr. 16, *DESE*. S. 345-346.
② Frédéric Bozo, translated by Susan Emanuel, *Mitterrand, the End of the Cold War, and German Unification*, New York and Oxford: Berghahn, 2005, p. 59.
③ 参见 Tilo Schabert, translated by John Tyler Tuttle, *How World Politics is Made: France and the Reunification of Germany*, Columbia: University of Missouri Press, 2009, p. 250.

| 德国统一的外交

终达成政治宣言的问题上能够在英德之间居间调停。最终宣言重复了1989年5月北约峰会上达成的北约宣言中"通过民族自决重获其统一"的词句，同时也加入了"和平、民主、尊重《赫尔辛基最后文件》、尊重欧洲一体化"等限定性条件。通过斯特拉斯堡欧洲理事会，密特朗得到了联邦德国对欧洲一体化以及他最关心的政府间会议等问题的承诺，联邦德国对最终宣言同样感到满意：因为"德国统一"的字眼除了仅仅出现在1970年《莫斯科条约》的附件当中，这是整个欧洲共同体第一次把它写进正式的会晤公报，这体现了欧洲在德国统一问题上的宽容立场，特尔切克认为这是德国外交一次十分重要的胜利。①

法国关心的另一个焦点问题是德国与波兰的奥得—尼斯河边界问题。1990年1月4日，科尔与密特朗在法国的西南小镇拉契（Latché）举行双边会晤，这是自柏林墙倒塌之后法、德领导人首次面对面地专门和正式地谈论德国问题。② 拉契会晤是法、德在德国问题上一次全面而又深刻的协调。科尔并没有掩饰民主德国人民的统一意愿以及联邦德国推进统一的意志，密特朗向科尔解释法国的谨慎态度并不代表其真正反对德国统一。科尔延续了它在斯特拉斯堡欧洲理事会上对欧洲一体化的承诺；密特朗要求科尔明确承认奥得—尼斯河边界，这得到了科尔合理的解释和私下认可；密特朗要求科尔照顾苏联的安全关切，并维护戈尔巴乔夫的领导地位，这也获得了对苏联充满自信的科尔的允诺。通过拉契会晤，法、德之间的原则性分歧基本上得到了妥善处理，密特朗已经失去了继续搭

---

① Horst Teltschik, *329 Tage，Innenansichten der Einigung*, Berlin: Siedler Verlag, 1991, S. 72-73.
② Gespräch des Bundeskanzlers Kohl mit Staatspräsident Mitterrand Latché, 4 Januar 1990, Nr. 135, *DESE*, S. 682-690.

第一章 联邦德国在德国统一进程中的外交

乘反统一列车的诸多理由，联邦德国方面把拉契会晤描述为法、德合作以及促进密特朗与科尔私人关系的"关键性会晤"①。不过，虽然密特朗私下里基本上认可了法、德在德国问题上应该站在一起并共同发挥作用，但他一直相信德国问题的最终解决始终难以绕过苏联这座大山，他也不愿意在此时公开发表一份可能帮助联邦德国加速局势演化的、使苏联感到威胁的、公开支持联邦德国统一立场的"伟大演说"。②无论如何，对联邦德国而言，最重要的是，如今的法国至少已成为一个不会与德国统一为敌的中立者，它一方面将谨慎地注视着联邦德国在践行私下承诺上的种种表现，另一方面也将无所作为地旁观科尔将如何动用其"巨大的技巧"去说服苏联。

1990年1月17日，科尔再度到法国，在波兰多次要求公开承认奥得—尼斯河边界、国内以根舍为代表的自由民主党以及社会民主党也要求公开承认边界的压力下，他决定把他对密特朗的私下承诺公开化，在法国国际关系研究所发表公开演说时他首次承诺，"联邦德国没有人想要质疑德波间的奥得—尼斯河边界"，他也继续强调"德国大厦必须建立在欧洲平台的基础上"。③密特朗及法

---

① Frédéric Bozo, translated by Susan Emanuel, *Mitterrand, the End of the Cold War, and German Unification*, New York and Oxford: Berghahn, 2005, p. 183.
② Frédéric Bozo, translated by Susan Emanuel, *Mitterrand, the End of the Cold War, and German Unification*, New York and Oxford: Berghahn, 2005, p. 183.
③ 《英国海外政策文件集》错误地认为科尔的这次发言是在1月18日，密特朗给科尔的信、特尔切克回忆录、密特朗回忆录等都表明这次发言是在1月17日，参见 Letter from Mr Powell (No. 10) to Mr Wall, 20 January 1990, No. 103, Note 2, in Patrick Salmon, Keith Hamilton and Stephen Roberttwigge eds., *German Unification 1989-1990: Documents on British Policy Overseas*, Series 3, Volume 7, London: Routledge, 2009, p. 218（下文简称 DBPO）; Horst Teltschik, *329 Tage, Innenansichten der Einigung*, Berlin: Siedler Verlag, 1991, S. 111; Schreiben des Staatspräsidenten Mitterrand an Bundeskanzler Kohl Paris, 17 Januar 1990, Nr. 138, *DESE*, S. 694。

国媒体对科尔的这一表态相当满意。①

科尔公开对边界问题及欧洲一体化的再次承诺，使法德间的主要分歧得以解决，因而，1990年1月20日，当撒切尔夫人提议与密特朗商讨签署一份英法反德国统一的英法协约时，密特朗回应称："我们能怎么做？没有什么比提醒德国他们的义务却发现我们没有办法强迫他们来执行更糟了，如果我们厉声喝阻，那么我们将毫无说服力。"② 撒切尔夫人自此认识到，法国根本就不愿意改变它"加速联邦欧洲的进程以束缚德国这个巨人"的外交政策基调。③ 英法协约的失败表明，至1990年1月下旬，法国已彻底地放弃了阻挠、延缓德国统一的目标与行动，科尔的重要战略计划——说服法国——基本上获得了成功。

## 五 迈向德国统一的"大步子政策"④

苏联对科尔要求统一的《十点纲领》十分愤怒，1989年12月14日，科尔给戈尔巴乔夫写了一封长信以使苏联能够"更好地理

---

① Schreiben des Staatspräsidenten Mitterrand an Bundeskanzler Kohl Paris 17 Januar 1990, Nr. 138, *DESE*, S. 694.
② Letter from Mr Powell (No. 10) to Mr Wall, 20 January 1990, No. 103, *DBPO*, Series 3, Volume 7, pp. 217-218.
③ 〔英〕玛格丽特·撒切尔:《唐宁街岁月》，李宏强译，国际文化出版公司，2009，第729页。
④ 所谓"大步子政策"，是相对勃兰特提出的"小步子政策"而言的，"小步子政策"主张通过接触、对话、渐进协商来推动东西方关系和东西德关系的缓和并最终实现德国统一；而"大步子政策"是指通过破坏民主德国经济、煽动民主德国国内矛盾、培育在民主德国的政治代理人、打击和否认民主德国政权等毫不间断的攻势政策向实现德国统一迈进。

第一章　联邦德国在德国统一进程中的外交

解联邦德国的政策并澄清明显的误解"①。这封信的目的是想以"维护民主德国局面稳定（推动'契约共同体'建设）""放弃德国在二战后失去的、苏联治下的领土""帮助苏联经济改革""推进东西方关系及裁军进程""推动北约从军事联盟转变为政治联盟以缓和联盟间的对立"等条件打开联邦德国与苏联直接对话的大门，并换取戈尔巴乔夫对德国统一的同情与支持。刚刚在中央政治局会议（12月9日）上以强硬姿态发表讲话的戈尔巴乔夫并没有准备好改变两个德国独立存在的既定政策，他在12月18日科尔访问民主德国的前一天以冷淡的态度回信表示：苏联对于联邦德国毫不隐藏地施加给民主德国压力的《十点纲领》表示担忧，它们中的一些条款事实上就是一种提出先决条件式的最后通牒，苏联和民主德国都不能接受这些条件，人为地加速东欧事态的发展将会对"创造和维持和平进程带来严重的后果"。② 转变既定的现状政策还不是时候，戈尔巴乔夫拒绝了科尔的会晤请求。

不过，苏联继续堵死大门不代表德国问题将重新陷入过去长期存在的僵局状态，民主德国危如累卵的局势使它如同科尔的俎上之肉。1989年12月13日，科尔首次访问民主德国。此时的民主德国政府呈现出两种图景。政治层面，莫德罗政府与教派支持下的"圆桌会谈"建立起了合作伙伴关系，莫德罗因而争取到了民主德国国内更为广泛阶层的支持。以莫德罗为首的、代表民主德国国内

---

① Schreiben des Bundeskanzlers Kohl an Generalsekretär Gorbatschow Bonn, 14 Dezember 1989, Nr. 123, *DESE*, S. 645-650.
② Schreiben des Generalsekretärs Gorbatschow an Bundeskanzler Kohl ohne Datum, Nr. 126, *DESE*, S. 659.

| 德国统一的外交

改革派的反对派并不赞同德国统一之路，而只是试图对民主德国本身实施重建。莫德罗政权带着它的新改革计划在政治层面趋于稳定的态势增加了科尔的压力，看起来"一起融合"的进程有可能被减速至"共同成长"的进程。① 经济层面，民主德国国内民众的出走率持续走高，② 南方工业城镇大批技术工人不断流失，工业生产的前景十分暗淡，这加剧了国内经济形势的恶化。③ 如10月30日统社党政治局讨论的那样，民主德国的外债也已经使国家接近崩溃的边缘，为了保障国家的偿付能力，莫德罗必须再次趁科尔访问德累斯顿之际敲定能获得约150亿马克援助的承诺。④ 民主德国在经济上深陷泥潭，这给了经济力量强大的科尔发挥作用的杠杆。在莫德罗政权政治上趋于稳定但经济上不断恶化的情况下，科尔是唯一一个能够帮助莫德罗解决经济困难并稳定其统治的人，但是他没有任何理由帮助一个与莫斯科协调一致、官方立场只支持"契约共同体"而不支持德国统一的政权。德累斯顿会晤充分地体现了这一点。双方磋商后发表了一份只有合作意向却没有合作之实的不痛不痒的联合声明，⑤ 科尔根本不打算帮助统一社会党恢复民主德国的国内经

---

① Letter from Mr Broomfield (East Berlin) to Sir J. Fretwell, 15 December 1989, No. 79, *DBPO*, Series 3, Volume 7, p. 179.
② 从1962年到1989年民主德国的移民人数统计可参见 H. G. Peter Wallach and Ronald A. Francisco, *United Germany: the Past, Politics, Prospects*, Westport, Conn.: Praelger, 1992, p. 31。
③ Letter from Mr Broomfield (East Berlin) to Sir J. Fretwell, 15 December 1989, No. 79, *DBPO*, Series 3, Volume 7, p. 178.
④ Hans-Hermann Hertle, "The Fall of the Wall: The Unintended Self-Dissolution of East Germany's Ruling Regime," *CWIHP*, Issue12/13, p. 134.
⑤ Joint Communique by Kohl and Modrow, 19 December 1989, Document 18, in Konrad Jarausch and Volker Gransow eds., translated by Allison Brown and Belinda Cooper, *Uniting Germany: Documents and Debates, 1944-1993*, Oxford: Berghahn Books, 1994, pp. 95-96（以下简称 *UGDD*）。

第一章　联邦德国在德国统一进程中的外交

济并稳固其政权。按照11月7日联邦德国开出的条件，只有民主德国放弃统一社会党的垄断地位并进行开放选举，联邦德国才会考虑给予其20亿~30亿马克的援助。① 但现在看来，即使已开放自由选举、满足了联邦德国条件的莫德罗也未能得到他迫切需要的援助。

除了坐视民主德国的经济崩溃，联邦德国强硬的步伐也越迈越大。从1990年1月8日起，它开始对莫德罗的"契约共同体"路线以及统社党政权的合法性发起攻击。为了给新的"大步子政策"创造一个良好的国际环境，并且不再留给四大国一个《十点纲领》之后形成的那种我行我素的冒进形象，联邦德国"紧密地与美国保持协作，某种程度上对密特朗让步，并且支持戈尔巴乔夫以及苏联的安全关切"②。1989年12月20日，科尔接到了布什的电话，科尔在通话中表示联邦德国愿意在巴拿马问题③上做出支持美国的积极表态。布什认为："我们之间的关系越为紧密，对我们来说就越明智。因为我不想有任何人在我们中间打下楔子，我尊重你将要做的事情。"④ 1月4日，科尔通过"拉契会晤"获得了密特朗在德国统一问题上的中立立场。⑤ 1月7日，苏联方面甚至传来了"有求于"联邦德国的消息：苏联驻联邦德国大使科维钦斯基告诉特尔切克，苏联国内的

---

① Letter from Alexander Schalck to Egon Krenz, 7 November 1989, No. 3, *CWIHP*, Issue12/13, p. 153.
② Entscheidung für die deutsche Einheit, *DESE*, S. 78.
③ 1989年美军对巴拿马发动了代号为"正义事业"的军事政变，布什此时亟须盟国的鼎力支持。
④ Telephone Conversation with Chancellor Helmut Kohl of the Federal Republic of Germany, 1989-12-20, *Memcons and Telcons between President George Bush and World Leaders*, http://bushlib.tamu.edu/archives/memcons-telcons（以下简称*MTBBWL*，无特殊来源不再标注互联网址）。
⑤ Gespräch des Bundeskanzlers Kohl mit Staatspräsident Mitterrand Latché, 4 Januar 1990, Nr. 135, *DESE*, S. 682-690.

| 德国统一的外交

农业生产状况不断恶化,莫斯科迫切需要食品援助,① 在接下来的一个半月时间里,联邦德国农林供给部部长伊格纳茨·基什勒为苏联组织提供了12万吨的肉类和价值约1亿美元的食品援助,科尔还请求欧共体为苏联提供援助,他同时对科维钦斯基承诺,他本人以及密特朗已经决定帮助戈尔巴乔夫,并且尽可能地使苏联局势保持稳定。②

1月17日,英国外交大臣沃尔德格雷夫爵士访问波恩,特尔切克告诉他:"虽然莫德罗已经做出了一些有效的让步,特别是在推迟重建国内安全机构问题以及经济政策上,但这都不足以给民众带来一种生活很快会变得更好的感觉,特尔切克甚至怀疑民主德国选举会在5月之前提前举行,他继续强调德国统一运动的压力来自民主德国而不是联邦德国。"③ 1月24日,在联邦德国已决定放弃"契约共同体"的情况下,科尔在与美国驻联邦德国大使沃尔特会晤时指责莫德罗并没有履行在德累斯顿会面时的承诺,科尔认为民主德国国内新创设的选举法草案对联邦德国而言是不可接受的。④ 1月26日,科尔在与布什电话交谈时也向他表示:"民主德国局势是紧张的,原因在于政府在此时已难以以一种明智的方式改变事态。并不是因为他们不想去做,而是因为他们没有能力正确地去做。"⑤ 1月24日,塞特斯前往东柏林为科尔与莫德罗的第二次

---

① Gespräch des Bundeskanzlers Kohl mit Botschafter Kwizinskij, Bonn, 2 Februar 1990, Nr. 155, Notiz 4, *DESE*, S. 747-748.
② Entscheidung für die deutsche Einheit, *DESE*, S. 80.
③ Sir C. Mallaby (Bonn) to Mr Hurd, 17 January 1990, No. 100, *DBPO*, Series 3, Volume 7, pp. 211-212.
④ Gespräch des Bundeskanzlers Kohl mit Botschafter Walters, Bonn, 24 Januar 1990, Nr. 141, *DESE*, S. 700.
⑤ Telephone Conversation with Chancellor Helmut Kohl of the Federal Republic of Germany, 1990-01-26, *MTBBWL*.

会晤做准备,无论莫德罗如何向塞特斯解释民主德国国内面临的危机:他本人即将陷入政治垮台、国家权威正趋于瓦解、出现了暴力罢工及在内部冲突中威胁使用武力的情况,也不论莫德罗怎样强烈地要求联邦德国尽快释放出积极信号并提供具体的经济援助措施,塞特斯遵照联邦德国内部讨论的结果①,明确拒绝了莫德罗尽快签订"契约共同体"的要求,"在选举之前不能缔结一项广泛的条约条款"。莫德罗拿出的"契约共同体"草案也被塞特斯以"未经圆桌会议批准"为由拒绝了。②

除拒绝继续推行"契约共同体"、否定莫德罗的改革意愿和能力外,科尔的基民盟同时开始在民主德国内部培育自己的政治代理人。③ 从11月下旬起,联邦德国基民盟的主要成员同民主德国基民盟的新任领导人德梅齐埃取得联系。12月4日,东德基民盟宣布退出统社党组建的"国家阵线"(National Front)政党体系,但仍保留在联盟政府内。到了1月下旬(22日),基民盟主席鲁赫公开

---

① Deutschlandpolitisches Gespräch bei dem Chef des Bundeskanzleramtes Seiters, Bonn, 24 Januar 1990, Nr. 142, *DESE*, S. 701-702.
② 联邦德国方面的档案参见 Gespräch des Bundesministers Seiters mit Ministerpräsident Modrow, Berlin (Ost), 25 Januar 1990, Nr. 145, *DESE*, S. 707-713;民主德国方面的档案参见 Bericht über die Bgegung von Hans Modrow mit Kanzleramtsminister Rudolf Seiters am 25 Januar 1990, *CDE*: *DGDDB*, S. 284-287。
③ 事实上,除了科尔的基民盟之外,联邦德国的传统大党社会民主党以及自由民主党也都与民主德国的相应政党建立起了密切联系并给予政治培植,基民盟的行动自然也可以理解为是应对来自社民党以及自由党的竞争压力,不过,与它们不同的是,为了争取到联邦德国基民盟的鼎力支持,德梅齐埃的东德基民盟在1月25日彻底切断了它与民主德国统一社会党之间的联系,即退出了当时的联盟政府,这对危机中的莫德罗政权犹如落井下石。因此,科尔培育民主德国基民盟并以其为手段进一步打击统社党当属联邦德国"大步子政策"中的一环,参见 H. G. Peter Wallach and Ronald A. Francisco, *United Germany*: *the Past*, *Politics*, *Prospects*, Westport, Conn.: Praelger, 1992, pp. 47-50; Mr Broomfield (East Berlin) to Mr Hurd, 18 January 1990, No. 101, *DBPO*, Series 3, Volume 7, p. 213;〔德〕科尔:《我要的是德国统一——科尔自述》,葛放主译,辽宁人民出版社,1999,第224页。

| 德国统一的外交

撰文批判了东德基民盟的这种仍与统社党保持合作的意识形态上的犹豫不决，① 这迫使东德基民盟于1月25日决定退出联盟政府，莫德罗的合法性再次遭到了剧烈冲击。即使圆桌会谈中的反对派领导人对塞特斯提出抗议，他们反对"联邦德国的政党在民主德国挑起一场选举战"②，但已无力维系国内秩序的统社党政权不得不在1月28日宣布将大选从5月提前至3月18日举行。③ 科尔在东德基民盟退出民主德国联盟政府一周后（2月1日）会见了东德基民盟、民主觉醒（Democratic Awakening）以及新成立的德国社会联盟党（German Social Union）的领导人，2月5日，他把这三个政党整合成一个有力的选战联盟——"德国同盟"（Alliance for Germany），④ 这为选出科尔在民主德国的代理人奠定了坚实的组织基础，科尔亲自组织了6场、覆盖120万人的选举宣传战为"德国同盟"摇旗呐喊，因此有评论说，联邦德国"接管民主德国政党的速度比它接管民主德国经济的速度还要快"⑤。

从只要推行自由化便承诺经济援助，到认可"契约共同体"与民主德国逐步协商，再到拒绝"契约共同体"、否定民主德国政权、干涉民主德国国内政治进程并为大选做准备，联邦德国的统一

---

① Volker Rühe, „Entscheidung der Ost-CDU führt ins politische Abseits", *Frankfurter Allgemeine Zeitung*, January 22, 1990, S. 1.
② Gespräch des Bundesministers Seiters mit Vertretern des Runden Tisches, Berlin (Ost), 25 Januar 1990, Nr. 146, *DESE*, S. 716–718.
③ H. G. Peter Wallach and Ronald A. Francisco, *United Germany: the Past, Politics, Prospects*, Westport, Conn.: Praelger, 1992, pp. 49–50.
④ H. G. Peter Wallach and Ronald A. Francisco, *United Germany: the Past, Politics, Prospects*, Westport, Conn.: Praelger, 1992, pp. 49–50.
⑤ Mr Broomfield (East Berlin) to Mr Hurd, 18 January 1990, No. 101, *DBPO*, Series 3, Volume 7, p. 214.

政策在短短两个月的时间内已然从渐进协商式的"小步子政策"转变为毫不犹豫地朝统一迈进的"大步子政策",苏联在民主德国的代理人莫德罗已然被科尔推向了垮台的边缘,面临着内部的经济困顿与政治动乱,苏联似乎已经很难再找到一条避免民主德国统社党下台并避免统一发生的可选道路。

1990年1月26日,被科尔引爆的民主德国局势,连同苏联内部在外交政策方向上的原则性分歧,迫使戈尔巴乔夫不得不召集一次包括左、右派主要领导人在内的"危机成员"会议,以协调对德国问题的共同立场。1月26日的"危机成员"会议确认了民主德国局势无法挽救以及德国统一不可避免的事实,克里姆林宫左右两派不但共同为不可避免的德国统一之路设想好了磋商框架,而且也为全面撤军找到了体面的理由并为此做好了充分准备。① 面对不可避免的德国统一大势,戈尔巴乔夫及其同僚除接纳科尔并打开苏德磋商的大门之外别无选择,戈尔巴乔夫只能正式邀请科尔进行"直接、个人以及私下里的对话"②。1989年12月中旬就想要开启苏德对话大门的科尔如今终于赚够了"政治与心理"资本,并迫使苏联首先做出了让步。

在科尔访苏之前,美国十分担心苏联在科尔到访时会提出一个新斯大林式的"中立换统一计划",统一压力下的科尔届时可能会

---

① Diskussion der deutschen Frage im Beraterstab von Generalsekretär Gorbacev am 26 Januar 1990, Nr. 66, *MGDF*: *SD*, S. 289-291.
② Gespräch des Bundeskanzlers Kohl mit Botschafter Kwizinskij, Bonn, 2 Februar 1990, Nr. 155, *DESE*, S. 747; Schreiben des Generalsekretärs Gorbatschow an Bundeskanzler Kohl, 2 Februar 1990, Nr. 156, *DESE*, S. 748.

抛弃西方联盟，[1] 因而布什及时给科尔写信表示，无论民主德国局势如何恶化、事态变化的步伐如何快，美国支持德国统一的态度没有发生丝毫变化，并且坚决要求科尔保留统一后德国的北约身份、保持美国在德国的驻军与核保护，并将苏联军队排挤出中东欧地区。[2]

联邦德国与苏联最高领导人的会晤进展得比较顺利。科尔向戈尔巴乔夫保证，德国人已经从希特勒的负面历史中吸取了教训，统一的德国只能由民主德国、联邦德国与柏林组成，而且有必要就此签订最终条约，就联盟身份而言，如布什要求的那样，他认为德国不能保持中立，因为人们不能重复1918年之后的错误，同时，德国也相信北约不会扩张它的领地。[3] 戈尔巴乔夫无奈地承认了德国统一的不可避免。1990年2月11日，《真理报》在头版宣布："戈尔巴乔夫与科尔已经达成一致，只要德国人民愿意，便可在民族自决的基础上实现祖国统一。"[4] 联邦德国完成了属于它的"历史性突破"，德国人重新把战后德国问题的主导权掌握到自己手中。

## 六　扫清最后的统一障碍

苏联不在法律上正式承认联邦德国与民主德国的统一，德国便

---

[1] Frank Elbe and Richard Kiessler, *A Round Table with Sharp Corners*: *The Diplomatic Path to German Unity*, Baden-Baden: Nomos, 1996, pp.92-93.

[2] Schreiben des Präsidenten Bush an Bundeskanzler Kohl, 9 Februar 1990, Nr.170, *DESE*, S.784-785.

[3] Gespräch Gorbacevs mit Bundeskanzler Kohl am 10 Februar 1990, Nr.72, *MGDF*: *SD*, S.322; Gespräch des Bundeskanzlers Kohl mit Generalsekretär Gorbatschow, Moskau, 10 Februar 1990, Nr.174, *DESE*, S.799.

[4] 〔德〕科尔等：《我要的是德国统一——科尔自述》，葛放主译，辽宁人民出版社，1999，第220页。

无法真正地实现重新统一。围绕着德国如何实现统一而建立的"2+4"框架,成为西方盟国联合起来劝说苏联接受西方统一路径的谈判机制。在劝说和激励苏联这件事上,无论是动机还是手段,联邦德国都要比美、法、英更加积极。即便是总理府与外交部之间往往存在着方式上的不同,但这种指向共同目标的意见分歧更容易让苏联感受到来自联邦德国方方面面的善意。总结起来,这些说服苏联的外交行动有以下几个主要层面。

其一,承诺维持民主德国与苏联的既有经济联系,展现与苏联开展全方位合作的意愿。从1990年3月开始,苏联就一直担心联邦德国通过《基本法》第23条吞并民主德国将会破坏民主德国与苏联既有的经济纽带,并损害苏联的经济利益,戈尔巴乔夫以及苏联外交部多次对联邦德国表达了忧虑和警告。负责处理经济事务的总理府一再对苏联承诺将尊重民主德国的条约义务以及对外经济关系。3月22日,科尔亲自向科维钦斯基表示将尊重苏联与民主德国之间的双边经济协定,其中亦包括承担苏军在民主德国地区继续临时驻扎的费用问题。①

除了维持民主德国与苏联现存的经济联系,联邦德国还主动表达了扩大未来德国与苏联全方位合作的意愿。4月初,总理府开始讨论拟订一项全方位的苏德双边条约,联邦政府认为抛出苏德关系的美好前景将有助于莫斯科"吃下统一后的德国保持北约身份的这个哑巴亏"②。4月23日,科尔向苏联提出了签订一项苏德双边

---

① Gespräch des Bundeskanzlers Kohl mit Botschafter Kwizinskij, Bonn, 22 März 1990, Nr. 227, *DESE*, S. 966-970.
② Horst Teltschik, *329 Tage*, *Innenansichten der Einigung*, Berlin: Siedler Verlag, 1991, S. 193.

条约的想法,① 他在给戈尔巴乔夫的信中表达了统一的德国不仅会遵守和保障德苏之间已取得的成果,而且还要把它们继续发扬光大,不仅不想排斥苏联,而且愿意与其进一步合作。②

其二,试图通过军备控制与裁军以削弱北约的军事意涵,利用欧安会机制化促成泛欧安全结构以替代对立的联盟安全体系。特尔切克3月23日在给科尔的备忘录中,建议科尔通过军备控制与裁军,建立一个泛欧安全结构,以"使北约的继续存在以及全德北约身份问题相对化"③。根舍持相同的意见,认为"裁军问题是至关重要的""苏联对于欧安会的进一步发展十分有兴趣"④。3月19日,科尔在欧洲经济合作会议(KWZE)的开幕式上发表讲话,提出了德国想要进一步将欧安会机制化的意愿。⑤ 四天后,科尔与科维钦斯基见面时,科尔表示:"1990年北约与华约的关系能够取得深远的进步,这同样适用于短程核武器系统。这对于整个气氛是十分重要的。"科维钦斯基对科尔在经济合作会议上的讲话表示感谢。⑥

3月23日,根舍在西欧联盟会议上的发言大大超出了科尔的

---

① Gespräch des Bundeskanzlers Kohl mit Botschafter Kwizinskij, Bonn, 23 April 1990, Nr. 253, *DESE*, S. 1026-1030.
② Schreiben des Bundeskanzlers Kohl an Präsident Gorbatschow, Bonn, 24 April 1990, Nr. 255, *DESE*, S. 1033.
③ Vorlage des Ministerialdirektors Teltschik an Bundeskanzler Kohl, Bonn, 23 März 1990, Nr. 228, *DESE*, S. 970-975.
④ Sitzung der Arbeitsgruppe Außen-und Sicherheitspolitik des Kabinettausschusses Deutsche Einheit, Bonn, 27 März 1990, Nr. 230, *DESE*, S. 978-979.
⑤ Werner Weidenfeld, *Aussenpolitik für die deutsche Einheit. Die Entscheidungsjahre 1989/90*, Stuttgart: Deutsche Verlags-Anstalt, 1998, S. 303, 749.
⑥ Gespräch des Bundeskanzlers Kohl mit Botschafter Kwizinskij, Bonn, 23 April 1990, Nr. 253, *DESE*, S. 1026-1030.

言论。他声明联邦德国愿意在欧洲一体化、欧安会进程、稳定的东西方关系、共同的欧洲大家庭,以及全欧和平秩序下实现德国统一。他提出有必要使北约、华约联盟从现在的军事对抗转变为政治合作,呼吁越来越多地从政治上去定义联盟的作用,而且从远景上看应逐步建立起合作安全机制并最终解散两大联盟。[1] 解散两大联盟的言论虽然在科尔与美国看起来是与既定政策格格不入的,但苏联人却对此赞誉有加。[2] 德国外长访美时还试图游说贝克与布什支持他的将欧安会机制化的详尽计划,美国方面对此展现出了一以贯之的"口头应允、行动冷淡"[3],在美国看来,欧安会"在保护我们的现实安全上没有也不可能替代北约"[4]。

其三,极力帮助戈尔巴乔夫克服其国内的政治、经济困难。1990年3月中旬,随着苏联内部立陶宛危机的不断加剧,西方出现了一些认为戈尔巴乔夫只是临时现象,甚至是诋毁戈尔巴乔夫的言论。英美也都对苏联采取了施压的态度,撒切尔夫人要求戈尔巴乔夫公开承诺不在立陶宛危机中使用武力,[5] 布什不仅以终止美苏贸易条约作为威胁,而且表示美国根本就不承认立陶宛问题是苏联

---

[1] Hans Dietrich Genscher, *Unterwegs zur Einheit: Reden und Dokumente aus bewegter Zeit*, Berlin: Siedler Verlag, 1991, S. 258-267.
[2] Gespräch des Ministerialdirektors Teltschik mit dem Berater der Abteilung für internationale Beziehungen des Zentralkomitees der KPdSU, Portugalow, Bonn, 28 März 1990, Nr. 232, *DESE*, S. 981-983.
[3] Philip Zelikow and Condoleezza Rice, *Germany Unified and Europe Transformed: A Study in Statecraft*, Cambridge, Mass.: Harvard University Press, 1995, p. 233; Meeting with Foreign Minister Hans-Dietrich Genscher of the Federal Republic of Germany, April 4, 1990, *MTBBWL*.
[4] Sir A. Acland (Washington) to FCO, 24 February 1990, No. 154, *DBPO*, Series 3, Volume 7, pp. 308-309.
[5] Vorlage des Ministerialdirektors Teltschik an Bundeskanzler Kohl, Bonn, 29 März 1990, Nr. 235, *DESE*, S. 987-988.

的内政。① 科尔在立陶宛危机上做出了他力所能及的外交努力，试图帮助戈尔巴乔夫渡过难关。他在 3 月 22 日与科维钦斯基会晤时便明确表态，联邦德国不会卷入立陶宛问题的讨论，不会增加苏联的内部困难。② 科尔不仅要求下属低调处理立陶宛问题，而且在 4 月 26 日与法国总统密特朗共同写信给立陶宛总统兰茨贝吉斯，以让事态冷静下来。③ 在 5 月 4 日与贝克会面时，他极力劝说美国，表示德国的利益在于使局面稳定，主权国家（苏联）认为调停者或帮助者的角色是不好的，那么西方不如不介入。④ 5 月 4 日，科尔向苏联外长谢瓦尔德纳泽解释了联邦德国在立陶宛问题上的明确态度，他表示他与密特朗给立陶宛总统的联合信件并不像媒体描述的那样想要扮演一种居于两个国家之间调停的角色，西方的利益在于使事态冷静，他避免联邦德国议会高调地讨论立陶宛问题，如果苏联外长觉得联邦德国能在任何方面给予帮助，他都可随时告知联邦德国。科尔表示自己"十分清楚苏联是个享有权威与声望的伟大的主权国家，因而人们需要非常小心地关切它的心理感受"。谢瓦尔德纳泽表示苏联对于法德的联合信件并不是十分敏感，苏联没有怀疑科尔总理想要真心实意地帮助立陶宛人民以及苏联领导人解决问题。⑤

---

① Meeting with Foreign Minister Eduard Shevardnadze of the Soviet Union, April 6, 1990, *MTBBWL*.
② Gespräch des Bundeskanzlers Kohl mit Botschafter Kwizinskij, Bonn, 22 März 1990, Nr. 227, *DESE*, S. 966-970.
③ 55. Deutsch-französische Konsultationen, Paris, 26 April 1990, Nr. 257, *DESE*, S. 1056-1059.
④ Gespräch des Bundeskanzlers Kohl mit Außenminister Baker, Bonn, 4 Mai 1990, Nr. 266, *DESE*, S. 1079-1084.
⑤ Gespräch des Bundeskanzlers Kohl mit Außenminister Schewardnadse, Bonn, 4 Mai 1990, Nr. 267, *DESE*, S. 1084-1090.

第一章 联邦德国在德国统一进程中的外交

1990年5月,科尔进一步推进了在立陶宛问题上对苏联的支持。5月11日,立陶宛女总理卡西米拉·普伦斯克涅访问波恩。普伦斯克涅对于德法4月26日给立陶宛的联合倡议信表示感谢,但表示信件的内容并不是立陶宛人民希望看到的。普伦斯克涅认为,立陶宛不会迫于压力倒退到3月10日议会发表独立声明之前的状态。她如今想对莫斯科做出某些妥协,并且莫斯科也已经出现了开放的信号,但苏联首先必须通过具体的行动予以证明,尤其是要停止苏军在(立陶宛)城市地区的行动,取消经济封锁。① 科尔坦率地告诉普伦斯克涅,戈尔巴乔夫当下的处境非常关键,他被经济问题以及民族问题等数个问题困扰,立陶宛可能是一个导火索,它将引爆乌克兰以及中亚地区的问题,依东西方关系的角度看,苏联的力量在急剧下滑。布什、密特朗、撒切尔夫人不会像科尔那样直言不讳地告诉她:"有戈尔巴乔夫在,我们还能知道我们在哪里,但接下来(如果没有戈尔巴乔夫)将会发生什么,我们不知道。"西方现在需要苏联与立陶宛之间真正的对话。撒切尔夫人也给科尔写信表示,为了推动谈判,立陶宛应该做出一个冻结独立宣言的声明。科尔建议立陶宛先无条件地冻结独立声明,要避免给人以最后通牒的印象,同时也应由普伦斯克涅本人无条件地寻求与莫斯科展开对话。② 在科尔的建议下,普伦斯克涅改变了其与苏联中央政府有条件对话的初衷,她表示在回到立陶宛之前就会寻求与戈

---

① Gespräch des Bundeskanzlers Kohl mit Ministerpräsidentin Prunskiene, Bonn, 11 Mai 1990, Nr. 274, *DESE*, S. 1103.
② Gespräch des Bundeskanzlers Kohl mit Ministerpräsidentin Prunskiene, Bonn, 11 Mai 1990, Nr. 274, *DESE*, S. 1104-1105.

尔巴乔夫进行接触①，但她会先访问苏联驻联邦德国的大使馆。②在科尔的影响下，普伦斯克涅访问了苏联驻联邦德国大使馆并且同科维钦斯基进行了会晤。③

此外，在解决苏联的经济困难方面，联邦德国也几乎是有求必应。谢瓦尔德纳泽在第一次"2+4"部长级会晤之前向科尔提出了向苏联提供贷款的请求，他表示受到戈尔巴乔夫以及分管内部经济事务的雷日科夫的委托，询问联邦德国是否愿意在财政上支持苏联，因为如果1990年7月之前还不能得到西方的援助资金，苏联的国际支付能力将丧失，这笔金额大约为200亿马克，为期5~7年。科尔欣然表示联邦德国愿意与苏联合作并提供援助，因为他知道"请求他国政府提供财政援助的政府，不会继续奉行引发冲突的方针"④。在科尔的授意下，⑤特尔切克、德国银行联合会主席沃尔夫冈·约勒尔博士以及德意志银行发言人西尔玛·科佩尔于5月13日秘密飞往莫斯科，与苏联部长会议主席雷日科夫、外长谢瓦

---

① 根据戈尔巴乔夫与特尔切克的对话，普伦斯克涅确实给戈尔巴乔夫打了电话，并请求与戈尔巴乔夫在莫斯科进行会晤，但戈尔巴乔夫认为立陶宛内部并没有形成一个统一立场，普伦斯克涅也代表不了立陶宛，因而没有接受这一请求，参见 Gespräch Gorbacevs mit Kanzler-Berater Teltschik und den Vorsitzenden der Deutschen und Dresdner Bank, Kopper und Röller, am 14 Mai 1990, Nr. 90, *MGDF*: *SD*, S. 404。

② Gespräch des Bundeskanzlers Kohl mit Ministerpräsidentin Prunskiene, Bonn, 11 Mai 1990, Nr. 274, *DESE*, S. 1104-1105。

③ Schreiben des Bundeskanzlers Kohl an Staatspräsident Mitterrand, Bonn, 15 Mai 1990, Nr. 279, *DESE*, S. 1121。

④ 总理府的档案并不支持谢瓦尔德纳泽提出贷款请求的说法。不过，特尔切克日记以及他在1997年接受魏登菲尔德采访时都表达了上述观点，参见 Gespräch des Bundeskanzlers Kohl mit Außenminister Schewardnadse, Bonn, 4 Mai 1990, Nr. 267, *DESE*, S. 1084-1090; Horst Teltschik, *329 Tage, Innenansichten der Einigung*, Berlin: Siedler Verlag, 1991, S. 221; Werner Weidenfeld, *Aussenpolitik für die deutsche Einheit. Die Entscheidungsjahre 1989/90*, Stuttgart: Deutsche Verlags-Anstalt, 1998, S. 428。

⑤ Horst Teltschik, *329 Tage, Innenansichten der Einigung*, Berlin: Siedler Verlag, 1991, S. 221。

尔德纳泽等展开援助磋商。特尔切克对苏联方面表示，科尔早在1989年夏就已经对戈尔巴乔夫承诺，将力所能及地帮助苏联推进改革，这次秘密访问正是履行这些承诺的表现。科尔打算尽量全盘接受民主德国对苏联的经济义务，同时联邦政府也从原则上接受对苏联的经济提供帮助，不过，"这样的支持是一揽子有助于解决德国问题之整体方案的一部分"，谢瓦尔德纳泽微笑地对此表示了认可。[①] 特尔切克顺势向戈尔巴乔夫提出科尔与他会晤的请求，戈尔巴乔夫欣然接受。[②]

特尔切克访苏一周后（5月22日），科尔以联邦德国最高领导人的身份对苏联的援助请求给予了正式答复。他在给戈尔巴乔夫的信中指出，特尔切克的访苏之行原则上解决了苏联悬而未决的经济、财政问题以及联邦德国可能给予的具体支持，他作为联邦政府的领导人具有高度的意愿支持苏联克服所面临的困难局面。就短期贷款担保来说，联邦政府原则上准备通过私人银行体系提供最高达50亿马克的贷款，联邦政府对此已经尽了很大的政治努力，同时也据此期待，苏联政府"在'2+4'框架中本着同样的精神竭尽所能地做出必要的决定，以使未来的问题得到建设性的解决。……我认为今年的晚些时候做出决定符合我们的共同利益"。就长期贷款而言，需要的总额应由所有的西方伙伴国共同努力来实现。在联邦

---

[①] 关于5月14日特尔切克与雷日科夫、谢瓦尔德纳泽等人的会晤，主要参考了特尔切克日记，参见 Horst Teltchik, *329 Tage*, *Innenansichten der Einigung*, Berlin: Siedler Verlag, 1991, S. 230-232。

[②] Gespräch des Ministerialdirektors Teltschik mit Präsident Gorbatschow, Moskau, 14 Mai 1990, Nr. 277, *DESE*, S. 1116; Gespräch Gorbacevs mit Kanzler-Berater Teltschik und den Vorsitzenden der Deutschen und Dresdner Bank, Kopper und Röller, am 14 Mai 1990, Nr. 90, *MGDF*: *SD*, S. 401-402。

德国的倡议下，欧共体十二国外长会议已经释放出了正确的政治信号，也可以思考通过七国集团以及二十四国集团来实现。科尔已经向布什提出了苏联的经济和财政问题，戈尔巴乔夫去美国时也可以亲自与布什讨论经济援助的问题。[①]

联邦德国针对苏联的全方位说服行动帮助戈尔巴乔夫和谢瓦尔德纳泽在苏共二十八大上战胜了国内的保守派并巩固了最高权威，科尔的访苏之行为德国的统一扫除了最后一道障碍，苏联最终允许了统一的德国自由选择其联盟身份，1990年9月12日，六方代表在莫斯科签署了《关于最终解决德国问题的条约》。总的来说，"2+4"谈判的成功离不开四大国共同的立场，也离不开西方盟国表现出的对苏联相关利益的关切，而联邦德国在这当中纵横捭阖，扮演了关键性的角色。

## 七　结语

自1949年因东西方冷战而导致德国分裂的局面出现以来，联邦德国始终将实现德意志民族的重新统一作为自身追求的最高目标。阿登纳时期的联邦德国选择站在西方阵营，指望通过西方集体的力量迫使苏联在德国问题上放行，可西方没有将德国统一视为西方的主要目标，联邦德国的统一诉求也因冷战的僵持陷入僵局。获得自主权之后的联邦德国开始转变政策，勃兰特希望通过扩大双边交往和相互依赖，通过相互融合的"小步子政策"逐步实现德国

---

[①] Schreiben des Bundeskanzlers Kohl an Präsident Gorbatschow, Bonn, 22 Mai 1990, Nr. 284, *DESE*, S. 1136-1137.

的统一。不论是"西方政策"还是"东方政策",都是联邦德国为了实现统一根据不同环境而采取的不同手段和策略。

1985年之后,苏联国内改革进程的启动打破了欧洲旧有的格局。戈尔巴乔夫默许并推动东欧国家实行国内改革的举措导致了1989年的东欧链式剧变,联邦德国政府在东欧剧变环节中运用自身在战后累积起的经济力量,极力煽动和制造民主德国难民危机,民主德国在难民危机的晃动下无奈地开放了柏林墙。柏林墙倒塌后,联邦德国在第一时间积极主动地提出了旨在实现德国重新统一的既吸纳了"西方政策"之精神又蕴含了"东方政策"之理念的纲领计划。该计划不但整合了联邦德国的内部纷争,而且为联邦德国的进一步行动塑造了良好的国际环境。

面对享有德国问题最终决定权的美苏英法四大国,联邦德国首要的外交战略是无条件地跟随美国的路线、听从美国的方案。德美之间在德国问题上的惺惺相惜俨然将它们的关系塑造成了一对新的跨大西洋间的"德美特殊关系"。在美国的支持下,联邦德国又分别针对法、苏、英三国采取了"从法、苏入手并孤立英国"的各个击破的战略。对推进欧洲一体化的承诺与对德波奥得—尼斯河边界的确认赢得了法国在德国统一问题上的中立,法国因此拒绝了英国的英法反德国统一联盟之建议。联邦德国通过坐视民主德国经济崩溃、否定民主德国政权合法性、在民主德国内部培育自己的政治代理人等富有攻势的"大步子政策",迫使民主德国政权走向瓦解,同时也迫使苏联无奈地接受德国统一这一不可避免的现实。被西方联盟孤立的英国最终也认可了德国的重新统一。

在劝说苏联接受德国以西方的方式实现统一环节上,联邦德国

## 德国统一的外交

始终站在盟国设定好的范围内同苏联打交道，凡是盟国不那么反对（甚至支持）的领域，如对苏经济援助、缓解立陶宛危机、军控及裁军、将欧安会机制化等，联邦德国都尽最大努力去满足苏联的利益诉求。联邦德国的外交努力在科尔的莫斯科之行中实现了突破，苏联最终允许了统一的德国自由选择其联盟身份。

如果说联邦德国在实现德国统一的外交过程中有什么可以借鉴的经验，或是值得称道之处的话，那便是善于"审时度势"。从大的趋势来看，1989年前后是美国面临"如何收割冷战胜果"这一幸福难题的时刻，可以说苏联随时都会向西方低头并摘下自己帝国皇冠上的明珠，在这个时候再去坚持勃兰特的"新东方政策"，忽视西方的要求，通过渐进接触去实现统一，显然是不合时宜的。科尔的基本战略始终是在保持德美一致的前提下说服盟友和争取苏联，这可以说本质上是以"西方政策"为基石，是符合20世纪80年代末历史大趋势的。而当初勃兰特的"新东方政策"之所以获得成功，也主要是因为他处在一个"苏攻美守"的大势之下。从小的时机来看，在东欧剧变中及时制造民主德国危机、在内外压力下及时主动地提出统一诉求、每每在关键时刻拿出妥协砝码、果决地将民主德国推向深渊并掌握统一主导权等，可以说这些行动哪怕有一步走错，统一都可能被延缓甚至阻止。科尔以及联邦德国政府对时局的敏感性以及控制力，可以说是实现德国快速统一的关键因素之一，联邦德国在德国统一进程中起到了中流砥柱的核心作用。

# 第二章

## 民主德国在德国统一问题上的政策变化[*]

二战后德国的分裂是世界历史上的重大事件，是雅尔塔体系的重要组成部分，也是以美苏为首的两大军事政治集团对峙的直接后果。1945年，三大战胜国在雅尔塔和波茨坦的会晤结束后不久，将战败的德国分割成四个占领区，首都柏林也被一分为四。它们本应在德国无条件投降后由占领国共同管理，但由于美苏爆发冷战，西方盟国和苏联开始在其占领区扶植亲近自己的政权上台。随后，德国被分裂为东西两个国家，成为东西方对垒的"桥头堡"。在战后德国分裂时期，尽管两个德国都曾为推动实现德国统一付出过努力，但与联邦德国始终坚持"德国统一"的立场不同，民主德国对德国统一的立场经历了由"追求德国统一"到"谋求民族分离"再到"被迫接受统一"的巨大转变。

---

[*]【作者简介】王超，历史学博士，中国社会科学院世界历史研究所副研究员，兼任中国德国史研究会理事、副秘书长，德国波茨坦当代史研究中心、波茨坦大学访问学者，主要从事德国现当代史研究、现代国际关系史研究。

德国统一的外交

# 一 从"追求德国统一"到"谋求民族分离"

1949年10月7日,在苏联的扶植下,德意志民主共和国(简称民主德国,俗称东德)在苏联占领区的基础上宣告成立,实行社会主义制度和计划经济体制。民主德国起初只是作为一个临时性的国家,就在其宣布成立短短几天之后,它收到一份苏联最高领导人斯大林发来的电报。这份电报集中体现了苏联在德国问题上的立场。斯大林在电报中这样写道:"德意志民主的、爱好和平的共和国的成立是欧洲历史上的转折点。"为了避免让民主德国的成立被理解为分裂德国,电报结尾用了这样一句话:"祝统一、独立、民主、爱好和平的德国长存和繁荣。"①

民主德国宣告成立后,为了表示不苟同违背德意志人民意愿的分裂状态,奥托·格罗提渥总理在施政纲领中声称,民主德国政府将为德国的重新统一而奋斗。②此外,民主德国还将维护德国统一性的内容写入首部宪法。例如,宪法第1条明文规定:"德国是一个不可分割的民主共和国;它由德国各州组建而成。……只有一个德国国籍。"③显然,该宪法并不限于这个新生的民主共和国,它是为一个统一的德国而撰写的。还有,民主德国国歌《从废墟中

---

① 参见《斯大林庆祝德意志民主共和国成立致皮克总统和格罗提渥总理的贺电(1949年10月13日)》,世界知识社编《欧洲安全和德国问题文件汇编(1945—1953)》(第一集),世界知识出版社,1956,第140页。
② Ernst Diehl, *Geschichte der Sozialistischen Einheitspartei Deutschlands: Abriss*, Berlin: Dietz, 1978, S. 220.
③ Rudolf Schuster (Hrsg.), *Deutsche Verfassungen*, 13 Aufl., München: W. Goldmann, 1981, S. 189.

## 第二章 民主德国在德国统一问题上的政策变化

崛起》也表达了期望实现国家统一的政治愿望，歌词第1段这样写道："从废墟中崛起，面向未来展雄翅，为了你的崇高事业，德国，统一的祖国。"

建国初期，民主德国高擎统一大旗，迎合了战后德意志人民盼望祖国统一的强烈诉求。与此同时，为了早日实现统一目标，民主德国曾多次向实行资本主义制度的联邦德国提出统一方案，如建立一个由对等的两德代表参与的制宪委员会，由此筹建全德临时政府。民主德国的这一主张得到了苏联的支持。此时，苏联对德政策的核心目标是建立一个统一、中立的德国，希望以此扩大西方盟国之间的内部矛盾，阻止美军继续驻扎欧洲。1952年3月，斯大林分别向美、英、法三国发出照会，提出在一个联合政府下解决德国问题，另外还附加了一项和平协议的草案，希望各方军队撤出德国，统一后的德国必须严格保持中立。然而，该照会被西方三国及联邦德国拒绝。随后，针对联邦德国被重新武装并加入北约，苏联开始将民主德国当作一个主权国家，并要求西方国家必须接受两德并存的事实。

联邦德国尽管在建国之初就将推动祖国和平统一作为自己的重要使命[1]，并主张通过全德自由选举的方式实现统一，但它坚决奉行向西方一边倒的外交政策以及"哈尔斯坦主义"[2]，因此，对民主德国提出的所有统一建议一概加以拒绝。联邦德国首任总理阿登纳当时认为，在实现国家统一的过程中，联邦德国只能扮演促进者

---

[1] 《德意志联邦共和国基本法》（1949年）的序言宣称："全体德国人民仍然要求，在自由的自决中实现德国的统一和自由。"参见 Ingo von Münch（Hrsg.），*Dokumente des geteilten Deutschland*，Bd. 1，Stuttgart：Alfred Kröner，1976，S. 91。

[2] 也称单独代表权主义，即联邦德国单独代表整个德国，不承认民主德国，同与民主德国建交的任何国家（苏联除外）断绝外交关系，以此从外部打压民主德国的生存空间。

| 德国统一的外交

或推动者的角色,因而,"……要竭力依靠西方盟国的帮助来完成德国的重新统一"[①]。为此,阿登纳政府采取了以"对抗求统一"的政策,试图在西方盟国的支持下,通过增强自身的实力,迫使苏联放弃"德国东部地区"来实现统一。

20世纪50年代中期,随着美苏进入全面冷战对峙,两德分别加入东西方阵营参与对抗,德国统一问题陷入僵局之中。鉴于两德在政治上的尖锐对立,以及在统一方案上的原则性分歧,民主德国遂将工作重心放在加快社会主义建设之上[②],实现德国统一的目标由此屈居次要地位。尽管如此,1957年,民主德国领导人乌布利希又提出两德建立邦联的主张,力图让双方在经济和文化方面相互接近,并由此作为向德国统一过渡的第一步。

到了20世纪60年代初,美苏在维持战后欧洲分裂现状上逐渐达成默契,德国统一问题因此被长期搁置起来。1963年8月,民主德国为抑制西方国家的渗透活动以及本国人员的大量外逃,在苏联的支持下修建了柏林墙。[③] 两德开始从敌对竞争走向了相互隔绝,德国的分裂状况由此进一步固化。随着两德间的差距不断拉大[④],民主德国因担心被联邦德国并吞,逐渐放弃了统一德国的目标,开始强调两德平等的主权国家地位,谋求与联邦德国长期和平

---

① 〔联邦德国〕康拉德·阿登纳:《阿登纳回忆录》(第2册),上海外国语学院德法语系德语组等译,上海人民出版社,1975,第86页。
② 另外,1953年6月17日的"东柏林事件"也使民主德国政府认识到了内部政治和社会危机的存在。
③ 这道分离东西柏林的隔离墙被民主德国称为"反法西斯防卫墙"。
④ 20世纪60年代末,民主德国在劳动生产率方面比联邦德国约低30%,民主德国的生活水平只达到联邦德国60年代初的水平。参见〔联邦德国〕卡尔·哈达赫《二十世纪德国经济史》,扬绪译,商务印书馆,1984,第125、142页。

共处。与此同时，民主德国继续强化同苏联的紧密联系。1964年6月12日，民主德国领导人乌布利希访问莫斯科期间，民主德国和苏联签署了首个双边条约——《苏德友好合作互助条约》，有效期为20年。该条约基于两个德意志主权国家的存在，并将西柏林视为一个独立的政治单位，同时致力于苏联和民主德国相互的军事合作。[①]

1963年和1967年，德国统一社会党在其"六大"和"七大"上都宣称"统一是不现实的"。1967年2月，民主德国将"全德问题秘书处"变更为"西德问题秘书处"，紧接着又出台了《民主德国国籍法》。1968年4月，民主德国对1949年宪法进行了修改，新宪法第1条称民主德国是"德意志民族的社会主义国家"，将宪法内容范围从整个德国缩小至只适用于民主德国。此外，第6条还强调，民主德国将"与苏联及其他社会主义国家建立和发展全方位的合作和友谊"[②]。这一时期，民主德国还不断要求联邦德国在国际法上承认其主权国家地位。

20世纪70年代初，在东西方关系缓和的背景下，两德关系开始解冻，并逐步走向正常化。特别是1972年《基础条约》[③]签订

---

① 条约第7条强调，只有通过德意志两个主权国家之间的平等谈判和相互谅解，才能建立一个爱好和平的、民主的、统一的德国。条约第10条指出，如果建立了一个统一、民主和爱好和平的德国，或者缔结了"对德和约"，则可以在任何一个缔约国的要求下，在20年期限结束之前对该条约进行审查。参见„Vertrag über Freundschaft, gegenseitigen Beistand und Zusammenarbeit zwischen der Deutschen Demokratischen Republik und der Union der Sozialistischen Sowjetrepubliken ", in: *Neues Deutschland*, 13.06.1964, S.1。
② Rudolf Schuster (Hrsg.), *Deutsche Verfassungen*, 13. Aufl., SS. 243-244.
③ 全称为《关于德意志联邦共和国和德意志民主共和国之间关系的基础条约》。该条约的签订标志着联邦德国彻底抛弃了"哈尔斯坦主义"，不过，民主德国的主权存在虽然得到联邦德国的承认，但联邦德国仍视两德关系为一种德意志内部的"特殊关系"，而非国与国关系。此外，联邦德国也没有因此放弃统一德国的目标。

后，两德在政治、经贸、文化方面的交流不断扩大，两德人员往来也日渐频繁。例如，联邦德国赴民主德国的访问人次1970年为125.4万，1972年达到154万，到了1975年提升至312.4万；民主德国赴联邦德国的访问人次1970年为104.8万，1972年达到106.8万，到了1975年上升为133万。① 然而，两德民众交往的增多引起了民主德国对其政治安全和社会稳定的担忧。为了抵制联邦德国"以接近求转变"政策②带来的消极影响，民主德国除坚称两德已是完全分离、彼此独立的国家外，还开始尝试切断两德的历史联结和民族情感，并对战后德意志民族的认同问题进行重新诠释。

1970年1月，民主德国领导人乌布利希在一次新闻发布会上公开表示："德意志民族已经分裂为两个国家，一个是'社会主义的德意志民族国家'——民主德国，另一个是'资本主义的北约国家'——联邦德国。……德意志民族已无统一性可言。"③ 1971年7月，德国统一社会党"八大"正式提出了"两个民族"的理论，宣称民主德国内部正在形成社会主义的德意志民族，而联邦德国内部继续存在着资本主义的德意志民族。显然，民主德国的"两个民族"理论具有鲜明的阶级性，它将民族的概念政治意识形态化，以阶级斗争取代历史上长期形成的、稳定的民族共同体，意

---

① Bundesministerium für innerdeutsche Beziehungen (Hrsg.), *Zehn Jahre Deutschlandpolitik. Die Entwicklung der Beziehungen zwischen der Bundesrepublik Deutschland und der Deutschen Demokratischen Republik 1969-1979：Bericht und Dokumentation*, Bonn, 1980, S. 44.
② 20世纪60年代末，为适应日益缓和的国际形势以及克服德国分裂现状，联邦德国的统一策略从"以对抗求统一"转为"以接近求转变"。联邦德国通过对民主德国单方面施惠来拉近两德关系，改善双边旅行交通条件，扩大双方人员交流互访，维系两德民众的民族认同感，同时推动东西方缓和进程，为日后实现统一目标创造条件。
③ Bundesministerium für innerdeutsche Beziehungen (Hrsg.), *Texte zur Deutschlandpolitik*, Reihe I/Bd. 4, Bonn：Deutscher Bundes-Verlag, 1970, SS. 261-262.

在割断连接两德的政治和文化纽带，与联邦德国彻底划清界限，通过培养新的国家认同和民族认同，维护自身的独立和稳定。

为了贯彻"两个民族"理论，民主德国政府开始着力推行民族分离主义政策。除不断重申联邦德国必须在国际法上承认民主德国主权国家的地位外，民主德国彻底放弃了统一的旗帜，例如，通过修改宪法"去德意志化"，不断为两德人员正常交往设置障碍，努力培养和打造全新的、独立的国家意识和民族意识。

1974年10月，民主德国再次启动宪法修改工作。新宪法删去了1968年宪法中所有涉及"德意志民族"和"德国统一"的表述。例如，新宪法第1条不再称民主德国为"德意志民族的社会主义国家"，而改为"工农社会主义国家"。第8条则完全剔除了关于克服德国分裂状态以及逐步实现德国统一的内容。此外，第6条还突出强调，民主德国将"永远坚定不移地与苏联结盟"[1]。民主德国同苏联的同盟关系由此得到了进一步加强。另外，由于德国统一的观念已与两德并存的现实不相符合，民主德国政府决定不在正式场合演唱本国国歌，仅以演奏旋律的方式进行表达，因为国歌歌词内容中含有"德国，统一的祖国"。[2] 不过，尽管民主德国在1974年宪法中去除了"德意志民族国家"的概念，却无法抹去德意志人民共同的民族意识。

与此同时，民主德国更加明显地倒向苏联。1975年10月7日，昂纳克率领一个庞大的代表团前往苏联庆祝民主德国的国庆节。就

---

[1] Rudolf Schuster（Hrsg.）, *Deutsche Verfassungen*, 13. Aufl., SS. 218-219.
[2] Helmut Schmidt, Richard von Weizsäcker（Hrsg.）, *Die Deutschen und ihre Nachbarn*, München: Beck, 2008, S. 40.

| 德国统一的外交

在当日，昂纳克和勃列日涅夫在莫斯科签署了《苏德友好合作互助条约》，有效期为25年。该条约强调，按照国际社会主义原则，双方将继续在各个领域加强永恒的、牢不可破的友谊以及兄弟般的互助关系，将按计划发展、深化全方位合作。……如一方遭到武装攻击，另一方就会提供包括军事在内的任何援助。① 与1964年6月的《苏德友好合作互助条约》不同，它没有提及德国有可能实现统一，也没有保留与联邦德国缔结和平条约的有关条款。显然，该条约考虑到了民主德国在德国问题上的立场，即在《基础条约》签订之后，不再存在德国统一问题。

在限制两德人员往来和交流方面，民主德国除加强边境管理和入境检查之外，于1973年底再次提高了最低兑换额度②。按照规定，16周岁以上的西方访客按照1∶1的汇率③，在东柏林每天须兑换10联邦德国马克，在民主德国其他地区则每天须兑换20联邦德国马克。受此影响，1974年第一季度，联邦德国和西柏林访问民主德国的人次同比下降了1/4以上。④ 1980年10月，最低兑换额度再次大幅上调。成年访客在民主德国境内每天至少要兑换25

---

① „Vertrag über Freundschaft, Zusammenarbeit und gegenseitigen Beistand zwischen der Deutschen Demokratischen Republik und der Union der Sozialistischen Sowjetrepubliken ", in: *Neues Deutschland*, 08.10.1975, S.1.
② 在苏联领导人的催促之下，民主德国于1964年底颁布实行一种强制货币兑换制度。按照规定，非社会主义国家的访客在民主德国停留期间每天须按照1∶1的汇率，用联邦德国马克兑换一定数额的民主德国马克。随后，民主德国于1968年首次提高最低兑换额度。由于两德马克的币值相差较大（联邦德国马克更值钱），实施该措施的主要目的在于通过增加旅行者的经济负担，来限制西方（尤其是联邦德国和西柏林）访客的数量。
③ 这一时期，联邦德国马克与民主德国马克的官方汇率为1∶2，而黑市汇率则为1∶4。参见Jonathan R. Zatlin, *The Currency of Socialism: Money and Political Culture in East Germany*, Cambridge and New York: Cambridge University Press, 2007, p.169.
④ Bundesministerium für innerdeutsche Beziehungen (Hrsg.), *Texte zur Deutschlandpolitik*, Reihe II/Bd.2, Bonn: Deutscher Bundes-Verlag, 1976, S.106.

联邦德国马克,未满14岁的访客每天须兑换7.5联邦德国马克。在随后的两个月里,联邦德国和西柏林访问民主德国的人次再次急速下滑,同比分别下降24%和60%。[1]

在培养全新的、独立的国家意识和民族意识方面,民主德国将工作的着重点放在了建设发达的社会主义社会上。1971年5月,昂纳克接替乌布利希成为民主德国领导人后,开始推行"经济政策与社会福利政策相统一"的新方针。民主德国在强调发展经济的同时,开始注重改善民众的生活。为此,政府大量财政支出用于扩大住房建设,稳定消费价格、增加公用事业费和房租补贴,发展教育并推动医疗卫生、文化和体育事业发展等。[2] 昂纳克政府希望借此巩固党群关系,增强民众对民主德国的认同感。该政策也可以对外彰显民主德国社会主义模式的优越性,抑制联邦德国高度发达的物质生活水平对本国民众的吸引力,从而支撑其推行的民族分离主义政策。

不过,从20世纪70年代中期起,由于国际原材料市场价格迅速攀升,民主德国经济的发展受到严重影响[3],致使它无力支撑快速上涨的福利支出,政府财政状况日益恶化。[4] 为此,民主德国不

---

[1] Bundesministerium für innerdeutsche Beziehungen (Hrsg.), *Innerdeutsche Beziehungen. Die Entwicklung der Beziehungen zwischen der Bundesrepublik Deutschland und der Deutschen Demokratische Republik 1980-1986: Eine Dokumentation*, Bonn, 1986, S. 8.
[2] 〔民主德国〕埃里希·昂纳克:《我的经历》,龚荷花等译,世界知识出版社,1987,第218页。
[3] 民主德国是一个资源相对贫乏的国家,原材料和能源高度依赖国外进口。
[4] 民主德国对西方国家的债务额从1970年的20亿联邦德国马克上升至1989年的490亿联邦德国马克。参见Deutschland (Bundesrepublik) Deutsche Bundesbank (Hrsg.), *Die Zahlungsbilanz der ehemaligen DDR 1975 bis 1989*, Frankfurt am Main: Dt. Bundesbank, 1999, SS. 58-60。

惜向联邦德国借债以缓解自身的危机。①民主德国末任总理莫德罗后来总结道:"乌布利希时代的经济体制是积累,而昂纳克时期是消费。这样一来,不仅使经济活动失去了自由,而且使政治活动的自由也受到了限制。"②事实确实如此,在昂纳克政府执政中后期,民主德国对联邦德国的经济依赖程度已经变得很深,以至于到了20世纪80年代末,民主德国政府的决策不仅受制于苏联,同时也受制于联邦德国。

直到1989年苏东国家开始发生动荡为止,民主德国尽管大体维持着比较稳定的局面,但它始终没有从根本上解决战后遗留的德意志民族问题。关于德意志两个国家政权并存的持久性一直遭受外界的质疑,这其中甚至包括民主德国在东方阵营的盟友。例如1969年3月,波兰统一工人党中央委员会第一书记哥穆尔卡就曾对苏联共产党中央委员会总书记勃列日涅夫讲道:"民主德国最终会被联邦德国并吞。据我们所知,民主德国国内民众的统一倾向要比联邦德国公民的统一倾向更为强烈。在联邦德国,只是领导人在谈论德国统一,而民众对此并不太关心。德国统一问题将日益影响民主德国新成长起来的一代人。他们将会解决这个问题,但不一定符合社会主义精神和我们国家的利益。"③事实上,早在苏东剧变

---

① 20世纪80年代初,民主德国爆发外债危机,正是依靠来自联邦德国科尔政府近20亿联邦德国马克的担保贷款才暂时渡过了难关。不过,民主德国也为此付出了一些代价。作为对这笔贷款的回报,民主德国放松了对两德人员往来的控制,致使两德人员互访数量快速上升,对其推行的民族分离主义政策造成了冲击。
② 〔德〕汉斯·莫德罗:《我眼中的改革》,马细谱等译,中央编译出版社,2012,第8页。
③ Mieczyslaw Tomala, „ Erzählen Sie keinen Unsinn, Genosse Ulbricht! Die VR Polen und die DDR in den 60er Jahren. Offizielle Harmonie und internes Misstrauen ", in: *WeltTrends*, 13/Winter, 1996, S. 123.

之前，民主德国实行的民族分离主义政策便开始受到冲击，这首先归因于苏联戈尔巴乔夫改革带来的影响。

## 二 在改革和德国统一问题上与苏联产生分歧和矛盾

### （一）抑制来自苏联戈尔巴乔夫改革的影响

自二战后德国分裂以来，国际格局便成为制约德国统一的一个关键性因素。由于美苏全面冷战，两个德意志国家走上了完全不同的发展道路，并且分别加入两大对立的政治军事集团。随着时间的推移，两德之间变得越来越疏远。只要美苏冷战格局继续存在，德国的统一就会遥遥无期。然而，到了20世纪80年代中后期，国际形势发生了巨大变化。曾经的超级大国苏联开始日薄西山，不仅被国内各种问题缠身[①]，而且对外控制力也日渐衰落，特别是日益表现出有意放弃对东欧盟国事务干预的倾向。受其影响，战后的德意志民族问题再次凸显。

1985年3月，戈尔巴乔夫当选苏联共产党中央委员会总书记后，针对严峻的国内外局势，对内提出"公开性"口号，对外则推行"新思维"外交。在缓和同西方国家关系、倡导全欧合作的同时，苏联开始放松对东欧盟友的控制，以减轻为后者提供安全保障所带来的沉重负担。为此，苏联逐步放弃了奉行多年的"勃列

---

① 苏联日益陷入危急状态，尤其是在经济方面。具体表现为，与西方的技术差距不断拉大，创新能力不足以及对原材料出口的高度依赖。此外，民众对高质量消费品及食品的需求也无法得到满足。

| 德国统一的外交

日涅夫主义"[①]。

1986年11月,经济互助委员会成员国兄弟党高级代表会议在莫斯科举行。这次会议得出的结论是,应当重塑社会主义阵营内部的国家关系,使之与时代精神相符。民主德国领导人在其会议记录中这样写道:"首先,要在平等互利的基础上塑造整个社会主义国家间的政治关系。所有与会国的共同立场是:各国执政党都是独立的,有权就其自身的发展问题做出决定,并对自己的国家负责……任何一国执政党都不能要求在社会主义阵营中扮演特殊角色。"[②]

然而,民主德国对苏联的改革措施与"新思维"外交始终持怀疑和警惕的态度。它认为苏联的改革仅仅是其内部事务,不符合民主德国的国情。苏联的相关政策可能会导致苏东国家的体制变革,而阵营结构的弱化意味着民主德国的存在将受到威胁。为此,民主德国试图将其外交政策与苏联的"新思维"外交划清界限,并对苏联要求改革的声音进行抗拒、封锁,并加以有意忽视。在此期间,民主德国与苏联的关系日趋恶化,矛盾也在不断地累积。

1987年2月,苏联外交部部长谢瓦尔德纳泽结束对民主德国访问后,向苏联共产党中央政治局汇报说:"我们在民主德国遇到了对我们保持警惕的现象……昂纳克的同事们都惧怕他。他所说的

---

[①] 由苏联领导人勃列日涅夫推行的一套苏联对外扩张理论,声称当华约组织成员国的社会主义政权受到威胁时,苏联可以出兵干涉。

[②] „Niederschrift über das Treffen der führenden Repräsentanten der Bruderparteien sozialistischer Länder des RGW am 10. und 11. November 1986 in Moskau ", in: Daniel Küchenmeister, Detlef Nakath, Gerd-Rüdiger Stephan ( Hrsg. ), *Berlin-Bonn-Moskau: Das Dreiecksverhältnis zwischen neuer Ostpolitik und deutscher Einheit*, Schkeuditz: GNN Verlag, 2001, S. 114.

## 第二章　民主德国在德国统一问题上的政策变化

一切就是终极真理。昂纳克发展了一种威权式领导风格……他明白，如果他运用了苏联共产党的指导原则，将会对他本人构成威胁。"①

1987年4月9日，德国统一社会党中央政治局委员、主管意识形态工作的哈格尔在接受联邦德国《明星》周刊的采访时表示，民主德国不会在本国复制苏联的改革，他以嘲讽的口吻反问记者："当你们的邻居更换屋内壁纸的时候，你们是不是觉得也应该更换自己家里的壁纸呢？"② 德国统一社会党总书记昂纳克认为，统一社会党的政治路线是正确的，因此不需要进行任何改革。针对戈尔巴乔夫要求改革的主张，他甚至表示："世界上有哪个社会主义国家比我们好？你们是要改革和'公开性'，还是要充足的货架？"③

与此同时，德国统一社会党领导层还试图将民主德国与苏联改革思想隔离开来，以防止苏联改革对本国的稳定造成影响。为此，昂纳克政府开始限制乃至禁止苏联的报纸杂志在民主德国公开出版发行。1988年春，民主德国严格限制戈尔巴乔夫的《改革与新思维》一书的印刷量以及戈尔巴乔夫的《讲话与著作集》四卷本在民主德国的发行。此外，民主德国还发布行政禁令：从1988年3

---

① „Protokoll der Sitzung des Politbüros des ZK der KPdSU vom 12. Februar 1987 [Auszug]", in: Aleksandr Galkin, Anatolij Tschernjajew (Hrsg.), *Michail Gorbatschow und die deutsche Frage: Sowjetische Dokumente 1986-1991*, München: Oldenbourg, 2011, S. 27.

② „Kurt Hager beantwortete Fragen der Illustrierten „Stern"" in: *Neues Deutschland*, 10. 04. 1987, S. 3.

③ 〔德〕埃贡·克伦茨：《大墙倾倒之际——克伦茨回忆录》，沈隆光等译，世界知识出版社，1991，第107页。

| 德国统一的外交

月开始限制自由出售和停止订阅苏联的报刊。① 1988年秋，第31届莱比锡纪录片电影节评选委员会决定不接受苏联提供的一些影片参展。其后又有5部苏联故事片在民主德国遭到禁映。从1988年11月起，德文版的苏联杂志《卫星》②不再销售，民主德国官方给出的理由是，这本杂志里的一些文章扭曲历史，对民主德国与苏联之间的友谊毫无助益。事实上，这本杂志在民主德国拥有广大的读者群，它经常刊登苏联一些报纸和杂志的时评文章，民主德国公民可以从中了解到苏联改革的进展情况。③ 此外，民主德国还有意刊登一些质疑和批判苏联改革的文章。例如，1988年4月2日，德国统一社会党机关报《新德意志报》转登了列宁格勒市一位大学教师尼娜·安德烈耶娃批评苏联改革的文章，题为《我不能放弃原则》。④

就这样，民主德国与苏联之间的分歧逐渐公开化了。其实，在加快推行改革这一问题上，戈尔巴乔夫曾多次借会晤之机敦促过昂纳克，但都遭到后者的抵制。戈尔巴乔夫后来在回忆录中写道："我现在只想说，为了说服他切不可拖延国内和党内改革的时间，

---

① Monika Nakath,„ Ein neuer Sputnik-Schock? Die SED im Spannungsfeld zwischen Glasnost und Perestroika ", in: Siegfried Prokop (Hrsg.), *Die kurze Zeit der Utopie: Die „ zweite DDR " im vergessenen Jahr 1989/90*, Berlin: Elefanten Press, 1994, S. 10.
② 一本当时十分流行的苏联新闻文摘月刊。
③ Hans Otto Bräutigam, *Ständige Vertretung: Meine Jahre in Ost-Berlin*, Hamburg: Hoffmann und Campe, 2009, S. 433.
④ 参见„ Ich kann meine Prinzipien nicht preisgeben. Brief der Leningrader Dozentin Nina Andrejewa ", in: *Neues Deutschland*, 02.04.1988, SS. 11-12. 该文尖锐地指出了戈尔巴乔夫改革的缺陷以及苏联存在的现实问题，1988年3月13日在《苏维埃俄罗斯报》刊登后便遭到苏联主流媒体的猛烈批判。

第二章 民主德国在德国统一问题上的政策变化

我做了小心翼翼地尝试，但没有收到任何实际效果。"① 德国统一社会党领导层排斥来自苏联改革的影响，以及拒绝改革的态度，不可避免地恶化了民主德国同苏联的关系。

除了担心苏联戈氏改革会对国内局势产生不利影响之外，民主德国自身也缺乏改革的动力。此时的民主德国领导人还在满足于以前取得的一些经济成就，不仅没有充分认识到国内存在着诸多严重问题，而且轻率地认为德意志民族问题已经得到妥善解决。② 因为当时在德意志民族内部，绝大多数人都看不到德国统一的前景。1987年11月24日，民主德国国家安全部向几位国家高层领导人递送了一份秘密情报，其中提到了联邦德国总理府负责人朔伊布勒的一次内部讲话："他认为，作为欧洲分裂的一部分，德国的统一在可预见的未来不会被列入议事日程。东西方持续的意识形态冲突必将令联邦德国坚定不移地留在西欧自由民主阵营。因此，联邦德国虽然坚守《基本法》序言中的目标，即只有在自由的自决中实现统一，才能最终解决德国问题，然而，这在当前和不久的将来都无法成为现实。"③

## （二）在德国问题上与苏联的矛盾

20世纪80年代中后期，随着国内、国际局势的深刻变化，苏

---

① 〔俄〕米·谢·戈尔巴乔夫：《"真相"与自白——戈尔巴乔夫回忆录》，述弢等译，社会科学文献出版社，2002，第294页。
② 对此，民主德国前领导人埃贡·克伦茨在其回忆录中深有感触地写道："德国统一社会党内的德国共产主义者和社会主义者把民族问题视为已经结束，撒手不管，而没有保留一种民主解决的前景，这是民主德国近期历史的最大错误之一。"参见〔德〕埃贡·克伦茨《大墙倾倒之际——克伦茨回忆录》，沈隆光等译，世界知识出版社，1991，第106页。
③ BStU, ZA, Hauptverwaltung Aufklärung (HVA) 50.

103

| 德国统一的外交

联对待德国问题的态度开始发生微妙的变化。① 1986年秋，戈尔巴乔夫在一次首脑会晤中对昂纳克说，他打算赋予苏联同联邦德国关系新的含义，这种关系"主要是源于苏联、民主德国和联邦德国三角关系的重要性"②。就在当日，昂纳克直言不讳地抱怨苏联诗人叶甫图申科在联邦德国电视节目中露面并公开表示支持德国统一，昂纳克认为这是一种"反革命"的挑衅行为。这一时期，昂纳克和戈尔巴乔夫之间的关系出现严重裂痕，昂纳克从最初的不满演变成了政治仇恨。③

1987年，民主德国驻苏联大使柯尼希发现，苏联许多作家在各类新闻媒体上发表文章，称"消除德国的分裂"成了当前迫切的政治任务，"消除德国的分裂"被视为将对建立"欧洲大厦"有所贡献。④ 针对苏联媒体以及苏联人士公开评论德国问题的现象，民主德国领导人曾多次向苏联方面表达不满。例如，1988年4月，昂纳克就"莫斯科—波恩现场连线"节目内容向苏联驻民主德国

---

① 这种变化也体现在苏联愿意改善同联邦德国的关系上。戈尔巴乔夫认为："离开联邦德国，我们就不会有一个严肃的对欧政策……对我们而言，对欧方针不仅仅具有独立意义，并且还是我们和美国对话中的一个重要因素。"参见〔俄〕米·谢·戈尔巴乔夫《"真相"与自白——戈尔巴乔夫回忆录》，述弢等译，社会科学文献出版社，2002，第285页。

② „Gespräch Gorbacevs mit dem Staatsratsvorsitzenden Honecker, dem DKP-Vorsitzenden Mies und dem SEW-Vorsitzenden Schmitt am 3. Oktober 1986 ", in: Aleksandr Galkin, Anatolij Tschernjajew (Hrsg.), *Michail Gorbatschow und die deutsche Frage: Sowjetische Dokumente 1986-1991*, S. 18.

③ Daniel Küchenmeister,„ Wann begann das Zerwürfnis zwischen Honecker und Gorbatschow？", in: Daniel Küchenmeister, Detlef Nakath, Gerd-Rüdiger Stephan (Hrsg.), *Berlin-Bonn-Moskau: Das Dreiecksverhältnis zwischen neuer Ostpolitik und deutscher Einheit*, S. 135.

④ 〔德〕赖因霍尔德·安德特、沃尔夫冈·赫兹贝格：《倒台：昂纳克答问录》，顾增文等译，世界知识出版社，1992，第2页。

第二章 民主德国在德国统一问题上的政策变化

大使科切马索夫提出抗议。① 科切马索夫随后代表戈尔巴乔夫向昂纳克解释说，上述提到的言论经常被歪曲理解，他同时承认，在"莫斯科—波恩现场连线"节目中，并未禁止发表一些防御性的、消极的论断以及不准确的言论，不过最重要的是，科切马索夫对就联邦德国所说的话没有给予任何明确的答复。②

1988年6月9日，俄罗斯科学院国际经济与政治研究所外交政策室主任达希切夫教授在波恩接受《世界报》记者采访时说："作为冷战的残余和痕迹，民主德国边界上的隔离墙和铁丝网必将会随着时间的流逝而消失。为了能够消除它们，必须事先保障适当的安全和经济条件。"③ 达希切夫的这番言论随即被刊登在当日的《世界报》上。

就在同一天，德国统一社会党中央委员会书记阿克森代表统社党中央政治局向科切马索夫大使提出抗议，认为达希切夫教授的言论直接损害了民主德国的主权和安全利益，损害了华沙条约缔约国的安全利益以及共同的政治和防御联盟，这些言论助长了帝国主义的宣传。科切马索夫大使承认，苏联的一些大众媒体代表、时事评论员以及其他人过去确实在涉及德国问题上发表了不准确的言论，这其中包括有关隔离墙的言论。不过他申明，这种言论和退让并不是一个明确的表态，与苏联共产党和苏联领导人的官方政策无关。④

1988年9月11日，苏联最高苏维埃机关报《消息报》刊登了

---

① Wjatscheslaw Kotschemassow, *Meine letzte Mission: Fakten, Erinnerungen, Überlegungen*, Berlin: Dietz Verlag, 1994, S. 47.
② *SAPMO-BArch*, DY 30/IV 2/2035/60.
③ „Die Mauer wird verschwinden müssen. Sowjetischer Außenexperte Daschitschew verblüfft in Bonn", in: *Die Welt*, 09.06.1988.
④ *SAPMO-BArch*, DY 30/IV 2/2035/60.

| 德国统一的外交

对联邦德国的苏联学家沃尔夫冈·莱昂哈德的采访。莱昂哈德曾在1949年脱离德国统一社会党并出走联邦德国,此后一直被民主德国政府视为"叛徒"。9月20日,德国统一社会党中央委员会书记阿克森致电苏联共产党中央委员会书记梅德韦杰夫,称德国统一社会党中央委员会对此事感到非常惊讶。自1949年以来,莱昂哈德以"苏联学家"的名义,一直积极参与国际垄断资产阶级最反动的集团(特别是联邦德国和美国)的反共、反苏活动。苏联政府的报纸却对莱昂哈德进行了采访,《消息报》的编辑人员还称他为"严谨的苏联学权威之一"。德国统一社会党认为在苏联的官方报纸上刊登对莱昂哈德的采访是无法理解和不可接受的。[①]

9月27日,阿克森将苏联共产党中央委员对民主德国抗议的回复报告给了昂纳克。苏联方面称,《消息报》在刊登对联邦德国苏联学家莱昂哈德的访谈时,没有谨慎对待,特别是没有考虑到他的政治面貌,报社领导已经意识到了这一点;在当前条件下,我们的新闻机构在选择发表主题和材料方面已享有广泛的独立性。[②] 事实上,在9月24日,昂纳克就已经收到苏联共产党中央委员会国际部主管民主德国事务的部门领导科普捷尔泽夫的说明,说明中提到,苏联已经注意到了德国统一社会党对改革和公开性政策的实践方式怀有某些不满情绪;说明表示,苏联代表就德国问题所做的个别言论是"不负责任的",其中包括对莱昂哈德的采访,但是,苏联共产党中央委员会无权阻止他们发表"不同言论"。[③]

---

① SAPMO-BArch,DY 30/IV 2/2035/60.
② SAPMO-BArch,DY 30/IV 2/2035/60.
③ SAPMO-BArch,DY 30/IV 2/2035/60.

## 第二章 民主德国在德国统一问题上的政策变化

苏联的一些媒体（尤其是官媒）及人士随意评论德国问题，有意否定战后形成的欧洲秩序，给民主德国的稳定带来了冲击，引起了民主德国领导层的强烈不满。1988年7月15～16日，民主德国代表团在华沙举行的华沙条约缔约国首脑会议上，提交了一份关于两德关系的工作材料，明确表明了民主德国在两德关系问题上的鲜明立场。这份材料称，在业已灭亡的德意志帝国的土地上，建立了两个拥有不同社会制度及联盟隶属关系的主权独立国家，它们之间存在着不可调和的社会对立；通过条约体系，民主德国和联邦德国共同加入联合国，战后德国问题已经得到了解决，欧洲中心地区的现状已经根据国际法加以确认，因此，不存在"悬而未决的德国问题"，也没有"统一的要求"，根据和平共处原则，两个德国在国际法基础上建立外交关系是可行的和必要的；"德意志内部的特殊关系"是不存在的，两德关系的首要问题是维持和平，它们必须尽一切努力确保在德意志的土地上不再爆发战争，永远保持和平；两德关系全面正常化仍然存在相当大的障碍，联邦德国一再试图不以国际法承认民主德国，并且奉行违反国际法的"德意志内部"原则（"德国问题的公开性""德意志内部的特殊关系"，拒绝解决公开的政治问题：承认不干涉原则、使团地位、国籍、边界性质等）。[1]

在20世纪80年代中后期，尽管民主德国的经济、政治形势总体上相对稳定，但长期被忽视的经济和社会问题渐渐浮出水面。特别是，这一时期民主德国与联邦德国的经济和技术差距进一步拉

---

[1] *BArchP*, DC 20, 5331.

大，在民主德国的机械制造业中，劳动生产率只有联邦德国的30%，在纺织行业中，它甚至只有联邦德国的20%。[1] 此外，民主德国还因与西方国家连年的贸易逆差，外债数额超过 100 亿美元，国家财政亦趋于崩溃边缘，日用消费品的供求矛盾凸显，民众不满情绪日益增长。然而，德国统一社会党领导层思维僵化，拒绝采取任何改革措施，并对苏联领导人提出的改革要求及内部告诫置之不理，甚至加以排斥。另外，民主德国在德国统一问题上也与苏联产生了矛盾。1989 年，东欧社会主义国家的政局相继发生剧变，民主德国的局势也开始出现动荡。柏林墙倒塌后，内外交困的民主德国被迫改变了对德国统一的立场。

## 三 东欧剧变与民主德国对德国统一的立场变化

### （一）东欧剧变与民主德国的经济和政治危机

自建国以来，建立、发展和强化与苏联及东欧社会主义国家兄弟般的联盟关系一直是民主德国外交政策的基本路线之一。[2] 它也是民主德国生存和发展的重要基石。然而，到了 20 世纪 80 年代末，民主德国长期依靠的苏东社会主义阵营已呈分崩离析之势。受苏联戈尔巴乔夫外交"新思维"的影响，1989 年春，波兰、匈牙利等东欧社会主义国家先后发生政局剧变以及制度更迭。1989 年

---

[1] Detlef Nakath, Gero Neugebauer, Gerd-Rüdiger Stephan (Hrsg.), *Im Kreml brennt noch Licht: Die Spitzenkontakte zwischen SED/PDS und KPdSU 1989 – 1991*, Berlin: Dietz Verlag, 1998, S. 256.

[2] Werner Hänisch, Joachim Krüger, Dieter Vogl, *Geschichte der Außenpolitik der DDR: Abriss*, Berlin: Staatsverlag der Deutschen Demokratischen Republik, 1985, S. 26.

## 第二章 民主德国在德国统一问题上的政策变化

秋,如同其他的东欧盟国一样,民主德国的国内形势也急转直下。这与匈牙利开放了奥地利一侧边界密切相关。

1989年9月10日,匈牙利政府单方面终止了1969年与民主德国政府签署的关于禁止民主德国公民通过匈牙利逃往西方的协议,宣布自9月10日午夜起对民主德国公民开放通往奥地利的边界。随后,大批民主德国公民跨越边界,借道奥地利涌入联邦德国。自此,民主德国国内再次掀起大规模的移民潮。针对匈牙利政府这一"背叛盟友"的行为,民主德国政府随即给予了严厉指责。

9月11日,民主德国的德国新闻总局在《新德意志报》发布通报称:"据布达佩斯消息,(有人让)在匈牙利人民共和国停留的民主德国公民以非法的、违背国际条约与协议的方式,通过一次夜间秘密行动,经匈奥边境前往了联邦德国。这是对民主德国内政的直接干涉,是以人道主义为借口有组织地贩运人口。令人遗憾的是,匈牙利人民共和国的代表被诱使违反协定和协议,支持联邦德国这一蓄谋已久的行动。"[1] 匈牙利政府通过同联邦德国的秘密谈判以开放边境得到了5亿联邦德国马克的回报。民主德国提出的维护既定协议的要求被匈牙利驳了回来。[2]

匈奥边界开放后仅一周,便有15500多名民主德国公民经这条边界出走联邦德国。还有一些民众通过联邦德国驻波兰、捷克斯洛伐克大使馆出逃。不过,民主德国领导人埃贡·克伦茨对这场移民

---

[1] „Mitteilung des AND", in: *Neues Deutschland*, 11.09.1989, S.1.
[2] 〔德〕汉斯·莫德罗:《起点与终点:前东德总理莫德罗回忆录》,王建政译,军事科学出版社,2002,第13页。联邦德国总理科尔则称,只是向匈牙利提供了5亿联邦德国马克贷款,并且是已经谈了较长时间的贷款。匈牙利也多次表示开放边界并非想得到联邦德国的回报。参见 Kai Diekmann, Ralf Georg Reuth, Helmut Kohl, *Helmut Kohl: Ich wollte Deutschlands Einheit*, 2. Aufl., Berlin: Ullstein, 1999, S.74。

潮有着清醒的认识："他们离开我们，是因为他们不再相信有可能改变民主德国的社会状况，是因为他们看不到未来的前景。"① 大规模的移民潮加剧了民主德国的经济困境。与此同时，民主德国又出现了此起彼伏的游行示威，使得其内部危机进一步尖锐化。此外，各色各类的反对派组织也纷纷出现，并开始与政府进行对抗。

10月7日，民主德国举行了建国40周年纪念活动。然而，在柏林、莱比锡、德累斯顿等城市却爆发了大规模的示威游行。民众高声要求"开放边界""民主改革"。应邀参加庆典的苏联领导人戈尔巴乔夫在肯定民主德国取得一些成就的同时，也指出后者在发展中存在诸多问题，需要及时进行改革。他还警告说："谁跟不上形势，谁就会受到现实生活的惩罚。"②

此后，剧烈的社会动荡致使德国统一社会党内部矛盾激化。10月18日，昂纳克突然宣布辞去党和国家一切领导职务，克伦茨接替了他的职位。克伦茨上台后开始对内实施改革，对外则努力修复与苏联之间的友好关系。10月23日，《新德意志报》刊登了克伦茨与戈尔巴乔夫的通话内容。戈尔巴乔夫再次对克伦茨当选表示热烈祝贺，并邀请他访问苏联。克伦茨则向戈尔巴乔夫表示，两党、两国结成的兄弟联盟是民主德国社会主义建设的决定性基础。③

10月31日，克伦茨率团出访莫斯科，试图从苏联方面获取信任和支持。在克伦茨与戈尔巴乔夫会晤期间，双方同意进一步加强

---

① 〔德〕埃贡·克伦茨：《大墙倾倒之际——克伦茨回忆录》，沈隆光等译，世界知识出版社，1991，第22页。

② Sabine Braun, Bernhard Michalowski, 3. *Oktober* 1990. *Der Weg zur Einheit：Eine Dokumentation 1949-1990*，München：Heyne，1990，S. 77.

③ „Egon Krenz trifft sich mit Michail Gorbatschow. Bei Telefongespräch der Generalsekretäre：Einladung nach Moskau ", in：*Neues Deutschland*，23. 10. 1989，S. 1.

第二章　民主德国在德国统一问题上的政策变化

民主德国与苏联在各领域的合作，并明确表达了彼此间的信任。戈尔巴乔夫还表示，苏联会坚定地站在民主德国一边。① 与此同时，德国统一社会党中央委员会国际联络部部长西贝尔与苏联共产党中央委员会国际部部长法林也进行了会谈。西贝尔向法林详细说明了民主德国的财政状况；同时强调，必须抑制联邦德国的企图和期望，迫使它遵守特定的行动框架。民主德国当时的外债总额约为265亿美元，它给民主德国的政治、经济和心理带来沉重的压力。法林针对这一情况向西贝尔提出了一系列的建议，包括在德国统一社会党及所有国家机构中厉行节约；裁减国家人民军并公布释放出来的这部分资金的用途；要求联邦德国对民主德国公民自由迁徙提供专项基金；在环境保护领域向联邦德国提出分担费用的要求；在利率问题上建立一种新的模式；更多地考虑西柏林的特殊情况，充分利用包括苏联合资企业或其他形式的合作，即双边或三边合作。②

克伦茨上任后虽然进行了一系列改革，但没能遏止国内日益恶化的经济和政治危机。由于大批人员出走联邦德国，许多工厂陷入停产，抑或减产。物价存在隐性上涨，价格低廉的商品越来越经常地从货架上消失。③ 为缓解国内紧张局势，克伦茨曾试图安抚各种反对派组织，并向后者做出一些妥协和让步。然而，反对派组织对此并不满意，继续组织大规模的示威游行。10月23日，莱比锡爆发了30万人的大游行。11月4日，50万人的大游行又在柏林爆发。

在国内民众的不断施压下，民主德国政府于11月9日被迫宣

---

① SAPMO-BArch, DY 30/2/2 A/3255.
② SAPMO-BArch, DY 30/IV 2/2039/329.
③ 〔德〕埃贡·克伦茨：《大墙倾倒之际——克伦茨回忆录》，沈隆光等译，世界知识出版社，1991，第154~155页。

| 德国统一的外交

布开放柏林墙。次日，克伦茨给戈尔巴乔夫发了一份电报。电文称："民主德国局势的发展现状使得我们有必要于昨夜做出决定，允许民主德国公民出境前往西柏林。过境关卡附近聚集了大规模的人群，我们必须在短时间内做出决定。若不允许他们出境前往西柏林，可能会导致更加严重的政治后果，其局面难以预料。这一决定并未触犯《关于西柏林问题的四方协定》的基本原则，因为允许群众出境前往西柏林探亲的规定早已存在。昨夜共约6万名民主德国公民通过边界前往西柏林，其中约有4.5万人重新返回民主德国。今晨6时以后，只有拥有民主德国相应签证者方可出境前往西柏林。此原则亦适于有关永久性离开民主德国的出境事宜。……我请您委托苏联驻民主德国大使即刻与西方三国驻西柏林代表取得联系，以保障该市内部的正常秩序，阻止西柏林方面在边界的挑衅行为。"①

民主德国开放柏林墙本是应急之举，意在缓和紧张局势，释放国内压力。但事与愿违，民主德国公民出走人数随之激增。1989年，民主德国共有343854人移居到了联邦德国。② 这令民主德国的经济困境雪上加霜。据克伦茨估算，民主德国开放边界造成的损失达1000亿～1300亿马克，约相当于一战后德国向战胜国支付的赔偿。③ 与此同时，民主德国的这一举措在国外（尤其是联邦德国）引起强烈反应，长期悬而未决的德国问题逐渐被提上议事日程。

---

① 〔德〕特奥多尔·霍夫曼：《最后一道命令：东德剧变亲历记》，王建政等译，海南出版社，2001，第27页。
② 〔德〕霍斯特·特尔切克：《329天：德国统一的内部视角》，欧阳甄译，社会科学文献出版社，2016，第69页。
③ 〔德〕埃贡·克伦茨：《大墙倾倒之际——克伦茨回忆录》，沈隆光等译，世界知识出版社，1991，第151页。

## 第二章 民主德国在德国统一问题上的政策变化

### (二) 柏林墙倒塌后民主德国对德国统一的立场变化

就在民主德国打开柏林墙后不久,联邦德国总理科尔便意识到德国统一的时机已经到来。他就柏林发生的事件接受采访时讲道:"德国统一终有一天会成为事实,对此我从未有过怀疑。历史车轮的前进比我们想象得要快。"[①] 11月10日,民主德国新的《旅行法》生效,大大简化了民主德国公民旅行和出境的手续。次日,科尔致电克伦茨,表示欢迎民主德国实行新的《旅行法》,这将有助于促进两德关系的发展。但克伦茨则强调说,这一举措完全是基于民主德国的主权决定:"开放边界绝不意味着使现有的边界成为问题,两个德意志国家关系的稳定仍然是欧洲大陆稳定的决定性前提。"[②]

11月16日,苏联驻民主德国大使科切马索夫向克伦茨提出建议,通过电视讲话强调开放边界的人道主义性质,重申保护公民利益的决心,让联邦德国的政治家们从中清楚地看到,那种未来可以成功迫使民主德国不断做出让步,并最终将其并吞的想法,没有任何的事实依据。将德国统一作为当前政治问题提上日程,并否定民主德国社会主义国家主权的企图,不仅会影响两德人民的利益,还会影响整个欧洲的安全利益。从这个意义上讲,在苏联及其他国家的支持下,民主德国的地位将得到显著加强。[③]

然而,柏林墙开放后,由于民众对德国统一社会党推行的改革

---

① Kai Diekmann, Ralf Georg Reuth, Helmut Kohl, *Helmut Kohl: Ich wollte Deutschlands Einheit*, 2. Aufl., S. 128.
② 〔德〕埃贡·克伦茨:《大墙倾倒之际——克伦茨回忆录》,沈隆光等译,世界知识出版社,1991,第165页。
③ *SAPMO-BArch*, DY 30/IV 2/2039/314.

| 德国统一的外交

渐渐失去信心和耐心,民主德国内部的民族情绪日益高涨。民主德国公民游行示威时打出的标语和口号发生了变化,开始由"我们是人民"变为"德国,统一的祖国""我们是一个民族"。为了稳定局势,摆脱危机,民主德国试图通过加强两德合作来获取经济援助。11月17日,民主德国总理莫德罗发表政府声明称,民主德国政府愿意加强与联邦德国的全方位合作,并将其提升至一个新的水平……我们赞成,两德通过达成"契约共同体"来代替"责任共同体",其远远超出《基础条约》以及两德迄今签订的所有条约。对此,民主德国政府已做好对话的准备。但他同时强调,民主德国作为社会主义国家以及德意志主权国家具有合法性。关于德国统一的猜测既不实际,又十分危险,因而要加以拒绝。①

然而,莫德罗的相关建议并没有在联邦德国引起积极回应。联邦德国总理科尔认为,莫德罗的建议意在转移人们的注意力,以缓解其国内的压力,联邦德国应该把德国统一的主动权牢牢掌控在自己手中。11月28日,科尔在没有与盟国和同僚磋商的情况下,突然提出《消除德国和欧洲分裂的十点纲领》(简称《十点纲领》),将德国统一问题重新展现在世人面前,同时明确表达了联邦德国的统一意愿和决心。针对民主德国移民潮引发的冲击和危机,该纲领提出联邦德国计划向民主德国提供紧急援助,但前提条件是民主德国必须实行彻底的经济和政治改革,并举行自由选举。

显然,《十点纲领》的核心是以经济援助为诱饵促使民主德国发生变革,从而达到"以西统东"的目的。此外,《十点纲领》还

---

① „Eine Regierung der Koalition, eines neu verstandenen kreativen Bündnisses. Regierungserklärung Hans Modrows ", in: *Neues Deutschland*, 18.11.1989, S.1.

提出了实现统一的三阶段方案：第一阶段，在经济、交通、环保等领域建立联合委员会；第二阶段，两个德意志主权国家建立"邦联结构"；第三阶段，建立统一的中央政府，最终实现统一。

不过，《十点纲领》一经提出，便遭到苏联和民主德国的激烈反对和抨击。戈尔巴乔夫认为，该纲领明显违反了《基础条约》和《关于柏林问题的四方协定》的精神。此外，他还指出，这是最后通牒式的要求。[1] 民主德国政府则明确拒绝科尔政府附加给援助的前提条件，以及对德国统一的要求。

在科尔发起统一攻势之时，民主德国的内部危机进一步加深，德国统一社会党政权逐渐失去了对社会的控制能力，被迫放弃了对国家的绝对领导权，开始寻求与反对派势力妥协以及联合执政。12月1日，民主德国人民议院第九届十三次会议通过了《宪法修正案》，废除了宪法赋予德国统一社会党的领导地位。随后，德国统一社会党更名为德国民主社会主义党。民主德国的16个党派和政治组织召开圆桌会议，决定于1990年5月举行大选。[2]

12月4日，华沙条约组织在莫斯科召开非正式首脑会议。会上，戈尔巴乔夫指出，科尔现在大谈两个德国组建一个邦联，除了制造更多的紧张局势以及破坏稳定之外，这种政治上不成熟的言论不会带来任何好处。对于欧洲和世界的正常发展进程而言，这可能会造成重大的挫折，因为德国问题，或者说德意志两个国家间的关系，是国际政治中的一个重大问题。民主德国总理莫德罗同意戈尔巴乔

---

[1] 〔俄〕米·谢·戈尔巴乔夫：《我与东西德统一》，王尊贤译，中央编译出版社，2006，第69页。

[2] 1990年1月29日，莫德罗宣布将大选提前至3月18日举行。

| 德国统一的外交

夫的观点,并表示将于12月19日与科尔举行会晤。在《十点纲领》的第三点中,科尔表明他已经通过构建两德"契约共同体"的设想,回应了民主德国政府的想法。目前,德国民主社会主义党关注的是充分实现"契约共同体"的可能性,这是民主德国进一步塑造两德关系的建设性提议,莫德罗请求所有兄弟国家支持这些观点。戈尔巴乔夫在回应莫德罗的发言时强调,两个德意志国家的存在不会被抹杀,除了邦联没有其他可能。……这是一个全局性的重大问题,必须得到兄弟国家的共同关注,以回应民主德国的建议。[1]

12月16~17日,德国民主社会主义党特别党代会在东柏林召开。会议讨论期间,民主德国驻苏联大使柯尼希就民主德国的外交政策做了重要发言。他认为,在当前的革命性变革阶段,国内政策和外交政策之间的紧密联系变得愈发明显。民主德国的外交政策需要彻底革新。首先,必须重新定义民主德国的欧洲政策,并有目的地融入泛欧进程。其次,必须重新定义与联邦德国和西柏林的关系,并相应地调整相关政策。民主德国必须充分利用与联邦德国进行密切合作的所有机会,通过提出建立"契约共同体"的建议,已经迈出实质性的第一步。尽管如此,德国民主社会主义党有必要就"邦联"和"统一"等提议或要求做出自己的明确表述,应该将它们置于欧洲框架中,而不是仅限于对立场的刻板重复,即统一不在议程之中,目前不可能组建邦联。应该在讨论中,也在关于民主德国前景的辩论中采取这样的立场,即不反对组建邦联和德国统一的想法,但是,未来的协议只能基于联邦德国和民主德国的平等

---

[1] Detlef Nakath, Gero Neugebauer, Gerd-Rüdiger Stephan (Hrsg.), *Im Kreml brennt noch Licht: Die Spitzenkontakte zwischen SED/PDS und KPdSU 1989-1991*, S. 74.

第二章　民主德国在德国统一问题上的政策变化

权利以及欧洲一体化的框架。最后，促使民主德国与苏联的联盟达到新的水平。民主德国只能在与苏联建立紧密联盟的基础上，执行新的欧洲政策，并与联邦德国建立新的关系。①

由上可见，这一时期，民主德国政府在德国统一的问题上仍然坚持两德并存的立场，但也在积极寻求与联邦德国建立更加紧密的合作关系。12月19日，科尔与莫德罗在德累斯顿进行会晤。会谈期间，双方就两德关系现状及其发展潜力广泛地交换了意见，并表示应继续加强合作，争取在1990年春就"契约共同体"签订一份条约，同时保障两德公民长期的双向出行自由。此外，莫德罗要求联邦德国提供150亿联邦德国马克的经济援助。科尔许诺将提供大量的经济和财政援助。会后，科尔在圣母教堂前发表即兴演讲，并受到台下民主德国民众的热烈欢迎。他在演讲中明确表示："如果历史时刻允许的话，我的目标仍然是实现国家的统一。"②

12月20日，民主德国外交部部长菲舍尔向苏联外交部第三欧洲司司长邦达连科通告了前一天两德领导人的会晤情况。菲舍尔谈到，出于相同的目标，为在两德间建立一个"契约共同体"，双方找到了一个共同点。出于众所周知的原因，民主德国将避免使用"邦联"或"邦联元素"这两个术语。重要的是，科尔同意与莫德罗政府进行合作，这可能会对稳定局势产生积极影响。邦达连科则强调，苏联与民主德国如兄弟般亲密团结，必须坚定地站在一起，

---

① Detlef Nakath, Gero Neugebauer, Gerd-Rüdiger Stephan (Hrsg.), *Im Kreml brennt noch Licht：Die Spitzenkontakte zwischen SED/PDS und KPdSU 1989-1991*, SS. 118-119.
② Bundesministerium für innerdeutsche Beziehungen (Hrsg.), *Texte zur Deutschlandpolitik*, Reihe III/Bd. 7, Bonn：Deutscher Bundes-Verlag, 1990, S. 467.

| 德国统一的外交

特别是在极其复杂的局势面前。①

然而，事实上，科尔并没有打算继续维持民主德国的存在，而是努力加快推动德国统一进程。因此，他对建立"契约共同体"渐渐失去了兴趣，也没有兑现在德累斯顿许下的承诺。与此同时，鉴于民主德国民众要求统一的呼声日渐高涨，以及苏联国内形势的迅速恶化，苏联领导层逐步改变了反对德国统一的立场。

1990年1月20日，民主德国外交部部长菲舍尔在与苏联外交部部长谢瓦尔德纳泽会晤时，谈及了两德关系当前发展状况。他表示，民主德国政府致力于实现与联邦德国建立"契约共同体"的目标，它的基础是由一个民族形成的两个密切合作的国家。联邦德国总理及其随行官员原本在德累斯顿对此表示赞同，但现在他们的态度发生了变化：他们已经不想与莫德罗政府签订协议，而要等到5月6日的民主德国大选之后。他们不再关心邦联，而是关心联邦，即联邦国家。此外，联邦德国正在利用政府、政党以及其他势力所掌握的各种手段来影响民主德国。联邦德国支持的竞选活动是在民主德国进行的，这助长了民主德国的动荡。谢瓦尔德纳泽则向菲舍尔描述了当时苏联政治发展面临的困境，特别是民族分离主义愈演愈烈，高加索局势相当严峻。此外，他还强调，苏联绝不会否认德意志人民的自决权。尽管知晓统一需要适当的条件，但他们对两德更加紧密的合作——如果德意志人民选择这么做——以及国家统一的愿望将表示尊重。不过对于苏联而言，无法接受一个隶属于北约的德国。②

---

① *BArchP*, DC 20, 5061.
② *BArchP*, DC 20, 4973.

第二章 民主德国在德国统一问题上的政策变化

由于苏联和东欧盟友都深陷经济和政治危机的泥潭，原来的阵营结构已无法正常运转，彼此间的经济互助合作体系趋于瓦解。莫德罗在其回忆录中写道："1月在经互会会议上谈到的未来计划太过虚幻，这些国家的国民经济已根本无力承担，迄今为止被我们视为联盟的经互会，已无法维持。我的结论是：只有向联邦德国看齐才是一个现实的选择。"① 可见，因为得不到苏联以及东欧盟友的有效支持和援助，再加上国内局势日益无法掌控，民主德国领导层开始重新思考德国统一问题，对德国统一的立场随之发生了明显的变化。

1月30日，莫德罗出访莫斯科。在与戈尔巴乔夫的会谈中，莫德罗详细评估了民主德国的现状，并表示，鉴于越来越多的民主德国民众不再支持两个德国的概念，因此需要提出新的概念。随后，他以"为了德国，统一的祖国"为题，为迈向德国统一之路的讨论提出了一个概念。这是一项具体倡议，旨在控制和尽量减缓已经启动的自发进程。如果现在不采取主动，另一方将迅速落实其想法。戈尔巴乔夫赞同莫德罗的观点，即民主德国政府现在必须采取主动，因为它无论如何也无法避免统一的问题。他同时表示，德国统一只能在欧洲一体化的背景下加以考虑。②

2月1日，莫德罗从莫斯科回国后，立刻召开记者招待会，对外公布了一项实现德国统一的四阶段方案（即《德国，统一的祖国》）。根据这一方案，两德先组成"契约共同体"，接着建立各自拥有部分主权的邦联，然后将两德的主权移交至邦联的权力机构，最后经由邦联

---

① 〔德〕汉斯·莫德罗：《起点与终点：前东德总理莫德罗回忆录》，王建政译，军事科学出版社，2002，第86页。
② *BArchP*, DC 20, 4973.

119

的两部分自由选举产生一个统一的议会,建立邦联或联邦式统一的德国,并由该议会决定统一的宪法,成立统一的政府,首都设在柏林。此外,莫德罗还强调,德国问题的解决必须遵循三个条件:第一,严格履行两德先前签订的条约,互不干涉内政;第二,维护四大国以及欧洲人民的权益,保障和平、主权完整以及边界安全;第三,在通往邦联的过程中,两德实行军事中立。[1] 莫德罗的统一方案一经公布,便引起了全世界的广泛关注。这是民主德国政府首次提出有关德国统一的建议。至此,两德都将解决德国统一问题摆上议事日程。

对于莫德罗提出的统一方案,科尔虽然表示欢迎和赞赏,但坚决反对其中关于军事中立的主张,认为这与全欧联合进程的逻辑相悖,地处欧洲心脏地区的德国绝不能被孤立。随后,科尔迅速抛出两德统一的方式,主张以联邦德国《基本法》第 23 条实现统一。科尔的主张遭到民主德国方面的坚决反对。后者认为,两德统一不是联邦德国的延伸,而是创建一个崭新的德国,应该举行全民公决,由人民来决定德国新的体制。[2]

2 月 3 日,两德领导人都参加了在瑞士达沃斯召开的世界经济论坛。其间,莫德罗与科尔进行了会谈。莫德罗强调指出,由于联邦德国未能履行科尔在德累斯顿许下的诺言,民主德国民众已对其失去信任。科尔则表示,必须撇开竞选战术的考虑,谋求一条支持民主德国的途径。[3] 此外,莫德罗在德国统一问题上的立场继续软化。他在接

---

[1] Bundesministerium für innerdeutsche Beziehungen (Hrsg.), *Texte zur Deutschlandpolitik*, Reihe III/Bd. 8a, Bonn: Deutscher Bundes-Verlag, 1991, SS. 49~51.
[2] 〔德〕克里斯塔·卢夫特:《最后的华尔兹:德国统一的回顾与反思》,朱章才译,中央编译出版社,1995,第 135~136 页。
[3] 〔德〕汉斯·莫德罗:《起点与终点:前东德总理莫德罗回忆录》,王建政译,军事科学出版社,2002,第 93 页。

## 第二章 民主德国在德国统一问题上的政策变化

受瑞士电台的采访时表示,一个并非中立的统一德国也是可能的。①

鉴于民主德国经济濒临崩溃以及移民人数不断攀升,科尔于2月6日在联盟党议会党团中宣布,应刻不容缓地与民主德国就货币联盟和经济改革进行谈判。随后,科尔还组建了"德国统一"内阁委员会。②此外,科尔为了推动统一进程,积极与四大国(尤其是苏联)领导人就德国问题进行协调沟通,以取得他们的理解、信任和许可。

2月10日,科尔赴莫斯科与戈尔巴乔夫就德国问题进行了秘密会谈。会后,科尔从戈尔巴乔夫那里得到了承诺:"苏联将尊重德意志人民在一个国度生活的决定,并由他们自己决定统一的时间和方式。"③ 2月13日,在渥太华举行的北约和华约相互"开放天空"的外长会议上,苏、美、英、法和两个德国的外长制定了一个"2+4"方案,即在民主德国大选之后,先由两德讨论解决有关德国统一的"内部问题",之后两德与苏、美、英、法四大国讨论解决包括邻国安全在内的有关德国统一的外部问题。

2月13日,莫德罗回访联邦德国,试图利用这次会晤维护民主德国公民的利益,并指出两德统一时所承担的民族和国际责任。科尔则阐明对货币联盟的立场,并保证参加谈判的意愿,但表示这要等到民主德国3月18日大选之后。④ 显然,莫德罗政府已经不是

---

① 〔德〕霍斯特·特尔切克:《329天:德国统一的内部视角》,欧阳甦译,社会科学文献出版社,2016,第86页。
② 〔德〕霍斯特·特尔切克:《329天:德国统一的内部视角》,欧阳甦译,社会科学文献出版社,2016,第87~89页。
③ Bundesministerium für innerdeutsche Beziehungen (Hrsg.), *Texte zur Deutschlandpolitik*, Reihe III/Bd. 8a, S. 85.
④ 〔德〕汉斯·莫德罗:《起点与终点:前东德总理莫德罗回忆录》,王建政译,军事科学出版社,2002,第97页。

| 德国统一的外交

科尔政府的谈判伙伴了，后者不再愿意给予民主德国现任政府任何的经济援助，转而将目光投向了民主德国大选后的新政府。

尽管已临近大选且前景暗淡，民主德国莫德罗政府仍不断提出关于德国统一的倡议，以期在统一过程中尽可能地维护民主德国及其民众的利益。2月20日，民主德国各党派在圆桌会议上就德国统一政策做出决议：原则上拒绝未来统一的德国隶属于北约；寻求未来统一的德国非军事化地位；拒绝以扩大联邦德国《基本法》第23条适用范围的方式，将民主德国并入联邦德国。① 2月23日，民主德国外交部向欧安会成员国递送了一份备忘录，题为《将两个德意志国家的统一纳入泛欧统一进程》。② 3月1日，民主德国政府会议一致通过了关于所有制的声明，要求科尔政府不应考虑改变民主德国的所有制，理解民主德国公民为维护其财产而日益增长的焦虑。③ 然而，科尔政府对此没有做出任何回应。

3月5日，莫德罗率领代表团再次访问莫斯科，以寻求苏联对民主德国统一政策的支持。莫德罗在与戈尔巴乔夫的会谈中强调，两个德国合并和统一的进程必须牢固地融入泛欧进程。在民主德国的竞选活动中，出现了令东德邻国和其他国家担忧的现象。因此，他将在3月6日的人民议院会议上，重申民主德国政府在波兰西部边界问题上的坚定立场。两德合并必须分阶段进行，而且更易于控制，不能与泛欧进程脱钩，六国谈判必须以这种方式对其施加影

---

① Helmut Herles（Hrsg.）, *Vom Runden Tisch zum Parlament*, Bonn: Bouvier, 1990, S. 168.
② „Memorandum des Ministeriums für Auswärtige Angelegenheiten der DDR an die KSZE-Mitgliedstaaten vom 23. 2. 1990 ", in: MfAA（Hrsg.）, *Außenpolitische Korrespondenz*, 09. 03. 1990, S. 58.
③ 〔德〕汉斯·莫德罗：《起点与终点：前东德总理莫德罗回忆录》，王建政译，军事科学出版社，2002，第100页。

响。因此，他请求苏联努力确保这些事态发展以这种方式进行。戈尔巴乔夫表示，他已向联邦德国、美国及其他西方国家多次强调，要担负起特殊的责任。德国统一应该分阶段完成，为了民主德国以及联邦德国民众的利益，切不可制造混乱。即使从外部看德国问题，也能得出这样的结论，即已经启动的统一进程只能循序渐进地进行。由此产生的力量平衡、新出现的安全概念以及欧洲国家之间的和解不能遭到破坏。因此，两个德国必须与邻国以及其他所有国家协调利益。从这个意义上讲，泛欧进程应得到加速。[1]

事实上，这是莫德罗政府为维护民主德国及其民众权益所做出的最后尝试。随后事态的发展大大超出了莫德罗当时的设想，民主德国最终没能以平等的身份与联邦德国分阶段地实现统一，而是快速地被联邦德国吞并。这一进程的首个加速点便是民主德国3月18日的大选。

3月18日，民主德国人民议院选举正式启动。最终，"德国联盟"[2]获胜并组阁。随后，民主德国基民盟主席德梅齐埃出任总理。"德国联盟"之所以能够在大选中胜出，关键在于联邦德国政府的大力支持。科尔为了帮助"德国联盟"获胜，不仅给予大量的人力、物力和财力支援，而且还亲赴民主德国参与助选。其间，科尔以经济援助为诱饵，俘获了民主德国选民的心。随着亲科尔政府的"德国联盟"获选上台，德国统一的"内部障碍"基本被扫除了。

---

[1] *BArchP*, DC 20, I/3-2926.
[2] 1990年2月5日，在科尔的协调下，民主德国基督教民主联盟、德国社会联盟以及民主觉醒在西柏林组成"德国联盟"。科尔政府由此在民主德国找到了自己的政治伙伴。"德国联盟"的竞选主张包括采用社会市场经济模式，同联邦德国建立经济、货币和社会联盟，使用联邦德国马克，依照联邦德国《基本法》第23条加入联邦德国，迅速实现统一。

## 德国统一的外交

民主德国大选结束之后，摆在两德面前的首要任务是尽快建立两德经济、货币和社会联盟。然而，双方在两德马克兑换比率上出现了分歧，产生了激烈的争论。民主德国总理德梅齐埃在4月19日的政府声明中称："有关货币兑换的讨论，让我们清楚地意识到，这里存在着一种内在联系，以及我们必须坚持的原则，那就是确保民主德国公民不会觉得自己是二等德国人。"[①] 随后，经过几番讨价还价，双方最终在货币兑换方案上达成一致：民主德国公民的工资、养老金、租金按1∶1兑换，个人存款和现金的兑换标准为14岁及以下的公民每人按1∶1兑换2000联邦德国马克，15~59岁的公民每人按1∶1兑换4000联邦德国马克，60岁及以上的公民每人按1∶1兑换6000联邦德国马克，超出限额的部分按2∶1兑换，其他债务或清偿金额均按2∶1兑换。

5月18日，两德财政部部长共同签署了《德意志联邦共和国和德意志民主共和国关于建立货币、经济和社会联盟条约》（俗称《经济统一条约》）。该条约于7月1日正式生效。随着这一条约的正式实施，两德在经济和社会制度方面实现了同质化，为最终的政治统一奠定了坚实基础。8月31日，两德政府又签署了《德意志联邦共和国和德意志民主共和国关于实现德国统一的条约》（俗称《政治统一条约》）。民主德国由此全面接受了联邦德国的政治、社会和法律体系。9月19~20日，该条约分别得到了两德议院的批准，德国统一的内部问题由此得到了彻底解决。

在解决德国统一的外部问题方面，苏、美、英、法四大国与两

---

① Bundesministerium für innerdeutsche Beziehungen (Hrsg.), *Texte zur Deutschlandpolitik*, Reihe III/Bd. 8a, S. 174.

德采取了"2+4"会谈的方式。事实上,民主德国德梅齐埃政府在"2+4"会谈中只扮演了次要角色。德梅齐埃总理1990年6月访问华盛顿期间,美国总统布什对他的客人说:"我不相信民主德国在'2+4'谈判中发挥了建设性作用。"[1] 美国方面对民主德国外交部部长梅克尔提出的要求明显感到恼火,后者主张在欧洲建立中立的安全区,并为未来欧洲安全机制的构建设立时间表,以取代现有的军事联盟。[2] 后来,民主德国政府的代表没有参与四大国有关两个德国统一的最终谈判。

7月16日,戈尔巴乔夫改变了长期坚持的立场,即统一后的德国必须军事中立化,同意统一后的德国可自行决定其联盟的归属。德国统一的最后障碍得以克服。9月12日,苏、美、英、法和两德的外长在莫斯科举行最后一次"2+4"会谈并签署《关于最终解决德国问题的条约》。德国统一的外部问题也得到了彻底解决。10月1日,苏、美、英、法和两德的外长在纽约签署一项宣言,宣布四大国停止在柏林和德国行使权力。10月3日,民主德国正式加入联邦德国,德国实现统一。

## 四 小结

1990年10月,随着德国统一的完成,民主德国从世界版图上彻底消失。这个曾跻身世界十大工业强国的社会主义国家缘何最终

---

[1] Philip Zelikow, Condoleezza Rice, *Sternstunde der Diplomatie: Die deutsche Einheit und das Ende der Spaltung Europas*, 2. Aufl., Berlin: Propyläen, 1997, S. 399.

[2] Erhard Crome, Raimund Krämer,„ Die verschwundene Diplomatie: Rückblicke auf die Außenpolitik der DDR ", in: *WeltTrends*, 1, 1993, SS. 140-143.

| 德国统一的外交

走向消亡？这个问题令人深思。纵观民主德国成立后41年的兴衰历程，它的消亡有着一系列错综复杂的原因。[①] 除一些内在原因[②]之外，外在原因也很重要。因为二战后德国的分裂本身就是由外力（美苏冷战）造成的，民主德国的存亡也与外部环境的变化息息相关。这其中，苏联与联邦德国扮演了非常重要和特殊的角色。

众所周知，民主德国是由苏联一手扶植起来的国家，它就如同苏联的"孩子"，从诞生之初，就将自己的命运与苏联紧紧地绑在了一起。民主德国得以存在的关键因素在于苏联的强力支撑。不过，苏联虽然长期保障了民主德国的国家安全[③]和社会稳定[④]，但同时也影响并制约了民主德国对内[⑤]、对外[⑥]政策的实践[⑦]。民主德国的德国政策也不例外。

20世纪50年代初，在苏联的大力支持下，民主德国乌布利希

---

[①] 关于民主德国沦亡的原因，原德国统一社会党总书记克伦茨曾这样总结道：有主观上的和客观上的、国内的和国际的、历史的和现实的、经济的和思想意识的、政治上的和理论上的、可以避免的和不可避免的、自身酿就的和遥控产生的种种原因。参见〔德〕埃贡·克伦茨《我看中国新时代》，王建政译，世界知识出版社，2019，第118页。

[②] 如苏式社会主义体制（尤其是僵化的计划经济体制）弊端积重难返、长期缺乏符合自身国情的调整和改革，1989年危机中领导层决策失误，等等。

[③] 在民主德国境内驻扎着数十万精锐的苏联部队，同时部署了苏联的导弹和核武器，有效抵御了来自西方国家的武力威胁。

[④] 例如，民主德国1953年的"6·17"事件（"东柏林事件"）就是在苏联军队的介入下平息的；1961年8月13日，民主德国安全部队是在苏联领导人赫鲁晓夫的命令下修建了柏林墙，从而有效地抑制了逃亡潮。

[⑤] 例如，20世纪60年代，民主德国建立新经济体系的改革尝试在1970年中断了，就是因它与苏共中央的政策不相兼容。

[⑥] 例如，20世纪80年代中期，民主德国试图进一步加强与联邦德国的对话与合作，苏联则因担心两德交往过密会损害其安全利益，多次阻止昂纳克访问联邦德国。

[⑦] 事实上，民主德国所拥有的独立主权是很有限的。例如，勃列日涅夫1970年7月曾告诫昂纳克说："民主德国是第二次世界大战的产物，是我们苏联人民用鲜血取得的成果……我们在你们那里驻有军队。埃里希，我坦率地对你说，永远不要忘记：民主德国如果离开我们、离开苏联，就根本不存在什么权利和实力。没有我们，就没有民主德国。"参见〔德〕埃贡·克伦茨《我看中国新时代》，王建政译，世界知识出版社，2019，第170页。

政府极力主张在和平、民主的基础上实现祖国统一。为此，民主德国不仅努力团结全德国的民族力量，同时还向联邦德国提出了各种统一的建议和方案。此时，苏联也希望能够迅速缔结对德和约，建立一个统一、中立的德国，促使美军撤离欧洲。然而，由于美苏冷战不断加剧以及两德间尖锐的政治对立，民主德国和苏联为恢复德国统一所付出的努力不断遭遇挫折，于是苏联转而要求西方国家承认两德并存的局面，民主德国也将工作重心放在了经济建设之上。

20世纪60年代初，为了抑制西方国家（尤其是联邦德国）的渗透[①]，民主德国在苏联的支持下修建了柏林墙。随后，由于两德间的生活水平差距日益扩大，民主德国因担心被联邦德国吞并，开始奉行"两个民族两个德国"的民族分离主义政策，并进一步倒向苏东阵营。20世纪60年代中期和70年代中期，民主德国先后两次与苏联签订《苏德友好合作互助条约》，不断加强和深化双方在各领域的战略盟友关系，试图依靠苏联的帮助和支持，来维护自身的存在和稳定。

然而，到了20世纪80年代中后期，国际形势发生了重大变化。苏联因陷入严重的经济、政治和社会危机而难以自拔，主动放弃了对东欧盟友事务的控制和干预。此外，苏联开始重视加强与联邦德国的经贸和技术合作，对德国问题的态度也逐渐变得微妙起来。受此影响，战后的德国问题再次凸显。这一时期，民主德国与苏联在改革和德国问题上产生了分歧和矛盾。出于对苏联戈尔巴乔夫改革的怀疑和警惕，民主德国不仅采取措施将其与苏联的改革思

---

[①] 其中包括诱使大量民主德国公民（特别是青年技术人员）出逃至联邦德国和西柏林。

| 德国统一的外交

想相隔离,而且对苏联要求改革的声音置若罔闻。其内部长期存在的各种严重问题也因此遭到忽视。与此同时,民主德国就苏联的一些机构和人士对德国问题的不当言论一再向苏联提出抗议。两国关系由此开始恶化,隔阂日益加深。

1989年秋,受苏联戈氏外交"新思维"的影响,如同东欧其他盟国一样,民主德国局势也发生骤变。匈牙利突然开放匈奥边境,引发了民主德国大规模的移民潮和示威游行,民主德国政局出现动荡,德国统一社会党逐渐丧失了对政权的掌控。由于国内迟到的改革收效甚微,而苏联又奉行了不干涉的原则,民主德国领导人于是尝试通过开放柏林墙来缓解内部压力,以稳定国内局势,但却拉开了德国统一进程的大幕,德国统一问题被重新列入议事日程。

柏林墙倒塌后,民主德国示威群众的要求逐渐由"改革"变为"统一"。此时的民主德国不断尝试寻求苏联的支持,以确保国家的独立存在。初期,苏联表示坚持维护战后两德并存的现实,然而,面对民主德国公民的统一热情、联邦德国强力的统一政策以及美国的全力支持,急需西方经济援助的苏联逐步接受了德国统一乃大势所趋的事实。事实上,此时的苏联早已自顾不暇,无力再向其东欧盟友提供任何形式的援助。随着东欧各国政权相继发生更迭,经互会也开始分崩离析。在失去苏联这个强大的外部力量支撑后,内外交困的民主德国已无力应对联邦德国的强大攻势,被迫接受了联邦德国的统一方案,其奉行多年的民族分离主义政策最终以失败告终。

在德国分裂时期,另一个对民主德国的存亡产生过重大影响的国家是联邦德国。由于身处特殊的地缘政治环境——美苏对峙的最前沿，民主德国从一开始就不得不面对来自西方，特别是"孪生兄弟"联邦德国的影响和压力，并与其展开竞争。联邦德国自建立伊始，就一心想以吞并民主德国的方式完成德国统一。

20世纪50年代，联邦德国坚决奉行"单独代表权主义"，拒绝就统一问题与民主德国进行协商和谈判。民主德国提出的各种统一方案统统被联邦德国拒绝。联邦德国当时依靠西方盟国的力量，不断向苏联和民主德国施压，同时利用西柏林对民主德国进行渗透，以影响民主德国政权的稳定。鉴于两德在统一问题上存在着无法调和的分歧，民主德国开始更专注于自身的发展和稳定。然而，由于两德在经济和社会发展水平上存在较大差距，特别是联邦德国的高生活水平一直令民主德国民众羡慕不已，为此有大批民主德国民众出走联邦德国。为遏制大量的人口流失，民主德国被迫修建了柏林墙。

柏林墙建立之后，尽管民主德国在相对稳定的环境中取得了令人瞩目的经济成就，但与联邦德国相比，它在经济发展速度、劳动生产效率、人均消费水平等方面仍处于明显劣势。经济实力占优的联邦德国转而开始对民主德国采取更为温和、理性、积极的政策，利用各种经济手段推动和增加两德间各领域的接触和交流，以此来维系两德民众的民族认同意识，并对民主德国施加政治影响。与之相对的是，两德竞争中长期处于下风的民主德国为防止被并吞，逐步放弃了民族统一的大旗，并毅然决然地走上了民族分离主义道路。在此过程中，民主德国通过修宪去德意志化、民族划界等方式，试图彻底与联邦德国划清界限，以保障自身的独立主权与社会稳定。此外，民主德国还经常人为地设置障碍，阻碍两德人员正常

### 德国统一的外交

交往，并试图通过提高社会福利来促进经济增长，在一个封闭的环境中培养新的民族认同和国家认同。然而，高投入的社会福利政策令民主德国日益陷入债务危机，也使民主德国在经济上对联邦德国的依赖程度不断增加，它所推行的民族分离主义政策因此受到了一定的抑制。

20世纪80年代末90年代初，很多问题积重难返的东欧社会主义国家内部先后发生剧变，民主德国内部也出现动荡。鉴于国内推行的改革已无力扭转紧张局势和释放内部压力，民主德国被迫开放了柏林墙。随后，联邦德国科尔政府紧紧抓住这一历史机遇，迅速提出《十点纲领》，吹响了统一的号角。为了获取联邦德国的经济援助，民主德国虽反对将德国统一问题提上议事日程，但表示愿意加强两德经济合作。此时，民主德国莫德罗政府的目标仍然是推动内部改革和民主化，以及确保国家独立。

然而，1990年初的事态发展再次超越了民主德国政府所有的外交谋划。随着民主德国经济形势的急剧恶化，越来越多的民主德国公民不再期待和相信国内改革，而是希望尽快与联邦德国完成统一来改变现状。在此情况下，科尔政府改弦易辙，不再愿意向民主德国提供任何的经济援助。迫于形势的压力，民主德国莫德罗政府抛弃了民族分离主义政策，并提出了"分阶段统一"的方案。其目的是在主权平等的基础上启动统一进程，以及建立一个受《波茨坦协定》约束、在军事上保持中立的德国。不过，此时濒临崩溃的民主德国已经无力争夺德国统一的主导权。在美国的全力支持下，德国统一的进程已经完全由联邦德国掌控。民主德国3月18日大选结束后，新成立的民主德国政府接受了科尔政府快速实现统一的主张。在不到半年的时间里，两德先后签订了《经济统一条约》和《政治统一条约》。同时，科尔政府还通过积极的外交斡旋解决了德国统一的外部问题。最终，民主德国按照联邦德国《基本法》第 23 条规定，于 10 月 3 日加入联邦德国，德国再度实现了统一。

# 第三章

## 撒切尔夫人与德国统一[*]

冷战期间，英国和联邦德国（简称西德）都是北约和欧共体重要成员，但冷战终结后英国和西德在对欧洲新秩序构建方面存有利益和观念差别。英国首相撒切尔夫人对德国人的民族性及德国支配欧洲的可能性充满疑惧，她担忧德国统一会冲击北约这个英国安全和国际地位的依托。她希望创建更加自由松散的"另一个欧洲"，其中有民主化了的苏联的位置，用以平衡新德国。在德国统一过程中，她推行均势外交，试图联络别国一起阻拦德国统一，至少要使其减速。这一外交努力失败后，她要求西德独力负担统一的经济成本。撒切尔夫人对德国统一的政策使英国在大国中处于孤立地位并损害了她个人的执政地位。德国实现统一后不久，她便黯然下台，这是德国统一这一重大历史事件"溢出效应"在西方阵营内部的重要表现。

---

[*] 【作者简介】田少颖，北京大学国际关系学院法学博士，现为天津师范大学政治与行政学院讲师。

第三章　撒切尔夫人与德国统一

## 一　德国统一前的英德关系及英国首相对欧洲的看法

英国和西德在北约内是盟国，但英国作为核大国之一，其核战略中长期以来含有牺牲西德国家利益和德国民族利益的因素。戈尔巴乔夫上台后，美苏核裁军取得突破，美苏两国于1987年12月签署了《美苏消除两国中程和中短程导弹条约》（简称《中导条约》），从1983年底开始在西欧部署的美国中程核导弹1987年后将全部销毁，这对英德带来不同冲击。此后，两国就如何应对美苏核裁军对北约防卫的冲击，对欧洲常规裁军谈判和裁减短程核导弹（射程500公里以下）谈判该如何推进发生激烈争论：英国要求升级北约在西欧的短程核武器，西德则要求尽快与苏联谈判削减短程核武器，因为这种武器在使用时必然会首先给德国带来可怕的伤亡。[①] 撒切尔夫人坚持北约军事姿态不变，西德则要北约变化姿态迎合苏联。[②]

有关短程核武器升级之争成为裁军与德国问题关系的新形态。美英坚持升级，西欧国家则普遍支持西德立场。然而，1989年5月19日，撒切尔夫人惊愕地得知，美国人改变了思路，准备在短程核武器谈判问题上让步。她对美国不顾英国反对而迁就德国人感到失望。[③] 在1989年5月底举行的北约布鲁塞尔峰会上，布什向西德妥

---

[①] Thomas E. Halverson, *The Last Great Nuclear Debate: NATO and Short-Range Nuclear Weapons in the 1980s*, Hampshire and London: Macmillan Press Ltd., p. 22.
[②] Lawrence Freedman, *The Politics of British Defence, 1979–98*, London: Macmillan Press Ltd., 1999, p. 56.
[③] Margaret Thatcher, *The Downing Street Years*, London: Haper Collins Publishers, 1993, p. 789.

| 德国统一的外交

协：待中程核导弹裁减启动后即刻开始有关短程核武器的谈判，而不再要求中程导弹削减完成后再开始短程核武器谈判。北约峰会结束后，布什访问西德，称其是"领导层中的伙伴"。这表明，美国在英德之间选择了西德作为其在欧洲最重要的盟国。西德结束了40年的半主权状态，在北约内实现了完全主权。在核问题上，美国日益重视并迎合西德的特殊利益和关切。同时，布什对东西方关系的用词和西德外长根舍一致，称要"检验"戈尔巴乔夫的"新思维"。在克服欧洲和德国分裂问题上，布什的观念也与科尔、根舍相近。[1]撒切尔夫人对此很不满：尽管后来布什对她解释说，英国也是"领导层中的伙伴"，但"损害已经造成"。[2] 撒切尔夫人对英国在北约内地位的下滑耿耿于怀。

英国和西德都是欧共体的重要成员国。但在有关欧共体内部合作方式和一体化发展方向上，英国一直不愿意接受法德主导的建立欧洲经济与货币联盟的趋向，不愿意放弃英镑并使用欧洲单一货币。撒切尔夫人认为，这将使欧共体成为封闭的、保护主义的国家集团，是向超国家结构发展，英国不能对欧共体做这样的主权让渡。[3] 同时，撒切尔夫人则对开放欧共体内部市场计划投入了很大热情。她把形成单一市场作为终极目标，欧洲大陆国家却把这作为走向欧洲经济与货币联盟的中间步骤。[4] 1988年9月，撒切尔夫人在比利时布鲁日发表演说，强调国际主义，抵制欧陆地区主义，拒绝西欧经

---

[1] Thomas E. Halverson, *The Last Great Nuclear Debate: NATO and Short-Range Nuclear Weapons in the 1980s*, Hampshire and London: Macmillan Press Ltd., pp. 127–131.
[2] Margaret Thatcher, *The Downing Street Years*, London: Haper Collins Publishers, 1993, p. 789.
[3] Margaret Thatcher, *The Downing Street Years*, London: Haper Collins Publishers, 1993, pp. 719, 720, 725.
[4] Margaret Thatcher, *The Downing Street Years*, London: Haper Collins Publishers, 1993, pp. 547–548.

济由布鲁塞尔的欧共体中央机构控制,要求欧共体市场对世界其他地区更加开放。① 在欧共体之内,撒切尔夫人一直想分化法、德,争取西德的支持。然而,西德为表示自己对欧洲一体化的信念,要求进一步推进经济与货币联盟。撒切尔夫人在反对欧洲经济与货币联盟问题上一直没有放弃得到西德支持的希望。1989年11月2日,柏林墙倒塌前一周,撒切尔夫人在和英国驻西德大使马拉比(C. Mallaby)谈话时还要求:"要赢得德国的支持……让德国政府和德国工业界认识到德洛尔报告第二阶段和第三阶段对于德国央行健康的货币政策存有内在的危险性;施压要求德国重估马克价值……这对英国的经济前景以及得到我们想要的那种欧洲至关重要。"②

在撒切尔夫人的对欧政策框架中,西欧对东欧关系和欧共体一体化也是紧密相关的,两者都指向她所说的"我们想要的那种欧洲"。在布鲁日演说中,她提出,"一个紧密中央集权化的、高度规制化的、超国家的欧共体"无法满足东欧的热望和需求。她要求的是更广阔的欧洲,"可能延伸到乌拉尔山,肯定包括一个跨大西洋的新欧洲"。③ 她希望在东欧政治剧变后,实现了自由独立又反对社会主义的这些国家会成为她向"更宽广的、更松散的欧洲"进军的同盟军。④

在对苏联和对东欧的关系上,英德也相互猜忌。1989年7月27日,英国驻西德大使马拉比报告说:"西德对东欧关系比英国更

---

① Stephen George, *Britain and European Integration since 1945*, Oxford: Basic Blackwell Ltd., 1991, pp. 56-60.
② Letter from Mr Powell (No. 10) to Mr Wall, "Germany", 2 November 1989, P. Salmon, K. Hamilton and S. Twigge (eds.) *Documents on British Policy Overseas, German Unification*, New York: Routledge, 2009, p. 85.
③ Margaret Thatcher, *The Downing Street Years*, London: Haper Collins Publishers, 1993, pp. 744-745.
④ Margaret Thatcher, *The Downing Street Years*, London: Haper Collins Publishers, 1993, p. 759.

深，经济联系更紧密，他们和苏联高层的联系也赶上来了。西德要升级对东欧的关系，即使英国人有怀疑，他们也不会客气。"①

撒切尔夫人和西德总理科尔交恶，和戈尔巴乔夫则相当友善，她把后者在苏联的改革引为自己在英国领导改革的同道。她认为她在去除社会主义方面"点化"了戈尔巴乔夫。② 在德国统一问题重被提上国际议程前，英德各怀成见。1989 年 5 月 18 日，英国外交部高官福莱特维尔（J. Fretwell）在致马拉比的信中说："如你所说，我们面对的是一个日益难相处的盟国……我们要小心，不要和德国的自信对着干（我担心不加以抑制，我们的反应必定如此）。"③ 然而，英德关系日后的发展被他不幸言中。随着德国统一问题浮现，撒切尔夫人的对德政策开始向对抗性方面发展。

关于冷战的走向和冷战终结问题，英国立场也有其特点。1988 年撒切尔夫人就曾说过："冷战终结了。"④ 但是，她无法接受冷战结构的终结。在 1989 年秋民主德国（本文简称东德）爆发难民危机时，她说："冷战要维持到 2000 年。"⑤ 英国多年来已习惯于世界分裂为两大阵营，是现行国际框架的既得利益者。然而，德国统

---

① "British-German Relations," Letter from Sir Mallaby (Bonn) to Sir J. Fretwell, [WRG 020/3], Bonn, 27 July 1989, in P. Salmon, K. Hamilton and S. Twigge (eds.), *Documents on British Policy Overseas*, *German Unification*, New York: Routledge, 2009, pp. 21–22.

② Sean Greenwood, *Britain and the Cold War*, *1945 – 91*, London and New York: St. Martin's Press, 2000, p. 184.

③ "The FRG: How Reliable an Ally?" Letter from Sir J. Fretwell to Sir C. Mallaby (Bonn) [WRG 061/1], FCO 18 May 1989, in P. Salmon, K. Hamilton and S. Twigge (eds.), *Documents on British Policy Overseas*, *German Unification*, New York: Routledge, 2009, p. 15.

④ Frèdèric Bozo, Marie-Pierre Rey, N. Piers Ludlow and Bernd Rother eds., *Visions of the End of the Cold War in Europe*, *1945–1990*, New York, Oxford: Berghahn Books, 2012, p. 241.

⑤ Sean Greenwood, *Britain and the Cold War*, *1945 – 91*, London and New York: St. Martin's Press, 2000, p. 187.

一恰恰是冷战终结的核心议题，会使冷战加速走向终结，英国跟不上这样快速的节奏，在撒切尔夫人眼中，新的统一的德国意味着其可能凭借强大的经济力量支配西欧。

## 二 支持两德自决政策的出台

在柏林墙倒塌前，面对东西方新缓和对德国统一问题的触发、东德难民危机及政权危机的冲击，英国内部逐渐分化出外交部、撒切尔夫人和英驻西德大使三种应对态度。

首先是英国外交部的设计。英国外交部希望促使东德改革后成为民主社会主义国家，维持两德分立。这一政策的基础是"奥地利化"方案。1989年4月20日，英国驻东德大使布鲁姆菲尔德（Nigel Broomfield）就曾对此有所设想："两德可像目前奥地利和西德的关系一样——开放的边界、相似的经济体制和国际协议禁止合并。这一方案适应苏联、波兰和法国的安全需要，同时适合德国人自决和自由的要求。"[①] 9月20日，英国新任外交大臣梅杰访问西德时称：英国坚持30年来支持德国人民自决的立场，但是在统一成为实际题目之前还有一些路要走。随着东欧各国支持改革的力量增强，英国表示支持东欧各国，尤其是波兰、匈牙利的改革。[②]

---

[①] Telegram "Inner German Relations: Where Will It All End?" Mr Broomfield (East Berlin) to Sir G. Howe [WRL 020/2], 20 April 1989, in P. Salmon, K. Hamilton and S. Twigge (eds.), *Documents on British Policy Overseas*, *German Unification*, New York: Routledge, 2009, pp. 9, 13, 14.

[②] "Your Visit to the FRG 20 September: Media Coverage," Sir C. Mallaby (Bonn) to Mr Major, No. 904 Telegraphic [WRG 026/9], BONN, 21 September 1989, in P. Salmon, K. Hamilton and S. Twigge (eds.), *Documents on British Policy Overseas*, *German Unification*, New York: Routledge, 2009, p. 33.

| 德国统一的外交

此时，西德正要求东德进行根本性改革，英国立场还对其有利。10月5日，科尔表示如果东德进行根本性改革，西德会给予全面合作。英国驻西德外交官内维尔·琼斯（Neville Jones）对此分析说：西德短期内不想让东德"爆炸"，因为东德人民会为此经受磨难，这还会对东欧其他国家产生震荡，使其改革遇挫。西德此时希望的是赢得东西方共同支持，一起迫使东德自由化。[①]

10月11日，英国外交部的拉姆斯顿（Ramsden）设想了东德改革的可能场景及结果：一个改革了的、现代化了的东德和西德没有理由并存不下去，如同奥地利那样，某种形式的邦联可能建立起来。他提出两种可能性：如果东德能渐进改革，英国应像援助波兰一样援助东德，甚至最终还要考虑给东德欧共体成员国资格；如果局势转向快速统一，那么英国也无力阻止。他最后说：是所有德国人实行自决，还是两个德国的人民各自有其行动，我们都要有预想，我们应该仔细考虑第二种。[②] 外交部内部此时还很关注德国统一可能对北约和欧共体带来的冲击，设想欧共体将需要扩大。

上述设想表明，英国人所说的支持德国人民自决，实际上是支持东德人民通过改革保住国家，维持两德分立，使德国问题的演变不脱离东欧民主化框架，不危及东欧民主化进程。同时，德国统一问题应渐进解决，不应给欧共体带来太急迫的扩大压力。外交部公

---

① "Deutschland Politik", Letter from Miss Neville-Jones（Bonn）to Mr Synnott,［WRL 020/4］, BONN, 6 October 1989, in P. Salmon, K. Hamilton and S. Twigge (eds.), *Documents on British Policy Overseas, German Unification*, New York：Routledge, 2009, pp. 38-41.

② "'German Reunification' and 'Explosion in the GDR'?" Letter from Mr Ramsden to Mr Budd (Bonn),［WRL 02/4］, FCO, 11 October 1989, in P. Salmon, K. Hamilton and S. Twigge (eds.), *Documents on British Policy Overseas, German Unification*, New York：Routledge, 2009, pp. 44-51.

开的立场极为谨慎，但其内部对德国统一的冲击性，由此所涉及的重大国际政治、军事、经济安排都有考虑并深怀戒惧。

撒切尔夫人的立场十分鲜明，就是坚决反对两德统一。1989年9月23日，她顺访苏联，在和戈尔巴乔夫会谈时称：英国和西欧不愿意看见德国统一，统一将改变战后边界，导致整个国际局势不稳定，威胁我们的安全。她还说，美英都支持东欧国家的变革内部化，支持其民主化。布什让她带话给戈尔巴乔夫，美国不会做任何可能损害苏联安全利益的事。戈尔巴乔夫也表态，会让东欧国家自行选择道路和步调，苏联不加干涉。[①] 美英此时仍希望东欧改革内部化，仍将东欧民主化置于两德关系之上，承认华约是苏联重大利益所在，对华约内部变动持克制态度。

相比外交部谨慎周全的风格，撒切尔夫人只按自己的意志行事，在与苏联、法国领导人交谈中，在英联邦会议上她都随意地坦露真实想法。1989年10月30日，英国副外交大臣莱特记录下外交部官员们的担忧：外交大臣希望我们知道，在最近三个场合，首相都用非常生硬的话表达了她对德国统一的担忧……尽管外交部采取了措施，但用不了多久，首相的观点还是会被世人周知。[②]

11月2日，撒切尔夫人与英国驻西德大使马拉比就德国问题谈话时，接受了他的观点：科尔继续执政有利于英国。但同时又表示：英法和苏联从根本上都反对德国统一。西德在西欧而非在中欧

---

[①] Margaret Thatcher's conversation with Mikhail Gorbachev (extract from Soviet memcon in Gorbachev Archive), Sep. 23, 1990, Margaret Thatcher Foundation, http://www.margaretthatcher.org/document/112005.

[②] "The German Question," Minute from Sir P. Wright to Mr Wall, [Wright Papers], FCO, 30 October 1989, in P. Salmon, K. Hamilton and S. Twigge (eds.), *Documents on British Policy Overseas, German Unification*, New York: Routledge, 2009, pp. 78-80.

的角色应更多被关注。西德经济日益支配了西欧，还在欧共体事务上我行我素。① 撒切尔夫人此时关注的仍是英国和西德对欧共体一体化方向的争议，她将西德对西欧经济的支配性置于中欧事态演变之上，并没有把东德危机作为重点。

与此同时，外交部有些人士对支持两德人民分别自决的政策也不是没有质疑。10月20日，福莱特维尔的一份备忘录表明英国外交部内部的观点在起变化，他提出："从现在开始，德国问题会成为欧洲首要问题。我不相信英国有力量阻止。如果我们逆流而动，我们会和西德及很多盟国发生根本性的政治冲突，包括美国在内。"② 他意识到德国问题开始成为核心议题，会脱离东欧民主化进程框架，但他设想的仍是东德继续立国一段时间，这对欧共体扩大及对华约解体的压力都会有所降低。他担忧西德因为聚焦与东德和东欧改善关系，而降低对欧共体一体化的支持，还会要求欧洲无核化，危及北约在欧洲存在的基础。

英国驻西德大使的建议是支持德国统一，并保持与美、法协商。11月8日，科尔对西德国会讲话，公开提出统一问题，要求实行自决。③ 同日，马拉比大使致信福莱特维尔指出：东德旧体制

---

① "Germany," Letter from Mr Powell (No. 10) to Mr Wall, [PREM: Internal situation in FRG, Part 3], 10 Dwoning Street, 2 November 1989, in P. Salmon, K. Hamilton and S. Twigge (eds.), *Documents on British Policy Overseas, German Unification*, New York: Routledge, 2009, pp. 84-85.

② "The German Question," Minute from Sir J. Fretwell to Mr Synnott, [WRL 020/4], FCO, 20 October 1989, in P. Salmon, K. Hamilton and S. Twigge (eds.), *Documents on British Policy Overseas, German Unification*, New York: Routledge, 2009, pp. 63-66.

③ Philip Zelikow, Condoleezza Rice, *Germany Unified and Europe Transformed: A Study in Statecraft*, Cambridge, Massachusetts; London, England: Harvard University Press, 2002, p. 95.

正在快速崩溃，这可能带来两德关系提前变化。他强烈呼吁：我们应该考虑，如果德国统一的话，什么样的条件使它对我们来说是可以忍受的？对我们的经济利益，对欧共体，以及最关键的，对北约会有何种影响？我们要制订一个计划，可能的话和美法一起行事，影响事态，以维护英国利益。[①] 马拉比的建议意味着要突破"奥地利化"方案，从接受德国统一的可能性出发。11月9日下午，马拉比向英国新任外交大臣赫德建议就德国统一表态：表示英国愿意接受统一，并且相信西德采取的政策与西方利益一致。[②] 马拉比的建议不仅冲破了外交部既定政策，还和撒切尔夫人的态度相冲突。

撒切尔夫人与科尔不睦也引起美方重视。1989年9月11日，马拉比报告称：美国副国务卿伊戈尔伯格明确表示，美国人对德国统一并不担忧。[③] 9月18日，美国国安会官员布莱克威尔（Bob Blackwill）对英国驻北约代表亚历山大（M. Alexander）表示，美国最高层人物对英德关系不佳很关切，而英国在欧洲合作上的行事方式让美方不满。[④] 但英国官员没敢把美方意见上达首相。

随着东德政局恶化，英国职业外交官也越来越认识到德国问题

---

[①] "The German Question," Letter from Sir C. Mallaby（Bonn）to Sir J Fretwell,［RS 021/17］Bonn, 8 November 1989, in P. Salmon, K. Hamilton and S. Twigge（eds.）, *Documents on British Policy Overseas*, *German Unification*, New York：Routledge, 2009, pp. 93-98.

[②] "My Telno 1073：UK Position on the German Question," Sir C. Mallaby（Bonn）to Mr Hurd, No. 1077 Telegraphic［WRL 020/4］, Bonn, 9 November 1989, in P. Salmon, K. Hamilton and S. Twigge（eds.）, *Documents on British Policy Overseas*, *German Unification*, New York：Routledge, 2009, pp. 98-99.

[③] "The German Question," Teleletter from Sir C. Mallaby（Bonn）to Mr Ratford,［WRL 020/4］, 11 September 1989, in P. Salmon, K. Hamilton and S. Twigge（eds.）, *Documents on British Policy Overseas*, *German Unification*, New York：Routledge, 2009, pp. 25-27.

[④] Letter from Sir M. Alexangder（UKDEL NATO）to Sir P. Wright, "US/UK Relations," 18 September 1989, in P. Salmon, K. Hamilton and S. Twigge（eds.）, *Documents on British Policy Overseas*, *German Unification*, New York：Routledge, 2009, p. 31.

必将冲破东欧民主化框架，成为欧洲首要问题。英国方面的担忧主要涉及三点：第一，德国统一是否会使苏联和东欧的改革失败；第二，德国统一对深化欧共体一体化和对欧共体扩大会有何影响；第三，德国统一关系到北约和华约的完整性，英国担心北约受损，而北约是英国在世界和欧洲地位的重要基石。

虽然英国外交部官员和驻两德使节都意识到需要冲破既定政策，对德国统一的可能性和具体形式，甚至是最终完全统一进行预研，同时和美法加强协商，但撒切尔夫人坚决反对德国统一，坚持把政策重点放在批评西德对欧洲经济的支配性上。下属的建言很难被采纳。柏林墙倒塌后，撒切尔夫人开始逆流而动，积极开展阻拦德国统一的外交活动。

## 三　英国首相反对德国统一及使其进程减速的外交努力

### （一）撒切尔夫人展开多线外交，寻找阻止德国统一的国际机制

1989年11月9日柏林墙倒塌，德国统一问题正式重上国际议程。撒切尔夫人迅即对苏联和西方国家展开多线外交，探索和苏联召开四强会议，共同管控危机，同时联络各相关国家，寻找阻止德国统一的路径。11月10日早晨，撒切尔夫人发表声明，提出当务之急是在东德建立真正民主的政府，只有实行政治改革，满足了人民对未来的需要，才能阻止移民潮。10日晚上，撒切尔夫人在和科尔通电话时建议，在下次欧共体理事会峰会前，召开为时半天的

十二国领导人特别峰会，直接进行交流。① 晚上 10 点，苏联大使拜访撒切尔夫人，传递戈尔巴乔夫的紧急信息。她对苏联大使说，科尔在通话中强调西德政府将保持严肃、谨慎的态度。她明确知道华约界线必须保持不变。② 撒切尔夫人对苏联表示，她相信科尔不会鼓动统一情绪，但她实际上已计划在欧共体巴黎特别峰会上阻拦德国统一。她采取的措施归纳起来主要有以下几点。

第一，设计四强共同管控危机机制。11 月 10 日，戈尔巴乔夫致电西方三大国，要求召开四大战胜国会议以防止混乱。当日，美、英、法、德拒绝了这一提议。③ 但英方仍设想以四强会议机制安抚苏联。11 月 11 日，英国驻苏联大使布雷思韦特向赫德连发三封电报，就四强会议提出建议。他认为戈尔巴乔夫希望东西方共同管控危机。④ 西方应该对苏联担心欧洲失去稳定和德国可能冲向统一进行安抚。⑤ 把苏联人限制于四强机制内，可以降低他们采取鲁莽行动的风险。可以考虑采用四强机制加上两德内部谈判，这是曾

---

① Horst Teltschik diary (Kohl phones Thatcher) [translation], November 10, 1990, Margaret Thatcher Foundation, http://www.margaretthatcher.org/document/111021.

② "*East Germany*", Letter from Mr Powell (No. 10) to Mr Wall, [WRE 014/2], 10 DOWNING STEET, 10 November 1989, in P. Salmon, K. Hamilton and S. Twigge (eds.) *Documents on British Policy Overseas*, *German Unification*, New York: Routledge, 2009, p. 104.

③ Philip Zelikow, Condoleezza Rice, "*Germany Unified and Europe Transformed: A Study in Statecraft*", Cambridge, Massachusetts, London, England: Harvard University Press, 2002, pp. 106-107.

④ "*Soviet Attitude to Change in East Germany and Eastern Europe*", Sir R. Braithwaite (Moscow) to Mr Hurd, No. 1883 Telegraphic [WRE 014/2], MOSCOW, 11 November 1989, 1.22 p.m., in P. Salmon, K. Hamilton and S. Twigge (eds.) *Documents on British Policy Overseas*, *German Unification*, New York: Routledge, 2009, pp. 106-108.

⑤ "*MIPT: East Germany——Possible Response to Gorbachev*", Sir R. Braithwaite (Moscow) to Mr Hurd, No. 1884 Telegraphic [WRE 014/2], Moscow, 11 November 1989, 1.42 p.m., in P. Salmon, K. Hamilton and S. Twigge (eds.) *Documents on British Policy Overseas*, *German Unification*, New York: Routledge, 2009, pp. 108-109.

达成四强机制的老办法。① 英国人设想四强共同管控危机,沟通和合作的重点指向苏联,没有考虑西德的态度,四强共管和德国人民自决相冲突。两德地位和四强不平等,这是共同管控危机方案的症结所在。

第二,英国宣扬东欧和苏联民主化目标高于德国统一。11月14日晚上,撒切尔夫人和赫德谈话,两人商定:首相要对戈尔巴乔夫来信尽快答复。首相要写信告诉布什,她对东西方关系的看法,并且告诉他首相准备在11月18日欧共体巴黎峰会上采取的路线。首相会说,英国优先考虑的是看到民主稳固地在东德和东欧其他国家建立起来,而且对事态的处理方式要确保不危及戈尔巴乔夫在苏联的地位。"我们公开声明的基础是认为两大军事联盟仍会续存,确认统一不在现在的日程上。……我们必须以最大的谨慎和克制前进,聚焦于在东欧建设民主。"② 这样,撒切尔夫人对德国统一政策的逻辑就清晰地确立下来。

英国还认为德国统一对欧共体冲击过大。11月15日上午,英国内阁举行会议,除提出德国问题事态演变太快,会危及戈尔巴乔夫地位外,还认为东西德关系变得更紧密对欧共体其他成员将是很大挑战。8000万人的巨大经济体将会使欧共体的财政统一、单一

---

① *My 2 IPTs: Possible Message to Gorbachev*, Sir R. Braithwaite (Moscow) to Mr Hurd, No. 1885 Telegraphic2 [RS 021/17], Moscow, 11 November 1989, 2.03 p.m., in P. Salmon, K. Hamilton and S. Twigge (eds.) *Documents on British Policy Overseas, German Unification*, New York: Routledge, 2009, pp. 108-109.

② "*East/West Relations*", Letter from Mr Powell (No.10) to Mr Wall [WRL 020/4], 10 DOWNING STREET, 14 November 1989, in P. Salmon, K. Hamilton and S. Twigge (eds.) *Documents on British Policy Overseas, German Unification*, New York: Routledge, 2009, pp. 120-122.

市场等计划产生严重扭曲。撒切尔夫人总结说,德国统一不应被当成急务加以对待。① 反对德国统一被提上日程,成了内阁既定方针。就此,英方同时对苏联、西德和美国展开外交行动。11月15日晚上,撒切尔夫人对戈尔巴乔夫的复信终于发出,她在信中说:东德局势带来不稳定的风险。对稳定最坚实的基础是东德进行彻底改革。她同意戈尔巴乔夫的建议,利用四国驻柏林使节会议机制,一起努力消除紧张局势,避免使问题复杂化。② 自此,开启了英苏用四强驻柏林使节会议机制来"共同管控危机"的尝试。

第三,阻止将德国统一列入日程。11月16日,赫德访问西德时说,现在还不能将德国统一提上日程,因为东德的改革者还没有把它放上日程。③ 赫德的表态表明,英国对东德政局的观察,重点放在东德反对党派对统一的态度上,这可能源于在波兰、匈牙利变局中,反对党派的立场影响政局走向这一模式的影响。此时,西德对统一重上日程也还没有下定决心。16日,科尔在西德国会演讲,提出只要东德进行自由选举,西德就予以经济援助。④ 东德新任总理莫德罗则明确表态拒绝统一。11月17日,莫德罗提出在东德进行政改,但德国不能统一。两德可以建立"契约共同体",使联系更紧密。对如

---

① Extract from Conclusion of a Meeting of the Cabinet held at 10 Downing Street on 15 November 1989 at 9.30 a.m., in P. Salmon, K. Hamilton and S. Twigge (eds.) *Documents on British Policy Overseas*, *German Unification*, New York: Routledge, 2009, pp. 122-124.

② "*MIPT*: *Message from the Prime Minister to Gorbachev*", Mr Hurd to Sir R Braithwaite (Moscow), No. 1549 Telegraphic [WRE 014/2], FCO, 15 November 1989, 8 p.m., in P. Salmon, K. Hamilton and S. Twigge (eds.) *Documents on British Policy Overseas*, *German Unification*, New York: Routledge, 2009, p. 125.

③ Horst Teltschik diary (Thatcher letter to Gorbachev is helpful) [translation], 16 Nov, 1990, Margaret Thatcher Foundation, http://www.margaretthatcher.org/document/111022.

④ Philip Zelikow, Condoleezza Rice, "*Germany Unified and Europe Transformed*: *A Study in Statecraft*", Cambridge, Massachusetts, London, England: Harvard University Press, 2002, p.110.

何解释自决，又如何在政治上实现，两德内部还有很多争论。莫德罗方案一时占了上风，东德内部主张统一者还没有强大起来。①

第四，力图说服美国。11月17日，撒切尔夫人与布什通电话。撒切尔夫人说，西方要聚焦于支持经济改革和在东欧引入民主制度，这需要费时数年。它只有在稳定的环境中才能成功，这也意味着西方必须非常谨慎地行事，不能危及戈尔巴乔夫的地位。她的主要关切是维持现有边界，维持华约现状，这意味着要避免谈及德国统一问题。她说，谈论统一会引起严重不稳定，而且会影响其他重要事务的正面进展，例如裁军谈判等。布什表示完全同意撒切尔夫人的立场。② 对于撒切尔夫人给德国人民自决权设限的立场，布什也未表示异议。布什只和她商讨如何防止在马耳他峰会上，被戈尔巴乔夫可能提出的轰动性建议抢了风头。

### （二）英美在德国问题上态度并不一致

11月17日，布什和科尔通电话，关于东德局势，布什表示尽管国会施压，美国政府还是会保持冷静，支持东德改革。美国不会就德国统一进行说教或设置任何时间表。不会以美国总统站在柏林墙上做姿态的方式使问题加重。③ 布什表示支持德国统一，只是要

---

① Philip Zelikow, Condoleezza Rice, "Germany Unified and Europe Transformed: A Study in Statecraft", Cambridge, Massachusetts, London, England: Harvard University Press, 2002, pp. 110-111.

② "Eastern Europe: Prime Minister's Talk with President Bush", Letter from Mr Powell (No. 10) to Mr Wall, [RS 021/17], 10 DOWNING STREET, 17 November 1989, in P. Salmon, K. Hamilton and S. Twigge (eds.) Documents on British Policy Overseas, German Unification, New York: Routledge, 2009, pp. 126-127.

③ Bush-Kohl phone conversation (German situation; Bush-Gorbachev summit) [declassified], 17 Nov, 1990, Margaret Thatcher Foundation, http://www.margaretthatcher.org/document/109452.

求统一的方式不会激怒苏联，同时拒绝召开四强会议进行干涉。[1] 尽管布什要求西德谨慎，但是他支持德国统一，这和撒切尔夫人的态度在根本上是不同的。

同日，赫德向撒切尔夫人汇报其西德之行时说：西德对于东德局势发展的分析和我们很接近。他们想鼓励自由选举，避免谈统一，安抚苏联人。只有基民盟右翼在推动统一。东德改革派特别注意不提统一。[2] 莫德罗上台，以及布什对撒切尔夫人给德国人民自决设限未表异议，加上赫德的汇报，可能都促使撒切尔夫人在欧共体巴黎特别峰会上带头反对德国统一。

11月18日，巴黎峰会召开。密特朗开场提出四点：第一，东欧民主化进程不可逆，法国将援助波兰和匈牙利，可能还会援助东德；第二，不应提出边界变动；第三，不可动摇戈尔巴乔夫在苏联的地位；第四，在斯特拉斯堡欧共体峰会前研究如何援助东欧。密特朗大谈东欧，而不特别说及德国问题，这委婉地表示德国统一不在国际日程上。[3] 科尔讲了40分钟，最后表示不应谈边界问题，德国人民必须能够决定自己的未来，自决是第一位的。撒切尔夫人插话说，虽然变革是历史性的，但也不能过于乐观，东欧要实现真正的民主和经济改革需要费时数年，而现在才刚刚开始，所以边界不能改变。任

---

[1] Philip Zelikow, Condoleezza Rice, *Germany Unified and Europe Transformed: A Study in Statecraft*, Cambridge, Massachusetts; London, England: Harvard University Press, 2002, p. 112.

[2] "East Europe," Minute from Mr Hurd to Mrs Thatcher, [WRL 026/2], FCO, 17 November 1989, in P. Salmon, K. Hamilton and S. Twigge (eds.), *Documents on British Policy Overseas, German Unification*, New York: Routledge, 2009, pp. 128-129.

[3] Frédéric Bozo, *Mitterrand, The End of the Cold War And German Unification*, translated from the French by Susan Emanuel, New York, Oxford: Berghahn Books, 2009, p. 117.

德国统一的外交

何边界改变或是德国走向重新统一，都会使戈尔巴乔夫的地位受损，并且在中欧打开互相提出领土要求这一潘多拉盒子。撒切尔夫人还说必须保持北约和华约作为稳定局势的框架。科尔再未答话。撒切尔夫人说，科尔是否当时就已决心采取推动统一的步骤，她无从看出。[①]

撒切尔夫人所谈欧洲边界问题，是二战遗留问题。1944年2月，苏联接受英国设计的分区占领德国方案，日后出现的两个德国的内部边界实际上就按此方案确定下来了，但德国和波兰边界一直未确定。英国不愿意将奥得—尼斯河以东原德国的领土全部划归波兰。[②] 1970年，西德和波兰在华沙签署条约，1975年，西德参与签署欧安会《赫尔辛基最后文件》，都只给予东德和波兰边界以事实承认，而非法律承认。撒切尔夫人担心德国统一会引发德国寻求恢复1937年的疆域，对波兰等国提出领土要求，这将在中东欧引发民族主义和相互领土诉求的浪潮，东欧和苏联的改革或将因此失败。科尔在峰会上所说不谈边界问题，实际上是怀疑英法等想要使两德内部边界永久化，以此阻挠统一。

撒切尔夫人带头反对德国统一，但未见进展，而英国找寻商讨德国统一问题框架的进展也不顺利。11月21日，赫德在致撒切尔夫人的备忘录中，否决了四国使节柏林会议机制，因为"这样的会议主题只能是重审德国边界问题，而现在绝非这样做的合适时机"[③]。

对德国统一问题，美国自然更重视西德的态度。11月21日，布

---

[①] Margaret Thatcher, *The Downing Street Years*, London: Haper Collins Publishers, 1993, pp.794-795.
[②] Lothar Kettenacker, *Germany 1989: In the Aftermath of the Cold War*, Harlow, United Kingdom: Pearson Education Limited, 2009, p.15.
[③] "East/West Relations," Minute from Mr Hurd to Mrs Thatcher, [WRE 014/2], FCO, 21 November 1989, in P. Salmon, K. Hamilton and S. Twigge (eds.), *Documents on British Policy Overseas, German Unification*, New York: Routledge, 2009, pp.129-132.

什和贝克在美国会见西德外长根舍。根舍称,东德现在正全力准备自由选举,但是莱比锡人喊出了德国统一的口号,事态正在起变化。① 根舍否定了对德国人民自决权施加限制的想法。然而,撒切尔夫人在次日接受《泰晤士报》记者采访时再次提出,要对德国人民的自决权加以限制。

布什不接受以欧洲边界和稳定问题为由反对德国统一。11月22日,撒切尔夫人接受《泰晤士报》记者采访谈到德国统一时,她首先把统一问题当作边界改变问题来理解,她引用1975年欧安会《赫尔辛基最后文件》中关于边界改变与人权保障的条文作为自己的逻辑支撑点,希望以此来限制、消解德国统一问题,使德国统一问题不能被提上国际议程。她认为:"最重要的事是让苏联和东欧诸国获得民主。"她还提出要保持北约和华约稳定,先要实现政治民主化,再以经济民主化支持之,10年或20年后,再去谈统一。② 《泰晤士报》的这篇采访文章发表于11月24日。

11月24日,撒切尔夫人访美,与布什在戴维营会谈。布什表示东欧国家除东德外,可能都要退出华约,但北约必须继续存在。布什还问撒切尔夫人对德国统一问题有什么看法?她与科尔有何分歧?③ 撒切尔夫人在回忆录中说:"布什很友好,但显得有些焦虑不安。我热切劝说他同意我对华约的应对方法,我重复了在欧共体巴黎峰会

---

① Meeting with Foreign Minister Hans-Dietrich Genscher of the Federal Republic of Germany, 11 Nov. 1989, George Bush Library and Museum, http://bush41library.tamu.edu/files/memcons-telcons/1989-11-21-Genscher.pdf.

② Margaret Thatcher interview for the Times, 22 Nov. 1989, Margaret Thatcher Foundation, http://www.margaretthatcher.org/document/107431.

③ Meeting with Prime Minister Margaret Thatcher of Great Britain, 24 Nov. 1989, George Bush Library and Museum, http://bush41library.tamu.edu/files/memcons-telcons/1989-11-24-Thatcher.pdf.

上我对欧洲边界和德国统一问题的看法。布什没有直接反驳我,但是他问我,我的行事方式是否给科尔制造了困难,还提出我对欧共体的态度也不对。"撒切尔夫人最后说,会谈没有改善气氛。① 布什委婉地对撒切尔夫人关于德国统一的政策提出批评,撒切尔夫人让华约续存,而布什则试图利用裁军进程迫使苏联尽快从东欧撤军。撒切尔夫人在会晤后的表现,表明她根本未吸取布什意见。当日,她在美国接受 CBS 电视台采访时说,她和布什的会谈达成了一致,整个西方世界的最优先事项是使民主制度在东欧各国和整个苏联扎下根,下个 10 年也就是 20 世纪最后 10 年都应用来确立民主制度。②

撒切尔夫人访美期间,对东西方关系和裁军进程以及德国统一问题都做了详尽表态,俨然成了所谓美英共同立场的代言人,她反对将德国统一提上日程,表现出尽心维护苏联利益。实际上,美英立场相距甚远。她和西德的沟通也十分表面化。在欧共体巴黎峰会上,她对科尔的责难可能适得其反,激发科尔采取政治大动作。在英国内部,因为她确定了苏联和东欧民主化地位高于德国统一的立场,下属们也很难将东德的实情报告给她,她对德国统一问题轻描淡写,甚至带有四大战胜国之一的居高临下感,把限制德国人民自决权的意图过于清晰地表露了出来。

(三)科尔提出《十点纲领》,英首相拒纳下属忠言

11 月 27 日,东德莱比锡等地又爆发大规模示威游行,游行示

---

① Margaret Thatcher, *The Downing Street Years*, London: Haper Collins Publishers, 1993, p.794.
② Margaret Thatcher TV Interview for CBS (visiting Washington), 24 Nov. 1989, Margaret Thatcher Foundation, http://www.margaretthatcher.org/document/107826.

威者更新了口号,要求实现德国统一。东德各政党也不排除两德有更接近关系的结构。① 11月28日,科尔在未告知友党,未告知根舍,也未告知盟国的情况下,在国会发表演说时,提出了谋求德国统一的《十点纲领》。尽管科尔的用词仍十分谨慎,但这代表西德政府正式从要求东德进行改革,转向谋求国家统一。撒切尔夫人对此非常恼火,她更不能接受的是科尔在第五点中提出两个德国通过建立"邦联结构"最终走向联邦。②

国际反应并不如撒切尔夫人所愿。11月28日下午5时许,马拉比大使致电赫德称:科尔对渐进统一的观点并不牢固,可能因局势演变而变化;苏方对德国统一的态度比英国要灵活,不想现在就说出底线。③ 11月29日下午3时许,马拉比又发报称,以联邦形式统一德国已明确成为西德的政策目标,尽管没有时间表。此外,科尔的计划可能被事态进展超越,因为两德的选举都将临近。撒切尔夫人在报告上写道:马拉比看来欢迎(原文为斜体,笔者注)统一。④ 批示暴露了她的恼怒,也显示出她迁怒于人、拒纳忠言的个人风格。

---

① "My Telno 413: GDR Internal Developments," Mr Broomfield (East Berlin) to Mr Hurd, No. 417 Telegraphic [WRE 014/2], East Berlin, 28 November 1989, in P. Salmon, K. Hamilton and S. Twigge (eds.), *Documents on British Policy Overseas*, *German Unification*, New York: Routledge, 2009, pp. 137-138.
② Margaret Thatcher, *The Downing Street Years*, London: Haper Collins Publishers, 1993, p. 795.
③ "My Telno 1154: Kohl's Speech on the German Question," Sir C. Mallaby (Bonn) to Mr Hurd, No. 1156 Telegraphic [WRL 020/4], Bonn, 28 November 1989, 5: 28 p.m., in P. Salmon, K. Hamilton and S. Twigge (eds.), *Documents on British Policy Overseas*, *German Unification*, New York: Routledge, 2009, pp. 138-140.
④ "My Telno 1156: Kohl and the German Question," Sir C. Mallaby (Bonn) to Mr Hurd, No. 1166 Telegraphic [WRL 020/4], Bonn, 29 November 1989, 3: 46 p.m., in P. Salmon, K. Hamilton and S. Twigge (eds.), *Documents on British Policy Overseas*, *German Unification*, New York: Routledge, 2009, pp. 142-143.

| 德国统一的外交

11月29日,美国国务卿贝克对德国问题提出四项原则:第一,支持自决,对自决的结果没有偏见;第二,统一的德国要留在北约和一体化加深了的欧共体之内;第三,和平、渐进、分步骤走向统一;第四,遵守《赫尔辛基最后文件》中关于边界的条款。撒切尔夫人称,至此她最为关注的是美国人怎么看德国的未来系于更为一体化的欧洲这一观念,以及美国人是否坚持认为德国统一必须缓慢渐进地实现。① 同日,法国外长迪马重申了法国对于德国统一的观点:德国人民对统一的愿望从根本上来说是合法的,但是迪马强调德国问题又有其国际维度。②

贝克提出的四条原则表明,美国不仅支持德国统一,还支持欧共体一体化。这都让撒切尔夫人难以认同,因为在她看来:很多德国人真诚地希望把德国锁定在联邦式的欧洲之内,这不对,德国统一后,对欧洲来说它太大、太强了,它会支配这个欧洲框架;德国历史上总是在东西方间摇摆,过去是领土侵占,现在则是经济扩张;德国从本质上是使欧洲不稳定的力量;只有美国军事上和政治上在欧洲的存在,加上英法的力量,才能平衡德国;法德主导的欧共体正在朝超国家方向发展,这将使一切成为不可能。③

11月30日,马拉比建议赫德尽早就科尔《十点纲领》表态。因为,"相比于贝克和迪马的声明,我们迄今以来的沉默太显眼了"。要表明"德国问题的根本原则是德国人民应享有自决权,对

---

① Margaret Thatcher, *The Downing Street Years*, London: Haper Collins Publishers, 1993, p. 795.
② "Washington Telno 3105 and Paris Telno 1581: The German Question: Public Line," Sir C. Mallaby (Bonn) to Mr Hurd, No. 1171 Telegraphic [WRL 020/4], Bonn, 30 November 1989, 2:45 p.m., Note 2, in P. Salmon, K. Hamilton and S. Twigge (eds.), *Documents on British Policy Overseas, German Unification*, New York: Routledge, 2009, p. 145.
③ Margaret Thatcher, *The Downing Street Years*, London: Haper Collins Publishers, 1993, p. 791.

最终结果没有限制"。他还建议：可以提及边界问题和《赫尔辛基最后文件》，但他建议这些也不要加了，因为英国已多次提过，而基民盟和社民党正在就此辩论，我们不应使自己显得站在社民党一边。撒切尔夫人在马拉比的电报上批示：极不可取。[1] 在反对德国统一政策落空，以不改动边界为由而反对德国统一的论据也遭质疑的情况下，撒切尔夫人拒绝接受下属意见，继续强力反对德国统一。

### （四）撒切尔夫人在三大峰会期间反对德国统一

1989年12月2日，布什和戈尔巴乔夫在马耳他举行峰会，为避免有再次搞雅尔塔协议之嫌，两人对德国问题谈的不多。戈尔巴乔夫称：科尔在德国问题上太着急了，我认为他是在为选举搞操作，这样会把事情搞坏。对于德国统一后的军事联盟归属，戈尔巴乔夫称，答案还不成熟，应该让事情按自然进程发展。布什说：我们不会做任何鲁莽的事去加速德国统一。科尔的表述有感情因素，也可能包括政治因素在内，但多数是感情因素。[2]

布什在马耳他峰会结束后，于次日马不停蹄地与科尔在布鲁塞尔北约峰会召开前夕举行会谈。[3] 科尔在布鲁塞尔向布什保证，西

---

[1] "Washington Telno 3105 and Paris Telno 1581: The German Question: Public Line," Sir C. Mallaby (Bonn) to Mr Hurd, No.1171 Telegraphic [WRL 020/4], Bonn, 30 November 1989, 2: 45 p.m., in P. Salmon, K. Hamilton and S. Twigge (eds.), *Documents on British Policy Overseas*, *German Unification*, New York: Routledge, 2009, pp.145-146.

[2] First Restricted Bilateral Session with Chairman Gorbachev of Soviet Union, 2 Dec. 1989, George Bush Library and Museum, http://bush41library.tamu.edu/files/memcons-telcons/1989-12-02-Gorbachev%20Malta%20First%20Restriced%20Bilateral.pdf.

[3] Bush-Kohl meeting record [memcon] (German unification) [declassified] 3 Dec.1989, Margaret Thatcher Foundation, http://www.margaretthatcher.org/document/109453.

| 德国统一的外交

德不会因为统一而转向东方，他现在的计划是渐进统一，还不是快速统一。布什接受了科尔关于德国问题的系列观点，准备用美苏战略武器削减谈判和化学武器及欧洲常规裁军谈判促使苏联转变态度，争取让苏联从东欧撤走驻军，帮助科尔推进统一。① 这样，布什更明确了对德国统一的支持与帮助态度，撒切尔夫人唯一能指望拉拢的盟友只剩下法国。

12月4日，北约布鲁塞尔峰会召开，撒切尔夫人演讲称，她同意布什和戈尔巴乔夫在马耳他峰会上达成的维持北约和华约作为欧洲变革稳定构架的结论，认为这是根本性的原则。她说，新建立的东欧民主政权需要时间来克服巨大的改革困难。只有在10~15年之后，民主制度稳定了，西方"才能考虑其他可能性"。她表态说，德国统一在很长时间内不能提上日程。她还把这些评论写下来交给科尔，称德国问题不能抛开欧洲其他部分孤立解决。她坚称西方不能做任何动摇华约的事，因为这只会给戈尔巴乔夫造成巨大困难。②

布什则称欧洲在从分裂的大陆向统一和自由的大陆转变。关于欧洲未来的第一个原则就是通过自由克服分裂。关于德国统一，布什称，北约应该在东欧促进人权、民主和改革，因此其政治性要加强。东欧不应视北约为威胁，北约可为所有欧洲国家提供安全保证与稳定。他保证美国会继续在欧洲保持重大军事力量，美国将为欧洲未来和共同防御而努力。布什强调了他对美苏战略武器削减谈判

---

① Bush-Kohl meeting record [memcon] (German unification) [declassified] 3 Dec.1989, Margaret Thatcher Foundation, http：//www.margaretthatcher.org/document/109453.
② Margaret Thatcher Speech to NATO Summit, 4 Dec.1989, Margaret Thatcher Foundation, http：//www.margaretthatcher.org/document/110773.

进程的支持，称该协议将急剧削减华约，尤其是苏联在欧洲的军力。这对于东欧改革有重大意义，对西欧安全也是一样，一定要抓住这个机会，促使苏联军队撤出东欧。布什还认为可以让欧安会在欧洲未来中扮演更重要的角色。欧安会的"人权篮子"中可以加上自由选举，"经济篮子"中可以加上计划经济向市场经济转变。布什还称他欣赏欧共体在新欧洲扮演的重要角色。[1] 他要求欧共体扮演磁石角色，促使东欧改革继续向前迈进。[2] 布什在北约峰会上还重申了其"完整而自由的欧洲"的理念，说北约要更政治化、更团结，提出美国继续留在欧洲参与欧洲未来的新大西洋主义。"完整而自由的欧洲"设想的实施重点从支持东欧国家政治民主化转向支持德国统一。布什把北约、欧安会和欧共体作为其构想的三个支柱。布什强烈要求维护和发展北约，让北约也对东欧发生作用，明确要求抓住机会促使苏联从东欧撤军，所以仍会对苏联保持压力。布什还提出了北约东扩的可能性。德国统一和苏联从东欧撤军将使华约失去作用，甚至是解体。这和撒切尔夫人试图阻拦德国统一、强烈要求维护华约稳定、维护苏联利益的立场形成强烈对比。

与撒切尔夫人的立场不同，英国外交部内早有人提出真正可行的办法是西方各国保持密切协商。12月4日，英国外交部总政治指导威斯顿（Weston）致信负责东欧事务的法律顾问辛诺特

---

[1] George Bush speech to NATO Summit（the new Europe & the new Atlanticism），4 Dec.1989，Margaret Thatcher Foundation，http：//www.margaretthatcher.org/document/110774.
[2] Outline of Remarks at the North Atlantic Treaty Organization Headquarters in Brussels，4 Dec.1989，George Bush Library and Museum，http：//bush41library.tamu.edu/archives/public-papers/1297.

| 德国统一的外交

(Synnott)说：事实上德国统一已经开始，进程可能混乱，难以控制。他建议：要让包括英德在内的盟国进行紧密协商。从恰当的盟国立场出发，英国会支持并鼓励西德应对事态的快速演变，"我们需要在这个西德需要盟国支持的时刻表现出某种慷慨大方"①。如果没有西方盟国的紧密协商，撒切尔夫人对德政策造成的英国孤立态势将更为严重。但撒切尔夫人并未转向，而是继续寻求召开四强会议，谋求拉拢法国一起反对德国统一。

英国首相与荷兰首相、意大利总理等在北约布鲁塞尔峰会召开前，就在商讨提出召开四强会议的建议，但布什12月4日拒绝了这一提议，因为他认为这会在北约内部制造分裂。撒切尔夫人和荷兰、意大利领导人商讨不出结果，希望尽早和法国总统在欧共体斯特拉斯堡峰会期间商谈此事。②

撒切尔夫人在北约峰会上反对德国统一的同时，英国外交部的官员和驻两德使节则在急切谋划新的路线。12月5日，马拉比致信福莱特维尔谈德国问题新动向，对英国对策提出新建议。关于科尔在布鲁塞尔峰会上的表态，马拉比说：12月4日科尔在北约说德国统一目前还不在日程上，这一表态和他11月28日发表的《十点纲领》中最后一点是不相适应的，这儿的多数人对此也不认同。

---

① "Ditchley Park Conference on Germany 1-3 December," Minute from Mr Weston to Mr Synnott [WRL 020/4], FCO, 4 December 1989, in P. Salmon, K. Hamilton and S. Twigge (eds.), *Documents on British Policy Overseas, German Unification*, New York: Routledge, 2009, pp. 146-148.
② "East/West Relations," Letter from Mr Powell (Strasbourg) to Mr Wall [RS 020/2/3], STRASBOURG, 8 December 1989, Note 2, in P. Salmon, K. Hamilton and S. Twigge (eds.), *Documents on British Policy Overseas, German Unification*, New York: Routledge, 2009, pp. 162-164.

马拉比提出东德加入欧共体需要有适应期,英方应该对欧安会机构化进行预研,必须保证美军继续驻扎欧洲。这些建议看来符合撒切尔夫人的胃口。12月12日,撒切尔夫人对这份报告批示道:"这是对未来进行思考的有益贡献,至少我们让科尔不再提德国统一了。"① 她认为这是自己带头反对德国统一带来的结果。

关于德国统一的安全安排,英方也开始有所设想。12月7日,福莱特维尔在一份备忘录中提出东德成为非军事区的可能性。② 针对东德的安全安排,涉及华约集团的存亡,也关系到北约管辖权能否东扩,东德成为非军事区,显然不利于北约东扩,这将成为东西方角力的关键,而英方倾向对苏联做更多让步。

12月8日欧共体法国斯特拉斯堡峰会前,西德表示希望欧共体十二国在峰会后的政治声明中一致支持德国统一。但峰会刚刚召开,西德之外的十一国就针对德国统一提出了欧洲边界问题,要求西德明确承认东德和波兰之间的奥得—尼斯河边界。在12月8日的工作午餐会上,撒切尔夫人突然提出要维持"现有边界",科尔认为,提出现有奥得—尼斯河边界永久化的言外之意是要两德内部边界永久化。在科尔承诺支持召开关于欧洲经济与货币联盟的政府间会议之后,气氛平静下来。但是到了晚上,撒切尔夫人在意大利总理和荷兰首相支持下,再次发难,指责科尔以《十点纲领》加

---

① "The German Question and Some Implications for Security in Europe," Letter from Sir C. Mallaby (Bonn) to Sir J. Fretwell [WRL 020/4], Bonn, 5 December 1989, in P. Salmon, K. Hamilton and S. Twigge (eds.), *Documents on British Policy Overseas*, *German Unification*, New York: Routledge, 2009, pp. 148-151.
② "Planning Staff Paper on Germany," Minute from Sir J. Fretwell to Mr Adams [WRL 020/4], FCO, 7 December 1989, in P. Salmon, K. Hamilton and S. Twigge (eds.), *Documents on British Policy Overseas*, *German Unification*, New York: Routledge, 2009, pp. 159-160.

速德国问题的发展,致使科尔不得不再次做出解释。①

## (五) 四强会议未能成为阻止统一的机制

撒切尔夫人以建立四强会议机制对密特朗进行说服。12月8日,撒切尔夫人的私人顾问鲍威尔(Charles Powell)致信赫德秘书沃尔(Wall)称:首相看到几份电报都说东德政权可能崩溃,德国统一即将发生,首相的想法是我们要抓住主动权,发起西方四国会议;首相认为当务之急是盟国们应对西德政府的行动施加更大影响,以此安慰苏联人;要让西德人受到西方共同立场约束,并且承诺在行动之前先协商。②欧共体理事会结束后,密特朗总统和撒切尔夫人会谈。密特朗称他和首相要考虑四强可能扮演什么角色。撒切尔夫人则说:我们可能会面对德国统一这一既成事实,这就是我为何认为我们需要一个机制来阻止统一的发生,而唯一可行的机制安排就是四强会议机制,而且她刚刚得知消息,谢瓦尔德纳泽也提议召开四强会议。她还说,欧共体公报要强调《赫尔辛基最后文件》及维持北约和华约的必要性。③撒切尔夫人希望以西方四国会议约束西德,迫使西德和盟国协商,而以二战四强会议作为阻止德国统一的机制。

然而,密特朗在斯特拉斯堡峰会召开前就要求科尔同意推动欧

---

① Frédéric Bozo, translated from the French by Susan Emanuel, *Mitterrand, The End of the Cold War and German Unification*, New York and Oxford: Berghahn Books, 2009, pp. 131-132.
② "East/West Relations," Letter from Mr Powell (Strasbourg) to Mr Wall [RS 020/2/3], STRASBOURG, 8 December 1989, in P. Salmon, K. Hamilton and S. Twigge (eds.), *Documents on British Policy Overseas, German Unification*, New York: Routledge, 2009, pp. 162-164.
③ "Germany," Letter from Mr Powell (Strasbourg) to Mr Wall [PREM: Internal Situation in East Germany], STRASBOURG, 8 December 1989, in P. Salmon, K. Hamilton and S. Twigge (eds.), *Documents on British Policy Overseas, German Unification*, New York: Routledge, 2009, pp. 164-166.

洲经济与货币联盟并确定了为此召开政府间会议的日期。密特朗获得了他想要的东西,即把德国统一纳入加速了的欧洲一体化进程中,自然就不会再支持四强会议机制了。①

12月9日,欧共体十二国终于达成妥协,在对中东欧的政治宣言中承认"德国人民将会通过自由自决重获统一",但要求统一应"和平民主"地进行,"同时遵守《赫尔辛基最后文件》等相关协议、条约和原则",并在"对话和东西方合作的背景下""通过欧洲一体化来进行"。② 特尔切克在日记中写道:对科尔而言,这是一次"特别成功的峰会"。欧洲走向了政治和经济一体化的道路,而这意义十分重大。讨论令人惊异地和谐。实现欧洲经济与货币联盟的确定日程获得通过。撒切尔夫人尽管还有保留,但表示将予以建设性合作。③ 撒切尔夫人愿意提供合作,是因为她能够接受欧洲经济与货币联盟第一阶段对单一市场的推动,但是对后续阶段及走向西欧单一货币,她是无法接受的。

12月初以来,几大峰会相继召开,大国对德国统一的立场初步明确了。布什表明要用北约为框架处理德国统一问题。法国选择了欧共体。在四强之中,只有苏联和英国还缺乏处理德国统一问题的框架,难以有效地参与互动、协商,并施加影响。美法最终否决了英苏寄予希望的四强会议机制。马耳他峰会之后,苏联开始打破

---

① Mary Elise Sarrote, *1989-The Struggle to Create Post-cold War Europe*, New Jersey: Princeton University Press, 2014, p. 85.
② Frèdèric Bozo, translated from the French by Susan Emanuel, *Mitterrand, The End of the Cold War and German Unification*, New York and Oxford: Berghahn Books, 2009, pp. 131-132.
③ Horst Teltschik diary (MT cooperating constructively on EMU despite her reservations) [translation], 9 Dec. 1989, Margaret Thatcher Foundation, http://www.margaretthatcher.org/document/111026.

德国统一的外交

对德国统一问题的沉默。12月5日,根舍访苏,戈尔巴乔夫对其痛批科尔的《十点纲领》,坚持东德必须是华约一员。① 苏联在12月8日提出召开四强会议,这正中撒切尔夫人下怀,但为时已晚。

对于苏联召开四强会议的提议,西方表示只肯谈柏林问题。12月10日,西方大国外长们通过电话或会面后商定:只举行四强大使级别会谈。12月11日,四强柏林使节级别会谈举行,但没有取得任何具体成果。法国人表现得很谨慎,努力不让苏联人节外生枝。②

12月11日,布什在记者会上表示,德国问题对苏联过于敏感,某些盟国也过于关切,应该让事情自然而然地去发展。美国支持德国人民自决,美苏都不应干预事态,只能监督程序。③ 布什公开否定了四强会议形式。

西德和美国反对召开四强会议,法国不愿开罪西德,苏联人也意识到召开四强会议可能反而加速事态发展。只有英国,或者说只有撒切尔夫人,对此最为热心,但是四强会议还是无果而终了。英国仍然缺乏处理德国统一问题的合适框架。

此时,英国外交部开始谋划"4+2"会议框架。在撒切尔夫人召开四强会议计划失败后,英国外交部开始就西德必须和盟国协商进行谋划。12月12日,赫德的秘书沃尔致信鲍威尔谈英国外交近期目标:要让德国明白事情需要协商。要召开四强会议,让两德也

---

① Philip Zelikow, Condoleezza Rice, *Germany Unified and Europe Transformed: A Study in Statecraft*, Cambridge, Massachusetts, London, England: Harvard University Press, 2002, p. 136.
② Frédéric Bozo, translated from the French by Susan Emanuel, *Mitterrand, The End of the Cold War and German Unification*, New York and Oxford: Berghahn Books, 2009, pp. 138-139.
③ Remarks and a Question-and-Answer Session with Newspaper Editors, 11 Dec. 1989, George Bush President Library and Museum, https://bush41library.tamu.edu/archives/public-papers/1320.

参加部分或者全体会议。我们的目标是要把德国人遏制住,我们要表示我们是在艰苦努力,予以帮忙。这会使他们再难以不说清路线就前进。我们要用外交让德国人窒息。① 沃尔代表的是赫德的立场,外交部的思路已具有日后"4+2"框架的意味,即希望找到协商框架遏制西德对统一的推进。

与此同时,美、法确定要以多个进程为平台处理德国统一问题。12月16日,布什和密特朗在法属西印度群岛会谈。密特朗称完全同意布什的看法:我们要管控局势中的矛盾,不能强力阻止加速的统一进程,或许外交阻止也不能。同时,它可能打乱在已有条约和边界基础上的欧洲平衡。要建设一个新欧洲,我们必须在军控、一体化、经货联盟、美法合作上同步前进,否则就会回到1913年,即全盘尽失。② 密特朗同意北约要变革,要因应东欧变局,美国和加拿大要参加欧洲秩序;新欧洲政治秩序应以北约、欧共体、欧安会为支柱;德国统一必须和欧洲建设同步。密特朗说:在任何情况下,科尔都承诺遵守维持今日欧洲平衡的条约、协议,因此,我没有特别的抱怨。③ 峰会表明美法没有降低德国统一速度的意图。

然而,此时西德对协商的态度令人生疑。12月18日,马拉比报告赫德:西德总理府非常清楚在德国问题上需要协商。……但是科尔也

---

① "East/West Relations," Letter from Mr Wall to Mr Powell (No. 10), [RS 020/2/3], FCO, 12 December 1989, in P. Salmon, K. Hamilton and S. Twigge (eds.), *Documents on British Policy Overseas, German Unification*, New York: Routledge, 2009, pp. 169-172.

② President Bush Meeting with Francois Mitterrand of France, 16 Dec. 1989, George Bush President Library and Museum, http://bush41library.tamu.edu/files/memcons-telcons/1989-12-16-Mitterrand.pdf.

③ President Bush Joint News Conference Following Discussions with French President Mitterrand in St. Martin, French West Indies, 16 Dec.1989, George Bush President Library and Museum, http://bush41library.tamu.edu/archives/public-papers/1342.

许认为不和盟国协商也有它的好处。为了降低这样的风险,我们要加强双边协商,但是不要忘了西方三大国的共同介入效果会更好。① 这样,美英法和西德四国召开"1+3"会议的构想也浮出了水面。

## (六) 英外交部提出为统一设多个过渡期

英国外交部高官们只想顺势而为,尽量维护英国利益,以副外相瓦尔德格雷夫(Waldegrave)为首,渐渐聚成一股质疑撒切尔夫人政策的潜流。1990年1月5日,马拉比报告赫德称:德国人认为英国是西方三大国里最不积极,也是最不重要的。1989年12月4日首相在布鲁塞尔说德国统一在10~15年之内不应发生,这一直被德国媒体引用,当作英国态度消极和充满不信任的证据。② 1月8日,威斯顿报告瓦尔德格雷夫说:今早您告诉我提交首相府的报告应在德国将很快统一而不是多年后统一的问题上明确立场,不论我们自己的倾向如何;在最近的将来,这些事变看来也要推动北约战略的很大变化。③ 于是,瓦尔德格雷夫推动高官们组织报告,就德国将快速统一,以及统一对北约军事政治战略的影响尽早予以研究,以便对高层提出建议。

---

① "Your Telno 723: Conclusions with the FRG on German Question," Sir C. Mallaby (Bonn) to Mr Hurd No. 1251 Telegraphic [WRL 020/4], Bonn, 18 December 1989, in P. Salmon, K. Hamilton and S. Twigge (eds.), *Documents on British Policy Overseas*, *German Unification*, New York: Routledge, 2009, pp. 183-184.

② "The German Question: Our Public Line," Sir C. Mallaby (Bonn) to Mr Hurd, No. 12 Telegraphic [WRE 026/1], Bonn, 5 January 1990, 4: 41 p. m., in P. Salmon, K. Hamilton and S. Twigge (eds.), *Documents on British Policy Overseas*, *German Unification*, New York: Routledge, 2009, pp. 190-191.

③ "Chequers Seminar: East-West Relations and Germany," Submission from Mr Weston to Mr Waldegrave [WRL 020/1], FCO, 8 January 1990, in P. Salmon, K. Hamilton and S. Twigge (eds.), *Documents on British Policy Overseas*, *German Unification*, New York: Routledge, 2009, pp. 191-192.

第三章　撒切尔夫人与德国统一

同日，瓦尔德格雷夫回信威斯顿称：要尽力说出事实，让首相府放弃阻止德国统一的幻想；我们不应该过度强调德国统一会增进德国经济支配力，从而造成恐惧；我认为我们对"邦联"称赞得太多了，明显表现出这是我们的愿望；邦联方案从来没有，将来也不会有多大的作用；最重要的是，我认为实现完全统一是东德人不可阻挡的愿望，我们的"外交倡议"会被看成敌意的，我对美国会支持我们表示怀疑；我们必须提出建议，逆转已经形成的在这个问题上英国的孤立地位。他还提出英国必须改变对华约的维护态度，北约要制定出新的防卫战略，可能不在目前的西德进行前沿部署，换取苏联不在目前的东德部署军队。他还提出，要说清楚苏联不是欧洲的一部分，尽管欢迎它加入自由国际大家庭。① 瓦尔德格雷夫还否定了希望两德建立邦联的幻想，直指首相要求保护华约续存的态度不合时宜。

美国此时也对英国外交路线提出建议。1月8日和9日，贝克的顾问佐利克，以及国安会官员布莱克威尔分别和英国驻美大使阿克兰德会谈，建议英国在美国和欧共体关系问题上多帮忙，要在欧共体内和德法把关系搞得更好，不要总是硬顶。②

然而，撒切尔夫人仍固执己见。1月9日，鲍威尔致信沃尔称：首相看了马拉比1月5日就我们对德国问题的公开路线的电

---

① "East-West, Germany etc," Minute from Mr Waldegrave to Mr Weston〔WRL 020/1〕, FCO, 8 January 1990, in P. Salmon, K. Hamilton and S. Twigge（eds.）, *Documents on British Policy Overseas, German Unification*, New York：Routledge, 2009, pp. 192-194.
② "Our Public Line on the German Question," Minute from Sir C. Mallaby（Bonn）to Mr Waldegrave,〔WRL 020/1〕, Bonn, 16 January 1990, Note 2, in P. Salmon, K. Hamilton and S. Twigge（eds.）, *Documents on British Policy Overseas, German Unification*, New York：Routledge, 2009, p. 206.

| 德国统一的外交

报,她认为这缺乏对我们政策的理解,她认为这值得警惕。威斯顿本来有一系列建议,看到马拉比被如此对待,只好把建议放后,到3月在契克斯庄园召开的德国研讨会上再说。①

在申斥马拉比的同时,撒切尔夫人也听不进赫德的劝告。1月10日晨,撒切尔夫人与赫德会谈,她告诉外交大臣她需要在1月20日会见密特朗时就英法如何更紧密合作提出更具体的建议:我们不应认为德国统一是不可避免的,并坐等事态超越我们。赫德说,我们不能设计阻碍德国统一的蓝图。② 撒切尔夫人回绝了外交大臣委婉的规劝,要拉法国一起阻止德国统一。撒切尔夫人再次拒纳忠言,使英国丧失了及时调整政策的时机。

与此同时,马拉比大使提出为德国统一设立过渡期。1月9日,他致信威斯顿称:根舍今天告诉我邦联设想是人为的,没有前途,我们必须有别的设想;一种设想是,各方同意从确定统一时刻到最终完成之间设立过渡期,可能是五年,也许更长;这一安排能赢得时间,并看苏联如何发展;在德国实现统一和此后,我们都应保留北约,而不管华约是萎缩还是消失。马拉比还设想北约日后会驻军东欧。③

---

① "The German Question: Our Public Line," Letter from Mr Powell (NO.10) to Mr Wall [WRL 020/1], 10 Downing Steet, 9 January 1990, in P. Salmon, K. Hamilton and S. Twigge (eds.), *Documents on British Policy Overseas*, *German Unification*, New York: Routledge, 2009, p.195.
② "German Reunification," Letter from Mr Powell (NO.10) to Mr Wall [WRL 020/1], 10 Downing Street, 10 January 1990, in P. Salmon, K. Hamilton and S. Twigge (eds.), *Documents on British Policy Overseas*, *German Unification*, New York: Routledge, 2009, pp.199-200.
③ "The German Question and Its Repercussions," Letter from Sir C. Mallaby (Bonn) to Mr Weston, [WRL 020/1], Bonn, 9 January 1990, in P. Salmon, K. Hamilton and S. Twigge (eds.), *Documents on British Policy Overseas*, *German Unification*, New York: Routledge, 2009, pp.197-199.

根舍彻底否定邦联作为德国统一的形式，而马拉比则转向为德国统一设立过渡期，其核心原因是一切取决于苏联的局势如何发展。一方面，当时人们认为东西方关系还会延续下去，为观察苏联演变、为裁军进展，需要设立一个长的过渡期；另一方面，设立过渡期也是为了防止西德急于统一而选择中立，从而导致北约解散。

1月16日，赫德向撒切尔夫人提交备忘录，为首相1月20日访法提出建议，并再次规劝首相。他说：如果两德人民通过自决要求统一，那将无可阻挡，英国享有的四强权利可以用来合法地影响事态的步调和性质，但不等于具有否决权。赫德提出：过渡期概念还没有被充分使用，您可以对密特朗提出对此进行讨论；过渡期应该被用于为那些各种各样的复杂问题提供谈判框架，包括对北约及任何未来欧洲安全结构的影响，对欧共体和欧安会未来的影响等进行商讨。赫德还提出，统一的德国在北约之内，但是按照条约前东德领土则应完全去军事化。①

在撒切尔夫人还沉溺于拉拢法国一起阻止德国统一时，马拉比等外交部官员提出并论证了为德国统一设立过渡期的必要性，赫德备忘录更提出要对德国统一设立多个过渡期。赫德没有再提华约续存，而是以让东德去军事化作为安抚苏联的方式，但这一对苏联的让步毫无疑问又超出美国能接受的程度。对撒切尔夫人关注的德波边界问题，赫德提出要确保德国统一只是在现有两个德国及柏林这一疆域内进行，而不是恢复1937年的帝国领土。同时，赫德还设

---

① "The German Question," Minute from Mr Hurd to Mrs Thatcher, [WRL 020/1], FCO, 16 January 1990, in P. Salmon, K. Hamilton and S. Twigge (eds.), *Documents on British Policy Overseas*, *German Unification*, New York: Routledge, 2009, pp. 208-211.

计了让西德对边界问题进一步发表政治性声明的路线图,这应该成为英国行使四强权利和干预德国统一的重要方式。

### (七) 撒切尔夫人借媒体公开反对德国统一

1月15日,东德10万人冲击国家安全部大楼,力图抢救行将被销毁的档案材料。莫德罗无奈退让,表示在5月6日大选前不再设立国安部后继部门。① 暴力因素的出现,使各方变得焦虑起来。西德官员担忧东德出现乱局,民众要求迅速统一,造成移民潮压力;同时,东德出现乱局还可能促成苏联插手召开四强会议。1月17日,西德向到访的瓦尔德格雷夫表示,希望支持统一的党派在东德上台,西德也在思考过渡期,认为渐进统一需要5~10年。西德人还表示,在有关德国统一与北约关系等问题方面愿意与英国协商。②科尔此时则在安抚法国。1月18日,科尔在法国演说称:德国房子上会有欧洲屋顶,德国统一不会影响波兰的边界。③ 然而,这些都没能影响撒切尔夫人继续拉拢法国阻止德国统一的既定政策。

1月20日,撒切尔夫人访问法国,并与密特朗会谈。密特朗说:对德国统一说"不"是愚蠢的。实际上欧洲没有人有能力阻

---

① Lothar Kettenacker, *Germany 1989: In the Aftermath of the Cold War*, Harlow, United Kingdom: Pearson Education Limited, 2009, pp. 113-114.
② "Mr Waldegrave's Visit to Bonn 17 January: The German Question," Sir C. Mallaby (Bonn) to Mr Hurd, No. 56 Telegraphic [WRL 020/1], Bonn, 17 January 1990, 6:52 p.m., in P. Salmon, K. Hamilton and S. Twigge (eds.), *Documents on British Policy Overseas, German Unification*, New York: Routledge, 2009, pp. 211-212.
③ "Prime Minister's Meeting with President Mitterrand," Letter from Mr Powell (No. 10) to Mr Wall, [WRL 020/1], 10 Downing Street, 20 January 1990, Note 2, in P. Salmon, K. Hamilton and S. Twigge (eds.), *Documents on British Policy Overseas, German Unification*, New York: Routledge, 2009, p. 218.

止德国统一。而撒切尔夫人则说,她不认为什么也做不成,如果其他国家让德国人感觉到立场一致,就可以影响德国。她对密特朗提出利用《赫尔辛基最后文件》等工具,还提出长过渡期设想。她说:我们要使用所有这些工具给德国统一减速。[1]但密特朗的态度表明,撒切尔夫人拉拢法国反对德国统一的想法遭到了失败,反对德国统一将成为她的独角戏。

撒切尔夫人回国不久,新的刺激因素接踵而来。1月23日,撒切尔夫人接到布什的电话,布什称要大量削减驻欧美军,还表示支持德国快速统一,撒切尔夫人对此很不悦,称这是"溃败"[2]。美国支持德国快速统一,使撒切尔夫人要使德国统一减速的政策遭到严重打击。深受刺激之后,她选择了面对媒体大声疾呼,公开要求西德将德国统一减速。

1月24日,撒切尔夫人接受《华尔街日报》记者采访时谈及德国统一。她说:德国不能在加深欧洲分裂的情境下统一;德国人应有更大视野,为了东欧和苏联都实现民主化这个更大的愿景而放慢统一进程;东德不实现民主化就不能加入欧共体;两德自决只能在现存边界内,德国统一引起的边界改变必须符合《赫尔辛基最后文件》;德国统一可能引发中欧民族争议,危及稳定;德国统一后在欧洲经济中将更具支配性。撒切尔夫人还说,欧共体委员会权力日渐增大是反民主的,她不能接受德国推动的欧共

---

[1] "Prime Minister's Meeting with President Mitterrand," Letter from Mr Powell (No.10) to Mr Wall, [WRL 020/1], 10 Downing Street, 20 January 1990, in P. Salmon, K. Hamilton and S. Twigge (eds.), *Documents on British Policy Overseas, German Unification*, New York: Routledge, 2009, pp. 215-219.

[2] Douglas Hurd, *Memoirs*, London: Abacus, 2004, pp. 422-423.

| 德国统一的外交

体政治一体化，认为英国主张的共同市场，降低贸易壁垒才是真正的一体化。① 这次访谈于1月26日见报。

在撒切尔夫人这一外交大动作面世前，东西德都出现了新的情况。1月25日，英国外交大臣赫德报告了他1月22~24日访问东德的印象：莫德罗政权已难以维系。② 撒切尔夫人和英国外交部确定的支持东德进行改革、继续立国政策的根基瓦解了，让德国统一减速也难免成为泡影。1月25日下午，马拉比向赫德报告他和科尔的会谈情况：科尔已经接受了过渡期，提出1995年元旦两德建立联邦关系；科尔还表示愿意在内部统一安排上和英方紧密协商，边界问题到时会最终处理完毕；美军还会继续驻扎德国。③ 因此，撒切尔夫人接受《华尔街日报》专访的文章见报后，英国收获的只能是德国人的怒火。1月26日，特尔切克在日记中写道：科尔总理对于在美国媒体出现的这篇公开批评大吃一惊，不会不采取反批评措施。他下令在下次德英协商前把这篇报道放在他面前，他个人会为此与撒切尔夫人谈判。④

---

① Margaret Thatcher Interview for Wall Street Journal, 24 Jan. 1990, Margaret Thatcher Foundation, http://www.margaretthatcher.org/document/107876.

② "Visit to the GDR: 22-24 January," Minute from Mr Hurd to Mrs Thatcher, [PREM: Internal Situation in East Germany], FCO, 25 January 1990, in P. Salmon, K. Hamilton and S. Twigge (eds.), Documents on British Policy Overseas, German Unification, New York: Routledge, 2009, pp. 224-225.

③ "My Telno 31: Call on Kohl: German Question," Sir C. Mallaby (Bonn) to Mr Hurd, No. 92 Telegraphic [WRL 020/1], Bonn, 25 January 1990, 6:04 p.m., in P. Salmon, K. Hamilton and S. Twigge (eds.), Documents on British Policy Overseas, German Unification, New York: Routledge, 2009, pp. 222-224.

④ Horst Teltschik diary (Kohl angry at MT's criticisms in Wall Street Journal interview) [translation], 26 Jan. 1990, Margaret Thatcher Foundation, http://www.margaretthatcher.org/document/111027.

### (八) 美、德、法加紧协调使英国更加孤立

1月26日，布什与科尔通电话：两人协商抢先提出欧洲常规裁军（CFE）新建议，抓住主动权，不让苏联人抢先，不让东欧人认为美国想让苏军留下来。科尔称，东德莫德罗政府已丧失权威，东德移民人数越来越多，西德难以继续支撑。他表示要尽最大努力维持中欧稳定，从全局观点看问题，把北约、欧共体和裁军等相关因素都考虑进去。[①] 布什和科尔确定了以多进程相互配合来处理德国统一问题。布什要大力促使苏联撤军，使苏联在东欧的驻军从27.5万人减到19.5万人，以东欧国家要求苏联撤军的压力，利用德国统一局势，实现只让苏军撤走，而美军留驻这一根本目标。

1月27日，布什和密特朗通话。密特朗担心撤军过多会导致德国中立化，担心裁军建议引发两德民众一同要求所有外国军队和核武器撤出德国，最终导致美军离开欧洲。布什担心驻欧苏军裁减到19.5万人会引发撒切尔夫人不悦，但他不和撒切尔夫人直接沟通，而是问密特朗对撒切尔夫人的反应有何看法。[②]

1月27日，赫德在备忘录中说：如我昨天告诉首相的，我不喜欢使用（因而把首相与此词联系上）"减速"（slow down）这个短语。我知道在《华尔街日报》采访报道中有这个词，它把我们放在了无效刹车的位置上，这是我们应该避免给全世界呈现的最坏

---

[①] Telephone Conversation with Chancellor Helmut Kohl of Federal Republic of Germany, 26 Jan. 1990, George Bush President Library and Museum, http://bush41library.tamu.edu/files/memcons-telcons/1990-01-26-Kohl.pdf.

[②] Telephone Conversation with President Mitterrand of France, 27 Jan. 1990, George Bush President Library and Museum, http://bush41library.tamu.edu/files/memcons-telcons/1990-01-27-Mitterrand.pdf.

的形象。我认为,过渡期本身是需要的,而不是作为延迟德国统一的策略。我希望的是:一个相当长的过渡期,在此期间,有合法利益的各方,包括苏联在内,为诸如柏林、边界等问题制定出正确的文本(框架)和条件。英方应指出,两德人民的意愿还没有正式表达出来,要让莫德罗干到 5 月 6 日大选前,街头民意不能压过自由选举。[1] 但在斯特拉斯堡峰会之后,撒切尔夫人仍在要求召开四强会议,同时设想与法国联手阻拦德国统一,但是密特朗面对德国人和撒切尔夫人是两副面孔。12 月 6 日,密特朗访问基辅时,曾和戈尔巴乔夫会谈,他邀请后者与自己一同访问东德,戈尔巴乔夫没有同意。这让密特朗认识到法国和苏联都无力阻拦德国统一,他开始下决心以同意德国统一来换取西德同意加快西欧一体化。[2] 面对密特朗的态度,撒切尔夫人决定独力作战,选择面对媒体公开反对德国统一,并对西德提出批评。撒切尔夫人反对德国统一的方式不利于英国和西德之间的密切协商,反而缩小了英国外交活动的余地,并且未能创设处理德国统一问题的合适框架。

### (九)苏联原则上同意德国统一

东德内部局势一方面取决于移民潮走向,另一方面取决于东德经济是否会崩溃,而在这两点上都不让人乐观。12 月 19 日科尔访问德累斯顿之后,就下决心利用货币工具实现德国统一,不将西德资

---

[1] Minute by Mr Hurd, [ESB 020/2], FCO, 27 January 1990, in P. Salmon, K. Hamilton and S. Twigge (eds.), *Documents on British Policy Overseas, German Unification*, New York: Routledge, 2009, pp. 229-230.

[2] Alexander Von Plato, *The End of The Cold War? Bush, Kohl, Gorbachev, And the Reunification of Germany*, translated by Edith Burley, New York: Palgrave Macmillan, 2015, pp. 96-97.

金投给莫德罗政府去进行没有成功希望的经济改革。科尔知道，在自由选举之后，东德统一社会党必然下台。西德当前的工作重点是为东德自由选举做好准备和安排。如上所述，西德总理府此时预计过渡期还需要5~10年，但是到1月底时，统计表明，当月移民西德的人数已达到五万人左右，渐进统一已不现实。东德政府面对移民潮，面对无法推动的改革，选择了提前大选，并提出自己的统一方案来应对危局。1月28日，在圆桌会议压力之下，莫德罗宣布，原定在5月6日举行的东德大选提前在3月18日举行。莫德罗于1月31日访问苏联，戈尔巴乔夫在与他会谈时，对德国内部统一原则上表示了同意。2月1日，在访问莫斯科归来后，莫德罗提出了其统一计划：两德建立邦联，制定新宪法，新德国中立化。莫德罗计划要求按照西德《基本法》第146条，两德平等合并，制定新宪法，这是耗时较长的渐进统一方案。科尔政府对莫德罗宣布提前大选感到吃惊，但并非毫无准备，并提出按照西德《基本法》第23条，让东德加入西德，以吞并方式快速实现统一。[①] 苏联对德国内部统一的首肯、莫德罗计划的提出，使英国一再表示的德国统一问题不能提上日程的政策彻底落空。英国外交重点不得不转向要求设立过渡期，要求解决德波边界问题，为统一的德国与北约、欧共体、四强权利的关系等制定出权力广泛的综合性框架。毫无疑问，能够设计和安排这种框架的只能是美国。

在德国统一加速的同时，布什对欧洲常规裁军的推动又给英国增加了新的忧虑，英国担忧美军大量削减武器会影响北约防务。英

---

① Lothar Kettenacker, *Germany 1989: In the Aftermath of the Cold War*, Harlow, United Kingdom: Pearson Education Limited, 2009, pp. 115-117.

国希望找到一个框架来讨论德国统一及裁军等问题。1月29日,美英建立起绝密高级联系渠道:英方为副外交大臣莱特、外交部法律顾问伍德,美方为国安会官员布莱克威尔和贝克的顾问佐利克。①

## 四 "2+4"框架的形成

### (一)英美就德国统一相关安全安排和谈判框架加强协商

1月29日,赫德访美会见布什。在会谈中,赫德关心欧洲安全问题,怀疑驻欧美军裁减的根据是否坚实。布什则要求探讨如果苏联宣布全部从东欧撤军,西方该怎么办?他认为苏联的形势可能逆转。赫德提出,撒切尔夫人对支持德国统一很勉强,是一个勉强的统一派。她认为应该搞清楚:统一后的德国是否还是北约的一部分?东德要加入欧共体吗?苏联人的敏感怎么办?我们需要一个框架来讨论所有这些问题。布什和贝克都表态要制定特殊战略把统一的德国留在北约,希望英国对德国的政策有所改观。② 布莱克威尔说,最坏的局面是两德与各自的盟国都不商量,走自己的路。那会让苏联所有的噩梦都苏醒。③ 面对德国统一加速,英美都担忧德国

---

① "Follow-up Work on East-West and Germany," Minute from Mr Weston to Mr Wall, [WRL 020/1], FCO, 31 January 1990, Note 3, in P. Salmon, K. Hamilton and S. Twigge (eds.), *Documents on British Policy Overseas*, *German Unification*, New York: Routledge, 2009, p. 234.
② Meeting with Douglas Hurd, Foreign Secretary of United Kingdom, 29 Jan. 1990, George Bush President Library and Museum, http://bush41library.tamu.edu/files/memcons-telcons/1990-01-29-Hurd.pdf.
③ "My Telno 229: Secretary of State's Meeting with President Bush: Germany," Sir A. Acland (Washington) to FCO, No. 231 Telegraphic [WRL 020/1], Washington, 30 January 1990, 1:45 a.m., in P. Salmon, K. Hamilton and S. Twigge (eds.), *Documents on British Policy Overseas*, *German Unification*, New York: Routledge, 2009, pp. 230-231.

人会单干，快速冲向统一，因而要合力设计一个框架来处理德国统一问题。贝克对赫德说，将在2月8~9日会见谢瓦尔德纳泽时对苏方说明，四强论坛不适于讨论关于德国统一的问题，因此需要找到一种合适的框架。德国人希望用双边的方式处置统一问题，但这不可能，因为德国统一将是一个决定北约未来的问题。赫德说，德国统一不可避免，不仅应该在东德和西德举行自由选举后才发生，而且应该在过渡期之后再发生。贝克说根舍没有排除统一的德国仍是北约成员的可能性，但认为不能想象北约部队将会部署在东德领土上。[①] 美英和西德在涉及统一后安全安排上的思路开始汇合：美方再次否定四强会议机制，赫德提出过渡期设想，西德则提出了安抚苏联的安全安排方案。

撒切尔夫人提出对德国统一设立多个过渡期。1月30日，撒切尔夫人在会见西德自民党主席兰布斯多夫（lambsdorff）时说：非常担心东欧剧变及德国统一对北约的冲击，害怕北约会因此而解散，希望设置足够长的过渡期来缓解对北约、欧共体和四强权利的冲击。[②] 东德政权溃败，德国统一加速，更增强了撒切尔夫人的忧虑。

布什政府要借助德国统一的机会推动苏联从东欧撤军。1月31日，布什发表国情咨文，提出根据政治形势的发展，苏联驻东欧军

---

① "Secretary of State's Visit to Washington: Meeting with Baker," Sir A. Acland (Washington) to FCO, No. 235 Telegraphic [WRL 020/1], Washington, 30 January 1990, 2:05 a.m., in P. Salmon, K. Hamilton and S. Twigge (eds.), *Documents on British Policy Overseas*, *German Unification*, New York: Routledge, 2009, pp. 232-233.
② "British Position on the German Question," Sir C. Mallaby (Bonn) to Mr Hurd, No. 121 Telegraphic [WRL 020/1], Bonn, 1 February 1990, 3:45 p.m., Note 2, in P. Salmon, K. Hamilton and S. Twigge (eds.), *Documents on British Policy Overseas*, *German Unification*, New York: Routledge, 2009, p. 238.

| 德国统一的外交

队应裁减到 19.5 万人。美国要抓住时机完成裁军谈判，削减苏联武器，使苏联从东欧撤军，但保持美国继续在欧洲驻军。即便苏联削减更多驻军，驻欧美军也不会降低到 22.5 万人以下（其中包括了美国在北约边缘地带驻军的 3 万人——笔者注）。① 西德也在为德国统一所需的安全安排进行斡旋。1 月 31 日，戈尔巴乔夫称原则上不反对德国统一。同日，根舍提出所谓"根舍公式"：统一的德国加入北约，但北约管辖权不东扩，前东德在北约军事结构之外，北约部队不驻扎在那里；北约、华约都政治化，化入欧安会进程之下的新安全体系中。②

撒切尔夫人发现整个事态发展速度之快前所未有。在此背景下，驻德英军的前途就成了问题。在西欧不确定性增大、东欧陷入混乱的背景下，首相认为她应该对布什总统发出重要信件表明自己的想法。③ 赫德在 1 月 31 日晚上向撒切尔夫人汇报访美之行，他说他对美国人说了四个领域的问题：统一的德国如何加入北约、前东德和欧共体的关系、欧安会和边界、四强权利。所有这些都需要复杂的谈判协商，必须有充足的时间。美方对在这些问题上和英国协商的主意表示欢迎。撒切尔夫人评价说，看来我们想得比美国人更

---

① Address Before a Joint Session of the Congress on the State of the Union, 31 Jan. 1990, George Bush President Library and Museum, http://bush41library.tamu.edu/archives/public-papers/1492.

② "Germany," Letter from Mr Powell (No.10) to Mr Wall [PREM: Internal Situation in East Germany], 10 Downing Street, 31 January 1990, Note3, in P. Salmon, K. Hamilton and S. Twigge (eds.), *Documents on British Policy Overseas, German Unification*, New York: Routledge, 2009, p.233.

③ "Germany," Letter from Mr Powell (No.10) to Mr Wall, [PREM: Internal Situation in East Germany], 10 Downing Street, 31 January 1990, in P. Salmon, K. Hamilton and S. Twigge (eds.), *Documents on British Policy Overseas, German Unification*, New York: Routledge, 2009, p.233.

深入，我们应该准备一些报告和他们讨论。①

同日，外交部政治指导威斯顿致信赫德的秘书沃尔称：在"根舍公式"基础上，解决统一的德国参加北约问题的前景是好的。威斯顿还认为，关于四强权利以及安抚苏联人的问题，可以采取四强加两德的论坛形式，但要考虑现在时机是否成熟。他还提出，要以欧安会为有关德国的任何协议及常规武器谈判做担保。②英国外交官们已经在考虑以"4+2"论坛作为处理德国统一问题的框架，而且非常强调"4+2"论坛之外欧安会的地位。

### （二）关于德国统一的进度之争

英国政府对外支持布什声明，私下由首相提出了不同意见。赫德说，戈尔巴乔夫的立场已从明确反对德国统一转变了，称无人怀疑德国统一的原则，未来的首要问题是统一的德国在北约和欧共体中的角色问题。很明显，东德不能轻易成为欧共体成员，只要它还实行计划经济。③这等于给两德内部统一进程也设立了时间表，而且会是个长过渡期。

在与美国加强协商的同时，英方着手修复对西德关系并向西德

---

① "German Reunificaton," Letter from Mr Powell (No.10) to Mr Wall, [PREM: Internal Situation in East Germany], 10 Downing Street, 31 January 1990, in P. Salmon, K. Hamilton and S. Twigge (eds.), *Documents on British Policy Overseas*, *German Unification*, New York: Routledge, 2009, pp. 235-236.

② "Follow-up Work on East-West and Germany," Minute from Mr Weston to Mr Wall, [WRL 020/1], FCO, 31 January 1990, in P. Salmon, K. Hamilton and S. Twigge (eds.), *Documents on British Policy Overseas*, *German Unification*, New York: Routledge, 2009, pp. 234-235.

③ "Foreign Affairs: Visit to Washington by the Foreign and Commonwealth Secretary," Extracts from Conclusions of a Meeting of the Cabinet held at 10 Downing Street 1 February 1990 at 9:30 a.m., in P. Salmon, K. Hamilton and S. Twigge (eds.), *Documents on British Policy Overseas*, *German Unification*, New York: Routledge, 2009, pp. 236-237.

推销英国的过渡期设想。马拉比就赫德2月6日访问西德提出了建议，即为改变英国在对德国统一立场上留给世人的负面印象，建议赫德访问西德时表示：第一，对德国统一的决定表示尊重；第二，对德国人提出有序过渡建议，至于是否设立过渡期，由德国人自己决定。关于东德是否加入北约，马拉比建议：最好的策略是不要明确提出要东德在与西德同样的基础上加入北约，而要使用合适的语言说明，东德要以更低程度的方式加入北约。①

2月2日，英国驻美国大使阿克兰德汇报说：莫德罗将东德大选提前到3月18日举行，并于29日和美国人进行了接触。美国人认为德国统一的速度在加快，如果我们要施加影响，就得跟上进程的速度。在统一形式上，英美的观点明显大体一致，尽管对时间框架的想法还不同。阿克兰德建议，把英法会谈情况告诉美方，如果英、法、美三方能够取得一致意见，就可以一起去劝说西德。这样，就会形成西方四国会谈机制。撒切尔夫人对阿克兰德的报告批示道：根本问题是获得戈尔巴乔夫、谢瓦尔德纳泽的同意，然后我们可以尝试说服德国人，②极力主张将苏联民主化和德国统一挂钩。在安全安排上，英方对"根舍公式"进行了取舍和改造：在统一的德国中，非德军的北约部队不可进入前东德。撒切尔夫人的批示表

---

① "British Position on the German Question," Sir C. Mallaby（Bonn）to Mr Hurd, No. 121 Telegraphic［WRL 020/1］, Bonn, 1 February 1990, 3：45 p.m., in P. Salmon, K. Hamilton and S. Twigge（eds.）*Documents on British Policy Overseas*, *German Unification*, New York：Routledge, 2009, pp. 238-239.

② "Bilateral Discussion of German Issues," Sir A. Acland（Washington）to Mr Hurd, No. 276 Telegraphic［PREM：Internal Situation in East Germany］, Washington, 2 February 1990, 5 p.m., in P. Salmon, K. Hamilton and S. Twigge（eds.）*Documents on British Policy Overseas*, *German Unification*, New York：Routledge, 2009, pp. 243-245.

明，她对统一、"4+2"框架、安全安排等的态度开始明显松动。

美国则支持西德的"2+4"提法，在设计"2+4"框架的同时，还要打掉西德内部根舍一派发展泛欧框架的主张。2月2日，根舍访美，阿克兰德就此报告称：根舍的访问再次确认了美方认为德国统一处在快行线上的观点。根舍称，在东德大选后处理具有国际影响的论坛应当首推欧安会。贝克则表示不同意，称需要其他的协商论坛。根舍在这一点上明显做了让步，认可其他论坛也可介入。根舍确认德国统一已经进入快车道后，美方决定于年内进行多进程合并。根舍不接受以四强柏林会议为论坛，贝克说要将其扩大成"2+4"，并要尽快访苏推销这一设想。美方对"根舍公式"中包括的北约不东扩有保留，不想现在就对此具体表态。[1] 根舍提出以欧安会作为处理德国统一的框架，遭美国拒绝，美国要求以四强加两德为框架，别的论坛也要介入，限制"2+4"论坛的权限。美方更不能接受北约管辖权不东扩。

**（三）西德无意让四强介入两德内部统一进程**

2月2日，赫德致信撒切尔夫人，建议支持科尔连任以修复英德关系，以便加大英国对未来德国统一过渡期的影响。[2] 2月4日，撒切尔夫人表态同意赫德建议，但要求赫德向科尔强调，在走向统

---

[1] "Genscher's Visit to Washington: 2 February," Sir A. Acland (Washington) to Mr Hurd, No. 295 Telegraphic [PREM: Internal Situation in East Germany], Washington, 5 February 1990, 5:30 p.m., in P. Salmon, K. Hamilton and S. Twigge (eds.), *Documents on British Policy Overseas, German Unification*, New York: Routledge, 2009, pp. 254–255.

[2] Letter from Mr Hurd to the Prime Minister, [PREM: Internal Situation in East Germany], FCO, 2 February 1990, in P. Salmon, K. Hamilton and S. Twigge (eds.), *Documents on British Policy Overseas, German Unification*, New York: Routledge, 2009, p. 248.

| 德国统一的外交

一的路上要就主要步骤取得四强同意，并且强调德国留在北约的至关重要性。①

英国此时的政策重点已转向要求为统一设立过渡期及确保统一的德国参加北约。然而，英国负责东欧事务的法律顾问辛诺特2月1日拜访西德两德关系事务部高官多比（Dobiey）后发现，西德已起草了德国完全统一的条约草案，尽管后者确认在东德大选前不会完成这样的条约，他却绝对没有提过这事需要和四强协商。辛诺特说，在德国统一的内部进程上，英国在建立时间表问题上的一切努力都一无所获。辛诺特得出的印象是，德国统一所需时日将会非常短。② 英国对德国内外部统一都要求设过渡期，但以英德关系现状和东德局势，为两德内部统一设定时间表已完全超出英国的能力。

2月5日下午，马拉比急电赫德：德国外交部政治指导卡斯特鲁普（kastrup）会见英国政治指导威斯顿时说，东德局面现在已接近崩溃，西德政府的结论是，以"契约共同体"的方式实现统一还是太慢，这个方式已经从西德政府的词典中去除了。西德政府的政策现在是分两阶段：3月18日之前和之后。西德政府将很快展开经济和货币统一，不等东德大选了。3月18日之后，有关德国统一条约的草拟将和东德政府一起进行，目的是提交给欧安会峰会。当天早些时候，威斯顿会见了特尔切克的副手哈特曼（Hartmann），

---

① Letter from Mr Powell（No. 10）to Mr Wall：[PREM：Internal Situation in East Germany], 10 Downing Street, 4 February 1990, in P. Salmon, K. Hamilton and S. Twigge（eds.）, *Documents on British Policy Overseas*, *German Unification*, New York：Routledge, 2009, p. 250.

② "Call by Ministerial Direktor of the Ministry for Inner German Relations," Minute from Mr Synnott to Mr Ratford, [WRL 020/6], FCO, 2 February 1990, in P. Salmon, K. Hamilton and S. Twigge（eds.）, Documents on British Policy Overseas, German Unification, New York：Routledge, 2009, pp. 248-249.

后来才见卡斯特鲁普,德国人口风一致:内部统一绝对不许四强插手。马拉比认定:西德政府的政策是通过货币联盟立即推动两德经济一体化,即便没有条约做基础。鲍威尔对此批曰:"德国人会不管别人怎样说,自己将冲向统一。"①

德国人不许四强介入两德内部统一进程,这使英国人给两德内部统一设立过渡期的设想完全落空。关于四强介入德国外部统一问题,西德的态度先是模棱两可,然后才予以认可。西德在与英国交涉时态度强硬,和对美国的态度明显不同,明显是要打击英国对四强权利的强硬立场。

2月5日下午6时许,马拉比又发来电报:他希望英国在欧共体和东德关系上也有所前进。德国人已经决定把两德经济直接一体化。在布鲁塞尔进行的谈判实际上会成为新德国的东半部分加入欧共体的过渡阶段,而且会很快开始。英国应尽早对此予以承认并且帮忙设计合适程序,这将会得到奖赏。②两德经济货币一体化,将使东德直接进入欧共体,过渡期将大为缩短。

2月6日,赫德访问西德,并与根舍会谈。根舍对东德的不稳定感到焦虑,称推进德国统一是为减轻移民潮压力。赫德说:我们理解德国人面对的事态,但是有几个领域需要协商,也就是北约、

---

① "FRG Policy on the German Question: German Political Director gives read out on Genscher's Talks with Baker," Sir C. Mallaby (Bonn) to Mr Hurd, No. 137 Telegraphic [WRL 020/1], Bonn, 5 February 1990, 4:44 p.m., in P. Salmon, K. Hamilton and S. Twigge (eds.), *Documents on British Policy Overseas, German Unification*, New York: Routledge, 2009, pp. 251-254.
② "Washington Telno 276: German Issues," Sir C. Mallaby (Bonn) to Mr Hurd, No. 139 Telegraphic [PREM: Internal Situation in East Germany], Bonn, 5 February 1990, 6:13 p.m., in P. Salmon, K. Hamilton and S. Twigge (eds.), *Documents on British Policy Overseas, German Unification*, New York: Routledge, 2009, p. 258.

东德加入欧共体、四强问题和欧安会。赫德要求就北约内的路线和姿态进行讨论，根舍表示现在还不适合讨论这些问题，不能根据蓝图行事。赫德反问道：这是不是说，让局势自行发展？根舍最后表示，最急迫的任务是避免东德动荡，尽最大可能保持稳定。① 根舍不肯对英方提出的过渡期有所承诺。

赫德和科尔会谈了 70 分钟，科尔说，他个人没有任何反对首相之处，但对德英官方关系不满。他说到首相接受《华尔街日报》记者采访一事。他对自己被说成是民族主义者很不满，声称自己是国际主义者。科尔说西德政府不得不对日益恶化的东德局势做出反应。2 月 7 日西德内阁将会同意和东德建立货币联盟，目的是使东德货币稳定。赫德说，撒切尔夫人害怕未来哪一天其他德国领导人会利用德国经济力量谋求建立新霸权。科尔还谈到和约问题。他不希望召开一个 1939~1945 年所有对德宣战的国家都可以参加的和会。在合适的时机，应该是四强和波兰正式开会确立和平。

赫德事后评价说，科尔要通过货币联盟和让西德党派介入东德大选支撑住局面。在此之后（且只有在此之后）他们才能谈四个过渡问题（北约、欧共体、四强、边界/欧安会）；美方相信我们是过度警惕了，法国同情我们的担忧，但是法国在推动英方无法接受的更多的欧共体机构一体化。鲍威尔就此致函撒切尔夫人称：我们被告知一切放手给德国人，甚至在是否应该有和约这样

---

① "Secretary of State's call on Herr Genscher: German Unification," Mr Hurd to Sir C. Mallaby (Bonn), No. 85 Telegraphic [WRL 020/1], FCO, 6 February 1990, in P. Salmon, K. Hamilton and S. Twigge (eds.), *Documents on British Policy Overseas*, *German Unification*, New York: Routledge, 2009, pp. 261-264.

的问题上。① 科尔告诉英国人,次日西德就会宣布两德开始经济与货币一体化,这权当是已与英国进行了协商。对英方要求的过渡期,和根舍一样,科尔也不肯做出任何承诺。科尔还否定了德国统一需要达成和约,不过同意选择"2+4"框架,并允许在讨论边界问题上让波兰参加。英国的焦虑和英国对很多过渡期的要求,并没有获得美法的同情,在西方内部极为孤立。科尔还表现出不想再与撒切尔夫人直接对话,而以赫德作为对英交涉的替代人物的姿态,借此表达对撒切尔夫人的不满。

西德不愿协商的态度让撒切尔夫人非常担心,2月6日,鲍威尔致信沃尔称:首相很仔细地看了关于德国统一问题的电报,她对德国人现在不和盟国正式协商就单独猛力突进非常关切。她本人认为应该不顾德国人的敏感,召开四强会议,但是她承认美法应该不会同意这一做法。她应该不会反对四强加上两德会议,但是毫无疑问,这一定需要一些时间来谈判。她说,在如此背景下,西方三国协商就非常有用而且急迫了。她认为我们应该尽快提出在部长级召开这样的会议,……让我们继续寻求"4+2"会议。② 撒切尔夫人终于无奈地放弃了四强会议,接受了"2+4"框架。

2月7日上午,英国新任驻东德大使埃尔斯电告赫德称:东德经济部部长鲁夫特(Luft)概括了立即引入联邦德国马克的好处。

---

① "Foreign Secretary's Call on Chancellor Kohl: 6 February," Letter from Mr Wall to Mr Powell (No. 10) [WRL 020/1], FCO, 7 February 1990, in P. Salmon, K. Hamilton and S. Twigge (eds.), *Documents on British Policy Overseas, German Unification*, New York: Routledge, 2009, pp. 270-272.

② "German Issues," Letter from Mr Powell (No. 10) to Mr Wall [WRL 020/1], 10 Downing Street, 6 February 1990, in P. Salmon, K. Hamilton and S. Twigge (eds.), *Documents on British Policy Overseas, German Unification*, New York: Routledge, 2009, p. 264.

埃尔斯认为莫德罗和鲁夫特已经放弃了通过改革稳定经济的努力。一旦引入联邦德国马克，东德的行政机器将被置于西德权威之下，德国统一将会开始，① 而英方苦苦要求的过渡期则没有一丝影子。

（四）关于德国统一的"2+4"框架

2月8日当晚，撒切尔夫人和赫德就德国问题深谈。撒切尔夫人强调她所坚持的就德国统一的影响组织集体讨论的极端重要性。她认为最可行的形式是四强加上两德。理想的是在渥太华峰会的间隙举行首次会议。如果做不到，至少应尝试西方三国会谈。撒切尔夫人说一定要避免欧共体作为一个整体为德国统一承担新的大规模财政义务，或者英国需要缴纳的费用有大量增加。两人都认为欧安会可以作为在欧洲稀释德国统一影响的框架。没有一个西欧国家有能力平衡德国，从长期来看需要苏联来起这个作用。撒切尔夫人还说，后面几周，她原则上同意与科尔会晤，但不知道科尔愿不愿意。她的优先考虑仍然是组织四强和两德的集体讨论。②

撒切尔夫人的对德外交终于展现出其负面后果，在多国互动频繁、高层协商不断的情况下，她难以和科尔及时举行会晤，西德不愿意与英协商，不愿意对英国的诸多要求做出承诺，这迫使撒切尔

---

① "Bonn Telno 137 to FCO: The GDR——Internal Situation," Mr Eyers (East Berlin) to Mr Hurd, No.109 Telegraphic [WRE 014/1], East Berlin, 7 February 1990, 9:25 a.m., in P. Salmon, K. Hamilton and S. Twigge (eds.), *Documents on British Policy Overseas, German Unification*, New York: Routledge, 2009, pp.267-269.
② "Germany," Letter from Mr Powell (No.10) to Mr Wall, [WRL 020/1], 10 Downing Street, 8 February 1990, in P. Salmon, K. Hamilton and S. Twigge (eds.), *Documents on British Policy Overseas, German Unification*, New York: Routledge, 2009, pp.272-273.

夫人选定并推动"2+4"（也就是英早先所称的"4+2"）框架尽快出台。

2月9日，撒切尔夫人的私人顾问鲍威尔访问西德，会见科尔的顾问特尔切克，他的电报充满了对德国人的冷嘲热讽。鲍威尔和特尔切克就英德协商、"2+4"会议何时召开等议题激烈交锋。鲍威尔说：如果德国不想和我们集体协商，那么我们不得不和别国协商，包括苏联在内，把德国晾在一边。特尔切克责备英国人对东德经济崩溃没有概念。他还说：科尔不反对两德加四强会议形式，但是现在还不能召开。现在就接纳苏联人参与谈判，会给他们以杠杆，鼓励他们反对德国统一或者提出让德国中立化。苏联内部有人建议，要求所有核武器撤出德国，这将给西德和西方带来重大问题。西德要求在1990年不触及北约"长矛"短程核导弹升级问题。鲍威尔和特尔切克两人没有达成任何一致，不欢而散。撒切尔夫人写道：我们又一次是正确的，科尔愤恨他的策略又被打乱了。[1] 这纯属自欺欺人。撒切尔夫人在正常外交渠道外，派私人顾问和德方沟通，而鲍威尔对德国充满偏见，只能使修复关系更加困难。鲍威尔还带来了坏消息：西德可能顶不住苏联要求从德国撤出核武器以换取统一的压力，这更加剧了英德之间的相互疑忌。

2月10日，撒切尔夫人对东德特殊军事地位方案做出指示：必须绝对明确，相当数量的美军和核武器要留在西德领土上，同时不能让苏军立即撤离，那会损害戈尔巴乔夫的地位。我们必须记

---

[1] "Germany: Internal Situation in East Germany," Minute from Mr Powell (No.10) to Mrs Thatcher, [PREM: Internal Situation in East Germany], 10 Downing Street, 9 February 1990, in P. Salmon, K. Hamilton and S. Twigge (eds.), *Documents on British Policy Overseas*, *German Unification*, New York: Routledge, 2009, pp. 274-278.

| 德国统一的外交

着——尽管不要说出来——未来某一天我们可能需要苏联来平衡统一的德国。她认为非常紧迫地需要在六国论坛中开会。她希望外交大臣能在渥太华实现这样一个安排。①

同日，科尔访问莫斯科，戈尔巴乔夫对德国统一原则上表示了同意。两天以后，布什举行记者会。他祝贺科尔对莫斯科的成功访问，称德国人民的自决在加速，对苏联就德国统一发表的声明表示最大的欢迎。布什认为现在不是四大国就德国开会的时机，形势发展太快。自决第一，让德国人自己去干。不管是"2+4"还是别的形式，现在还不必定下来。② 布什对尽早召开"2+4"会议持否定态度，采取放手让德国人自己干、美国不介入也不许别国介入的政策。这样，撒切尔夫人要求尽快召开"2+4"会议的愿望，在渥太华会议召开前就无望了。

东西方"开放天空"峰会于2月12日在渥太华召开，北约和华约各国外长全部参加。上午8点，赫德从渥太华电告撒切尔夫人：美、法、德广义上就统一后德国的北约成员资格问题达成一致，即同意"2+4"会议模式——德国人和美国人都认为这一会议应该在东德3月18日选举之后召开。③ 英国希望立即召开六国会议对德国的内外统一进程施加影响的愿望无从实现。

---

① "Germany and NATO," Letter from Mr Powell (No. 10) to Mr Wall, [WRL 020/1], 10 Downing Street, 10 February 1990, in P. Salmon, K. Hamilton and S. Twigge (eds.), *Documents on British Policy Overseas*, *German Unification*, New York: Routledge, 2009, pp. 285-286.

② The President's News Conference, 12 Feb. 1990, George Bush President Library and Museum, http://bush41library.tamu.edu/archives/public-papers/1544.

③ Mr Wall (Ottawa) to FCO, No. 111 Telegraphic [WRL 020/1], Ottawa, 12 February 1990, 8:00 a.m., in P. Salmon, K. Hamilton and S. Twigge (eds.), *Documents on British Policy Overseas*, *German Unification*, New York: Routledge, 2009, pp. 286-287.

## 第三章 撒切尔夫人与德国统一

从渥太华会议还传来了关于苏方的信息。2月13日下午2点59分，赫德对撒切尔夫人汇报说：他昨天和谢瓦尔德纳泽长谈了许久，谢瓦尔德纳泽的情绪忧郁，带着宿命味道；他对德国统一感到沮丧，但是接受这事将会发生；他也想到德国统一将会要求苏联撤军，他甚至预见到了华约解体。① 苏联外长的态度表明，英国不仅无法指望和苏联合作阻拦德国统一，而且撒切尔夫人积极维护苏联利益、维护华约存在的立场也缺乏现实性。事态发展的主导权在德美手中，英国要想对德国统一进程有所影响，撒切尔夫人必须改弦更张。

"2+4"框架敲定的同时，西德开始对撒切尔夫人展开反批评。2月13日，辛诺特致函拉特福德（Ratford）称：昨天，西德两德关系部部长、议会国务秘书亨尼希（Hennig）接受采访时，对撒切尔夫人的对德态度做出强硬表态。亨尼希说：在科尔总理将要成为使德国获得统一的总理的时刻，撒切尔夫人不应该在背后"捅刀子"。②

西德以事态在迅速演变为由拒绝按照英国的要求对北约、欧共体、四强权利和边界四大领域做出承诺。英德之间的沟通状况，还包括美国驻欧核武器能否继续留驻欧洲的问题，都让英国更加焦虑。英德协商进展不利，但是美英协商却有进展，尽管美国认为英国的很多思考是过虑，但是在保证北约完整性、要求统一的德国加

---

① Mr Fall (Ottawa) to FCO, No.124 Telegraphic, [PREM: Anglo-German Relations], Ottawa, 13 February 1990, 2:59 p.m., in P. Salmon, K. Hamilton and S. Twigge (eds.), *Documents on British Policy Overseas*, *German Unification*, New York: Routledge, 2009, p.288.

② "German Question: Prime Minister's Remarks at Torquay," Minute from Mr Synnott to Mr Ratford, [WRL 020/1], FCO, 13 February 1990, in P. Salmon, K. Hamilton and S. Twigge (eds.), *Documents on British Policy Overseas*, *German Unification*, New York: Routledge, 2009, pp.289-290.

入北约、保证美军和美国核武器继续留驻欧洲的问题上，美英的利益是一致的。在美国主导下，"2+4"框架最终确立，但"2+4"会议又不能按照撒切尔夫人希望的那样迅速召开。撒切尔夫人最终接受了两德统一，接受了"2+4"框架，但是英德关系仍待修复。

## 五 英国首相被迫接受德国统一

### （一）英方在四大领域持续施压

首先是德波边界问题。2月14日，根舍从渥太华回国途中顺访英国，并与撒切尔夫人会谈。撒切尔夫人说，波兰总理强烈要求用一个条约来确认德波边界。她还说，重要的是应在德国统一发生之前把各种问题先期解决，若如根舍自己所说，3月18日后开始德国统一进程，那么时间就很紧迫了，要坐下来解决边界、对北约影响这些问题，不能再有分毫耽搁；我们都接受德国统一，但我们感到自己受到伤害，因为我们的利益被置之一边。① 根舍和撒切尔夫人会谈的收获，除后者终于不再反对德国统一外，就是后者对西德必须与盟国协商一致的一再强调，以及西德必须就德波边界尽快做出承诺的要求。

2月18日，撒切尔夫人在英国犹太人代表委员会发表演讲，就德波边界问题再次发力，强调德国只能在现有疆域内统一，不能

---

① "Prime Minister's Meeting with the German Foreign Minister," Letter from Mr Powell to Mr Wall, [WRL 020/1], 10 Downing Street, 14 February 1990, in P. Salmon, K. Hamilton and S. Twigge (eds.), *Documents on British Policy Overseas, German Unification*, New York: Routledge, 2009, pp. 294-297.

恢复1937年版图，英国完全支持波兰政府对德波边界问题解决办法的立场；我们要求德国留在北约，让美军和别国军队也留在那里，在东德要有某些特殊安排以满足苏联的安全关切。①

在东德加入欧共体问题上，撒切尔夫人也在不断对西德施压。2月15日，撒切尔夫人会见赫德时谈及吸收东德进入欧洲共同体的问题，认为欧共体要密切关注东德的财政及其他方面的影响，目的是尽可能保证因此而产生的额外财政负担要由西德来承担。首相催促外交大臣尽快展开相关工作。② 2月21日，撒切尔夫人接受《星期日泰晤士报》记者采访时说，东德加入欧共体，可能需要一个很长的过渡期，关键是谁出钱。这些事必须现在就说清楚，而不是等到德国统一之后再讨论。英国不怕被误解，要想到什么就说什么。③

撒切尔夫人还和赫德谋划推动加强欧安会框架。2月23日，两人就德国统一后英国对于欧洲未来架构能够提出什么倡议进行会谈。赫德建议加强和扩展欧安会框架，用于加强对民主制度和市场经济的支持，并用于监督军控协议的实施。撒切尔夫人说，如果我们尝试使目前的重点从发展欧共体转向建立一个更大的欧洲联盟，纳入欧洲自由贸易联盟国家和东欧国家，远期还加上苏联的话，我们还可以提出自己的构想。总之，撒切尔夫人不希望

---

① Speech to the Board of Deputies of British Jews, 18 Feb. 1990, Margaret Thatcher Foundation, http://www.margaretthatcher.org/document/108017.
② "German Reunification," Letter from Mr Powell to Mr Wall, [WRL 020/1], 10 Downing Street, 15 February 1990, in P. Salmon, K. Hamilton and S. Twigge (eds.), Documents on British Policy Overseas, German Unification, New York: Routledge, 2009, pp.297-298.
③ Interview for Sunday Times, 21 Feb. 1990, Margaret Thatcher Foundation, http://www.margaretthatcher.org/document/107865.

任何新的建议会导向一个更严格和限制性的欧洲,她乐于看到一个充满更多机会和享有更大开放性的欧洲。① 撒切尔夫人仍想借加强欧安会框架推动她对"另一个欧洲"的构想,同时借力苏联抑制统一后的德国。

在关于统一德国参加北约及"2+4"论坛的权限、欧安会框架的加强这些问题上,英国还得服从美国的总体安排。美国要对"2+4"论坛的权限加以限制,不让它成为苏联干预德国内政的工具。这实际上也是要限制英法利用论坛干预德国内政。撒切尔夫人只好退而求其次,她敦促布什对科尔施压,解决德波边界问题,称自己已经向波兰总理表态支持波兰要求得到有关边界条约的立场。她还要求允许部分苏军在过渡期内留下来,不设置任何期限。她对布什提出加强欧安会框架的建议,称这不仅能有助于避免苏联产生被孤立的感觉,还有利于平衡德国对欧洲的支配性。布什表态:在欧安会上他会和首相一起工作。②

撒切尔夫人要求为苏联撤军设置过渡期,但撤军没有期限。这凸显了她想利用苏联抑制德国的意图,但在逻辑上相互矛盾,这与布什要促使苏联尽快撤军的政策也有冲突。美国要对"2+4"进程限权,撒切尔夫人则要为其扩权。撒切尔夫人亲自对布什推荐加强

---

① "German Unification: The Wider Consequences," Letter from Mr Powell (No. 10) to Mr Wall, [WRL 020/1], 10 Downing Street, 23 February 1990, in P. Salmon, K. Hamilton and S. Twigge (eds.), *Documents on British Policy Overseas, German Unification*, New York: Routledge, 2009, pp. 305-306.

② "Prime Minister's Talk with President Bush," Letter from Mr Powell to Mr Wall, [PREM: Internal Situation on East Germany], 10 Downing Street, 24 February 1990, in P. Salmon, K. Hamilton and S. Twigge (eds.), *Documents on British Policy Overseas, German Unification*, New York: Routledge, 2009, pp. 310-314.

欧安会框架，布什部分采纳了其建议，两国都不希望欧安会框架机制化，对此持有共同立场。

2月24日当天，布什安排了密集的外交活动。在和撒切尔夫人通电话后，又会见了北约秘书长韦尔纳，并和加拿大总理马尔罗尼通电话，重头戏则是和科尔在戴维营会谈。在会谈中，科尔试探布什说：新德国按照法国模式参加北约，但是不参与一体化军事结构，也就是实行"法国化方案"如何？布什马上说：统一的德国必须加入北约，不能选择"法国化方案"。科尔对撒切尔夫人有很多抱怨，布什趁机说：撒切尔夫人今天说人人都盼着德国统一（六个月前她可不是这样），但是她说人人都对不确定性担忧，德国作为北约完全成员对她起了作用。[①] 撒切尔夫人对德国统一的反对、阻挠和持续施压，反而帮了美国的忙，布什以此劝科尔坚决表态，让统一的德国完全参加北约。

## （二）赫德谋划英国对德国统一的新外交路线

科尔在访美时公开保证统一的德国会参加北约。新形势推动赫德要求制定出新的外交路线。2月26日，沃尔致信政治指导威斯顿说：我们要制定出一个新路线，提交给唐宁街10号；外交大臣同意我们关于盟国在欧洲军队更大程度一体化的提议；我们应鼓励英国企业和西德企业一道去发展东德经济。[②]

---

[①] Meeting with Helmut Kohl, Chancellor of Federal Republic of Germany, 24 Feb. 1990, George Bush President Library and Museum, http://bush41library.tamu.edu/files/memcons-telcons/1990-02-24-Kohl.pdf.

[②] "Britain's Influence in Germany," Minute from Mr Wall to Mr Weston, [WRL 020/1], FCO, 26 February 1990, in P. Salmon, K. Hamilton and S. Twigge (eds.), *Documents on British Policy Overseas*, *German Unification*, New York: Routledge, 2009, p.318.

| 德国统一的外交

2月27日，鲍威尔回复沃尔称：东德不能在德国统一之后自动加入欧共体，首相的观点是需要深入的谈判，涵盖诸如减损和过渡期问题。① 但鲍威尔认识到，两德进行经济和货币统一就等于东德可自动加入欧共体。撒切尔夫人要求的东德不能自动加入欧共体实际上也被推翻了。

2月28日，赫德对英驻外机构发出指示称：德国统一现在看来已成定局，我们希望在欧共体和北约内部保持密切协商；现在看来在德国统一后，东德领土几乎一定会成为欧共体的一部分（也就是说不会作为独立国家）；要在统一之后成功地把东德领土纳入欧共体就需要在那里进行经济改革，创造一个外部投资者愿意进入的环境。② 这意味着英国承认了德国将会快速统一，以及德国内部统一的主导地位。英国外交部的态度更为实际，倾向于助力东德加入欧共体。

关于德国统一的安全安排，英国认为美国考虑得不够周全。3月1日晚，撒切尔夫人和赫德再谈有关德国统一问题的进展。两人都认为科尔戴维营之行表现得很好，因为他再次确认德国忠于北约，而且在波兰边界问题上也受到了一定压力，但是对于东德未来的安全安排谈得很少，美国人对德国人很模糊的承诺高兴得太早。两人明确以下任务：对于东德的安全安排要有更为细致

---

① "EC/Germany," Letter from Mr Powell to Mr Wall, [WRL 020/1], 10 Downing Street, 27 February 1990, in P. Salmon, K. Hamilton and S. Twigge (eds.), *Documents on British Policy Overseas*, *German Unification*, New York: Routledge, 2009, p. 318.
② "German Unification," Mr Hurd to HM Representatives Overseas, Guidance No. 11 Telegraphic [WRL 020/1], FCO, 28 February 1990, 2 p.m., in P. Salmon, K. Hamilton and S. Twigge (eds.), *Documents on British Policy Overseas*, *German Unification*, New York: Routledge, 2009, pp. 319-321.

的构想,并在"2+4"会议中提出。在 4 月 28 日欧共体峰会上要就东德被吸收入欧共体有一个清晰的谈判框架。要对 3 月底的英德峰会给予仔细考虑,就撒切尔首相和科尔总理关于德国统一问题及其影响的路线提前达成一致。[①] 撒切尔夫人从这一天起开始正面对待德国统一问题,并对四大领域问题如何推动解决,如何修复英德关系做出部署。

西德对撒切尔夫人极为关注的德波边界问题也做出明确表态。3 月 2 日,西德国会声明对波兰没有领土要求。科尔同意在东德选举后,由两德议会共同声明,德波边界不可侵犯。

在四大领域中,安全安排最为重要,确保新德国参加北约,维持英军和美军继续驻扎在统一后德国的西部地区,成为英国的基本目标。3 月 6 日,赫德指示英国驻北约代表亚历山大在北约会议上找机会发言,表明:第一,英国欢迎现在就德国统一的外部问题建立起协商机制;第二,英国热烈欢迎科尔的表态,即德国一旦统一就会加入北约,以及他对在统一后的德国东部地区去军事化的强烈反对;第三,英国仍坚持英军要和德军及其他盟国军队一起发挥作用,在北约公约第五条之下保卫德国领土。[②] 赫德主导的外交部此时放弃了此前主张的东德领土去军事化,认识到这不利于北约管辖权的完整性。

撒切尔夫人也开始修复英德关系。3 月 7 日,她致信科尔,称

---

① "Germany," Letter from Mr Powell to Mr Wall, [WRL 020/1], 10 Downing Street, 1 March 1990, in P. Salmon, K. Hamilton and S. Twigge (eds.), *Documents on British Policy Overseas, German Unification*, New York: Routledge, 2009, pp. 325-326.

② "Kohl's Appearance at NAC: 8 March," Mr Hurd to Sir M. Alexander (UKDEL NATO), No. 54 Telegraphic [WRL 020/1], FCO, 6 March 1990, 7: 30 p.m. in P. Salmon, K. Hamilton and S. Twigge (eds.), *Documents on British Policy Overseas, German Unification*, New York: Routledge, 2009, p. 326.

| 德国统一的外交

科尔就德波边界问题的决策"是真政治家的风范。它有助于驱散此前的不确定性，会带来很大益处"①。德国人对此感到高兴，特尔切克在日记中评论说：撒切尔夫人的表态将会大有益处。②

3月12日，赫德访问西德并会见根舍，他说，对驻东德苏军的未来以及如何保卫东德地区，要建立清晰的西方立场。北约第五条和第六条必须有效，但北约军队不驻扎在东德地区。根舍对此表示同意。他说，苏军仍可在此驻扎一些年。他相信最终苏联人会接受德国参加北约。根舍希望苏联提出削减驻德兵力，并用欧洲常规裁军谈判处理这个问题，防止德军被特殊对待或被单独削减。午餐时，两人谈了德国统一和欧共体关系。赫德说，我们设想的是短过渡期，需要做出努力使东德符合欧共体标准，我们要求西德尽力而为。③赫德和根舍关系良好，会谈显示出英德之间有广泛而根本性的共同利益，合作在代替争吵，英方对东德加入欧共体的态度有明显改变，不再要求长过渡期。

科尔在和赫德会谈时表示：他对撒切尔夫人在德波边界问题上的信很感激。西德准备看到波兰人参加"2+4"会谈。西德选举将在12月率先举行，明年可能会有全德选举，但是他希望在此之前

---

① "Prime Minister's Message to Chancellor Kohl: Telecon Budd/keefe," Mr Hurd to Sir C. Mallaby, No. 167 Telegraphic [WRL 020/1], FCO, 7 March 1990, 6:25 p.m., in P. Salmon, K. Hamilton and S. Twigge (eds.), *Documents on British Policy Overseas*, *German Unification*, New York: Routledge, 2009, p. 327.

② Horst Teltschik diary (MT welcomes agreement on German-Polish frontier) [translation], 7 Mar. 1990, Margaret Thatcher Foundation, http://www.margaretthatcher.org/document/111032.

③ "Secretary of State's Visit to Bonn: Call on Foreign Minister Genscher," Mr Hurd to Sir C. Mallaby, No. 177 Telegraphic [WRL 020/1], FCO, 12 March 1990, 9:20 p.m., in P. Salmon, K. Hamilton and S. Twigge (eds.), *Documents on British Policy Overseas*, *German Unification*, New York: Routledge, 2009, pp. 330-334.

要达成关于德国统一的国际协议。他希望"2+4"进程年底前能够完成,也就是要先于计划中的欧安会峰会和西德选举完成。科尔期望在"2+4"会谈中和英方紧密合作。他需要和苏联讨论北约,但是他再次表示不会以不加入北约换取统一。他的目标是德国要成为北约的完全成员,他相信苏联会同意这一点。科尔还说,统一的德国的经济重心还在西部和西南部,普鲁士不会像过去那样是德国的权力中心。德国的重心在西方,对统一德国的发展感到害怕是毫无根据的。① 科尔也在努力缓和德英关系,对两德经济统一、选举安排、"2+4"结束日期的设想,都对英国和盘托出,表现出密切协商的姿态。科尔称自己没有推动快速统一,移民潮和东德政权的不作为造成了今日统一加速的局面。此时德国媒体对赫德来访的报道也改了口风,说英国不再"对德国统一踩刹车",而是要通过有序进程加速事态发展。②

3月13日,赫德向撒切尔夫人汇报:科尔对你的信很感激,他两次让我告诉你他不会用德国不参加北约换取统一;他不是在加速推进统一,而是试图对统一进程加以控制,使其减速;科尔、根舍现在极为强调的是要在统一之前就外部问题达成一致——"不让朋友们再吃一惊";我会见的德国和英国媒体人士认为,是来自

---

① "Secretary of State's Visit to Bonn: Call on Chancellor Kohl," Mr Hurd to Sir C. Mallaby, No. 180 Telegraphic [WRL 020/1], FCO, 12 March 1990, 10:05 p.m., in P. Salmon, K. Hamilton and S. Twigge (eds.), *Documents on British Policy Overseas*, *German Unification*, New York: Routledge, 2009, pp. 334-336.

② "Secretary of State's Visit to Bonn on 12 March: German Media," Sir C. Mallaby to Mr Hurd, No. 315 Telegraphic [WRG 0206/10], Bonn, 13 March 1990, 2:29 p.m., in P. Salmon, K. Hamilton and S. Twigge (eds.), *Documents on British Policy Overseas*, *German Unification*, New York: Routledge, 2009, p. 337.

东部的压力，尤其是移民潮，在推动事态快进。① 科尔政府和英国此时还有共同的担心，即社民党如果在选举中击败科尔，当前的一切进展将会被推翻，而这正是苏联的期望，因此苏联在西德大选前不会让步。

3月15日，在英国内阁会议上，赫德说，德国统一进程现在要加速了。近期因为德波边界问题造成的恐慌已经解决。会议认为，外交大臣访问西德，和科尔、根舍进行了有益的会谈，还会见了勃兰特。英德关系将平静下来。科尔总理在12月大选获胜对北约将非常重要。② 英德协商取得明显进展，共同利益被更多地展现出来。

3月18日，东德举行自由选举，科尔支持的东德基民盟、民主觉醒等党派组成的"德国联盟"爆出冷门，战胜此前人们认为得票率会居首位的东德社民党，大选结果表明，东德民众支持快速统一。3月19日，撒切尔夫人分别向东德基民盟主席德梅齐埃和科尔总理发去贺电。

### （三）撒切尔夫人的转变

撒切尔夫人在给东德"德国联盟"发去贺电的同时，对德国快速统一仍表示不安，对德国的民族性不大放心，她开始部署在契

---

① "Bonn, March 12," Letter from Mr Hurd to Mrs Thatcher [PREM: Internal Situation in East Germany], FCO, 13 March 1990, in P. Salmon, K. Hamilton and S. Twigge (eds.), *Documents on British Policy Overseas*, *German Unification*, New York: Routledge, 2009, pp. 338-339.

② "German Unification," Extract from Conclusions of a Meeting of the Cabinet held at 10 Downing Street on 15 March 1990 at 10: 30 a.m., in P. Salmon, K. Hamilton and S. Twigge (eds.), *Documents on British Policy Overseas*, *German Unification*, New York: Routledge, 2009, pp. 341-342.

克斯（Chequers）庄园召开德国研讨会。她在笔记中写道，开研讨会的目的是：鉴往知来，扩大思路。但她的思想仍停留在制衡上："我们必须为未来建立新框架——为防卫，为超越欧洲之外的合作，要看看我们是否能把苏联变成真正的西方民主制国家。我们必须考虑中欧……我们必须考虑某种旧式的势力均衡……在我看来，尽管在过去，历史主要取决于统治者的个性和雄心，未来将主要取决于民族性格。"鲍威尔为研讨会拟定的主题包括：德语民族的民族性，其民族动力是否会超出目前德国范围，过去40年德国人的民族性是否有所改变，什么东西能动摇德国人的统一意志，统一后的德国是否会重新寻求霸权，等等。[①]

但是，此时的东欧局势已经失控，东欧各国脱离苏联控制的浪潮开始延烧到苏联内部，波罗的海三国要脱离苏联恢复独立。苏联开始瓦解，这使撒切尔夫人把苏联纳入欧洲未来的设想成为空中楼阁。

英德开始为科尔访英紧密沟通，马拉比为此和特尔切克会谈。英国关注德国内部统一不要快于"2+4"会议进展，特尔切克说，科尔有信心使两者协调。科尔在和撒切尔夫人会谈时，将讨论德国统一的时间表。[②] 特尔切克认为苏联最终会同意德国加入北约，但不

---

① "Seminar on Germany," Minute from Mr Powell to Mrs Thatcher [PREM: Internal Situation in East Germany], 10 Downing Street, 18 March 1990, in P. Salmon, K. Hamilton and S. Twigge (eds.), *Documents on British Policy Overseas*, *German Unification*, New York: Routledge, 2009, pp. 502-503.

② "British-German Summit 30 March," Sir C. Mallaby to MR Hurd, No. 375 Telegraphic [WRG 020/3], Bonn, 23 March 1990, 3: 15 p.m., in P. Salmon, K. Hamilton and S. Twigge (eds.), *Documents on British Policy Overseas*, *German Unification*, New York: Routledge, 2009, pp. 350-352.

| 德国统一的外交

会轻易同意,所以敦促英方要多公开强调德国应留在北约。英德此时都对苏联会要求美国撤走驻德核武器感到紧张。德国人提出以迅速开始短程导弹谈判来规避苏联提出让美军撤走驻德核武器问题。①

3月24日,在首相的契克斯庄园召开了"德国问题"讨论会。撒切尔夫人用了很多负面词语描述德意志的民族性,如侵略性、独断专行、莽撞、自我中心主义等。她说,德国人目前在欧共体内滥用权势的做法表明很多根本问题并没有改变。她担忧下一代德国领导人会重新寻求在欧洲建立霸权,担忧德国在东西方之间当掮客,德国还会在经济上支配东欧和中欧。当前的进展归功于东欧人民和戈尔巴乔夫,一定不能危及戈氏的地位。她还设想德国统一后,以六国论坛中剩下的五国组成欧洲安理会,置于欧安会框架之下。一定要用欧安会框架把苏联纳入欧洲的未来,平衡德国。②

主要国家间高级别互访使英国外交从扬苏抑德转向。3月29日,科尔访英姗姗来迟。撒切尔夫人对科尔公开示好,表示自己某些行为不够"外交",但又提出苏联可能会提出德国不加入北约、核武器退出德国来作为对德国统一的要价。德方本不愿意公开讨论这个话题。③ 借科尔访英之机,撒切尔夫人表示她对短程核导弹升级问题的立场也开始改变了。当日,撒切尔夫人与科尔在剑桥大学

---

① "MIPT (only to FCO): Teltschik on German Unification and NATO," Sir C. Mallaby to Mr Hurd, No. 376 Telegraphic [WRG 020/3], Bonn, 23 March 1990, 5:03 p.m., in P. Salmon, K. Hamilton and S. Twigge (eds.), *Documents on British Policy Overseas, German Unification*, New York: Routledge, 2009, pp. 352-354.
② Chequers Seminar on Germany ("Summary Record") [declassified 2007], 24 Mar. 1990, Margaret Thatcher Foundation, http://www.margaretthatcher.org/document/111047.
③ Horst Teltschik diary (Kohl angry at MT interview but welcomes her efforts to create a good climate between them) [translation], 29 Mar. 1990, Margaret Thatcher Foundation, http://www.margaretthatcher.org/document/111033.

发表演讲时说：如果欧洲常规裁军谈判成功，北约面对的威胁会大为降低；如果到时候苏联从东欧全部撤军，我们会继续削减兵力；我们也会对北约战略进行调整。北约将能够削减其在欧洲短程核武器的总量。① 英德在这一问题上的争论终于画上了句号。

4月10日，在柏林墙倒塌5个月之后，赫德访苏会见戈尔巴乔夫。戈尔巴乔夫称苏联仍要求建立泛欧安全结构，他怀疑苏联最高苏维埃会接受新德国参加北约，苏联军方也在对他施压，要求减缓欧洲常规裁军谈判进度。戈尔巴乔夫提出让新德国同时加入北约和华约，他还表示不允许立陶宛独立，而且没有排除对立陶宛使用武力的方式。赫德强调新德国应该加入北约，北约会削减兵力并变得更为政治性，苏军在过渡期内暂驻东德，这都对苏联有利。如果欧洲常规裁军谈判不能达成协议，苏方将无法参加欧安会峰会。②

4月13日，布什与撒切尔夫人在百慕大会谈。布什为"2+4"会议机制的权限定调，表示会议目的就是实现德国统一。苏联关切的未来德军兵力规模问题要在后续常规裁军谈判中解决，美军核武器问题要在短程核导弹谈判中处理。这些问题都不能在"2+4"论坛内谈判。关于北约改革，布什表示：当裁军和欧洲统一真正成为可能的时候，当华约失去凝聚力的时候，我们必须考虑北约应当如何表现以准备好适应变革，并为欧洲未来提出一个更新的西方愿

---

① Speech to the Konigswinter Conference, 29 Mar. 1990, Margaret Thatcher Foundation, http://www.margaretthatcher.org/document/108049.
② "Secretary of State's Meeting with President Gorbachev," Sir R. Braithwaite to FCO, No. 667 Telegraphic [WRL 020/1], Moscow, 11 April 1990, 7：04 a.m., in P. Salmon, K. Hamilton and S. Twigge (eds.), *Documents on British Policy Overseas*, *German Unification*, New York：Routledge, 2009, pp. 373-375.

景。美方不想让欧安会包揽政治问题，北约也要有政治功能。① 会谈结束后，在记者会上，撒切尔夫人谈及立陶宛独立问题时说：苏联和自由世界的关系到今天走了很长一段路，我们希望继续取得进展，但是如果苏联要使用武力就不再可能取得进展。关于德国统一，布什说，德国统一后享有完全主权，不受任何歧视性限制。关于欧安会框架，撒切尔夫人说，欧安会不是要成为安全论坛，而是为了更广泛的东西方政治协商，同时作为吸引东欧国家加入欧洲主流的框架。布什赞赏了撒切尔夫人关于欧安会的建议。②

通过百慕大会谈，撒切尔夫人推动美方改变了对欧安会的消极态度。美英支持统一的德国享有完全主权，让德国人非常满意。③ "2+4"框架出台后，西德对德波边界问题立场改进，日益表现出愿意与英方协商。在应对苏联军方力图减缓常规裁军谈判进度、立陶宛危机中苏联当局可能动武以及美国对"2+4"框架、常规裁军谈判、短程核导弹谈判和欧安会框架职能分工等问题上，撒切尔夫人及英国政府都日渐跟上了西方的步伐，顺从美国设定的方向，在确保新德国参加北约、美军和美国核武器继续留驻西德等问题上配合美国，劝说苏联接受西方主导的安全安排。同时，英方按照其一贯对北约极为维护并对变动深思熟虑的传统，对落实北约保卫全德

---

① Meeting with Prime Minister Margaret Thatcher of Great Bratain, 13 Apr. 1990, George Bush President Library and Museum, http：//bush41library. tamu. edu/files/memcons-telcons/1990 - 04-13-Thatcher. pdf.

② News Conference of the President and Prime Minister Margaret Thatcher of the United Kingdom in Hamilton, Bermuda, 13 Apr. 1990, George Bush President Library and Museum, http：// bush41library. tamu. edu/archives/public-papers/1753.

③ Horst Teltschik diary (MT & Bush make helpful comments at Bermuda) [translation], 13 Apr. 1990, Margaret Thatcher Foundation, http：//www. margaretthatcher. org/document/111037.

第三章　撒切尔夫人与德国统一

领土所需军事资源设想得比美、德更为深入，要求西德事先有所计划，不要留到德国统一完成及苏军从东德撤走后再说。①

4月28日，欧共体在都柏林举行峰会，热烈欢迎德国统一，并要为东德加入欧共体提供支持，使之与德国统一平行，加强欧洲共同体内部和外部发展，推进欧洲经济与货币联盟和政治联盟。欧共体支持欧安会进程，要求为年底前召开欧安会峰会做准备；加强欧安会机构，扩大欧安会议题，希望尽快完成欧安会框架之下的常规裁军谈判，在兵力削减基础上实现安全与稳定的均衡。② 会后，撒切尔夫人在记者会上对把东德纳入欧洲共同体表示了支持。科尔总理则适时地表示他不寄希望从欧共体得到任何额外资金来用于对东德进行财政援助，西德表示自行负担帮助东德达到欧共体经济标准的一切费用。③ 撒切尔夫人和英国外交部一直极为关注的东德加入欧共体问题就这样获得了解决。

5月5日，第一次"2+4"部长级会议在波恩举行。苏联外长谢瓦尔德纳泽提出将德国内部统一和外部统一分开，这是要在德国内部统一完成后继续保留四强权利，限制德国获得完全主权。此时英国已回到维护西方共同利益的轨道上，表示坚持维护德国内部统一和外部统一协调进行。虽然对西德关于内部统一领先于外部统一

---

① "MIPT（only to FCO）: Teltschik on German Unification and NATO," Sir C. Mallaby to Mr Hurd, No. 376 Telegraphic ［WRG 020/3］, Bonn, 23 March 1990, 5: 03 p.m., in P. Salmon, K. Hamilton and S. Twigge (eds.), *Documents on British Policy Overseas*, *German Unification*, New York: Routledge, 2009, pp. 352–354.
② EC: Dublin European Council (Presidency Conclusions), 28 Apr. 1990, Margaret Thatcher Foundation, http: //www.margaretthatcher.org/document/114170.
③ Press Conference after Dublin European Council, 28 Apr. 1990, Margaret Thatcher Foundation, http: //www.margaretthatcher.org/document/108074.

| 德国统一的外交

的立场也持反对意见。5月18日，撒切尔夫人在与赫德谈话后指示后者给根舍打电话，强调应该让"2+4"进程有序完成。如果统一已经完成，而四强权利还没有解决，将非常不利。①5月23日，赫德对英驻外机构发出指示，西方目标是两者同时完成。苏联提议的内外统一脱钩，将延长苏联对德国事务插手的可能：继续特殊对待德国，在统一之后仍限制其主权，而且在美苏驻军之间造成虚假的平等对待主义。②

在北约改革问题上，撒切尔夫人立场仍很保守，要求改革不能损害北约，不能损害北约的核威慑战略。6月7日，她在北约理事会发表演讲时说：我将访苏并告诉戈尔巴乔夫，北约不以别人为敌，重组欧洲的代价不能是北约解散。关于北约东扩，撒切尔夫人表示：要使东欧国家感到更安全，不要让它们觉得被排除在安全之外，但是现在扩大北约还不现实，我们要建设欧安会，使关于整个欧洲的政治与安全问题能在其中得到讨论；欧洲未来有三大支柱，即欧共体是经济支柱，北约是安全支柱，欧安会则是东西方关系大论坛。③

6月8日，撒切尔夫人访苏，她告诉戈尔巴乔夫，统一的德国参加北约符合苏联利益，否则美国没有理由继续在欧洲驻军。这对欧洲和平和稳定至关重要。"我还告诉他加强欧安会的设想。我有

---

① "German Unification," Mr Powell to Mr Wall [WRL 020/12], 10 Downing Street, 18 May 1990, in P. Salmon, K. Hamilton and S. Twigge (eds.), *Documents on British Policy Overseas, German Unification*, New York: Routledge, 2009, p. 392.

② "German Unification," Mr Hurd to HM Representatives Overseas, Guidance No. 31 Telegraphic [RS 021/1], FCO, 23 May 1990, 6 p.m., in P. Salmon, K. Hamilton and S. Twigge (eds.), *Documents on British Policy Overseas, German Unification*, New York: Routledge, 2009, pp. 395–397.

③ Speech to North Atlantic Council, 7 Jun. 1990, Margaret Thatcher Foundation, http://www.margaretthatcher.org/document/108106.

点吃惊的是,全程中,戈尔巴乔夫对新德国加入北约没有表现出反对,所以我认为在这个问题上,我至少有所进展。"撒切尔夫人次日对乌克兰和亚美尼亚的访问终于使她了解了苏联的民族问题有多么严重,并开始怀疑苏联的寿命。[1] 她开始认识到戈尔巴乔夫的改革恐怕难以成功。

英国此时深陷严重通胀,访苏之行又让撒切尔夫人见识了苏联的乱局,这都影响到她对援助苏联的态度。6月28日,撒切尔夫人在下院声明:西方不能以政府担保贷款帮助苏联和东欧的官僚经济,而倾向于私人对私人部门的投资;苏联的经济方向不改变,西方就不会给援助,如果给予苏联150亿美元贷款去买消费品,只会很快被人们抢购光,造成大量外债,反而成为缠在苏联脖子上的枷锁。[2] 在7月举行的西方七国休斯敦经济峰会期间,撒切尔夫人也是持同一立场,称援助苏联的条件是苏联要先引入市场经济改革。苏联还需要转移用于军事方面的资源,降低对导致地区冲突的国家的支持。"我们的目的不是给旧体制输氧。"[3]

7月15日,科尔访苏,在高加索山区戈尔巴乔夫的家乡,科尔与苏联达成"大交易":苏联终于同意统一的德国参加北约,并享有完全主权。

在德苏达成大交易的同时,撒切尔夫人的后院起火。7月14日,英国工贸大臣里德利因在接受期刊采访时把科尔比作希特勒而

---

[1] Margaret Thatcher, *The Downing Street Years*, London: Haper Collins Publishers, 1993, pp. 804-807.

[2] House of Commons Statement, Dublin European Council, 28 Jun. 1990, Margaret Thatcher Foundation, http://www.margaretthatcher.org/document/108135.

[3] House of Commons Statement, Houston G7 Summit, 12 Jul. 1990, Margaret Thatcher Foundation, http://www.margaretthatcher.org/document/108150.

辞职。里德利反对建立欧洲经济与货币联盟，认为这会是灾难。单一货币将会使德国控制欧洲经济，并建立经济霸权。[①] 7月15日，撒切尔夫人的顾问鲍威尔不慎把3月24日契克斯德国研讨会的文件泄露于报端。这两起事件引起西欧尤其是西德舆论大哗。德国报纸纷纷评论说：事件表明，英国对于其在当代世界的地位适应起来有困难……英国问题缠身，对自己的体制失去了信心，无法再靠着英美特殊关系来吹嘘自己，因此表现出一种歇斯底里的情绪也就不难理解。[②] 撒切尔夫人只能表示里德利的言论不代表政府立场，但英国在德国统一多边外交中的边缘地位和尴尬处境已很明显。

苏德"大交易"达成后，"2+4"后续会议进展较为顺利，到1990年9月12日，六方签署了《关于最终解决德国问题的条约》。10月3日，德国实现了统一。

然而，直至10月1日，撒切尔夫人还在表露自己对德国支配性的忧虑。当天，撒切尔夫人在纽约接受CBS电视台记者采访。记者问："德国统一即将来临，您内心深处还有什么关切？"撒切尔夫人答道："德国在欧共体中将会非常具有支配性……其他国家不会让它有此支配性。"[③]

---

[①] Interview with The Spectator（"Saying the unsayable about the Germans"），14 Jul. 1990, Margaret Thatcher Foundation, http：//www.margaretthatcher.org/document/111535; Letter to Nicholas Ridley MP（resignation），14 Jul. 1990, Margaret Thatcher Foundation, http：//www.margaretthatcher.org/document/108153.

[②] "Mr Ridley's Resignation and the German Seminar," Miss Neville-Jones to FCO, No. 855 Telegraphic [PREM：Internal Situation in East Germany], Bonn, 16 July 1990, 12：04 p.m., in P. Salmon, K. Hamilton and S. Twigge（eds.），Documents on British Policy Overseas, German Unification, New York：Routledge, 2009, pp. 432-434.

[③] Margaret Thatcher's TV Interview for CBS（visiting New York），Oct. 1, 1990, Margaret Thatcher Foundation, http：//www.margaretthatcher.org/document/108208.

10月11日，马拉比致电威斯顿谈及撒切尔夫人的德国统一政策认为，英国在处理德国统一问题方面有黑暗的一面，这点在日后与新德国处理关系时要牢记。马拉比说，人们普遍认为撒切尔夫人从根本上是反对德国统一的。首相说过的负面的话被广为流传，其他英国领导人对德国统一的支持，英国在"2+4"内的有益角色都被忽视了。现在德国和美苏各有了特殊关系，和法国关系也不错，而英国的地位则被边缘化，还可能进一步恶化。很多德国人认为推进欧洲一体化是防止德国支配欧洲的主要途径，首相对这一观点的反对令很多德国人感到困惑，也加深了德国和英国在战略方法上的鸿沟，其结果是进一步降低了英国在德国的影响力。[①]

德国统一后一个多月，撒切尔夫人就因党内就西欧一体化方向的内争而黯然下台，成为德国统一"溢出效应"的重要体现。3年后，撒切尔夫人回忆录出版，在谈到对德国统一的政策时，她直言不讳又意犹未尽地承认："如果说我追求的某项外交政策遭到了明显的失败，那就是我对德国重新统一的政策。这一政策是在鼓励东德民主化的同时，降低这个国家和西德重新统一的速度。"[②]"降低德国重新统一速度的根本理由是创造一个喘息空间，使人们能够设计一个新的欧洲架构，使统一的德国在其中不能发挥导致不稳定的影响力/过于强势/成为冲进瓷器店的公牛。"[③]尽管事与愿违，又时过境迁，但撒切尔夫人对德国在欧共体内"支配性"的不满仍溢于言表。

---

[①] "German Unification: Perception of the UK," Letter from Sir C. Mallaby to Mr Weston [WRG 020/10], Bonn, 11 October 1990, in P. Salmon, K. Hamilton and S. Twigge (eds.), *Documents on British Policy Overseas, German Unification*, New York: Routledge, 2009, pp. 488–490.

[②] Margaret Thatcher, *The Downing Street Years*, London: Haper Collins Publishers, 1993, p. 813.

[③] Ibid, p. 814.

| 德国统一的外交

## 六　结论

撒切尔夫人试图按照自己对东西方关系、裁军、欧洲一体化方向的观点，按照她对英国利益的理解，以及她对新欧洲的愿景开展积极的外交活动。

首先，她对德国统一后的走向有疑虑。她担心德意志人的民族性没有变，统一后会寻求支配欧洲，建立新霸权，这在德国研讨会期间她和专家的交谈中有全面体现。正是因为考虑到英法和苏联对德国支配欧洲的忧虑，科尔和根舍构建了"2+4"谈判框架。美国对德国统一大力支持，支持新德国具有完全主权，压下了英法意图在德国保留一些四强权利的念头。但是美国也和英法合作，一劳永逸地解决了德波边界问题，防止新德国内部日后有右翼势力对此发起挑战。

德国统一后，新德国并未如撒切尔夫人等人担心的那样改变对外政策，而是保持了对西德外交的继承性和延续性，德国人民也不希望统一被看作与战后历史完全切割。[①] 撒切尔夫人关于新德国将谋求建立霸权的担忧，显然是过虑了。事实上，她对德国"支配性"的担忧，反映了英德对欧洲发展方向及其推动方式的分歧。德法主导的欧洲货币体系在1979年建立时，英国就以条件未成熟而拒绝完全加入。英国对欧共体发展提出的是单一市场方案，这符合撒切尔夫人的新自由主义市场经济思想。德法共同推动建立

---

① Christian Schweiger, *Britain, Germany and the Future of the European Union*, New York: Pargrave Macmillan, 2007, pp. 59-61.

欧洲经济与货币联盟，还计划搞政治联盟，这和英国从成本收益角度对待欧洲一体化，不那么重视政治目标，更不愿意向欧共体过多让渡主权的一贯立场相左。[①] 德法要推动西欧走向政治联盟，提高欧洲在国际政治中的影响力，这不符合撒切尔夫人极为亲美的大西洋主义路线，英国已习惯在欧陆和美国之间扮演中间人，不愿为政治联盟所束缚。

其次，撒切尔夫人对德国统一的安全和经济安排另有算计。然而，多进程和多国互动的局面、事态的复杂性和紧迫性，以及美国和西德两国对德国统一事态的主导权，使撒切尔夫人的很多诉求相继落空。

在安全方面，在德国统一进程开始前，撒切尔夫人就认为欧洲走向联邦化不利于美军留驻欧洲，她想按照自己的方式——不顾西德国内反核武运动、和平运动的发展，继续升级北约短程核武器，对苏联施加裁军压力，克服美欧利益分化。她力求美军、英军继续驻扎德国，维持北约体制稳定，更希望在德国地位上升时期，维系英美特殊关系，她的对德政策紧紧围绕着这个核心。撒切尔夫人还希望华约继续存在，能够为东欧稳定提供框架。然而，美国则转向以德国为欧洲最重要盟国，对德国统一大力帮忙，借机迫使苏联从东欧全部撤军，而美军继续留驻德国，并使北约政治化，以便维系和扩大这一军事政治联盟，使华约尽快寿终正寝。撒切尔夫人对苏联利益的维护让美国人很不耐烦。在北约改革问题上，撒切尔夫人也更为保守。但为了美英共同利益，撒切尔夫人只能配合美国的

---

[①] Klaus Larres and Elizabeth Meehan (eds.), *Uneasy Allies: British-German Relations and European Integration since 1945*, New York: Oxford University Press, 2000, pp.240-255.

德国统一的外交

路线。

在经济方面,撒切尔夫人担心东德加入欧共体会增加英国对欧共体的支出。这个问题在 1990 年 4 月 28 日的欧共体都柏林峰会上得到了解决。西德承诺自己承担统一的全部经济成本,不需要欧共体出钱。西德还表态,不会因为新德国人口的增加,扩大在欧共体理事会和委员会中的代表权。都柏林峰会时,欧共体各国对东德经济状况和未来前景还很乐观。欧共体委员会为了到 1991 年底按期建成单一市场,要求对东德的过渡性安排不能为时过久。西德没有选择为东德适应欧共体标准设置长过渡期,而是选择尽快让东德与欧共体标准趋同。[①] 3 月 12 日,赫德访问西德,英方已同意东德加入欧共体需要的是短过渡期。然而,短过渡期和快速趋同,意味着西德要加大财政支出,通胀难以避免。

撒切尔夫人更为担心的正是统一会使德国增大财政支出,引发通胀后再提高利率,而利率的提高会通过欧洲货币体系传导到英国,迫使英国也提高利率。英国此时深陷通胀,以提高利率来打击通胀,会引发通缩,还会导致英镑汇率升值,影响英国出口增长,造成经济衰退,如此,她的政府就得为此付出政治代价。然而,1990 年 10 月,迫于党内争论,撒切尔夫人允许英国在不妥当的时机加入了欧洲汇率机制(ERM),英镑和马克的联系汇率关系更加固定了,德国统一引起的经济冲击传导更直接了。截至 1991 年,英国 GDP 的增长率因此下降了一个百分点。到 1992 年夏季时,德国仍要以高利率治理通胀,而英国要刺激增长,摆

---

[①] Jeffrey Anderson, *German Unification and the Union of Europe*, Cambridge and New York: Cambridge University Press, 1999, pp. 31-37.

脱经济危机，只好退出了欧洲汇率机制。[①] 此后，英国再不肯参与欧洲经济与货币联盟。撒切尔夫人对德国统一造成的短期和中期经济冲击本来考虑得比较全面，要求在经济安排上设置长过渡期，但短过渡期成为现实，快速统一带来的经济冲击使欧共体各国都不易消化。德国统一的经济冲击，证明西欧各国经济一体化程度和相互依存度很高，也表明英德经济周期不同，经济趋同难以实现。

最后，撒切尔夫人希望东欧和苏联都能渐进地实现民主化，尤其关注德国统一对戈尔巴乔夫在苏联地位的冲击。她担心德国快速统一会毁掉东欧和苏联渐进民主化的可能性。然而，英苏之间并未建立起反对德国统一的任何有效合作。立陶宛危机使苏联瓦解的可能性浮现，撒切尔夫人1990年6月访问苏联时也见识到乌克兰等地民族分离运动的高涨，她开始对苏联改革成功的可能性、对苏联的寿命产生怀疑。这也促使她在德国快速统一的变局中，逐渐回到维护西方共同利益的轨道上来。

总之，从冷战末期开始，撒切尔夫人就在试图挽救英国国际地位下降的局面。英国地位下滑的同时，西德地位在上升。对德国统一，她从大声疾呼表示反对，到无奈接受并不断降低要求，最后转向配合美国助推统一，实际上反映了英国在这一进程中的边缘地位和影响力的下降。撒切尔夫人的对德政策表现得还不如苏联明智，苏方只有在东德驻军这一张牌，但是借此使美国改革北约，修改核威慑战略，使西方允许苏联驻军在过渡期内暂驻东德，使西德对苏

---

① Thomas Lange and Geoofrey Pugh, *The Economics of German Unification*: *An Introduction*, Cheltenham, UK: Edward Elgar Publishing Limited, 1998, pp. 152-166.

| 德国统一的外交

联提供了大量经济补偿、援助和贷款,西德为实现民族统一和苏联达成"大交易"。与此相比,英国在德国统一进程中的所得却极为有限,但撒切尔夫人对包括苏联在内的更大的新欧洲的愿景,反映的是冷战终结时相当一部分欧洲人的愿望,她的设想、担忧和努力也并非全无根据。

# 第四章

## 法国对德国统一的外交[*]

### 一 二战后法国的"德国政策"

从戴高乐起，法国历届领导人都认为德国统一是不可避免的，只是时间早晚的问题，并都表示过对德国统一持支持的立场。他们担心的只是德国以何种方式统一才能避免它再度成为威胁欧洲安全的不稳定因素。

从戴高乐到密特朗，二战后法国在德国问题上的态度基本上是有连续性的。戴高乐将军早就对德国统一定下了基调，即"把两个部分重新统一成一个德国，是完全自由的，在我们看来这是德国人民正常的命运……"[①] 自此，原则上历届法国总统都继承了这一

---

[*] 【作者简介】彭姝祎，博士，中国社会科学院欧洲研究所研究员；田少颖，博士，天津师范大学讲师，文章还参考了丁一凡研究员的初稿。

[①] 见戴高乐在1959年3月25日记者招待会上的讲话，Charles de Gaulle, *Discours et Message*, vol. IV: *Pour l'effore, août 1962 - décembre 1965*, Paris, Plon, 1970, pp. 325 - 342. 转引自 Maurice Vaisse et Christian Wenkel, *La diplotatie française face à l'unification allemande*, Editions Tallandier, 2011, Paris, p. 62。

| 德国统一的外交

立场，把德国统一视作时间问题，并至少在口头上给予支持。如1984年，密特朗政府的外交部部长杜马指出："我国对联邦德国的政策予以支持，从而帮助在欧洲开创一个和平的局面，以便德国人民经由自决实现其统一。""法国（对德国统一）的立场……自1954年以来是持续的，没有改变，德国人民再统一的愿望是正常的。"①

不过，由于德国在欧洲历史上的战争罪行和法德两国的历史积怨，法国尽管口头上声称支持德国统一，实则在潜意识里很难彻底放下对德国的戒心，特别是自20世纪70年代吉斯卡尔·德斯坦在法国执政以来，认为德国统一与否的问题没那么重要，并和苏联心照不宣地尽力维持两个德国的现状。②

20世纪80年代初期密特朗当选总统后，同样认为德国统一是逃避不了的现实，其前景是开放的，但同时又认为分裂状态将长期持续下去，统一只是远景。典型例子是，1989年5月19日当美国总统布什试探性地问起正和他会晤的密特朗对德国统一的看法时，后者指出："鉴于东方的变化，我不反对（统一）。如果德国人民想统一，我们也不会反对。但是环境还没有改变到（统一有）可能的地步……我不认为10年内有这种可能。"③ 不同于德斯坦的是，密特朗致力于促进法德和解并推进欧洲一体化，并得到了联邦德国总理科尔的积极响应。两位元首携手并肩，为法德抛弃前嫌、共同推进欧洲建设做了不少卓有成效的工作，为两国赢得了"法德双核""法德轴心"等美誉。两人还建立起了亲密的私人关系。

---

① *La diplomatie française face à l'unification allemande*, op. cit., p. 65.
② 王帅：《两德统一的外交史研究（1989—1990）》，南京大学2017年博士学位论文，第146页。
③ Jacques Attali, *Chronique des années 1988-1991*, Paris, Fayard, 1995, pp. 231-241.

1989年7月,波兰和匈牙利发生重大政治变化,不久,东德发生难民危机,东德百姓取道匈牙利、捷克斯洛伐克和波兰等国逃往西德。东德异见运动人士等开始在国内搞游行示威,规模不断扩大,东德政权面临重大危机。1989年11月9日,象征"冷战"的柏林墙倒塌,东德政权摇摇欲坠。东德的存亡事关欧洲稳定、华约存废等一系列问题,引起四大战胜国的高度关注。西德总理科尔看准了这个千载难逢的机会,力促德国快速统一。面对突如其来的变故,密特朗误判了局势,以为东德失稳只是暂时现象——苏联不会同意德国统一,东德谋求改革,也不愿意统一,德国统一在短期内不会被提上日程。在他看来,法国并不反对德国统一,但是科尔仓促谋求统一的举动太过鲁莽,完全置欧洲和国际局势特别是苏联的意见于不顾,这样急于求成会带来恶果,导致欧洲再次陷入动荡。与此同时,他多方行动,特别是和德国讨价还价,力争把德国统一进程框定在欧洲一体化的轨道上。

## 二 法国在德国统一问题上的真实态度及外交活动

尽管自戴高乐以来,法国一直宣称支持德国统一,法德在欧洲一体化进程中密切合作,密特朗和科尔之间也建立了亲密的关系,但是当德国统一真正到来时,密特朗却没有给予积极支持,相反明显持犹疑与观望态度。法方在德国统一问题上的口惠而实不至让科尔和德国人大失所望。西德的大量出版物指责密特朗害怕和反对德国统一,甚至曾经借助苏联、联合英国一起反对,力图阻止德国统

| 德国统一的外交

一或至少想减缓德国统一的进程。历史进入 21 世纪以来，以波佐（Bozo）为代表的一些学者[①]从大量新解密的历史档案出发，提出了新的看法，指出密特朗并不是要反对或减缓德国统一进程，只是反对冒进，并力图把德国的统一进程纳入欧洲一体化框架。

传统观点认为密特朗反对德国统一，主要基于以下证据：第一，密特朗在德国统一初始没有公开发表任何支持统一的重大声明;[②] 第二，密特朗于 1989 年底德国统一前夕极其敏感的时刻依然坚持访问东德；第三，密特朗试图借助苏联施压西德，并和英国合谋反对统一。波佐等人的解读则着重以下几点事实。

## （一）密特朗从未公开反对德国统一，但关键时刻保持了沉默

自 1989 年起，大批东德人借助匈牙利和奥地利边境进入东德，科尔凭着政治家的高度敏锐嗅到了德国统一的千载良机，他抓紧时间，于 10 月 28 日发表了阐述德国统一步骤的《十点纲领》。仅仅十余天后，柏林墙便突然倒塌，德国统一真正从远景变为迫在眉睫的现实。

---

[①] 波佐认为有关德国统一的研究大量聚焦于德国、苏联和美国这三个关键角色，对法国的研究相对太少，且参阅的资料比较单一，有不少失实之处。他认为广泛流行的密特朗反对德国统一的观点主要基于当时的媒体报道，特别是密特朗的外事顾问雅克·阿塔利的著作（Jacques Attali: *Chronique des années* 1988-1991, Paris, Fayard, 1995）。但是他认为，媒体的要求是快速和博眼球，这往往导致报道不够客观。历史事件应该在跟历史拉开一段距离之后再进行严肃认真、客观中立的审视。而阿塔利著作的可靠性也受到不少质疑，就连科尔都说："某些部分不可信，甚至是完全错误的。"见 Helmut Kohl: "Je voulais l'unité de l'Allemagne." Présenté par Kai Diekmann et Ralf Georg Reuth, 转引自 Henri Ménudier, "François Mitterrand, la RDA et l'unité allemande", in Ulrich Pfeil (dir.) *La RDA et l'Occident* (1949-1990), Presses Sorbonne Nouvelle, 1 nov 2002, pp. 68-92, Version online, https://books.openedition.org/psn/5985?lang=fr。

[②] George Bush and Brent Scowcroft, *A World Transformed*, New York: Alfred A. Knopf, 1998, p. 78. 转引自王帅《两德统一的外交史研究（1989—1990）》，南京大学 2017 年博士学位论文，第 147 页。

在这紧要历史关头,一贯声称支持德国统一并和科尔私交甚好的密特朗却按兵不动,始终未公开发表过表示支持德国统一的重大声明。

在波佐看来,密特朗的沉默是因为他认为时机还不成熟。他并不反对德国统一,而是反对"仓促"统一,他认为德国的统一应该是个充分关照各方利益的渐进的过程。科尔的《十点纲领》是在未和四大国中的任何一个国家沟通的情况下突然抛出的,密特朗对科尔这种无视法国的行为大为光火,法国媒体则指责德国两面三刀。密特朗认为,根据1963年签署的奠定法德合作基础的《爱丽舍条约》,科尔应事先和他通气。他尤其生气的是,1989年11月27日,即科尔提出《十点纲领》的前一天,科尔还给他写信讨论1993年之前欧洲建设的具体议程,却只字未提《十点纲领》。密特朗把科尔无视四国、擅自做主的做法视作冒进,如果在这个时候再公开发表支持言论,无异于鼓励他继续冒进。时任《解放报》记者皮埃尔·汉斯基(Pierre Haski)指出,密特朗认为科尔仓促提出德国统一方案,追求加速统一,是为了"作为(促进)德国统一(大业的)总理被载入史册"[①],有不顾欧洲大局的狭隘民族主义嫌疑。密特朗认为,战后形成的历史基础是不能轻易改变的,为确保不引发新的冲突,必须征求四大国特别是苏联的意见。汉斯基回忆道,在科尔宣布《十点纲领》后不久,他本人以记者身份致电爱丽舍宫,询问法国的反应,得到的回答是:"科尔是个危险的人物,一个不负责任的人。当基民盟的一个分部发出批评的声音

---

① Ulrich Pfeil, "La portée du voyage de François Mitterrand en RDA", in Anne Saint Sauveur et Gérard Schneilin (dir.), *La mise en oeuvre de l'unification allemande 1989 – 1990*, Presses Sorbonne Nouvelle, 1 décembre 1998, pp. 325–340, Version online, https://books.openedition.org/psn/6334.

时，他就慌了。这种匆忙、不和我们协商就发表声明的做法会把我们拖进灾难。"①

在德国统一问题上，密特朗的思维始终停留在二战后，他坚持维护二战后形成的政治秩序，认为德国的统一必须由四大国主导，即彼时对德国负有责任的四国要继续对德国的未来负责。他曾于1989年7月表示："在我看来德国的再统一要求是合理的，但是它只能以和平和民主的方式进行……当然，德国人可以自由做出决定，但是苏联和西方强国之间的协商需要真正的对话。"② 法国外交部欧洲司司长雅克·布洛（Jacques Blot）在10月底柏林墙倒塌的前夜也观察到，自戴高乐以来，法国的对德政策基本上没有实质性改变："戴高乐的德国问题路径在很多方面是有创新性的。……今天思考德国问题，首先观察到的是20余年来，法国在德国问题上的创新性思维已经干涸。"③ 法国前驻联邦德国大使弗罗芒·默里斯（Froment Meurice）也意识到了这一点，从1989年10月起他便不断提醒法国领导人，不要再把昔日的对手视作明天的敌人，暗示密特朗应转变对德思路。

概括而言，在密特朗看来，科尔不和任何战胜国打招呼便擅自做主的做法，隐含着使欧洲回归1914年的危险，即均势被打破，列强为重新争夺势力范围再次陷入冲突。他认为德国的统一应该在欧洲统一之后，应该是"一个由四大国控制的缓慢的进程"④。法国外

---

① Pierre Haski, "Quand Mitterrand tentait de ralentir la réunification allemande," Rue89, 07/11/2016, https://www.nouvelobs.com/rue89/rue89 - politique/20090915.RUE2478/quand-mitterrand-tentait-de-ralentir-la-reunification-allemande.html.
② "Süddeutsche Zeitung", 27.7.1989.
③ Maurice Mvaisse & Christian Wenkel, *La diplotamtie française face à l'unification allemande*, p. 36.
④ Jacques Attali: Verbatim IIIm p. 358 sqq. 转引自 Ulrich Pfeil, "La portée du voyage de François Mitterrand en RDA".

第四章 法国对德国统一的外交

交部的解密档案展现了这一观点。11月14日，法国外交部欧洲处给法国驻东德大使坦西（Timsit）的加急电报写道："法国总统最近宣称，（德国）再统一不会让他害怕，但这不意味着明天他就对再统一说是，也不意味着再统一能以任何一种方式进行。不过，他想让大家知道，法国不是德国人民统一愿望的绊脚石，如果德国人民有朝一日希望在一起的话。要驱散法国试图从根本上保持德国分裂的怀疑。过去它曾经并非无缘无故地执着于该目标，但今天该阶段已然克服。"①

12月26日，坦西在给法国外长迪马的电报中写道："现在要让局势冷静下来，要让大家知道，我们不能明天就实现再统一……几乎没有人能够想象突然的再统一意味着什么，没人真正了解他们想要什么，并且由于缺乏可靠的民调，我们听到的都是极端的声音。立刻统一的想法'浮出水面但和任何东西没有联系'……法国必须考虑到其他因素，比如可能导致对统一提出质疑的因素。还应该尊重苏联的利益，何况领导苏联的是个有能力和有智慧的人。所以问题的根本在于要在德国问题和欧洲演进之间找到一个节奏或步骤，从而不使我们陷入冲突的境地。"② 密特朗的外交顾问韦德里纳也指出："1989年秋冬至1990年，他（密特朗）始终担心的是统一搞不好会留下祸根。"③

波佐解释说，密特朗之所以如此谨慎，部分源自他对法国大革

---

① Maurice Mvaisse & Christian Wenkel, *La diplotamtie française face à l'unification allemande*, p. 114.
② Maurice Mvaisse & Christian Wenkel, *La diplotamtie française face à l'unification allemande*, p. 185, 186.
③ Hubert Védrine, *Les mondes de François Mitterrand (A l'Elysée 1981–1995)*, Paris, Fayard, 1996, p. 445.

命的认知。① 他指出，作为历史特别是法国大革命史的狂热爱好和研究者，密特朗对历史所蕴含的惊人力量，特别是它不以人的意志为转移的破坏力是格外敏感的，他知道"人民动则历史动"，并把当时的德国和东欧局势，特别是民众的狂热与法国大革命进行了对比。密特朗在回忆录中指出："没有任何组织、任何政党、任何真正的领袖动员他们（民众）。他们从自己身上汲取力量，他们看到了权力的衰弱和制度的腐败，他们透过紧闭的门窗看到了一束光，他们感到自由正无法抑制地到来……"这段话表明，他担心群众运动走向失控，就像1789年法国大革命一样。在他看来，在东柏林、华沙、布拉格和布达佩斯所发生的一切正是法国大革命"活生生的再现"。② 基于这个原因，他选择谨慎观察。

### （二）密特朗在统一前夕坚持访问东德

密特朗在德国统一前夕（1989年12月20~22日）对东德的访问，一直被视作他反对德国统一的最有力证据。东德领导人昂纳克曾于1988年1月访问法国并邀请密特朗回访。法国方面答应了邀请并于1989年上半年将访问列入日程。在东德局势失稳和柏林墙已然倒塌之际，密特朗没有取消访问，而是按部就班地进行访问，这使他成为西方三大战胜国中首位到访东德的国家元首，而且当时他还是欧共体理事会轮值主席。密特朗带去了庞大的代表团，和东

---

① 二战史和当代史专家佛朗索瓦·贝达里达1995年任国际史学会秘书长，他于1995年5月15日对密特朗进行了采访，密特朗自称对法国大革命史特别着迷，并经常思考这段历史，他说："我完全相信历史知识和智慧可以帮助政治行动。"参见端木美《密特朗与历史学——国际史学会秘书长贝达里达采访密特朗概述》，《世界历史》1996年第2期，第117页。

② Henri Ménudier, "François Mitterrand, La RDA et l'Unité allemande".

德签署了若干面向未来的合作协议，涉及经济、科技、青年交流、环境、文化等各个方面。在正式欢迎晚宴上，密特朗还声明："德意志民主共和国与法国，我们之间还有许多事儿要做。"①

访问时间的敏感、访问身份的特殊、合作协议的全面和欢迎晚宴上的发言，都给这次访问带来了持续至今的巨大争议。访问自然引起科尔的强烈不满。法国《世界报》②撰文指出，密特朗出访东德让西德人感觉自己被出卖了。还有媒体指出，密特朗错过了德国统一的列车。

1989年底，东德政权已摇摇欲坠，正在努力寻找一切机会加强合法性，1989年12月21日，东德部长理事会在题为《重塑德意志民主共和国社会主义进程中的对外政策概念方针》的决议中写道："德意志民主共和国对外政策的中心目标是，为解决既存德意志民主共和国的合法性危机问题……而创造有利环境。这就要求寻找并利用一切可能，来稳定作为德意志主权国家和确保欧洲政治平衡之稳定因素的德意志民主共和国的存在……"③ 在如此敏感的时刻，密特朗作为西方三大战胜国元首中的首位到访者和欧共体轮值主席国主席，甚至差点抢在科尔之前到访东德，其访问对东德意味着什么是不言而喻的。东德报纸《新德国》（Neues Deutschland）就指出："（密特朗）接受（访问）邀请表明，法国对社会主义国

---

① Maurice Mvaisse & Christian Wenkel, *La Diplotamtie française face à l'unification allemande*, p.178.
② *Le Monde*, 28/11/1989，转引自 Ulrich Pfeil, "La portée du voyage de François Mitterrand en RDA".
③ Résolution du Conseil des ministres 7/2/89 du 21.12.1989. Archives nationales de Berlin [BAB] DC 20/1/3/2883, p.106, Ulrich Pfeil, "La portée du voyage de François Mitterrand en RDA".

| 德国统一的外交

家的变化不会导致欧洲局势失稳感兴趣。"[1] 时任东德经济部部长和部长理事会副主席的克利斯塔·卢夫特则对密特朗的到访做出如下评价:"显然对法国来说,东德是个独立的国家,在未来几年内都是欧洲的一个组成部分。"[2]

正像密特朗在回忆录中指出的,他也意识到了东德领导人将他的到访视作对东德政权和东德作为独立国家的支持。[3] 为此他辩解道,东德把对他的期待当成了他的态度。但人们普遍认为他的辩解缺乏说服力。因为来自东德的档案表明,密特朗的第一意图是保障东德的稳定,从而维持欧洲的现状。[4]

波佐则根据法国方面的解密档案提出,密特朗之所以坚持访问东德,是没有料到统一来得如此之快,他的一贯判断是,德国统一不会发生在苏联衰落之前,东德失稳只是暂时现象,他想亲自去看一看那里到底发生了什么,完全没有料到他结束访问的当天,两德的边界便打通,不久东德便解体。

法国外交部的档案也证明:"巴黎很晚才意识到德国统一马上就要发生。"1989年10月外交部的分析报告说,德国统一现在看起来不现实。12月20日,外交部欧洲司在有关总统访问东德的公报中这样记录:"现阶段似乎还分不出高下输赢,由三所机构——联邦德国两所、民主德国一所——组织的最近一次民调表

---

[1] Neues Deutschland, 15/12/1989, 转引自 Ulrich Pfeil, "La portée du voyage de François Mitterrand en RDA"。
[2] Neues Deutschland, 22/12/1989, 转引自 Ulrich Pfeil, "La portée du voyage de François Mitterrand en RDA"。
[3] 参见 François Mittérand, *De l'Allemagne, de la France*, Paris, Odile Jacob, 1996, p. 110 sq。
[4] J. -J. Becker: *Crises et alternances* (1974-1995), Paris, Seuil, 1998, p. 609。

明，27%的人支持再统一，71%的人反对；50%的被调查者没有表现出任何政治倾向，17%的人支持统一社会党，7%的人支持社会民主党，5%的人支持新论坛。"① 这份报告显示，法国人显然没看到德国统一已近在眼前。

此外，法国外交部的档案表明，法国早早就把访问东德的关键目标之一定为"平衡联邦德国在对民主德国关系上的双边主义"。法国认为，西德对东德政策的双边主义色彩太浓，民族利益导向过重，应该把西德的两德政策纳入欧共体面向全体中东欧国家（包括苏联）的多边政策框架内，引导它走欧洲的而非民族的道路。到1989年底，密特朗及其外交官员决定继续对东德的访问时，仍然抱有该目的。换言之，密特朗如此急忙地赶赴东德，就是想在马上卸任欧共体理事会主席职务之前，建议东德和欧洲机构建立更加紧密的联系，起到稳定欧洲的作用，从而"避免德国统一造成欧洲统一的停滞"②。此外，密特朗在东德见到的反对派倡导东德走介于社会主义和资本主义之间的第三条道路，反对东德简单地被西德吞并，他会见的其他一些人士也给他留下了东德人并不希望统一的印象。③ 凡此种种，使密特朗做出了错误的判断，以为东德人并不希望统一。

实际上，在密特朗访问期间，东德领导人曾希望他表态支持东德继续存在，但他表示只要德国人选择统一，法国会接受。尽管如

---

① Maurice Mvaisse & Christian Wenkel, *la diplotamtie française face à l'unification allemande*, p. 171.
② Maurice Mvaisse & Christian Wenkel, *la diplotamtie française face à l'unification allemande*, p. 45.
③ Le Monde, 25/12.1989, 转引自 Ulrich Pfeil, "La portée du voyage de François Mitterrand en RDA".

此，他的东德之行还是引起广泛非议。①

### （三）借助其他大国阻止或暂缓德国统一？

法国反对德国统一的第三个论据在于，人们普遍认为，在急速变化的局势面前，密特朗以其他几大国，特别是苏联和东德为挡箭牌，力图继续维系雅尔塔体系。戈尔巴乔夫的顾问亚历山大·雅科夫列夫（Alexander Jakovlev）也曾指出，苏联发现，西方列强似乎希望苏联来扮演恶人，②意指面对德国统一对欧洲大陆的潜在威胁，英国和法国碍于情面，希望由苏联出面来阻止德国统一。在科尔未和法国打招呼就抛出《十点纲领》后，密特朗确实警告德国外长说，如果德国统一发生在欧洲统一之前，法国会考虑联合英国和苏联予以阻止，不排除在必要的时候诉诸战争。③ 11月15日，他认为，苏联不会允许德国统一，东德要求改革，也不愿意统一。以两德和解、东德改革为框架处理德国问题还行得通。④

鉴于德国统一牵扯错综复杂的地缘政治利益，密特朗的确十分在意苏联的态度，他始终认为苏联是反对德国统一的，坚信德国的统一只会发生在苏联解体之后。维尔弗里德·洛特指出⑤，在戈尔巴乔夫上台前几年，密特朗就已经深信苏联挺不到2000年，认为

---

① Frederic Bozo, *Mitterrand, The End of the Cold War, and German Unification*, Translated from the French by Susan Emanuel, New York and Oxford: Berghahn Books, 2009, pp. 141-143.
② P. Clough: *Helmut Kohl. Ein Porträt der Macht*, München, dtv, 1998, p. 173. 转引自 Ulrich Pfeil, "La portée du voyage de François Mitterrand en RDA".
③ Jacques. Attali: Verbatim III, Paris, Fayard, 1995, p. 354.
④ Frederic Bozo, *Mitterrand, the End of the Cold War and, German Unification*, New York and Oxford: Berghahn Books, 2009, p. 116.
⑤ 〔法〕维尔弗里德·洛特:《真实的忧虑，真诚的眼泪》,〔德〕《法兰克福汇报》2011年10月17日, https://www.guancha.cn/history/2011_11_01_61792.shtml.

第四章 法国对德国统一的外交

苏联崩溃后，欧洲在不长的时间内就将面临德国的统一。10月18日，密特朗在法国内阁会议上指出，德国统一不会很快来临，因为苏联不会允许。而且考虑到苏联内部局势的变化，密特朗还担心戈尔巴乔夫被咄咄逼人的军人赶下台。

苏联的确明确表达了对德国统一的抵制态度。柏林墙倒塌不久，苏联就明确地表示反对改变现存欧洲边界；在《十点纲领》发表之前，《真理报》刊登戈尔巴乔夫的文章称，历史见证了两个德国，这一事实已被全球所接受，他不认为统一在当下是迫切的政治问题。[1]《十点纲领》发表后，苏联外交部发言人格拉西莫夫立刻宣称："欧洲没有人想看到一个统一的德国，因为它将打破欧洲当下的稳定。"[2] 12月5日，戈尔巴乔夫在和西德外长根舍会晤时，表达了他的强烈不满，认为科尔是一个不负责任的政治家，《十点纲领》是强加于一个主权国家头上的最后通牒。戈尔巴乔夫再次强调了他对德国问题的立场，即历史造就了两个德国，大家必须承认这一点。戈尔巴乔夫指责联邦政府对形势的估计是错误的，提醒西德不要仓促行为，如果冒进，刺激事态发酵，只能破坏来之不易的欧洲进程。所有这一切让密特朗相信，苏联是绝不赞成统一的。如果绕开苏联人，强行统一，把生米做成熟饭，就会破坏欧洲大陆的均势，把欧洲大陆再次置于动荡境地。

12月6日，密特朗到基辅会晤戈尔巴乔夫，协调两国对德立

---

[1] Hans-Peter Rises, "Die Geschichte hat sich ans Werk gemacht," *Europa Archiv*, April 1990, pp. 117-121. 转引自王帅《两德统一的外交史研究（1989—1990）》，南京大学2017年博士学位论文，第199页。

[2] Vorlage des Ministerialdirektors Teltschik an Bundeskanzler Kohl, Bonn. 30. November 1989, Nr. 102, DESE, pp. 575-576. 转引自王帅《两德统一的外交史研究（1989—1990）》，南京大学2017年博士学位论文，第199页。

德国统一的外交

场。戈尔巴乔夫表现出了对科尔《十点纲领》的不满,并对密特朗说,科尔的《十点纲领》使20余年的政策受到质疑,还有意暗示密特朗戈氏正面临军事政变的危险,他恳请密特朗帮助阻止德国重新统一,否则他会被一位将军取代。戈尔巴乔夫还声称如果密特朗不帮忙,那就要对可能爆发的战争负责,这难道不是西方的利益所在?密特朗则指出:"科尔的《十点纲领》打乱了事情轻重缓急的次序。""您我应当一致对待这个问题,并保持密切联系。"但密特朗也指出他不害怕德国统一,但是统一必须和平民主地进行;统一应该是一个由四大国控制的、缓慢的过程;统一的次序不可动摇,德国统一必须在欧洲一体化之后。①

12月6日的会晤让密特朗更加坚信苏联是不赞成德国统一的,所以12月16日他在加勒比海法属圣马丁岛会晤美国总统布什时指出,"德国统一是一件正常的事",但是苏联不能接受,戈尔巴乔夫希望人们帮助放慢德国统一的进程,并称他不反对德国统一,但同意戈尔巴乔夫的看法,应该慢慢来。② 密特朗还进一步强调:"欧洲国家眼见一个强大的德国将重新出现在欧洲的心脏,无不感到惴惴不安。德国统一进程必须是和平、民主和渐进的。"③ 意欲要求美国帮助放缓德国统一的步伐。

苏联毫无疑问是德国统一的关键角色之一,游说苏联立场的外交也在紧锣密鼓地进行。在密特朗去会见戈尔巴乔夫之前,戈氏就在美国总统布什的倡议下,于1989年12月2~3日在地中海岛国马

---

① 这部分谈话参见 Jacques Attali,*Verbatim* Ⅲ,pp.359-366。
② Jacques Attali:*Verbatim* Ⅲ,pp.377-378.
③ Op. cit. .

第四章 法国对德国统一的外交

耳他和布什举行了会晤。布什出乎意料地表达了支持德国统一的立场，不仅打破了戈尔巴乔夫以为美国也不希望德国统一的幻想，而且影响了他的态度，使之未在布什面前对德国统一明确说"不"，而是流露出较为灵活的政策取向，这给了美国支持西德推进德国统一的余地。而且就在密特朗到基辅见戈尔巴乔夫的当天，科尔的外交顾问特尔切克接见了苏共中央联络部派去的代表。后者告诉特尔切克，苏联正在考虑其他的选择，包括不可思议的事，即德国统一，这也意味着苏联对德国统一的态度有所松动；不久后，当科尔承诺为苏联提供巨额经济和技术援助时，戈尔巴乔夫彻底改变了态度，同意德国在北约框架内统一。这让密特朗大为吃惊："戈尔巴乔夫怎么了？他告诉我他会态度坚决（地反对统一），可是他放弃了一切！科尔给了他什么做交换？多少亿德国马克？"① 由此可见，密特朗误判了形势，以为快速统一会惹恼苏联，有使欧洲回到1914年的危险，这说明密特朗在潜意识里也乐见苏联对德国统一说"不"。

对密特朗的另一个批评是，他试图联合英国反对统一。英国是德国统一的坚定反对者。根据撒切尔夫人的同僚鲍威尔的说法，密特朗在柏林墙倒塌之前的9月初与撒切尔夫人进行了私人会晤，是他首先清晰地向撒切尔夫人拉响了警报。② 此外撒切尔夫人感觉，东欧和东德局势的变化和德国可能统一的前景，特别是《十点纲领》的发表，使密特朗比她更加不安，密特朗还声称法国在遇到重大危险时始终会与英国发展特殊关系，所以她相信英法两国可携手反对

---

① Jacques Attali，*Verbatim* III，p. 416.
② 〔德〕维尔讷·魏登菲尔德等：《德国统一史（第四卷）——争取德国统一的外交政策：决定性的年代（1989~1990）》，欧阳甦译，梅兆荣、邓志全审校，社会科学文献出版社，2016，第583页。

德国统一,但她又感觉到密特朗言行不一。这或许恰好说明,与其说密特朗反对德国统一,毋宁说他是反对德国统一的方式和节奏。因此在1990年1月20日,当撒切尔夫人再次会见密特朗并提议联手为德国统一设障时,遭到了后者的婉拒。密特朗说:"我不会对再统一说不,这是愚蠢和不现实的。我看不出来欧洲有什么力量能够阻止统一,我不肯定今天苏联是否能够这么做。最好大睁着眼睛去接受它,并且把德国统一和欧洲建设以及边界保障联系起来。"[①] 不过就这次会谈,英国方面解密的纪要显示密特朗不赞成德国统一。但法国学者提出,这份纪要是英国参赞记录的,并认为参赞先生显然是根据唐宁街10号的分析框架来解读的;而法国方面的纪要则显示,密特朗之所以努力表现出对撒切尔夫人的理解,附和她批评和警告德国,抱怨德国人不管不顾,自行其是,并不是要和她一样反对德国统一,而是想拉着她一起,把德国统一纳入欧洲统一的框架内。

### (四) 密特朗的个人经历对法国态度的影响

直到今天,人们对密特朗早期对德国统一的态度仍然众说纷纭,不少关键问题依然若明若暗。站在第三者的角度,笔者倾向于认为,当德国统一突然到来时,密特朗就算口头上没有反对,实则内心深处是矛盾甚至抵触的,因而他更多地采取了犹豫和观望的态度,希望德国统一的进程不要太过仓促。正如汉斯基指出的,在德国统一问题上,密特朗更多的是举棋不定。这种心态和密特朗本人的个人经验有关,也和欧洲的历史与现实有关,这使他对苏联反对

---

[①] Henri Ménudier, "François Mitterrand, la RDA et l'unité allemande".

德国统一的担心和统一后的德国会成为威胁的担心都非常真实。

密特朗经历过两次世界大战,曾在第二次世界大战中担任抵抗运动的领导人,有被德军俘虏并设法逃脱的曲折经历。因此无论作为个人、法国总统,还是欧洲建设的领头人,他似乎从未走出战争的阴影,在他心中"第四帝国论"始终在作祟。二战后,德国虽然被一分为二,主权受到限制,但西德埋头发展经济,很快便成为欧洲最强大的经济体。但是主权的不完整使它成为瘸腿巨人,只有借助欧洲的肩膀才能发出更多的声音。如果德国统一,一个主权完整、人口和经济实力都排名欧陆第一的强大德国还会需要欧洲吗?如果答案是否定的,那么它对欧洲建设还会如此热心吗?它是否会再次成为法国和整个欧洲的威胁?它在经济乃至政治领域是否将对法国构成挑战?这些都是密特朗始终解不开的心结。换言之,尽管密特朗携手科尔带领法德重修旧好,但在潜意识里他从未放松对德国的警惕,在他对德国统一这一"远景"的"开放"姿态中,深藏着对德国做大做强的担忧。

从以上的分析出发,笔者将对以密特朗为首的法国在德国统一最初阶段的态度总结如下。

原则上密特朗支持德国统一,知道这是历史必然,非人为力量可阻拦。但他的判断是,德国统一是远景,10年内不会发生,且应该发生在苏联解体之后。他对突如其来的事态变化毫无准备,把科尔未和盟国打招呼就"擅自"提出《十点纲领》的做法看作铤而走险,担心科尔受民族主义和"英雄主义"的驱使,绕开几大国特别是苏联,强行推动统一,这会遭到苏联的强硬反对,从而破坏当时欧洲大陆的稳定和均势,并陷大国于重新争夺势力范围的灾

| 德国统一的外交

难性境地。密特朗从个人和集体的历史记忆出发,担心德国的民族主义、大国沙文主义死灰复燃,再次成为法国和欧洲的威胁;他担心统一后的德国利用经济实力,讨回主权,主导欧洲大陆,对法国构成威胁,且不再热心于欧洲建设。凡此种种,使密特朗在1989年的关键时刻,表现出了与其一贯对德国统一的支持态度和友好基调不相符合的保守和克制。① 他在危机爆发后的保守、克制和谨慎,是想稳住局面,防止德国背离戴高乐与阿登纳所铺就的欧洲轨道。

用汉斯基的话来概括法国的态度再合适不过。他说:"……当时所有细心的观察者都能感觉到,弗朗索瓦·密特朗,作为对德战争的老俘虏,在把一个更大更强的德国接纳到这个正在形成中的欧洲的问题上,表现出了深深的顾虑。尽管他对历史有着深刻的认识,尽管他和当时的德国政府有着切实的紧密联系。"②

一些历史见证人也得出了同样的结论。科尔的外交顾问,曾亲历德国统一的特尔切克指出:"很显然,在密特朗的胸膛里有两个灵魂在斗争:一方面,他不想阻止德国的统一进程,正如他多次说过的,他不害怕德国统一;另一方面,他又总是把人们的眼光引向那些必须克服的重大障碍上去。我们的法国朋友在德国问题上很是为难。"③

密特朗的外交顾问韦德里纳也指出:"密特朗很早就毫不含糊地表明了德国人有再统一的权利,但是,他的评论和推断,特别是

---

① Frédéric Bozo, *Mitterrand, the End of the Cold War, and German Unification*, New York and Oxford: Berghahn, 2009, p.125.
② Pierre Haski, Pierre Haski, "Quand Mitterrand tentait de ralentir la réunification allemande", Rue89, 07/11/2016.
③ H. Teltschik, 329 Tage. Innenansichten der Einigung, Berlin, Siedler, 1991, p.96. 转引自 Henri Ménudier, "François Mitterrand, la RDA et l'unité allemande".

私下里，他有时会显得很阴郁，仿佛受到了历史的约束。历史始终是他内心狂热、无动于衷和预感的总源泉。而在行动中，他却总会表现出对未来的深谋远虑，并且颇具建设性。"无论如何，他认为，密特朗的目的只有一个，即避免为日后埋下任何隐患。① 韦德里纳针对人们普遍根据德国统一前后的媒体报道，特别是密特朗的特别顾问阿塔利的著作（里面披露了大量密特朗的私人讲话）来指责密特朗前期对德态度的状况，提出反驳意见道：仅凭一些断章取义的讲话来证明密特朗反对德国统一是立不住脚的，因为有些私密谈话是一时的情绪宣泄，有些是苏格拉底式的对话（指引导、诱导式的对话），其他大国领袖也一样如此。他为密特朗辩护道："一个国家领袖的深层思想，是他的行动，弗朗索瓦·密特朗用它面向未来、深谋远虑的姿态战胜了对他的所有质疑！"②

我们用1989年12月26日法国驻东德大使坦西发给外长迪马的电报来表明密特朗在德国统一初始的观点。电报指出："在所有会见和所有的公开讲话中，共和国总统的讲话几乎都是教科书式的和毫不含糊的：他支持德国以民主的方式宣布统一，法国不会是德国统一的障碍。'法国不会说不。'法国会依然存在并适应8000万人口的德国。问题是事关欧洲，法国负有责任。建立在两大军事联盟的要求和两个德国基础上的旧制度，尽管远远不尽如人意，但有保障和平的优势。目前的根本在于避免混乱，避免欧洲回到1914年以前的状态。"③

---

① Hubert Védrine, *Les mondes de François Mitterrand* (A l'Elysée 1981-1995), pp. 423-457.
② Hubert Védrine, *Les mondes de François Mitterrand* (A l'Elysée 1981-1995), p. 445.
③ Maurice Mvaisse & Christian Wenkel, *La diplotamtie française face à l'unification allemande*, pp. 185-186.

| 德国统一的外交

### （五）转变态度，走向有条件支持

尽管密特朗一厢情愿地认为德国统一只是远景，不愿意看到德国统一提前并加速，但在他的东德之行后，德国统一的步伐日益加快。1990年1月4日密特朗和科尔在拉契（Latché）会面时，科尔告诉密特朗，东德的实际情况远比东德领导人告诉他的要严峻得多：经济面临崩溃；每天有近2000人离开东德，劝阻也没用，他们已经"等不及更好的时机"。科尔暗示密特朗，德国统一已近在眼前。科尔的顾问们直言，东德已经存续不下去，科尔放弃了渐进的德国统一方案；同时科尔向密特朗保证德国统一会在欧共体框架内进行。1月底，密特朗最为关注的苏联的态度也发生了改变，此时立陶宛独立运动造成的危机使戈尔巴乔夫等人忙于应付，内外交困下，苏联在1月底决定在原则上接受德国统一。2月10日，科尔访问莫斯科并获得历史性突破：戈尔巴乔夫向科尔承诺，苏联将尊重德国人民想要生活在一个国家里的决定，并且由德国人自行决定其时间与形式。① 这意味着苏联明确对德国统一开了绿灯。事已至此，密特朗终于认清了形势，抛弃了观望、犹豫和把统一视作远景的幻想，接受了德国将快速统一的现实，并坚持早已提出的德国统一要以"民主"和"和平"的方式进行。

"民主"指充分尊重德国人民的意愿，统一与否由德国人民自主决定，这是统一的内部问题。"和平"指以"和平"的方式统

---

① Erklarung des Bundeskanzlers Kohl von der Presse am 10. Februar 1990 in Moskau, DESE, S. 812-813. 转引自王帅《两德统一与欧洲一体化》，《历史教学》2019年第12期，第24页。

一，事关欧洲安全，是统一的"外部问题"，具体涉及五个方面：一是对欧共体的义务问题——要求统一后的德国确认它对欧洲建设的义务；二是边界问题——要求保持欧洲既有边界，特别是要求德国永久承认奥得—尼斯河边界即东德和波兰之间的边界；三是权力移交问题——要求两德和美苏英法四大对德国负有责任的国家对话，后者将权力移交给统一后的德国；四是安全问题——要求统一的德国必须放弃核武器和生化武器；五是有关军事联盟的关系问题以及战后的欧洲新秩序——要求统一后的德国留在北约。

密特朗尤其坚持其中两条，即德国对欧共体的义务和边界问题。特别是科尔在高调抛出的《十点纲领》中没有明确提及德国在欧洲建设方面的具体主张和计划，只是轻描淡写地以"要进一步增强欧共体"一带而过，这让密特朗很不放心，他担心科尔为实现德国统一而放弃欧洲一体化建设，更担心统一后的强大德国不再需要欧共体。

把"民主"与"和平"作为德国统一的先决条件是密特朗很早以前就定下的调子，并在各种场合不断重申。如1989年7月5日他在和到访巴黎的戈尔巴乔夫联合会见记者时就指出：德国人民的统一愿望是合法的，统一应该和平进行，不会成为欧洲新的紧张因素。[①] 1989年7月27日，他在接受欧洲五大报记者采访时指出："德国的再统一是所有德国人民的愿望。这是完全可以理解的。这个提出了40多年的问题随着德国实力的增强……而增加了分量。在我看来，统一是德国人的正当愿望，但是它只能以和平和民主的

---

① Maurice Mvaisse & Christian Wenkel, *La diplotamtie française face à l'unification allemande*, p.65.

方式进行。"① 1990年1月中，他再次重申："德国人民的统一愿望是合法的，统一的方式和节奏由德国人决定，但是考虑到德国全体邻居的安全权利，统一应当以和平与民主的方式进行，并且应纳入欧洲一体化的前景之中。"② 在1月20日会见撒切尔夫人时，密特朗再次重申要以"民主"与"和平"的方式确保德国统一。1月27日，他在欧洲几大报发表声明，又一次强调："德国统一会发生，这是合法的，统一要以民主、和平的方式进行。"

概言之，德国快速统一已是历史必然，无法避免，法国只能采取措施来规范统一，以确保法国自身和欧洲的利益。

## 三 把德国拴在欧洲一体化的"列车"上

为防止德国为追求统一而放弃此前和法国联手推进欧洲一体化的努力，也防止统一后的强大德国不再需要欧共体，法国把推进欧洲一体化建设作为德国统一的首要先决条件，以便把德国拴在欧洲的"列车"上，即"通过将德国纳入欧洲一体化的共同进程来控制德国"③。按照特尔切克的说法："虽然密特朗坚信统一将要到来，但是想把它引到正常的轨道上，以避免欧洲统一进程受到损害。"④ 德国必须保障这一点，否则无法换取法国对德国统一的放行。

---

① Maurice Mvaisse & Christian Wenkel, La diplotamtie française face à l'unification allemande, p. 36.
② Maurice Mvaisse & Christian Wenkel, La diplotamtie française face à l'unification allemande, p. 46.
③ 〔德〕维尔讷·魏登菲尔德等：《德国统一史（第四卷）——争取德国统一的外交政策：决定性的年代（1989~1990）》，欧阳甦译，梅兆荣、邓志全审校，社会科学文献出版社，2016，第281页。
④ 〔德〕霍斯特·特尔切克：《329天：德国统一的内部视角》，欧阳霆译，胡琨审校，社会科学文献出版社，2016，第6页。

第四章　法国对德国统一的外交

在德国统一问题上，密特朗一贯主张它应在欧洲统一之后。但是随着东德局势的急剧演变，特别是科尔抛出《十点纲领》后，按照密特朗的话说，已把事情轻重缓急的次序打破了。德国统一先于欧洲统一是密特朗无论如何不能接受的，如果德国快速统一不可避免，那么至少要和欧洲统一并行。为此密特朗在对德国统一持观望态度并试图延缓统一进程的同时，不断与科尔讨价还价，并借助欧共体的力量，一门心思地要把德国牢牢地绑在欧洲的列车上。

### （一）统一必须在欧洲一体化的轨道上进行

早在1989年2月，法国外交部政治事务处主任杜发奎就指出，法国在处理德国问题时"不在意寻求莫斯科的理解以阻止德国统一的可能，而在意将联邦德国牢牢拴在欧共体上"[1]。10月18日，密特朗的幕僚们认为德国统一是不可阻挡的，但统一的进程需要"监控"，两德和解和欧洲建设要在相互配合中并行。在10月24日密特朗和科尔在爱丽舍宫举行的自东德危机以来的首次会晤及11月2日的法德峰会上，科尔对德国统一和欧洲建设的关系做了积极表态，表示德国问题只能在欧洲的语境中实现，这给担心德国走向中立化的密特朗吃了一粒定心丸，密特朗也借机在私下进一步挑明了法国支持德国统一的前提，即欧洲统一——"欧洲一体化进程的进一步发展将帮助我们克服欧洲的分裂，届时德国将重新统一"[2]。

---

[1] Frederic Bozo, Translated from the French by Susan Emanuel, *Mitterrand, the End of the Cold War and German Unification*, New York and Oxford: Berghahn Books, 2009, p.59.

[2] 54. Deutsch-französische Konsultationen Bonne, 2./3. November 1989, Nr.70, *DESE*, pp.470-473, 转引自王帅《两德统一的外交史研究（1989—1990）》，南京大学2017年博士学位论文，第220页。

231

| 德国统一的外交

11月9日柏林墙的倒塌引发了各方的高度关注，密特朗利用法国任欧共体轮值主席国的便利，于11月18日邀请欧共体十二国国家元首和政府首脑前往巴黎以晚餐形式召开特别峰会，探讨东欧局势。不过在晚餐会上，法国刻意只谈东欧剧变，绝口不提两德问题，言外之意是，尽管柏林墙的倒塌使德国统一问题变得现实，但不在我的国际议程上，暗示西德德国统一仍被视作远景，不要妄想快速统一。为不引发法国及欧共体其他成员国的担心，科尔也刻意回避了统一问题，并再次低调地向各国做出了加强欧洲建设的口头承诺。密特朗对此感到满意，在他看来，科尔的态度表明，法国将欧共体作为处理德国统一问题框架的策略是可行的，并抓紧提速欧洲一体化。

尽管西德口头同意了法国在欧洲一体化语境下统一德国的主张，但是在欧洲一体化建设的具体路径上，法德两国存在着重大分歧：法国倾向于先建设经货联盟，从经货联盟再逐步过渡到政治联盟；西德则正相反，希望先推进政治联盟，对经货联盟持敷衍态度，一涉及该问题时便支支吾吾，语焉不详。11月底，针对西德在经货联盟议题上的犹疑态度，密特朗对到访的西德外长根舍进一步挑明，法国支持德国统一的前提是推进欧洲一体化；12月8日，在斯特拉斯堡峰会上，在法国和欧共体其他成员国的共同推动下，经过与西德讨价还价，德国统一必须通过推进欧洲一体化并以和平、民主的方式实现最终被明确写进文件。

1989年底，密特朗对东德的访问和此前对德国统一的消极态度惹怒了科尔，给两人此前的友谊与互信蒙上了阴影，两国媒体也不甘示弱，互相攻击，在西德指责法国虚伪的同时，法国也反唇相

## 第四章　法国对德国统一的外交

讥地说西德两面三刀。在媒体的推波助澜下，流言蜚语满天飞，"传言说巴黎和波恩互不理睬，德法双驾马车的步调错位"[①]。实际上，法国内部日益意识到德国统一已经是势不可当，接下来的工作重点是尽快把西德纳入欧洲一体化的框架以控制它，因此应打破僵局，进行必要的沟通和建设性对话。在此背景下，密特朗首先伸出橄榄枝，于1990年1月4日邀请科尔在拉契见面，以缓和紧张气氛、修复关系，并趁机重申了法国对德国统一的看法。密特朗向科尔解释了法国对德国统一的谨慎态度不代表反对，科尔则进一步确认了对欧洲一体化的承诺。密特朗坦言："……对法国总统来说，德国的统一不是问题，而是现实。当德国的两个部分通过选举组织了政府，它们也愿意统一的话，试图阻止德国统一是愚蠢和不公正的。不过现实中仍然兼有1919年和1945年的欧洲因素，而不仅仅是1990年的。1919年的时候，民族主义观念过了头，欧洲人不得不承受在南斯拉夫所发生的一系列事件的后果。1945年，民族受到分裂……（我们）需要极大的政治技巧来解决这些问题。"[②]

科尔知道，统一要想顺利进行，法国的支持必不可少，因此他以政治家的灵活与务实姿态，反复告诉法方，西德对法国对德国统一的谨慎态度并不感到意外，他理解法国的不安，同时也向密特朗阐述了将德国统一与欧洲一体化紧密联系在一起的基本立场："大

---

[①] 〔德〕维尔讷·魏登菲尔德等：《德国统一史（第四卷）——争取德国统一的外交政策：决定性的年代（1989~1990）》，欧阳甦译，梅兆荣、邓志全审校，社会科学文献出版社，2016，第280页。

[②] "Gespräch des Bundeskanzler Kohl mit Staatspräsident Mitterrand, Latché, 4. Januar 1990", in H. J, Küsters, D. Hofmann (eds.), Dokumente zur Deutschlandpolitik, München: R. Oldenbourg Verlag, 1998, pp. 685-686, 转引自王帅《两德统一的外交史研究1989—1990》，南京大学2017年博士学位论文。

| 德国统一的外交

家必然会期望德国人（在实现统一的过程中）考虑外部环境。事实证明阿登纳的说法是正确的：德国问题只能在欧洲的屋檐下得到解决……我们应该不遗余力地执行我们共同制订的计划……不可能再采取1919年的解决方案，也不可能采取1945年的解决方案，而是要争取实现一个2000年的解决方案。"他还肯定了过去一年两国的合作，保证"统一后的德国仍将牢固维系于欧共体，并继续与法国一起担当欧洲统一进程的发动机"。他表示："德国并没有单独走统一道路的企图，法国是天然的伙伴，对于将德国问题纳入欧洲，也正是如此。"他还大力强调法德友谊。密特朗也表态称："赞同采取共同的行动措施，必须谋求德国和欧洲的统一。"①

拉契会谈是柏林墙倒塌以来，法德两国领导人首次面对面地专门谈论德国统一问题，它使两国进一步明确了德国统一和欧洲统一的关系，为德国统一进一步扫清了障碍。拉契会谈后，密特朗更清楚地意识到："到目前为止，法国基于其独立核力量这种王牌的特殊作用，在一个变化了的欧洲不再拥有迄今为止的分量。相反，地理位置和经济潜力将越来越有利于德国。因此，除了与一个实力日益增强的邻国保持均衡，除了深化欧洲共同体以外，别无其他选择。"②

由于两国已达成理解和互谅，因此在1990年1月20日撒切尔夫人访法并再次拉拢密特朗为德国统一减速时，密特朗婉拒了她的要求。

2月6日，密特朗在会晤戈尔巴乔夫时也向他表明了同样的立

---

① 〔德〕霍斯特·特尔切克：《329天：德国统一的内部视角》，欧阳甦译，胡琨审校，社会科学文献出版社，2016，第65~66页。
② 〔德〕维尔讷·魏登菲尔德等：《德国统一史（第四卷）——争取德国统一的外交政策：决定性的年代（1989~1990）》，欧阳甦译，梅兆荣、邓志全审校，社会科学文献出版社，2016，第284页。

场，在德国统一进程中必须"将欧洲一体化、东欧演变以及建立全欧和平秩序放在第一位"[1]。对法国来说，强化共同体的结构并赋予计划中的欧盟以真实内容是十分迫切的工作。[2] 在德国统一不可避免的情况下，欧洲一体化的发展应该发生在德国统一之前。[3]

密特朗把德国统一和欧洲命运联系在一起的思路是同法国的外交政策一脉相承的。二战后，法国外交政策的指导思想之一便是超越传统的、建立在民族国家基础上的"均势"思路，通过超国家的即欧洲一体化的方式，构建包括德国在内的"欧洲命运共同体"，把德国牢牢"锚定"在以法国为主导的欧洲一体化框架内，以便更加有效地保证欧洲大陆的长治久安。这一点也得到了西德的积极响应——西德愿意和法国携手推进欧洲建设，以展示"改过自新"的决心，打消欧洲邻居对它会"重蹈历史覆辙"的疑虑。法德共同推进欧洲建设是互利双赢的好事。首先，法国是政治巨人但经济实力不足，西德是经济巨人但主权不完整，两国携手可取长补短；其次，在法德双核推动下日益强大的欧洲符合法兰西第五共和国开国元首戴高乐将军摆脱美苏两大国控制，实现在法国带领下追求"欧洲自主"的一贯主张。此外，自密特朗执政以来，还出现了一个特殊情况：随着戈尔巴乔夫的上台，东西方关系进入新缓

---

[1] 〔德〕维尔讷·魏登菲尔德等：《德国统一史（第四卷）——争取德国统一的外交政策：决定性的年代（1989~1990）》，欧阳甦译，梅兆荣、邓志全审校，社会科学文献出版社，2016，第121页。

[2] 〔德〕维尔讷·魏登菲尔德等：《德国统一史（第四卷）——争取德国统一的外交政策：决定性的年代（1989~1990）》，欧阳甦译，梅兆荣、邓志全审校，社会科学文献出版社，2016，第123页。

[3] 〔德〕维尔讷·魏登菲尔德等：《德国统一史（第四卷）——争取德国统一的外交政策：决定性的年代（1989~1990）》，欧阳甦译，梅兆荣、邓志全审校，社会科学文献出版社，2016，第124页。

和时期。1986年7月,密特朗访苏时,对戈尔巴乔夫要改变苏联对西方关系的印象极为深刻,他害怕苏联诱使西德走向中立化,使西德最终为追求民族统一而放弃对西欧一体化的热心参与。凡此种种,不断坚定着密特朗的选择:以加快法德合作和欧洲一体化步伐的方式来应对德国统一,防止德国走特殊道路,恢复霸权地位。

### (二)关于经货联盟和政治联盟的讨价还价

尽管法德双方经过不断沟通就"在欧洲的屋檐下实现德国统一"达成了共识。但在欧洲一体化具体的建设路径上,两国始终存在重大分歧。法国倡导先搞经济与货币联盟,把欧共体国家的市场与货币捆绑在一起,从经货联盟出发来巩固欧共体;科尔则倾向于先扩大欧洲议会和欧共体委员会的权力,建设政治联盟,对先搞经货联盟的倡议表现消极。科尔的主张带有联邦色彩,密特朗则继承了戴高乐的衣钵,对走联邦道路持保留态度,更倾向于走"邦联"之路。

法国思路的背后,隐藏着对德国这个经济巨人的担心和遏制德国经济霸权(甚至从经济霸权走向全面霸权)的考虑。在密特朗看来,西德是以经济实力来弥补政治上的不足,从"某种程度上说,德国马克就是德国的核武器"[①]。必须用共同货币来约束它。正如他在1989年9月在契克斯与撒切尔夫人会谈时指出的:"即使德国从统一之后的暂时困难恢复过来,并且变得更加强大,也依然相信欧共体,唯有欧共体才是抗衡德国势力的唯一力量。……没有单一货币,我们(法国和英国都不例外)早就受制于德国的意志

---

[①] 〔英〕戴维·马什:《欧元的故事:一个新全球货币的激荡岁月》,向松祚、宋姗姗译,机械工业出版社,2011,第79页。

了。如果他们上调利率，我就必须跟随，你们也必须跟随，尽管你们英国还没有加入欧洲货币体系。因此，赢得话语权的唯一办法就是创建欧洲中央银行，以实现集体决策。"①

法国的担心并非空穴来风。1978年，法国总统德斯坦和西德总理施密特合力创建了欧洲货币体系，参与这一体系的西欧各国的货币汇率要围绕联邦德国马克在一定范围内浮动。在欧洲货币体系正式运作后，联邦德国马克成为地区核心货币，西德央行的货币政策对西欧经济产生了支配性影响，在给西欧各国带来利益的同时也带来了诸多限制。② 自20世纪60年代以来，西德经济实力就已雄踞西欧各国之首，西德央行享有相对于行政当局的独立地位，一贯执行货币稳定政策，使联邦德国马克极为坚挺。同期法国经济波动频繁，法郎汇率不稳，法方既有求于西德帮助稳定法郎，又担忧西德经济政策的支配性地位，对联邦德国马克的坚挺极为敏感，不愿意西欧变成马克区，希望通过推进欧洲经济与货币联盟的发展，使西德的货币力量欧洲化。

反过来，西德的考量则是在欧共体机构中为自己争取到与庞大的人口规模相匹配的政治权重，从而改变其长期以来"经济巨人、政治侏儒"的不利状况。

德国统一的突然加速催生了欧洲一体化的加速，进而加剧了两国在欧洲建设问题上的路径之争，是先搞经货联盟，还是先构建政

---

① 〔英〕戴维·马什：《欧元的故事：一个新全球货币的激荡岁月》，向松祚、宋姗姗译，机械工业出版社，2011，第114页。
② Michael Kreile, "The Search for a New Monetary System: Germany's Balancing Act," in Helga Haftendorn, Georges-Henri Soutou, Stephen F. Szabo and Samue F. Wells Jr. eds., *The Strategic Triangle: France, Germany, and the United States in the Shaping of the New Europe*, Baltimore: The Johns Hopkins University Press, 2006, p.166.

| 德国统一的外交

治联盟,这个问题必须尽快解决。在法国人看来,必须首先建设欧洲经货联盟,通过经货联盟把德国的经济力量引入欧洲建设,为法国所用并遏制德国的经济霸权,这样才能保障法国的地位不受威胁并保障欧洲的安全。

早在1986~1988年,密特朗就几次三番地向科尔提出过统一货币的问题,但科尔始终未给予积极回应。相反,科尔不断强调先组建政治联盟的重要性,或者要求至少两者同步推进。到1989年下半年,双方在这个问题上依然争执不下。

1989年11月2~3日,法德领导人在波恩举行第54次磋商时,科尔承认:"出于内政的原则,联邦德国正在掀起一股反经济与货币联盟的浪潮。"在科尔于1989年11月18日的巴黎特别首脑会议上许诺加强欧洲建设后,密特朗便专注于推进欧洲经济与货币联盟建设,下决心把单一货币问题在12月8日举行的欧共体斯特拉斯堡峰会上推出:因为柏林墙的倒塌凸显了以此框架来接纳并框定德国力量的重要性,同时他也想利用形势迫使科尔对欧洲经济与货币联盟的进展表态,要求后者同意在1990年底召开欧共体各国就经济与货币联盟问题进行商讨的政府间专门会议。① 然而,11月27日,科尔在写给密特朗的一封讨论未来经货联盟和欧共体建设议程的信中拒绝了法方在1990年底召开政府间会议的提议,并建议将会议推迟到一年后。11月28日,科尔出人意料地抛出《十点纲领》,其中对欧洲建设和经货联盟均未提及,这让密特朗在恼火之余,十分担心西德为了德国统一而抛弃欧洲一体化,强烈要求德国同意在1990年底之前

---

① Fréderic Bozo, *Mitterrand, the End of the Cold War and German Unification*, Translated from the French by Susan Emanuel, New York and Oxford: Berghahn Books, pp. 120-121.

第四章 法国对德国统一的外交

开始就经货联盟进行严肃、认真的谈判，否则，西德将面临被法、英、苏孤立的危险。11月30日，西德派外长根舍来"灭火"。根舍表示支持推进欧洲经济与货币联盟建设，也支持法方的政府间会议方案。但密特朗仍不放心，他对根舍说：如果欧洲一体化停滞不前，那么东西方关系就会倒退；如果东西方关系倒退，欧洲就有可能重回1913年的局面……所以德国统一不能和欧洲统一背道而驰。①

此后，密特朗再次和科尔亲自沟通上述问题，科尔则借成员国赤字、国内政治因素等问题表示，还是要先抓紧改革现有的欧共体机构，等到1990年底西德大选之后再召开政府间会议，相当于把法国提议的会期延后了一年。密特朗的外交顾问、后任外交部部长的韦德里纳回忆说："1989年底，我们一直在想办法迫使科尔对经济与货币联盟做出承诺。我记得每天都与德国总理府谈判。他们的回答总是：不行啊……很难啊……这个问题太复杂……要考虑这个，要考虑那个。"科尔迟迟不愿意在经货联盟建设问题上松口，主要原因在于担心西德民众不愿意放弃马克，若现在启动单一货币建设，恐怕会影响他在1990年底德国大选中的成绩。显然密特朗并不理睬也不打算屈服于科尔的"一己之私"，坚决不接受后者提出的到1990年12月再召开政府间会议的建议。

在法德两国拉锯之际，东德的局势在快速恶化，科尔知道，要想抓住机会促成德国统一，法国是绕不过去的"障碍"，最终为换取法国的支持，科尔做出让步，同意了密特朗的要求，即在斯特拉

---

① Niederschrift des bundesdeutschen Botschafters in Paris, Pfeffer, 1 vom 30. November 1989 über das Gespräch von Bundesauβenminister Genscher mit dem französischen Staatspräsidenten Mitterrand am 30. November 1989 in Paris, Nr. 11, DAAD, pp. 58-59. 转引自王帅：《两德统一的外交史研究（1989—1990）》，南京大学2017年博士学位论文，第202页。

| 德国统一的外交

斯堡峰会上召开政府间会议，讨论经货联盟建设问题。在如期召开的峰会上，出于对科尔擅自推出《十点纲领》和德国重新统一成为一个8000万人口大国的担心，与会各国对西德的态度非常冷淡，科尔后来坦言，他担任总理以来还从未见过气氛如此冷淡的欧共体峰会。①

西德原本期望峰会对德国统一表示支持，结果看到的是普遍的反对，撒切尔夫人的反对立场尤其强硬。法国为换取西德对经货联盟建设的支持，经过斡旋、调停和与西德的讨价还价，最终使欧共体各国同意了德国在统一问题上拥有自决权——"德国人民将通过自由自决重获统一"。作为交换，统一要"和平民主地"进行，要"遵守《赫尔辛基最后文件》等相关协议、条约和原则"，并在"东西方合作的背景下""通过欧洲一体化进行"。换言之，峰会确定了德国统一要在欧洲语境下进行的基调。按照特尔切克的记录："这次峰会将发出继续一体化的信号并加快欧共体一体化的速度……主要议题是经济与货币联盟，第一阶段应于1990年7月1日生效。"这是法国和德国之间的一项关键交易②，至此欧共体在经货联盟的推进上迈出了关键一步。③

正如科尔在峰会几天后对美国国务卿贝克说的："即使不符合

---

① 〔德〕维尔讷·魏登菲尔德等：《德国统一史（第四卷）——争取德国统一的外交政策：决定性的年代（1989—1990）》，欧阳甦译，梅兆荣、邓志全审校，社会科学文献出版社，2016，第114页。
② 〔英〕戴维·马什：《欧元的故事：一个新全球货币的激荡岁月》，向松祚、宋姗姗译，机械工业出版社，2011，第115页。
③ 〔德〕维尔讷·魏登菲尔德等：《德国统一史（第四卷）——争取德国统一的外交政策：决定性的年代（1989—1990）》，欧阳甦译，梅兆荣、邓志全审校，社会科学文献出版社，2016，第113~118页。

德国利益，我也支持欧洲经济与货币联盟。譬如德意志联邦银行行长就反对经货联盟。然而，建立经货联盟是政治上的重要一步，因为我们需要朋友。"① 时任法国总理的米歇尔·罗卡尔后来回忆道："德国重新统一和欧洲经济与货币联盟建立，二者齐头并进，维持着微妙的平衡。柏林墙的倒塌同时加快了二者的进程。科尔和密特朗两人本来早就开始推动这两件事情了。现在，密特朗不得不接受德国统一比他原先预想要快得多的现实，科尔则必须接受经济与货币联盟比他原先预想要快得多的现实。"②

科尔接受了经货联盟，但他提出的建设政治联盟的问题未得到密特朗的积极响应。在1989年底的斯特拉斯堡峰会上，欧共体委员会主席德洛尔从欧洲整体利益出发，在赞成科尔主张的基础上，提出同步推进欧洲经货联盟和欧洲政治联盟建设、构建"欧洲联邦"的构想，但是遭到密特朗的反对。密特朗作为戴高乐外交思想的忠实继承人，在欧洲建设上始终反对走以政治联盟为代表的超国家路线。最终这个悬而未决的难题由密特朗的心腹顾问、主管对欧事务的智囊吉古打破了僵局，她在改变密特朗对政治联盟的冷淡态度和跟上形势方面发挥了关键作用。

1990年2月初，吉古观察到德国内部形势瞬息万变、快速统一势不可当，于是建议密特朗尽快启动政治联盟。2月2日，她向密特朗提交一份备忘录称：法国能选择的并不是德国统一还是继续保持分裂，而是仍将在欧共体中的德国，还是统一后自行其是、不

---

① 〔英〕戴维·马什：《欧元的故事：一个新全球货币的激荡岁月》，向松柞、宋姗姗译，机械工业出版社，2011，第116页。
② 〔英〕戴维·马什：《欧元的故事：一个新全球货币的激荡岁月》，向松柞、宋姗姗译，机械工业出版社，2011，第115页。

再需要任何人的德国。显然和暂时分裂的德国相比，与统一后的德国谈判将更加艰难，应抓紧时间就政治联盟进行磋商。

吉古没能马上说服密特朗改变对政治联盟的冷淡态度，但是她获得了德洛尔和欧共体轮值主席国主席爱尔兰总理的支持以及德国方面的热烈响应。到3月中旬，局势进一步发生变化，首先，3月18日民主德国大选结束，德国民众一致支持德国快速统一的路径，即以联邦德国《基本法》第23条确定的联邦德国吞并民主德国的方式实现统一。至此法国和欧共体坚持的德国统一的前提之一，即"民主"的任务算是顺利完成。而"和平"所涉及的五个外部问题即波德边界问题、统一后的德国与军事联盟关系的问题等，在当时也取得了突破性进展，只有与德国统一最为密切的欧共体建设问题仍然在原地打转。为突破这个障碍，尽快实现德国统一，科尔再次做出妥协，表示同意把讨论经货联盟的政府间会议从12月提前至秋季，用来换取密特朗对政治联盟的放行。最终在吉古的大力劝说下，密特朗终于松口，同意考虑政治联盟。

导致密特朗改变态度的另一原因在于："从3月开始，法美大西洋主义与欧洲主义的战略竞争步入了白热化。法国试图在一些重大问题上将北约边缘化并凸显欧共体在政治层面的主导地位。美国也通过寻求英德支持北约的地位直接警告法国，以及从实际行动上推进北约多元改革等手段作为应对。对欧洲主导权的竞争迫使法国不得不加快共同体从经济到政治层面的一体化进程，并使之尽快成为吸收东欧国家以及磋商地区事务的主要权力机构。"[①]

---

① 王帅：《两德统一与欧洲一体化》，《历史教学》2019年第12期，第26页。

此后在法德两国的携手推进下，欧共体于4月底在都柏林召开的会议上决定了政治合作的内容。同时，也赢得了德国对经货联盟的进一步支持。6月底，在都柏林欧共体峰会上决定于年底同时启动有关经货联盟和政治联盟的政府间会议。至此，法德之间短暂的冷淡和不信任宣告结束，开始平行推动德国统一和欧共体的一体化。经货联盟和政治联盟建设尽管还有很长的路要走，但已经不是德国统一的障碍。

## 四 统一的第二个先决条件——波德边界问题

在德国统一的问题上，法国主要有两大担心："——欧洲大陆的稳定与安全，表现为竭力主张最终承认波兰的西部边界；——欧洲一体化进程的速度似乎会受到德国统一的危害。"[1] 密特朗在努力将德国统一绑在欧洲列车上的同时，也在积极斡旋解决波德边界问题。波德边界问题是统一涉及的五大外部问题中分歧较大的一个，若不能有效解决，德国"和平"统一亦无从谈起。

德国和波兰的奥得—尼斯河边界是个历史问题，是二战后根据《波茨坦协定》将当时的波德边界整体西移的结果。西移后，波兰获得奥得—尼斯河以东和部分原东普鲁士领土，约占波兰当时领土的三分之一。原波兰东部近一半的领土则划给了苏联。当时，法国出于自身利益，对边界的确定予以了默认和支持。[2]

---

[1] 〔德〕维尔讷·魏登菲尔德等：《德国统一史（第四卷）——争取德国统一的外交政策：决定性的年代（1989—1990）》，欧阳甦译，梅兆荣、邓志全审校，社会科学文献出版社，2016，第280页。

[2] 兰鹏：《德波关系中的奥得—尼斯河边界问题》，《德国研究》2002年第1期，第20页。

| 德国统一的外交

　　但是《波茨坦协定》没有确认奥得—尼斯河边界的永久地位，而是规定最终边界要靠和谈来解决。在冷战背景下，为改善对波关系，民主德国方面承认了这条边界，还将其命名为"友好边界"。联邦德国一开始不予承认，后来算是勉强认可。

　　当德国统一的车轮滚滚驶来时，出于对欧洲战后安全布局的考虑，同时出于对德国根深蒂固的恐惧心理，波德边界问题成为法国和其他几大国的共同关切之一。在西德方面，科尔出于在1990年大选中争取更多选票的国内政治考虑，一直在边界问题上闪烁其辞。1989年柏林墙倒塌当天，科尔曾到访波兰，但闭口不谈边界问题。他在著名的《十点纲领》中也对边界问题只字不提，这让各方都十分担心。美国方面表示要尊重对欧洲边界不可侵犯做出了规定的1975年《赫尔辛基最后文件》，承认当下的波德边界。撒切尔夫人指出："欧洲领土的现状一旦出现变更，将会打开潘多拉魔盒。"

　　对边界问题最敏感、最担心的是法国人，同意保留现有波德边界不变，是密特朗赞成德国统一的第二个先决条件。法国的担心主要出于以下原因。首先和英国一样，法国担心边界问题若处理不当，会带来"多米诺骨牌效应"，导致后患无穷。对这条作为雅尔塔体系标志的边界的质疑必然导致对所有出自冷战的边界的质疑，正如法国外长迪马提醒密特朗的，如果德国东部边界问题处理不好的话，则波兰东部与苏联的边界、苏联与罗马尼亚的边界、匈牙利与罗马尼亚的边界等问题都会在东欧国家的民族主义以及民族统一主义的诉求下沉渣泛起，威胁欧洲大陆的稳定。在四大国中，英国位于欧洲大陆之外，没有直接利害关系，美国更是远隔重洋，苏联有强大的军事实力，必要时可以诉诸武力。相形之下，法国不仅身处欧洲腹地，而且没有苏联那样强大的军事实力，因此法国对边界问题处理不善可能导致欧洲失稳的担忧远在美国、苏联和英国之上。其次，边界问题是检验德国是否愿意为"和平"统一大业、为欧洲的整体安全做出妥协的试金石。换言之，密特朗担心，如果西德现在出于一己之利而一意孤行，不肯让步，那么日后恐怕也难保其不唯我独尊，置集体利益于不顾。何况此前科尔有过突然提出《十点纲领》的单边行动。

波兰方面，由于历史上曾屡遭周边大国入侵，领土屡被瓜分，这一次它自然而然地会担心悲剧重演，怕奥得—尼斯河边界会随着东德并入西德而遭到否认，特别是怕德国的右翼民族主义势力趁机施压，要求把德国边界恢复至二战前。因此，波兰强烈要求维持既有边界不变。奥得—尼斯河边界并不是波兰主动造成的，波兰作为战争受害者也损失了东部占原国土面积近一半的领土，因此波兰的要求合乎情理。此外，基于历史教训，波兰担心如果缺席事关自身利益的"边界"谈判，会被四大国当作谈判的筹码牺牲掉，因此强烈要求参加有关边界问题的"2+4"外长谈判，并要求两个德国分别和波兰草签边界条约。德国一旦统一，再由全德议会正式签约批准，永久承认这条边界。而科尔出于选举考虑，面对波兰的三个要求，坚持说只有统一后的德国政府才能向波兰提供它希望获得的边界保障。面对西德的强硬态度，波兰四下游说几大国，要求它们向西德施压。

法国对波兰的要求给予了大力支持，并持续介入，积极斡旋，指出边界问题不仅仅是波兰和德国之间的事情，也与四大国息息相

| 德国统一的外交

关。边界问题涉及欧洲的安全与稳定，科尔政府把边界问题置于对内政的担忧之后，是完全无法接受的。早在1989年11月18日于巴黎召集的特别首脑峰会上，法国就向西德公开提出，维持欧洲现有边界，特别是波德边界是法国支持德国统一的第二个先决条件。在斯特拉斯堡峰会上，密特朗携手撒切尔夫人再次要求科尔明确承认波德边界的不可变，后来鉴于科尔在欧洲建设方面做了让步，法国在边界问题上没有穷追不舍，因此最后落在纸面上的只是"尊重《赫尔辛基最后文件》"，而未明确写上"保持既有边界不变"。不过，密特朗并没有放弃该问题，此后每次与科尔会晤，他都会在边界问题上施压后者。在1990年初的拉契会面中，密特朗要求科尔尽快就波德边界问题拿出解决方案；在2月15日的巴黎会晤中，他再次对科尔强调四大国在边界问题上拥有相关处置权利。面对科尔边界问题只是波、德之间事务的说法，他指出，美苏英法四国不会对边界问题坐视不管，并希望科尔尽快启动解决程序。2月16日，四处求援的波兰总理马佐维耶茨基也向法国开了口，通过法国驻波兰大使表示了希望法国给予足够支持的想法。3月1日，在密特朗的授意下，法国外长迪马在访问西德时在柏林发表公开演讲，称"再次赞成最终承认奥得—尼斯河边界"，认为科尔"将此问题推迟到建立大议会之时再做出回答是不明智的……沉默就是十足的模棱两可"[1]。

法国外长的这番讲话和来自西德国内的不同声音最终迫使科尔做出让步，承诺大选后的西德会尽快签约承认奥得—尼斯河边界，

---

[1] 〔德〕霍斯特·特尔切克：《329天：德国统一的内部视角》，欧阳甦译，胡琨审校，社会科学文献出版社，2016，第111页。

第四章 法国对德国统一的外交

但同时设置了一个前提,要求把波兰1953年宣布放弃战争赔款和保障在波德国人权利同时写入条约。科尔的做法引起各方的普遍反对,在各国的压力下,他最终被迫放弃这个前提。

此外,在波兰所要求的立即草签条约而不是待统一之后再签条约和同意波兰加入"2+4"谈判的问题上,科尔还是没有松口。法国方面对此非常不满。波兰瞅准时机,进一步对法国进行了游说。3月9日,波兰总统雅鲁泽尔斯基与总理马佐维耶茨基双双到访巴黎,再次寻求密特朗对边界问题的支持,甚至暗示法国,可以凭借和波兰的友好关系,携手阻止德国统一。密特朗在指出法德关系牢不可破的基础上,明确拒绝了波兰方面的这一"企图"。但同时表示,会动用一切可行的手段迫使西德明确承认波德边界,否则就不会支持德国统一进程。随后在两国联合举办的新闻发布会上,法国不仅表示继续支持波兰参与涉及边界问题的"2+4"谈判,并在德国统一之前草签条约,而且还增加了一条:要求四大国为该条约背书。密特朗一再对科尔重申:边界不可侵犯是一个不容商讨的先决条件。3月14日,密特朗给科尔打电话,告诉其法国和波兰的共同要求,即波兰至少要参加一次"2+4"的谈判。

法国对波兰的大力支持最终惹恼了西德,双方的关系一度变冷,降到柏林墙倒塌以来的最低点。最终在各方的调停,特别是在美国的介入和西德的让步下,波德边界问题得以解决。3月21日,波兰总理访问美国,与布什进行了会谈。在西德和波兰的两种边界问题解决方案面前——西德主张先由两德宣布尊重现有边界,等全德政府成立后再订立边界条约,波兰要求在德国统一前制定条约,待德统一后再批准,布什建议先由两德宣布尊重现有德波边界,

247

两德和波兰秘密草拟条约文本，德国统一后再正式签署条约。① 美国人的立场和密特朗的路线相符，最终科尔接受了布什的方案，边界问题终于取得进展。6月21日，两德国会做出决议，将在统一后和波兰签署条约，解决边界问题。7月，第三轮"2+4"谈判在巴黎举行，波兰获准参加。法国人劝波兰放弃它所提出的西德应即刻修改国籍法、四大战胜国相关权利待"德波条约"生效后才可放弃等过高要求，促使德波边界问题最终获得解决。② 整体而言，在边界问题上，尽管法国人持续发力，但不得不承认，美国人发挥的作用更大。

法国和美国、英国帮助波兰解决边界问题对西德的过度自信有所抑制，四强对德波边界提供保证也一劳永逸地解决了德国右翼势力利用民族主义情绪对此进行挑战的可能性。这对欧洲稳定和各国和解都有积极意义。特尔切克评价说，德国人明白，在边界问题上，"巴黎站在波兰一边"③。

## 五 新欧洲秩序的法美之争——欧洲主义 vs 大西洋主义

统一后的德国与军事联盟的关系问题是事关德国统一后欧洲安全秩序的重要议题。当时几国磋商，一致赞成统一后的德国不实行

---

① Meeting with Prime Minister Tadeusz Mazowiecki of Poland, 21 Mar, 1990, Geroge Bush President Library and Museum.
② Fréderic Bozo, *Mitterrand, The End of the Cold War and German Unification*, Translated from the French by Susan Emanuel, New York and Oxford：Berghahn Books, pp. 286-288.
③ 〔德〕霍斯特·特尔切克：《329天：德国统一的内部视角》，欧阳甦译，胡琨审校，社会科学文献出版社，2016，第190页。

中立化，而是继续留在北约。在这个问题上，起主导作用的是美苏两大国，但由于法国和美国在北约和欧洲新秩序上的重大分歧，法国始终想在该议题上发挥影响，并与美国展开了是选择欧洲主义还是大西洋主义路径的较量。

每逢世界和欧洲形势发生大的转变，美国都会推动北约进行相应的改变。1989年，面对东欧剧变带来的新形势，美国人被迫再次思考北约转型问题，以防止其在东西方对抗性降低的局面下走向萎缩。1989年5月底，北约在布鲁塞尔召开峰会，为应对新时局，布什提出了将北约政治化，并将北约的功能和作用扩大化的思路，确定了北约东扩的路线。

德国统一加速后，东德将按照西德《基本法》第23条加入西德，走向消亡。北约能否东扩到东德领土，事关北约的存亡与前途。美国人担心德国统一将导致美军不得不和苏军一样撤离德国领土，进而导致美军最终完全撤离欧洲，倘若如此，那将是北约的末日和美国的梦魇。

1989年12月4日，布什在北约布鲁塞尔峰会上阐释了美国对于欧洲新秩序的大致设想。12月11日，美国国务卿贝克访问西德，在西柏林就"新欧洲和新大西洋主义"发表演讲，重申了布什的观点，提出为适应新的时代需要，首先，要建立新的框架，使德国和欧洲的分裂得以和平、民主地克服；其次，新框架要能使美、欧继续维持此前在安全领域的关系。贝克提出，新框架的第一点涉及北约的新使命，即北约除了原有的威慑和防御功能外，还应更加关注非军事安全领域和地区冲突。西方要在欧安会框架内提出新倡议：与东欧建立政治、经济联系，活跃的北约甚至可以维护苏

| 德国统一的外交

联的利益。第二点涉及欧共体的未来发展。美国支持欧洲一体化和欧共体扩大,并使其能够支持东欧的新民主国家。① 概言之,美国要以政治化的北约、欧共体和欧安会三大框架共同处理德国统一问题,以此参与新欧洲的塑造。② 实际上,尽管美国提出了北约、欧共体和欧安会三个框架,实际上它仍把跨大西洋关系和北约作为欧洲新秩序的基石,欧共体和欧安会无法替代北约的基本地位。

布什和贝克的观点让法国人很是担心,他们认为美国这是要借加强北约之名将北约在欧洲的影响永久化,是要利用北约控制欧洲的整体变迁。即便美国没有了维持其在欧洲军事存在的理由,也要找理由存在下去!法国人对此难以接受,在欧洲安全问题上,密特朗继承了戴高乐的衣钵,倡导欧洲独立自主,不愿意受任何超级大国的主导和操控,而美国的"新欧洲和新大西洋主义"显然是反欧洲自主的,加之法国一贯有深刻的反美传统,于是为挫败美国人的企图,密特朗展开了积极的外交活动。

早在1989年12月6日,密特朗在基辅和戈尔巴乔夫会谈时,就接受了苏方要求的提前在1990年召开第二次欧安会峰会的要求。密特朗希望加强欧安会,使其机构化,以此反对美国的"新大西洋主义",反对两大集团再次压制欧共体。他要进一步加强欧共体在欧洲的地位,使其具有安全职能。③ 密特朗不想让美国进一步扩大对西欧防卫的发言权。12月16日,他和布什在法属西印度群岛

---

① Philip Zelikow, Condoleezza Rice, *Germany Unified and Europe Transformed*: *A Study in Statecraft*, Cambridge, Massachusetts: Harvard University Press, 2002, pp.142-143.
② 〔德〕霍斯特·特尔切克:《329天:德国统一的内部视角》,欧阳甦译,胡琨审校,社会科学文献出版社,2016,第50~51页。
③ Frédéric Bozo, *Mitterrand, the End of the Cold War, and German Unification*, Translated from the French by Susan Emanuel, New York and Oxford: Berghahn Books, pp.144-146.

会谈时，提出异议，不愿意让北约负责欧洲常规裁军的核查任务并涉及地区冲突。法国人不愿北约扩大职能。① 12 月 31 日，密特朗在对法国人民发表新年讲话时，提出了"欧洲邦联"的构想，即欧共体要加强其架构，欧共体的存在既是东欧人民革命的参照系，也是吸引东欧各国的磁石。下一阶段，要发展"欧洲邦联"，使欧洲各国有一个共同协商并进行和平和安全安排的永久性组织。概言之，密特朗提出了他对后冷战时代新欧洲框架的构想。② 他要以此取代美国的"新大西洋主义"。

然而，法国的反对并不能阻止美国人扩大北约职能并将北约东扩的既定政策。美方对此进行了两方面的设计。首先，1990 年 1 月 31 日，布什发表国情咨文，称美苏在欧洲核心地区驻军兵力应再削减 8 万人，上限降为 19.5 万人。这是要利用德国统一的形势促使苏联加速从东德撤军。③ 此前，布什已经打电话告诉戈尔巴乔夫，美军和苏军不能受同等对待，即便苏军完全撤走，美军还是要留在德国。④ 其次，美国人加快了对北约转型的研究，希望通过北约的政治化来实现东扩。

法国人对北约改革的立场及密特朗对"欧洲邦联"的构想也不

---

① President Bush Meeting with Francois Mitterrand of France, 16 Dec. 1989, George Bush President Library and Museum, http：//bush41library.tamu.edu/files/memcons-telcons/1989－12－16－Mitterrand.pdf.

② Frédéric Bozo, *Mitterrand, the End of the Cold War and German Unification*, Translated from the French by Susan Emanuel, New York and Oxford：Berghahn Books, p.147.

③ Address Before a Joint Session of the Congress on the State of the Union, 31 Jan.1990, George Bush President Library and Museum, http：//bush41library.tamu.edu/archives/public-papers/1492.

④ Telephone Conversation with Mikhail Sergeyevich Gorbachev Chairman of the Supreme Soviet of the USSR, 31 Jan.1990, http：//bush41library.tamu.edu/files/memcons-telcons/1990－01－31－Gorbachev.pdf.

| 德国统一的外交

能不让美国人充满疑虑。1990年4月19日，密特朗访美，并与布什在佛罗里达会谈。他表示，法国接受美国继续留在欧洲，但是，他要使东欧加入"欧洲邦联"，之后再让其与美国结盟。他要使欧洲实现统一，然后再和美国订约。他说，欧共体要扩大，吸纳东欧国家，但是这需要时间；欧共体扩大后，在法国的领导下再和美国签约。[①]在接下来的会谈中，密特朗表示，法国要主导欧共体十二国自行讨论西欧安全。欧共体提议召开欧安会峰会，没有知会美国，美国担心在安全领域欧共体与欧安会这两者都与北约构成竞争。[②]密特朗此次访美，表现出想让欧洲摆脱美国实现自立的意图。法国不反对美国留在欧洲，但是有自己对欧洲防务和政治发展的构想。布什对密特朗反对北约扩大职能不满，称美国不想以"雇佣兵身份"留在欧洲。美国也不赞同法国的"欧洲邦联"构想，称东欧问题在欧安会框架和北约框架中都可以讨论，不必再发展新的架构。

尽管法美两国在北约的改革方向和欧洲安全事务主导权上各怀心思，但在反对德国中立主义倾向上仍有共同利益。1990年1月27日，密特朗在和布什通话时表示，他担心美国撤军过多会导致德国中立化，担心布什的裁军建议引发东德和西德民众一同要求所有外国军队和核武器悉数撤出德国，致使美军不得不离开欧洲。[③]

---

[①] Meeting with President Mitterrand of France, 19 Apr. 1990, George Bush President Library and Museum, http：//bush41library.tamu.edu/files/memcons-telcons/1990-04-19-Mitterrand%20[1].pdf.

[②] Meeting with President Mitterrand of France, 19 Apr. 1990, George Bush President Library and Museum, http：//bush41library.tamu.edu/files/memcons-telcons/1990-04-19-Mitterrand%20[2].pdf.

[③] Telephone Conversation with President Mitterrand of France, 27 Jan. 1990, George Bush President Library and Museum, http：//bush41library.tamu.edu/files/memcons-telcons/1990-01-27-Mitterrand.pdf.

换言之，在欧洲的历史性大变局当中，尽管法国不愿意美国扩大在西欧的影响力，但是仍需要美军起到稳定欧洲大局的作用。密特朗认为美军日后会离开欧洲，法国要用欧洲自己的防卫体系来取代北约。[1]

密特朗在反对统一后的德国中立化的同时，并不认同美国主张的统一后的德国参加北约、成为北约完全成员的方案。作为一个老到的政治家，他游走在几大国之间。1990年5月25日，在访苏期间，密特朗要求戈尔巴乔夫务必对统一的德国参加北约表示反对，但他又认为苏方提出的让德国既参加北约、又参加华约的方案不会成功。他建议后者在欧洲常规裁军进程上对美国和西德施压，以便在德国的军事归属上要价。他还对戈尔巴乔夫介绍了他的"欧洲邦联"构想，称法、苏两国可在各领域合作，让欧洲国家习惯于一起工作，他的"欧洲邦联"构想目前还不成熟，但10年内就可奏效，到时候欧洲各国将自行协商、决定欧洲事务，同时欧洲将在经济领域发展成为一极。访苏归来后，密特朗却对科尔表示，他在莫斯科维护了科尔要让新德国参加北约的立场。[2] 几天后，他又告诉布什说，戈尔巴乔夫坚决反对统一后的德国参加北约，苏联总统对德国只在政治上参加北约，但不参加北约军事一体化组织的"法国化"方案感兴趣。实际上，"法国化"方案是密特朗自己主动对苏联总统提出来的。[3]

---

[1] Frédéric Bozo, *Mitterrand, the End of the Cold War and German Unification*, Translated from the French by Susan Emanuel, New York and Oxford: Berghahn Books, p. 245.

[2] Alexander Von Plato, *the End of the Cold War? Bush, Kohl, Gorbachev, and the Reunification of Germany*, Translated by Edith Burley, New York: Palgrave Macmillan, 2015, pp. 260-264.

[3] Michael Sutton, *France and the Construction of Europe, 1944-2007, the Geopolitical Imperative*, New York & Oxford: Berghahn Books, 2007, p. 259.

| 德国统一的外交

相比让统一后的德国参加北约，美国的北约改造计划更让密特朗担心。1990年7月6日，北约在伦敦召开峰会，讨论北约改革问题。法国对于美方提出的苏联和东欧各国可以向北约派驻联络使团并派驻大使的方案表示不满，不愿意美国增强对欧洲安全事务的话语权。法国只同意北约单独邀请苏联和东欧国家，建立联络关系，只字未提要派遣大使级官员。美方还建议和平时期组建包括美军在内的多国军团，法国认为这将增大德国对北约军事结构的依赖性。在法国的反对之下，这一计划大为降格。此外，法国还反对美国提出的对北约核战略的修改，不愿意让北约放弃首先使用核武器的政策。①

尽管法国坚持欧洲主义道路，但和美苏两大国相比，其话语权毕竟有限，最终它在安全议题上被逐步边缘化。1990年7月，科尔访苏，并与戈尔巴乔夫达成协议：新德国将会以完全成员资格参加北约。北约管辖权在法理上东扩了。7月底，法国宣布将在1994年从德国完全撤走其4.6万名驻军，此外也不会派兵参加北约的多国军团，以此表达不满，但已于事无补。

概而言之，在统一后的欧洲安全问题上，法国和美国各执一词，展开了欧洲主义和大西洋主义之争。密特朗继承了戴高乐主义的衣钵，认为美军早晚会离开欧洲，欧洲要实现防卫自主。相反，美国则极力避免出现这样的前景，并且千方百计地要找到一个框架，从而让美军永久留驻在欧洲尤其是留驻在德国。美国不仅要北约东扩，还要欧共体也东扩。密特朗则倾向于先深化西欧的一体

---

① Michael Sutton, *France and the Construction of Europe*, 1944-2007, *The Geopolitical Imperative*, New York & Oxford: Berghahn Books, 2007, pp. 259-261.

化，然后才东扩，并提出了"欧洲邦联"的构想。该构想旨在尽力推迟欧共体东扩的时间，但东欧各国急于加入欧共体和北约，难以认同法国的方案。

不过法美欧洲主义与大西洋主义之争也并非毫无意义，特别是它在某种程度上促进了欧洲一体化的加速发展。因为法国对新欧洲秩序的基本设想是通过发展欧共体来削弱北约、摆脱美国的领导并约束德国，这迫使密特朗对科尔提出的构建政治联盟的态度逐步从前期的保守转为支持。

## 六 结语

德国统一不仅是欧洲历史也是世界历史上的重大事件。在前后短短一年左右的时间里，民主德国和联邦德国这两个不同意识形态下的国家主体就以和平、民主的方式快速实现了统一，堪称外交史上的奇迹。在德国统一的进程中，美苏英法四大国各自发挥了至关重要的决定作用，尽管它们的出发点和立场不尽相同，追求的利益也不尽一致。在几大国台前幕后精彩纷呈的博弈之后，德国统一最终成为现实。客观地说，鉴于美国和苏联的超级大国地位，它们在德国统一过程中所扮演的角色最为重要。相比较而言，法国的作用无法比肩两巨头，尽管如此，作为德国最重要的邻居和欧洲头号大国，其作用也不容抹杀。

法德作为欧洲大陆毗邻的两个大国，不仅是地理意义上的近邻，也曾经是政治、军事争霸的对手，形容为世仇也不为过。自普法战争后德国实现民族统一以来，在短短不到百年的时间跨度里，

## 德国统一的外交

法德两国三次兵戎相见,法国屡屡受挫,巴黎曾两度被德军占领,后来成为法国总统的密特朗还曾在战争中被俘。在两次世界大战之后,为减少战争威胁,法国均以战胜国的身份参与了对德国的严厉制裁和肢解。二战后两个德国的既成事实,客观地来看,对法国自身和整个西欧的安全是有利的。

法国在内心深处并不希望身边出现一个统一强大的德国,即便不是军事意义上的强大。它对德国人的高度戒心也始终没有放下,战后煞费苦心地设计了欧洲一体化的方案也是为了约束德国。但是,自法兰西第五共和国开国元首戴高乐将军以来的所有法国总统都凭借战略家的高度敏锐,清醒地意识到,德国的分裂只是暂时现象,随着历史的推进,两德迟早有一天会走向统一。因此尽管不情愿,法国还是从戴高乐将军起,就从战略和大局的高度出发,定下了支持德国统一的根本基调,指出统一是德国人民的正当诉求。不过,在东西方对峙、势力均衡的冷战背景下,法国又认为德国统一只是远景,只要苏联不垮台德国的统一就不会发生。这意味着,尽管法国支持德国统一,但采取的是走一步看一步的政策,并没有认真考虑过德国统一问题。然而历史总是出其不意,谁也没有料到德国统一来得如此之快,让人措手不及。所以便出现了密特朗的犹豫。

后人往往批评以密特朗为代表的法国,尽管一再宣称支持德国统一,但在关键时刻却踟蹰不前。但如果设身处地,从历史的角度来审视当时矗立在历史潮头的密特朗,并结合他本人和作为法国总统的、个人的及集体方面的记忆与经历,可能就不难理解他为什么会在突如其来的德国统一面前那么纠结,毕竟二战刚刚过去不过40多年，若一步不慎，放虎归山，是否会导致无穷后患？另外，面对当时风云诡谲的世界局势和错综复杂的利益纠葛，果断做出准确的判断也的确不易。波佐指出，作为事后诸葛亮，我们在历史已然发生后，云淡风轻地进行评说是相对容易的，但是处在历史中的那个人，他站在史无前例的历史性大变局中，面对来自四面八方纷繁复杂的信息，面对瞬息万变的局势和其他相关行为者真真假假的表态，表现出纠结、犹豫、迟钝甚至误判恐怕也是在所难免的。

在德国加速统一势不可当，特别是苏联对德国统一开绿灯后，密特朗迅速转变对德国统一的态度，从保守犹豫变为明确支持，并积极展开外交斡旋，抓紧弥补并利用此前和科尔的亲密关系及法德紧密合作的基础，又打又拉，努力把德国捆在欧洲的列车上，同步推动欧洲一体化和德国统一，以实现在欧洲的框架内约束德国的目的，从而最大限度地降低德国统一可能带来的安全风险，确保法国和欧洲的长治久安。换言之，既然德国统一的步伐不可阻挡，那么就最大限度地引导其走上法国所希望的道路。

与此同时，法国积极参与解决德国统一所引发的波德边界问题，并致力于影响德国统一后的欧洲秩序。密特朗及其同僚在这两大问题上持续发力，四处斡旋，使出了不小的力气，但是客观来看，和美苏两大国相比，效果相对有限。这两个问题特别是欧洲新秩序问题凸显了法国作为二流强国的无力和无奈。以欧洲新秩序为例，法国力斥布什的大西洋主义，力主欧洲主义，希望以法国领导下的欧共体来削弱甚至取代北约，从而摆脱在安全领域对美国的全面依赖并约束德国。但尴尬的是，欧洲在自身防务能

| 德国统一的外交

力得到增强之前，除了北约别无选择，只能选择继续依赖跨大西洋关系。这也是自戴高乐直到马克龙，法国始终力主加强欧洲防务建设，追求防务自主，把欧洲做大做强，使之成为独立一极的主要原因。

推动德国在"欧洲的屋顶下实现统一"，解决波德边界问题和欧洲新秩序之争，尽管法国在这三大问题上发挥的作用不同，特别是在后两个问题上的作用相对有限，但不能抹杀它的努力，此外，这几大问题也是互相作用、彼此影响的。特别是法美欧洲主义与大西洋主义之争在某种程度上促进了欧洲一体化的加速发展。为实现通过壮大欧共体来削弱北约、摆脱美国并约束德国的目的，密特朗也逐步放弃了对政治联盟的消极态度，转向支持的态度。

# 第五章

## 欧共体与德国统一进程[*]

德国统一最终是在"欧洲框架"之下完成的。不仅民主德国被视为一个"特例",在德国统一之后立即作为统一的德国的一部分,加入欧共体之中,而且,在实现德国统一的过程中,德国被更加牢固地拴在了欧共体这驾马车之上。德国统一进程加速了建立"欧洲经济与货币联盟"的进程:法国希望通过"欧洲经济与货币联盟"等欧洲一体化的举措,将统一后的德国与欧洲紧紧地捆绑在一起,以防止德国"单干"或"中立化",再度成为欧洲安全的隐患;德国则不得不同意法国的"欧洲经济与货币联盟"方案,最终放弃德国马克,以实现国家统一,结束国家和民族分裂的状态。

由于二战之后欧洲一体化的发展,以及欧共体在制度建设方面取得的种种成就,在解决棘手的政治问题、前瞻性地规划欧洲未来时,欧共体和欧洲层面的制度框架为欧洲的政治家们提供了不同于传统"大国博弈"的另外一种选择。欧洲一体化的发展改变了欧洲的政治生态,也建立了新的游戏规则。正因为如此,在20世纪

---

[*]【作者简介】张浚,博士,中国社会科学院欧洲研究所研究员,长期从事欧洲一体化研究。

| 德国统一的外交

80年代末，在冷战结束的前夕，在德国统一的过程中，欧洲的政治家才能够通过实施"欧洲方案"，来消化德国统一可能产生的后果，并谋划欧洲的长治久安。

本章将集中讨论欧共体在德国统一进程中扮演的角色，分以下几个部分，即德国统一前夕欧洲一体化的状况，时任欧共体委员会主席德洛尔对待德国统一的态度和立场，以及欧共体各个机构在德国统一进程中发挥的作用。

## 一 20世纪80年代末欧洲一体化的状况

20世纪80年代中期，经过长时间的停滞之后，欧洲一体化重新开始大幅度地向前推进。在欧共体委员会主席、法国人德洛尔的带领之下，欧共体开始建设"欧洲共同市场"，揭开了欧洲一体化新的一幕。

德洛尔在重启欧洲一体化的过程中发挥了重要作用。德洛尔是欧洲一流的政治家，具有战略远见以及政策规划和执行能力。他虽然是法国人，但是很多政策主张更加接近德国人，这使得他能够被德国接受，而且他不是一个笃信"市场万能"的自由主义者。他就任欧共体委员会（简称欧委会）主席后采取了一系列推动欧洲"市场建设"的措施，但装在"欧洲共同市场"这个瓶子之内的却是在欧洲层面进行"国家建设"的宏旨。他期望"建立一个权力集中的、联邦制的、由国家主导的欧洲来保护'欧洲社会模式'"[1]。

---

[1] John Gillingham, *European Integration 1950-2003: Superstate or New Market Economy?*, Cambridge University Press, 2003, p. 152.

## 第五章 欧共体与德国统一进程

德洛尔出任欧委会主席后提出的"一揽子计划"涵盖了从欧洲单一市场到欧共体财政改革，从新的欧洲"社会维度"到经济与货币联盟的广泛议程。尽管推进欧洲共同市场的努力得到了广泛支持，但是计划中其他涉及欧洲层面制度建设的内容，例如"社会欧洲"、加强欧共体的国际角色、应对欧共体的"民主赤字"等，都遭到抵制。其中，与欧洲共同市场建设配套的改革结构基金的计划[①]几乎破产。最终，德国总理科尔表示德国愿意出钱补贴结构基金，改革措施才勉强通过。[②]

出于其政治远见以及推动欧洲一体化的坚定信念，德洛尔早在柏林墙倒塌之前就已经开始考虑德国统一问题。他关注的首要议题是德国在欧共体中的地位。[③] 在德国统一问题提上日程之后，德洛尔即公开支持德国的统一并欢迎东德加入欧共体。德洛尔试图抓住德国统一提供的历史机遇，推动欧洲一体化取得历史性的突破。相比之下，密特朗、撒切尔夫人等欧洲政治家则要谨慎得多，因此德洛尔的公开表态引起了很多争议。

德国统一是苏东阵营解体的前奏。欧洲几个大国的政治家在考虑欧洲未来前景时都要考虑到中东欧地区的未来发展及欧洲的未

---

① 在讨论如何实现欧洲共同市场的时候，欧洲层面的政策制定者已经预见到随着市场的扩大，欧洲内部发展不平衡的问题会更加突出。因此，德洛尔提出要整合欧共体此前的地区发展基金，创立结构基金，并改变结构基金的分配方式，即由与成员国向欧共体的缴费挂钩以补偿缴费多的成员国，变为由欧共体机构确定分配方式和分配标准，按照欧共体的标准确定受益地区，与成员国的缴费脱钩。参见张浚《结构基金及欧盟层面的市场干预——兼论欧盟的多层治理和欧洲化进程》，《欧洲研究》2011年第6期，第107~123页。

② George Ross, *Jacques Delors and European Integration*, New York: Oxford University Press, 1995, p. 42, John Gillingham, *European Integration 1950-2003: Superstate or New Market Economy?* Cambridge University Press, 2003, p262.

③ George Ross, *Jacques Delors and European Integration*, New York: Oxford University Press, 1995, p. 49.

来。随着德国统一进程不可阻挡地迅速发展，苏东阵营的解体指日可待，德洛尔看到了扩展欧共体并推动欧共体改革的良机。

## 二 德洛尔[①]对德国统一的立场及发挥的作用

### （一）德洛尔其人

德洛尔是一个另类的法国政治精英，他并非出身于法国政治家的摇篮——法国高等政治学院，甚至都没有读过大学，但是因缘际会，他最终成为一个真正继承了法国传统的技术官僚，并深刻地影响了欧洲一体化进程。

雅克·德洛尔1925年出生于巴黎，父亲是法兰西银行的中层雇员。高中毕业后，德洛尔本打算从事电影业，却不得不接受父亲的安排进入法兰西银行工作。他十分勤奋，才智过人，在法兰西银行迅速升迁，并逐步进入政坛。20世纪60年代，德洛尔在法兰西银行工作17年后，被遴选进入了让·莫内创设的计划委员会，并在其中扮演了中心角色。在法国最伟大的技术官僚皮埃尔·马赛（Pierre Massé）的支持下，德洛尔将再分配因素融入了法国的经济计划。1969年，戴高乐下台后，德洛尔成为戴高乐主义者、总理雅克·沙邦-戴尔马（Jacques Chaban-Delmas）的社会事务顾问。

在其政治生涯之中，德洛尔逐渐形成了自己的政治主张。总的说来，德洛尔是一个温和的社会主义者。但是，德洛尔在法国右派

---

[①] 关于德洛尔的介绍和评价参见George Ross, *Jacques Delors and European Integration*, New York: Oxford University Press, 1995, pp. 16-20。

政府的执政经历妨碍他进入左派阵营。在20世纪70年代，德洛尔开始向左派靠拢。他在左派阵营的内部斗争中支持了密特朗，并因此在1979年的欧洲议会选举中险胜。在欧洲议会议员任上，德洛尔主持欧洲议会货币政策委员会，并结识了像阿尔提罗·斯宾内利（Altiero Spinelli）这样具有传奇色彩的欧洲一体化推动者。

1981年密特朗当选法国总统后，德洛尔被任命为经济和财政部部长。尽管密特朗信任德洛尔的才干，但是德洛尔的一系列政策主张使他成为众矢之的，他认为国有化、支持通胀的凯恩斯主义的货币政策、花费巨大的社会政策都是不明智的。法国迅速恶化的经济形势将德洛尔推向前台，他第一个公开反对密特朗政府的经济改革，并在1982年推动左派出台了紧缩政策。1983年，在法德之间重新评估欧洲货币体系汇率的过程中，德洛尔扮演了核心角色，成功地降低了法国的通货膨胀率并实现了法郎的稳定。这是法国政策的一个转折点，这标志着法国与德国之间经济政策开始趋同，也宣告了法国将在欧共体的框架之内寻找经济问题的解决方案。

1984年，德洛尔的法国财政部部长的任期届满。恰逢法国推举欧共体委员会主席，密特朗推荐了两个候选人，一个是即将卸任的外交部部长克劳德·谢松（Claude Cheysson），另一个是德洛尔。谢松是一个坚定的社会主义者，曾担任欧共体委员，擅长做充满道德意味的演讲，但政策执行能力很差。德洛尔刚好相反。科尔和撒切尔夫人坚决反对谢松担任欧共体委员会主席，德洛尔即成为不二之选。在此次事关欧委会主席人选的政治磋商中最具讽刺意味的是，撒切尔夫人否决了对她来说更易操控的谢松，促成了德洛尔当选，但是在德洛尔的整个任期之中，撒切尔夫人不遗余力地反对德洛尔的绝大多数政策提案,而她最终也因为欧洲政策的失败,被党内议员逼宫,被迫辞职。

### (二) 德洛尔对德国统一的立场

德洛尔早在柏林墙倒塌之前就已经预见到了德国统一的前景。他关注的重点不是中东欧,而是统一后的德国在欧共体中的作用。[①]德国统一进程的加速,为德洛尔推动欧洲一体化和欧共体层面的制度建设提供了难得一遇的机会。一方面,科尔与密特朗都持有支持欧洲一体化的立场,尤其是科尔,他往往以出钱的方式给予德洛尔最有力的支持,结构基金改革就是一例。另一方面,显然为了实现德国统一的目标,科尔不得不在一些关键问题上做出让步,以换取西方伙伴对德国统一的默许和支持。德洛尔充分利用了这个机会。

1990年初,德国统一问题初上议事日程,虽然只有英国十分明确且强硬地反对德国统一,但是,其他欧洲国家也有不同程度的担忧。德洛尔率先改变了克制和观望的态度,公开支持德国统一,并把德国统一视为欧洲一体化发展的机遇。

德洛尔首先支持东德作为一个特例加入欧共体,他在一次访谈中说道:"一旦东德成为一个拥有开放的市场经济的多元民主政体,那么,这个国家就在欧共体拥有它的位置。"他明确表示支持德国统一的种种努力,认为德国统一将有助于加强欧洲共同体。德洛尔还同时表示,他也不担心德国统一后科尔对欧洲一体化未来发展的态度会发生改变,他对未来德国会继续致力于欧共体的一体化

---

[①] George Ross, *Jacques Delors and European Integration*, New York: Oxford University Press, 1995, p. 49.

充满信心。①

1990年1月17日,德洛尔在欧洲议会发表演讲,主题为"共同体必须面对其国际责任"。在演讲中,德洛尔公开提出了决定性的概念,表达了要将民主德国作为一个"特例"来对待的立场:

> 如此一来,首要的问题就是德国问题。十分清楚的是:两个德国之间关系的缓和及德国人民希望统一,这首先是德国内部事务,但这也是欧共体的事务。1949年5月23日……的德国《基本法》序言中,事实上确定了德国在民族自决的基础上实现统一的原则,而欧洲的统一则需要在德国统一的基础上实现。
>
> 《罗马条约》本身的一些章节也体现了这一原则:关于两个德国之间贸易关系的议定书、关于德国民族自治原则的声明、关于柏林地位的声明,以及1957年2月28日条约签署国的声明。
>
> 因此,民主德国是一个特例。我已经表达过这个观点,今天我需要清楚地重申,如果民主德国提出申请,它就在欧共体中有一席之地,前提是需要完成一些程序,比如召集斯特拉斯堡欧洲理事会会议,进行和平、民主和自由的民族自决,尊重《赫尔辛基最后文件》确立的原则,以东—西对话为条件,并以欧洲一体化为未来发展前景。至于民主德国要以什么方式加

---

① 〔德〕维尔讷·魏登菲尔德等:《德国统一史(第四卷)——争取德国统一的外交政策:决定性的年代(1989—1990)》,欧阳甦译,梅兆荣、邓志全审校,社会科学文献出版社,2016,第309页。

| 德国统一的外交

入欧共体,这是德国的内部事务。①

德洛尔在决策时考虑的是,德国统一不可阻挡,因此,需要防止在两德靠近与欧洲统一之间产生不可逾越的对立。有目的地将欧洲一体化与德国统一联系起来,实质是推行接纳统一的德国的战略,可以在伙伴之间建立信任。德洛尔的这种做法有助于消除欧共体成员国之间存在的不安、犹豫和对德国的不信任。②

德洛尔的表态并没有立即得到欧共体成员国的认可。1990年1月20日召开的欧共体外长特别会议上,比利时和荷兰的外交大臣对德洛尔将民主德国视为"特例"的立场提出根本性的质疑:由于民主德国是一个国际承认的主权国家,它与其他国家是一样的,应该像其他申请国一样排队加入欧共体。撒切尔夫人的反对意见更加直接,在1990年2月底,撒切尔夫人还在强调不能无视20世纪的欧洲历史,即自20世纪30年代以来,东德地区先后处于纳粹和统一社会党的统治之下,不具备稳定的民主基础,因此自动接受第二个德意志国家进入欧共体是不行的。

尽管有这些反对意见,由于法德之间的政治共识,德洛尔的立场迅速得到了欧共体领导层的支持,并逐渐带动了成员国立场的转变。德国也针对欧洲存在的这些担心和疑虑做了大量工作。根舍表

---

① Jacques Delors, "La Communauté face à ses responsabilités internationales", Parlement Européen, Strasbourg, le 17 janvier, 1990, in Jacques Delors, *Le Nouveau Concert Européen*, Paris: Éditions Odile Jacob, 1992, p.201.
② 〔德〕维尔讷·魏登菲尔德等:《德国统一史(第四卷)——争取德国统一的外交政策:决定性的年代(1989—1990)》,欧阳甦译,梅兆荣、邓志全审校,社会科学文献出版社,2016,第310页。

示，在两德接近的过程中，要更多地吸收其他十一个伙伴国的参与，不仅要不断地将发展过程通报给伙伴国，而且要定期征求它们的意见。根舍明确表示承认波兰西部边界，并且澄清说，德国未来也将履行自己的欧共体义务，这两点正是大家格外关注的问题。[1]

与此同时，德国也极为需要与欧共体合作处理德国统一的一系列连带问题。例如，早在1989年10月5日，科尔在与德洛尔会谈时就曾提议由欧共体出面援助波兰。"（这些援助）最好是，这也是出于心理原因，是以'欧共体'的名义执行的。"[2]

### （三）德洛尔的外交斡旋

德国统一是欧洲一体化的催化剂，却也蕴含着风险，尤其是法国和德国之间就未来欧洲一体化的发展方向存在着分歧，而欧洲局势的变化也潜藏着很多不确定因素。德洛尔曾私下表达过自己的担忧，害怕欧共体从此被扔进"历史的垃圾堆"[3]。因此，欧共体层面的磋商与决策应该与德国统一进程紧密联系在一起，同时，必须保证德国统一进程能够推动欧洲一体化的发展。为实现这一目标，德洛尔作为欧共体委员会主席，积极参与到围绕德国统一展开的一系列外交斡旋之中。

---

[1] 〔德〕维尔讷·魏登菲尔德等：《德国统一史（第四卷）——争取德国统一的外交政策：决定性的年代（1989—1990）》，欧阳甦译，梅兆荣、邓志全审校，社会科学文献出版社，2016，第310页。

[2] "Gespräch des Bundeskanzler Kohl mit Präsident Delors, Bonn, 5. Oktober 1989", in Hans Jürgen Küsters & Daniel Hofmann eds., *Dokumente zur Deutschlandpolitik*, München: R. Oldenbourg Verlag, 1998, p. 444.

[3] 〔德〕维尔讷·魏登菲尔德等：《德国统一史（第四卷）——争取德国统一的外交政策：决定性的年代（1989—1990）》，欧阳甦译，梅兆荣、邓志全审校，社会科学文献出版社，2016，第324页。

| 德国统一的外交

1. 围绕"政治联盟"的协商

1990年2月，针对邻国担心德国统一可能给欧共体带来负面影响的情况，爱尔兰总理查尔斯·豪伊写信给科尔指出，在这个特殊的时刻，坚定地推进由十二个成员国组成的欧共体向前迈进尤其重要。他建议召开一次欧共体的特别峰会，以便在最高层面形成统一的立场。豪伊的建议得到科尔的积极响应，也得到了德洛尔的积极回应。科尔在与德洛尔协商后，迅速确定了召集峰会的计划，并确定了召开峰会的时间。

在筹备都柏林特别峰会的过程中，德洛尔一面给德国施加压力，一面准备会议日程和会议文件，以保证峰会能够实现预期的目标。1990年2月，在与科尔的工作人员就都柏林峰会进行协调时，德洛尔表达了对形势的忧虑。他看到，在欧洲，对德国发展的担忧在增长，其中有一些"非理性的敌对情绪"，例如波兰总理马佐维耶茨基，向来就把德国统一当成是噩梦。而有一些舆论认为，德国统一的实现可能会是德国目前欧洲政策的终结，德国有可能在欧洲单独做大。在此基础上，德洛尔表示愿意为应对这一局面做出努力，即便欧共体的倡议可能会遭到抵制，特别是撒切尔夫人可能采取对立的立场。为此，德洛尔提出了政治联盟的设想，意图推进欧共体的机制改革。

建立欧洲政治联盟的主张有着巨大的政治阻力，最主要的是法国和德国在建设政治联盟的问题上没有达成共识。密特朗希望在德国统一的过程中推进欧洲经济与货币联盟（简称经货联盟），而科尔则希望与经货联盟并行地实现政治联盟，扩大欧委会和欧洲议会的权限。这两点都是密特朗不愿意接受的，他不想强化欧洲层面的超国家机构，他认为欧共体机构有一种为了权力而争权的趋势。欧洲经济与货币联盟有着深刻而重要的经济功能，这是必需的；政治一体化非但没有这么紧迫，而且会冲击对欧洲一体化本来就比较脆弱的共识。

在政治联盟这个议题上，德洛尔这个法国人支持的却是德国的立场。1990年1月17日，德洛尔阐述了对未来欧洲"联邦"的设想，这是与密特朗的欧洲"邦联"计划不同的，其重要的组成部分是经济与货币职能，但也包含欧共体成员国的政治合作。在德洛尔、科尔和豪伊的推动下，政治联盟项目启动了，并得到了欧洲议会议员和意大利、比利时政府的大力支持。

1990年3月18日民主德国的选举结果表明，民主德国民众明确赞成迅速统一。密特朗认识到，欧共体的作用是不可替代的，在欧洲一体化过程中德国也是法国不可替代的合作伙伴，因此，他改变了策略，寄希望于大力推动欧洲政治路线和重新确立法国在欧洲一体化中的领导地位。此后，法国与德国开始就欧洲政治联盟议题进行磋商，共同确定了建立"欧洲联盟"的基本立场。

2. 关于欧共体的财政安排和结构基金的分配

德国统一将会引起的欧共体财政安排和结构基金分配方面的变化，也是一个极其敏感的话题。

德洛尔及其领导的欧共体委员会主张给民主德国提供特殊援助。他们的出发点不是给德国以额外的经济支持，而是以结构基金为工具来影响两个德国之间的经济和财政谈判。但是，当时结构基金的主要受益国，尤其是地中海沿岸国家，却担心如此一来，它们能够得到的结构基金框架下的援助就会减少。

| 德国统一的外交

1990年7月,关于结构基金的争论激烈起来。因为欧共体委员会提出了一个建议,到1993年为止,每年从结构基金中拨出10亿埃居①的资金,在民主德国地区建立一个特别结构基金。这在欧共体内部引发了争论。欧洲议会特别委员会以此为议题公布了《多纳利报告》,并在欧洲议会大会上讨论了这个报告。报告认为,民主德国加入欧共体虽然从财政上是可以承受的,但也会带来比较大的负担,特别会给欧共体结构基金和社会基金带来影响,因此建议增加结构基金拨款来解决这一问题。

尽管联邦德国政府内部有支持的意见,科尔本人坚决反对将德国统一与改革欧共体内部财政分配挂钩的做法,尤其不能将德国统一与提高欧共体自有资金联系在一起。尽管德洛尔指出,援助民主德国不需要增加欧共体的预算,科尔还是坚持自己的立场。1990年8月20日,科尔在与德洛尔通电话时再次指出,他绝不允许将德国统一与提高欧共体资金联系起来。德洛尔做了让步,保证在新闻发布会上澄清两件事:其一,德国统一将在不提高欧共体资金的情况下实现;其二,结构基金最大的受益国——希腊、葡萄牙和意大利——接受的援助将不会受到触动。科尔在通话中向德洛尔表示:"一旦德意志内部的困难问题得到解决,德国将全力献身于欧洲政治。"②

1990年9月28日,就在德国正式统一前夕,德洛尔到访联邦

---

① 埃居是欧洲货币单位(European Currency Unit)的简称,是欧共体各国之间的清算工具和记账单位。在1999年1月1日欧元诞生后,埃居自动以1∶1的汇价折成欧元。
② "Telefongespräch des Bundeskanzler Kohl mit Präsident Delors, Paris, 20. August 1990", in Hans Jürgen Küsters & Daniel Hofmann eds., *Dokumente zur Deutschlandpolitik*, München: R. Oldenbourg Verlag, 1998, pp. 1479-1481.

德国，他同时收获了科尔对他和欧共体的感谢以及未来继续推动欧洲一体化的承诺。科尔首先向德洛尔和欧共体委员会所给予的"大力支持"表示感谢，"并强调了他的承诺：在未来几年将推动欧洲一体化的进一步发展，尤其是最终实现共同市场，并争取在关于经济与货币联盟以及政治联盟的政府间会议上达成富有成效的协议"[1]。德洛尔的种种努力也给他带来了实实在在的结果，随着1992年《马斯特里赫特条约》的签署及批准生效，德洛尔在1985年所确立的"1992计划"[2]也终于得以实现。

## 三 欧共体机构为德国统一所做的准备

在给予德国统一坚定的政治支持之外，德洛尔率领欧共体委员会在技术层面做了大量的工作，从法律到机构等各个方面，为接纳统一的德国做准备。

首先，欧共体机构成立了专门的小组或委员会，研究讨论德国统一会给欧共体造成的影响。欧共体委员会确定的三个主要议题是：德国统一对欧洲内部市场的影响，德国统一对欧共体外交关系的影响，经济与货币联盟问题。此外，由欧共体委员会副主席班格曼领导成立的"班格曼小组"则"抓总"，讨论德国统一可能涉及的所有领域和问题，不仅仅限于内部市场问题。"班格曼小组"很

---

[1] "Gespräch des Bundeskanzler Kohl mit Präsident Delors, Bonn, 28. September, 1990", in Hans Jürgen Küsters & Daniel Hofmann eds., *Dokumente zur Deutschlandpolitik*, München: R. Oldenbourg Verlag, 1998, pp. 1479-1481.

[2] George Ross, 1995, *Jacques Delors and European Integration*, New York: Oxford University Press, pp. 29-34.

| 德国统一的外交

早就确定了民主德国可以"特例"加入欧共体的方案。

通过成立这些工作小组,欧共体委员会也成功地与联邦德国的有关机构对接,得以及时地从第一手来源获得两德继续靠近的重要信息,并能够及时地采取相应的行动,有效地防止了德国"单干"。[1]

其次,欧洲议会也成立了专门委员会。1990年2月16日,欧洲议会成立了一个由20人组成的高级别"德国统一"特别委员会,负责调查德国统一对欧共体产生的后果,对形势的发展及时确定立场,并从与德国代表的对话中获得第一手信息。[2]

欧共体通过这些准备工作,扩大了自身的实际权能。但是在德国统一进程的初始阶段,在各个主要大国密集的外交活动中,欧共体各机构还处于边缘地位。

欧共体各个机构都要求更多地介入有关德国统一的磋商、协调和筹备工作中。1990年2~4月,欧洲议会的辩论和公布的文件里,多次批评联邦德国政府没有及时通报情况,尤其是没有就关键的事务与欧洲议会进行充分的磋商。例如,1990年2月14日,欧洲议会议员要求联邦德国政府与欧洲议会进行事前磋商,而不是仅仅在事后通报两德靠近的情况。3月16日,在议会辩论中向联邦德国提出了警告,敦促其不要在德国统一过程中单独行动。4月4日的一项欧洲议会决议明确表示欢迎德国统一,但提

---

[1] 〔德〕维尔讷·魏登菲尔德等:《德国统一史(第四卷)——争取德国统一的外交政策:决定性的年代(1989—1990)》,欧阳甦译,梅兆荣、邓志全审校,社会科学文献出版社,2016,第311~312页。
[2] 〔德〕维尔讷·魏登菲尔德等:《德国统一史(第四卷)——争取德国统一的外交政策:决定性的年代(1989—1990)》,欧阳甦译,梅兆荣、邓志全审校,社会科学文献出版社,2016,第312页。

出:"在一切领域,即实现德国统一的措施对贯彻欧共体法律规定以及欧共体的纲领和措施产生影响的一切领域,欧共体要求参与充分磋商,而不仅仅是得到有关发展的信息通报。"而且,有关将民主德国地区融入欧共体的所有谈判阶段,都应将欧共体的机构包括议会吸收进来,以最大限度地确保"透明性和民主责任感",并"避免民主赤字的扩大"。①

就是德洛尔本人也对德国与欧共体沟通不足的情况提出了批评,尤其是在两个德国建立货币联盟的问题上,他说,"某些政治人物令人震惊的沉默"让他感到遗憾。他表示理解形势发展带来的紧迫性,但是,货币联盟"绝不仅仅是德国人的事务;基于将我们联系在欧洲货币体制内的团结一致,货币联盟涉及我们所有人"。德洛尔的立场也得到了其他欧共体委员的支持。欧委会和其他成员国还担心德国未来是否会继续承担其在欧洲一体化进程中的责任,是否会只顾"内部事务"而放弃推动欧洲一体化的努力,等等。②

从这些表态可以看出,由于欧洲一体化的发展,欧共体各成员国已经通过欧洲层面的机制和政策被捆在了一起,各成员国的内部事务已会很自然地带来"溢出"效应,对欧共体及其他成员国产生影响。因此,除了高层的政治共识之外,欧共体与成员国之间在政策层面和技术层面的沟通和磋商也是必需的。

欧共体各个机构的批评声音和对德国施加的压力产生了预期的

---

① 〔德〕维尔讷·魏登菲尔德等:《德国统一史(第四卷)——争取德国统一的外交政策:决定性的年代(1989—1990)》,欧阳甦译,梅兆荣、邓志全审校,社会科学文献出版社,2016,第314页。
② 〔德〕维尔讷·魏登菲尔德等:《德国统一史(第四卷)——争取德国统一的外交政策:决定性的年代(1989—1990)》,欧阳甦译,梅兆荣、邓志全审校,社会科学文献出版社,2016,第314~315页。

| 德国统一的外交

效果。1990年3月23日,科尔亲自在与欧共体委员会委员的会晤中表示,他将继续坚持实现法德谅解和欧洲统一的基本原则,并主张加速欧洲政治统一和强调联邦德国所承担的责任。而且,科尔同时宣布要与欧共体及其他十一个成员国紧密协商今后德国统一过程中的各个步骤。联邦德国也履行了承诺。此后,联邦德国与欧共体在多个层面进行了磋商,比如,波恩和布鲁塞尔的高级官员举行过会晤,联邦政府的官员参加"班格曼小组"的会议,以及班格曼本人也应邀参加联邦德国政府内部涉及欧共体议题的内阁会议,等等。①

欧共体有关机构除了给联邦德国施加压力,要求全面介入德国统一进程之中,还从技术层面向公众解释了德国统一可能给欧洲一体化带来的影响,在当时的情境下,这可以被视为给德国实现统一提供了强有力的政治支持。1990年,班格曼在欧洲学院发表演讲,公开表达了对德国统一的支持。他在演讲中指出:"如果德国不能在共同体事务中发挥作用的话,共同体内部持续不断的一体化进程就会限于停滞。这不符合任何人的利益。我很难理解,为什么有些人会警告大家警惕德国快速统一可能带来的风险。德国的快速统一并不是联邦德国'吞并'了民主德国,而且也显然不会催生'第四帝国'。这些概念有着特殊的历史含义,而各种拿现今与历史做对比的做法,经常会混淆视听。更糟糕的是,本来在共同体中已经愈合的伤口会被再度撕开。"②

---

① 〔德〕维尔讷·魏登菲尔德等:《德国统一史(第四卷)——争取德国统一的外交政策:决定性的年代(1989—1990)》,欧阳甦译、梅兆荣、邓志全审校,社会科学文献出版社,2016,第315~316页。

② "Rapid German Unification is also in the interests of Europe", Excerpts from the speech delivered by Mr. Bangemann at the "College d'Europe", Bruges, March 22, 1990, https://ec.europa.eu/commission/presscorner/detail/en/IP_90_246.

班格曼进一步分析了德国统一对欧共体各个方面可能带来的影响:"无论如何,这点已经十分清楚,即吸纳民主德国不会给共同体带来不可克服的困难。从经济上来看,民主德国与西班牙在伯仲之间。因此,其发展水平并非远低于共同体平均水平。从财政方面来看,德国统一也不会过度消耗共同体的财政资源。但是,就我看来,十分有必要提前发出一些信号,说明不会允许德国统一造成其他国家(从共同体所获得的)资源的减少。事实上,发生这种情况的可能性微乎其微,因为随着民主德国的加入,共同体的财政收入也会增加。再者,吸纳民主德国需要一些时间,使得并不是所有财政分配的承诺都能够马上有效地兑现。针对过渡时期的特殊情况,我认为联邦德国很清楚它所承担的特殊责任,并会负担大部分的调整成本。所以,共同体的财政负担不会是不可承受的。"①

此后,班格曼还解释了两个德国之间的货币联盟、德国马克的汇率以及未来民主德国的经济建设等问题。在演讲最后,班格曼再次强调了德国统一的重要意义:"德国统一不会阻碍欧洲一体化进程。未来可能的前景会恰恰相反:德国实现了统一之后,欧洲才会真正地克服长期将欧洲一分为二的、僵死的冷战思维。消除两个德国之间的边界也是向更为紧密的欧洲一体化迈进的重要一步。让德国保持中立是一种危险的解决方案。这会让德国与欧洲其他部分脱钩,并使其再次陷入孤立的境地。小国也许可以保持中立,一个地处欧洲中部、拥有 7500 万人口的经济巨人是不可能中立的。中立

---

① "Rapid German Unification is also in the Interests of Europe", Excerpts from the speech delivered by Mr. Bangemann at the "College d'Europe", Bruges, March 22, 1990, https://ec.europa.eu/commission/presscorner/detail/en/IP_90_246.

地位总是以存在着敌人这种观念为前提的。我们不能让这种观念总是存在于人们的头脑里，而是需要克服它。"①

其他欧共体委员会的官员也在不同场合向公众解释德国统一所可能产生的影响。例如，负责竞争事务的欧共体委员会委员雷昂·布瑞坦爵士就曾多次做公开演讲，解释德国统一对欧洲共同市场的竞争规则、对国家补贴的实践等会带来的影响。②这些公开的解释与说明有助于消除公众对德国统一的担心与疑虑。

除了前述关于经济与货币联盟以及德国对欧洲一体化的责任等重大议题之外，欧共体内部的讨论还涉及由德国统一而引发的技术问题，这些问题主要集中在以下几个方面。

其一，关于欧共体的机构改革。

德国明确了自己的立场，统一后的德国在理事会中不要求更大的表决权重，也不要求增加委员会中的德国委员。但是，欧洲议会中德国议员的数量需要进一步研究确定。③

其二，民主德国的国际法律义务问题，即对于民主德国签订的

---

① "Rapid German Unification is also in the interests of Europe", Excerpts from the speech delivered by Mr. Bangemann at the "College d'Europe", Bruges, March 22, 1990, https://ec.europa.eu/commission/presscorner/detail/en/IP_90_246.
② "Extracts from a speech by Sir Leon Brittan to the Torridge and Devon Conservative Association on German Unification," Devon, 16 March1990, https://ec.europa.eu/commission/presscorner/detail/en/IP_90_220; "German Unification: Implication for National Regional Aid", Summary of Speech by Sir Leon Brittan in Duesseldorf, 7 June 1990, https://ec.europa.eu/commission/presscorner/detail/en/IP_90_454; "Competition Policy and German Unification: Extracts from the Speech Delivered by Sir Leon Brittan to the Royal Institute of International Affairs-Chatham House," London, 14 September, 1990, https://ec.europa.eu/commission/presscorner/detail/en/IP_90_735.
③〔德〕维尔讷·魏登菲尔德等：《德国统一史（第四卷）——争取德国统一的外交政策：决定性的年代（1989—1990）》，欧阳甦译，梅兆荣、邓志全审校，社会科学文献出版社，2016，第313页。

国际条约特别是产生于经互会范畴的条约应该如何处理。

联邦德国与欧共体委员会协商的结果是，委员会在德国统一的问题上与联邦政府进行紧密协商，可以通过行政文件发挥决定性作用。不管程序和方法如何，民主德国的一体化需要采取大量的过渡措施，其组织安排将由欧共体理事会委托给欧委会。[①] 1990年3月22日，欧委会在与联邦德国政府代表的会谈中重申立场，东德可以纳入欧共体而不改变基础条约，但是同时，委员会也给东德勾画了"三步走"的一体化图景。

（1）适应期：直到统一为止，涵盖适应措施和欧共体活动的启动。

（2）过渡期：从统一开始，规定各个领域不同期限的过渡办法。

（3）最后阶段：不受限制地运用欧共体法律。

1990年4月20日，委员会提出了以此为基础的文件，规定了三个阶段的具体内容。

（1）临时阶段：它应与两德经济、货币和社会联盟并行，于1990年7月1日开始。欧共体的法律应尽可能应用于民主德国（例如《补贴与竞争法》）。应为第二阶段创造先决条件，例如作为市场经济条件的经济和社会方面的改革，《德意志内部贸易议定书》暂时应继续存在。

（2）过渡阶段：随着德国实现统一，欧共体的法律应得到普遍运用。在从属的欧共体法律范围内只允许严格定义的少量例外规

---

① 〔德〕维尔讷·魏登菲尔德等：《德国统一史（第四卷）——争取德国统一的外交政策：决定性的年代（1989—1990）》，欧阳甦译，梅兆荣、邓志全审校，社会科学文献出版社，2016，第318页。

则（指方针、规定、决定）。时间目标是1992年12月31日前完成内部市场的建立。

（3）最终阶段：欧共体法律应得到全面适用。①

其三，欧共体的未来发展。

在筹备1990年3月底4月初的欧共体特别峰会时，德洛尔提出了两个议题：第一，欧共体成员国应再次确认，它们愿意实现政治联盟，只要做相应的内容充实的阐述，就会清楚地表明，当前在德国和欧洲的发展不会阻碍这一目标；第二，该信息应包含致民主德国民众的团结书，告诉他们欧共体准备提供支持。由于担心尤其是小成员国的负面反应，在欧委会主席德洛尔、欧共体轮值主席国爱尔兰总理豪伊和科尔之间达成协议，确定特别峰会的主要任务是就普遍的行动方式和主导方针达成一致。关于欧共体未来改革的主要设想，是通过德法协调来确定的。截至1990年春，德法有关欧洲政策的差异都没有得到弥补。法国聚焦于欧洲经济与货币联盟，科尔则要同经济与货币联盟并行地实现政治联盟，并为此扩大委员会和欧洲议会的权限，而后两条都是密特朗不愿意接受的。经过法德磋商以及德洛尔和豪伊的居间协调，最终经货联盟和政治联盟都成为峰会的议题。

在德国统一前夕，1990年8月21日，欧共体委员会公布了接纳民主德国的一揽子计划。② 细化和完善了欧共体分阶段接纳民主

---

① 〔德〕维尔讷·魏登菲尔德等：《德国统一史（第四卷）——争取德国统一的外交政策：决定性的年代（1989—1990）》，欧阳甦译，梅兆荣、邓志全审校，社会科学文献出版社，2016，第320~322页。

② "German Unification: the European Commission proposes a package of measures for the rapid integration of the GDR into the Corrwnunity," https://ec.europa.eu/commission/presscorner/detail/en/P_90_58.

德国的方案，为平稳过渡打下了坚实基础。根据一揽子计划，欧共体不会因为德国统一而修正或补充现有的法律规则，也不会修改自1988年开始的财政和预算规划。自德国统一实现之日起，在联邦德国实行的所有欧共体法律，除少数例外情况外，将在民主德国的境内生效。考虑到欧共体内部的法律程序，为了保障有序过渡，欧共体委员会要求欧共体理事会赋予欧委会以特别权利，在其各种政策建议被欧洲议会批准正式生效之前，保证欧委会所建议的过渡时期的特殊措施和技术调整方案能够有效落实。

欧共体委员会认为，德国统一不会对欧洲共同市场以及四大流动产生重要影响。现有的规则、指令和其他欧共体法律会在民主德国立即生效。内部市场不会因为德国统一而受到损害：绝大部分（80%）的指令——它们确立了（共同市场）的技术规则——会在统一之日即刻生效。同样的情况也适用于其他一些至关重要的领域，比如资本、人员和金融服务的自由流动以及间接税，在这些方面欧共体的规则也会即刻生效。需要采取临时性过渡措施的领域，主要是农业和渔业、国家补贴政策、环境以及民主德国与苏联和中东欧国家的特别贸易关系等。

## 四　结语

总的来看，欧共体在德国统一的进程中发挥了重要的作用。其重要性首先表现在它为解决二战遗留问题提供了一条新的出路。这条出路不同于以往的国与国之间的关系，而是通过超越民族国家的欧洲层面的制度建设来解决国家之间的争端。在新的体系、制度和游戏规则之下，原本的国家建构的一些功能发生了重要的改变，例如边界，在新的环境下已经不再有原先那么重要的意义，也因此消除了欧洲潜在的安全威胁。

其次，在实现德国统一的过程中推进欧洲一体化，这是法德两国领导人的共识，并最终得到实现。德国统一从一个侧面反映了法德轴心在欧洲一体化进程中的重要作用。就德国来说，在欧洲的屋檐下实现德国统一，一方面可以消除盟国的疑虑，表达德国扎根于西方世界的决心，避免德国被孤立的不利局面；另一方面，推动欧洲一体化进程及加强欧洲各机构的建设，也有助于塑造一个有利于统一后德国持续发展的环境。而法国则希望通过欧洲一体化保证德国统一之后，其主要的政策决议会受到欧洲共同体决策的束缚，减少德国再度出现霸权的可能性，维护欧洲的持久和平。同时，法国也希望通过推动欧洲一体化来实现欧洲内部的平衡。

最后，德洛尔作为欧共体的主要领导人之一，抓住了德国统一的机会，实现了他的许多政策目标。他一方面以欧共体委员会主席的身份积极斡旋，帮助德国赢得了欧共体其他成员国的支持；另一方面，他也以各种方式主动出击，有效地扩大了欧共体机构的权能，使得欧共体的机构能够深入介入德国统一的进程中，并发挥重要的影响。随着德国统一，欧洲一体化也得到了实质性的推进，欧洲经济与货币联盟得以启动，在政治领域的合作也得到深化。而这些都是德洛尔一直致力于实现的目标。

# 第六章

## 美国在德国统一进程中的"超越遏制"战略[*]

乔治·布什上台后,其政府在对苏联战略上进行了长达数月的"战略重估",在东欧政治转变形势促动下,最终谋划出对苏联的"超越遏制"战略,即在苏联进行全方位改革后,美国可以将其纳入美方主导的国际体系。此后,在德国统一过程的复杂多国互动当中,美方在加力实施"超越遏制"战略的同时也相应地做出较大调整:要确保统一的德国参加北约,促使苏联从东欧撤军并放弃对东欧的控制权。这一战略的实施给东西方关系及欧洲格局演变带来重大影响,其中围绕德国统一问题形成的安全安排成为冷战后欧洲秩序的源头之一。所谓"超越遏制"战略其实就是遏制战略的变形,在其指导下,美国促成了德国的迅速统一,实现了使苏军和苏联影响力退出东欧,而美军留驻欧洲以及美国在欧洲影响力扩大的战略目的,并且奠定了北约东扩的法理基础,成为日后欧俄、美俄相关长期争执的渊薮。

---

[*] 【作者简介】田少颖,北京大学国际关系学院法学博士,现为天津师范大学政治与行政学院讲师。

德国统一的外交

## 一 战后美国的德国政策演变

### （一）战后美国的德国政策及欧洲冷战格局的形成

二战末期，在对波兰政策上，美苏英三大盟国间已产生嫌隙，美英对斯大林控制中东欧的企图极为警惕，又感到缺乏政策工具加以抗衡。二战结束后，美国参加了对德国的分区占领，对苏联的对德索赔、拆毁德国工业设施等行为不满，但美国无意长期留在欧洲。1945年9月，美国国务卿贝尔奈斯（James Byrnes）就对斯大林提议：签订对德条约，让德国保持20~25年的非军事化。美国有意撤军回国，但斯大林及下属担心苏军从德国撤军后，其在中东欧其他国家的驻军权利也会相应受到损害。朱可夫认为，美国让苏联也撤军，还干扰苏联拆除德国工业设施及对德索赔，是想保存德国军事潜力，帮助美国实现未来的侵略目标。苏联外交部也提出美国的意图是在排斥苏联影响力，由其主导实现德国在政治和经济上的统一，为日后美、英、德合力反对苏联做准备。[①] 实际上，美国也确实想按照自身模式改造德国，把苏联在其占领区内搞社会主义视为对全欧洲的威胁。杜鲁门及其顾问们认为，如果德国落入共产党人之手，苏联就有了对欧洲的强大杠杆，对美、英的利益极为不利，西方就白打第二次世界大战了。如果不在德国移植美式体制，

---

① 〔美〕弗拉季斯拉夫·祖博克：《失败的帝国：从斯大林到戈尔巴乔夫》，李晓江译，社会科学文献出版社，2014，第93~94页。

## 第六章 美国在德国统一进程中的"超越遏制"战略

美国在欧洲和世界的地位将不保。[①] 由谁控制德国这一重大问题，加大了战时盟国之间的裂痕。

杜鲁门政府难以接受苏联势力在德国和东欧各国的扩张，但其对苏政策还没有脱出罗斯福政府划定的"势力范围"，主要是拉苏联共同运作联合国等"国际建制"，使其融入国际体系的框架。美国驻苏联大使哈里曼则主张对苏联进行"以一换一"的"讨价还价"。1946年2月，美国驻苏联使馆参赞乔治·凯南对美国国务院发回长达8000字的"长电"，针对以上弊端，提出了其对苏联内外行为根源的独特分析。凯南对苏联制造内外敌人以维持其专制统治的政权和政策性质、其传统上的不安全感与扩张倾向的评断，恰逢其时，很快渗入美国对苏政策之中。[②] 杜鲁门政府从此开始对苏联采取"遏制"政策，不再想在德国问题上与苏联合作，也不再试图让美军撤离欧洲。1946年9月6日，贝尔奈斯在德国城市斯图加特演讲时表态："我们不会撤走，我们要留在这儿。"美国人不让苏联插手鲁尔区这一德国重工业中心，还暗示美国不认为德国和波兰（沿奥得河和尼斯河一线）的新边界线不可改变。苏联认为，美国不仅要消除苏联在德国的存在，还拒绝承认苏联在东欧的势力范围。[③] 苏联对德国及东欧的政策及美国决定留在欧洲，成为冷战局面形成的两大要件。

凯南提出的对苏联"遏制"战略，其目标是限制苏联扩张。

---

[①] William I. Hitchcock, *The Struggle for Europe: The Turbulent History of A Divided Continent, 1945 to the Present*, New York: Anchor Books, 2004, pp.30-32.
[②] 张曙光：《美国遏制战略与冷战起源再探》，上海外语教育出版社，2007，第23~32页。
[③] 〔美〕弗拉季斯拉夫·祖博克：《失败的帝国：从斯大林到戈尔巴乔夫》，李晓江译，社会科学文献出版社，2014，第95页。

他不认为苏联会为了扩张冒战争风险。在他看来，重要的是，使西欧和日本这两大工业中心地区不至于落入苏联手中。他建议，在欧洲恢复均势的办法是，通过美国对西欧提供经济援助，使西欧恢复自信，并将德国重新整合到欧洲社会中去。西欧联邦化了，才能抵御苏联的外来统治图谋。① 凯南起初还认为，德国分治，有利于抵御苏联扩张。② 与此同时，他提出，假以时日，要逐渐修正苏联的国际关系思想，利用谈判解决突出的分歧。③ 自此以后，谈判始终是美国对苏联战略中的一大工具，并贯彻到关于德国问题的屡次交锋中。

杜鲁门政府采纳了凯南对德国、西欧的政策建议。1947年6月，国务卿马歇尔代表政府提出了经济援助欧洲各国的计划。英国外交大臣贝文设计了使苏联和东欧国家难以接受，从而不会参加经济援助计划的条款。贝文还力促美国参加欧洲安全体系。美欧双边的意愿促成了美国在欧洲政治、经济和军事势力的扩张。此后，斯大林果然不仅不让苏联参加，而且限制东欧国家参加"马歇尔计划"，"马歇尔计划"使德国的分裂开始向全欧洲扩展。④

1948年6月，西方三大国在由其占领区合并组成的德国西占区推行币制改革，这对苏占区的经济极为不利。为了反击，苏联封锁了西柏林对外的陆路和水路通道，仅仅留下空中走廊。西柏林

---

① 〔美〕约翰·加迪斯：《遏制战略：战后美国国家安全政策评析》，时殷弘、李庆四、樊吉社译，世界知识出版社，2005，第33～37页。
② 〔美〕约翰·加迪斯：《遏制战略：战后美国国家安全政策评析》，时殷弘、李庆四、樊吉社译，世界知识出版社，2005，第73页。
③ 〔美〕约翰·加迪斯：《遏制战略：战后美国国家安全政策评析》，时殷弘、李庆四、樊吉社译，世界知识出版社，2005，第36页。
④ William Hitchcock, *The Struggle for Europe: The Turbulent History of A Divided Continent, 1945 to the Present*, New York: Anchor Books, 2004, pp. 62-65.

200万人急需补给,西方在柏林的地位岌岌可危,苏方的封锁行动迫使美英发起大空运,以维持西柏林人民日常生活和城市运转,此即第一次柏林危机。危机持续了11个月之久,美英空军共飞行了27万多架次,维持了西柏林人的基本生存,也使苏联意识到西方战略空军的能力及其对苏联的巨大威胁。第一次柏林危机促使美、英、法及西占区的德国人展开谋划,组建军事联盟,并建立了联邦德国(俗称西德)。1949年,西方国家军事联盟——北约先行建立,联邦德国继而立国。苏联也迅速帮助德国统一社会党人建立起民主德国(俗称东德)。东西方斗争加剧,德国分裂局面告成。

1950年,朝鲜战争爆发,西方担心斯大林会在西欧也发动攻势,美英开始筹划重新武装西德,使其成为和苏联对抗的基地,并分担军事重担。美国从1953年开始在西欧,尤其是在西德部署核武器。1955年,英国通过把西德拉进西欧联盟(West European Union,WEU),从而把西德引入北约。苏联也迅速组建华约集团,与之对抗,其在东德狭小国土上驻扎的兵力惊人。这样,以两大军事、政治集团对抗为特征的欧洲冷战局面形成了,而且两大集团中的主要国家拥有大量核武器,对抗的核武器化给欧洲和全球带来极大危险。

## (二)东西方围绕德国问题的斗争及缓和形势的多次反复

1953年斯大林逝世后,美苏及东西方关系缓和进程开始。20世纪50年代中期,苏联主动与西方国家签署了对奥地利和约(全称为《重建独立和民主的奥地利的国家条约》),苏军撤离该国。1955年,美苏首脑还在日内瓦举行了峰会,东西方间开始就全面裁军等展开讨论。这时,苏联要求西方承认其扶植建立的东德政

| 德国统一的外交

权,苏联领导人赫鲁晓夫为此于 1958 年挑起第二次柏林危机,声称要把苏联对西柏林对外通道的控制权转交给东德,从而迫使西方各国承认该政权。艾森豪威尔政府有意保持战略模糊,利用赫鲁晓夫想和西方打交道,让西方承认苏联大国地位的愿望,管控危机。1961 年,肯尼迪胜选上台,其外交助手很多毕业于英国大学,极为亲英,缺乏对西德承担义务感。英国首相麦克米伦希望在柏林问题上对苏联让步,并从中调停,以便恢复英国的世界三强地位。肯尼迪受到麦克米伦很大影响,一度想承认东德,允许苏联把西柏林通道控制权转交东德,同意讨论在中欧建立无核区,以及让北约与华约签订互不侵犯协定。西德对此极为紧张,西德总理阿登纳对西方大国绥靖苏联的企图感到惊恐不安。[①]

尽管肯尼迪曾有"绥靖"苏联的意图,但在第二次柏林危机当中,美苏坦克在柏林对峙时,苏联还是先软化了立场;在古巴导弹危机中,赫鲁晓夫更是表现出外强中干的实质。这都让肯尼迪在对苏联的外交上成熟起来。历经以上危机,尤其是在 1963 年亲身访问西柏林,受到百万人热情欢迎后,肯尼迪改变了对柏林事务和德国问题的态度。美国人开始认识到美军和美国在西柏林的军事、政治存在,是美方在德国和欧洲保持地位的根本。西德这个巨型军事基地,是美军控制西欧、中东和北非不可或缺的平台。

从 20 世纪 60 年代中期开始,美苏关系又走向缓和,西德对苏联和东欧推行的"新东方政策"也取得进展。1971 年,美苏英法四个二战战胜国签署了柏林协定,使西柏林问题不再造成东西方间

---

① William. R. Smyser, *From Yalta to Berlin: the Cold War Struggle over Germany*, New York: St. Martin's Press, 1999, pp. 178-183.

的紧张对峙。尼克松上台后,进一步和苏联共同推动东西方关系缓和,1972年美苏在莫斯科峰会上达成政治和军控协议,表明美国承认了苏联的超级大国地位,承认了美苏在军力上平起平坐。面对西德对苏联和东欧各国推行的"新东方政策",尼克松和基辛格确定了要把其嵌入美苏缓和整体框架的战略,这是对西德外交的一种监督和控制。然而,东西方缓和给西德提供了提升其国际地位的契机,1969年,美苏和西德就通过秘密外交渠道,建立起三角关系。[1] 1973~1975年,欧洲安全与合作会议(Conference on Security and Co-operation in Europe,CSCE)的召开和《赫尔辛基最后文件》的签署,更让德国问题超越两大集团,进入了更广阔的多边关系框架。西德在美苏缓和中认识到:德意志人是一个民族,可能有机会重新复兴。[2]

美苏核均势的形成,对仰仗美国核保护的西欧各国绝非幸事。20世纪70年代中期,在福特和卡特当政时,苏联的核军力在某些方面开始超越美国,苏联在第三世界大肆扩张,美苏之间的缓和开始走下坡路。在如何处理对苏关系上,西德和美国产生龃龉。面对苏联在欧洲部署SS-20中程弹道导弹的威胁,卡特事先答应在西德部署美国产中子弹,后来又出尔反尔,西德总理施密特对此极为

---

[1] Oliver Bange, "The German Problem and Security in Europe: Hindrance or Catalyst on the Path to 1989-1990?" in Mark Kramer and Vit Smetana (eds). *Imposing, Maintaining, and Tearing Open the Iron Curtain, The Cold War and East-Central Europe, 1945-1989*, Maryland and Plymouth: Lexington Books, 2014, p.199.

[2] Oliver Bange, "The German Problem and Security in Europe: Hindrance or Catalyst on the Path to 1989-1990?", in Mark Kramer and Vit Smetana (eds). *Imposing, Maintaining, and Tearing Open the Iron Curtain, The Cold War and East-Central Europe, 1945-1989*, Maryland and Plymouth: Lexington Books, 2014, pp.201-204.

愤怒。施密特开始在国际上高调提出中程导弹问题，促成所谓"欧洲导弹危机"。1979 年底，北约内部经过艰苦协调，最终确定了既要在西欧部署美国产中程核导弹和巡航导弹，对抗苏联威胁，又要和苏联谈判，以图削减、销毁双方中程核武器的政策，即"双轨"决策。[①] 从卡特政府末期到里根上任，美苏之间的"第二次冷战"态势开始形成。然而，西德与苏联关系的缓和降低了西德对美国的依赖，施密特坚持对苏继续缓和，甚至想在美苏之间充当调停人，西欧小国都支持西德立场。[②] 西德不同意美国所说的"缓和不可分割"，坚持维系欧洲缓和局面，维护本国和本民族利益，同时，西德对在北约内平等地位的追求也日益强烈。

1981 年里根上台后，在其第一任期内，不仅在言辞上抨击苏联，称其为"邪恶帝国"，还大力扩军，加大对苏联的军事和经济压力。里根对苏联奉行"以实力求和平"政策，利用苏联的经济停滞及军备占用国家资源过多的弱点，以战略防御计划（Strategic Defense Initiative，SDI）对苏联施压，以实力促使苏联参与美苏核裁军谈判；里根秉持其无核化思想，认为 20 世纪 70 年代美苏之间达成的限制战略武器谈判（Strategic Arms Limitation Talks，SALT）并不是真正的裁军，他要促使美苏之间新的裁军谈判能够真正开始削减核武器。里根对苏联的挑战，自杜鲁门总统以来前所未有。[③]

---

[①] David Holloway, "Nuclear Weapons and the Cold War in Europe," in Mark Kramer and Vit Smetana (eds), *Imposing, Maintaining, and Tearing Open the Iron Curtain*, *The Cold War and East-Central Europe, 1945-1989*, Maryland and Plymouth: Lexington Books, 2014, p. 447.

[②] Geir Lundestad, *The United States and Western Europe since 1945: From "Empire" by Invitation to Transatlantic Drift*, Oxford: Oxford University Press, 2003, pp. 202-206.

[③] William. R. Smyser, *From Yalta to Berlin: The Cold War Struggle Over Germany*, New York: St. Martin's Press, 1999, p. 295.

## 第六章 美国在德国统一进程中的"超越遏制"战略

里根总统在第二任期内时，正值戈尔巴乔夫上台后在苏联推动内外政策改革，美苏之间新的缓和进程又开始了。其间，美苏谈判主要集中在裁军和地区问题上。里根在人权问题上也不断对苏联施压。然而，里根起初对德国问题不太重视，日后才认识到其重要性，并于1987年访问西柏林，在柏林墙发表讲话，呼吁"戈尔巴乔夫先生，请拆掉这堵墙"。但里根在任内并没有对冷战将会终结的预估，也没有解决德国问题的预案。

相比里根对欧洲事务的隔膜，布什则长期从事外交和情报工作，与西欧政治家也更为熟稔，对欧洲人的需求更愿倾听，理解得也更深刻。布什团队在1989年初已经开始意识到两德分立局面可能出现变动，并有所谋划。[1]

简言之，冷战期间，美苏在德国问题上长期对峙，多番较量，两次柏林危机时期，战争风险曾使全世界感到紧张和惊恐。第二次柏林危机后，东西方缓和进程开启，到20世纪70年代初期，柏林四国协定签署时，东西方在柏林问题上终于达成暂时妥协。但是，西方从未接受苏联在东德移植的制度和体制，西德也从未接受民族永久分裂的前景。在里根第二任期和戈尔巴乔夫上台后，苏攻美守的战略态势发生了根本改变。苏联制度、思想和行为的性质在发生根本性改变：戈尔巴乔夫要改变苏联对外行为，促使东西方接近，使苏联能够在经济上利用西方，尤其是利用西欧提供的经济资源，辅助国内经济改革，因而大力借助核裁军、常规裁军谈判，改善对

---

[1] Thomas Blanton, "Ronald Reagan, George H. Bush, and the Revolutions of 1989: American Myths Versus the Primary Sources," in Mark Kramer and Vit Smetana (eds), *Imposing, Maintaining, and Tearing Open the Iron Curtain, The Cold War and East-Central Europe, 1945-1989*, Maryland and Plymouth: Lexington Books, 2014, pp. 293-294.

美国和西欧各国的关系。美国的对苏联战略、对德国问题战略也相应要有所改变，这一历史任务，落到了布什政府身上。著名史学家约翰·加迪斯在 20 世纪 80 年代初就预见到，"遏制"战略要有所演化，变成新的东西，才能生存下去。[①] 1988 年至 1989 年初，西方集团内部就北约是否要升级短程核武器问题争论不已，西德抵制升级，对美国施压，欧陆各国都支持西德立场。与此同时，波兰、匈牙利的政治转变开始。鉴于东西方政治和外交的新演进，布什政府提出所谓对苏联的"超越遏制"战略及"完整而自由的欧洲"构想，要求苏联在军事、政治上大大让步，放松对东欧各国的控制，从而进入美国主导的世界体系，同时使以德国分裂为核心的欧洲东西分隔得以消除。德国统一问题重回国际议程，给了美国人实施其战略和构想并实现其重大战略目标的历史性机会。

## 二 布什政府对苏"超越遏制"战略及其对未来欧洲的构想

### （一）布什政府上台之初面对苏联裁军攻势迟疑不决

20 世纪 80 年代，美苏核裁军进程占据东西方关系核心位置。里根秉持废弃核武器思想，寻求对苏谈判，削减美苏庞大核武库。戈尔巴乔夫上台后，初期实施了加速战略，但未能激活苏联经济，转而实施政治、经济改革。新任苏联领导人希望使苏联加入国际经

---

[①] 〔美〕约翰·加迪斯：《遏制战略：战后美国国家安全政策评析》，时殷弘、李庆四、樊吉社译，世界知识出版社，2005，第 33～37 页。

## 第六章 美国在德国统一进程中的"超越遏制"战略

济体系,但要实现这一目标,必须改善对西欧关系,降低对西欧的军事威胁。为此,他力推东西方裁军进程,还提出"欧洲共同家园"构想,缓和对西欧各国邦交。[1] 他的政治攻势使美欧保守派对苏联的疑虑、防范、竞争心态大为上升,他们已习惯了立场强硬的苏联,现在面对的却是要合作的苏联,他们认为苏联是要用计谋击破西方的遏制战略。[2] 美国保守派尤其从竞争对欧洲政治影响力和外交议程主导权的角度看待问题,代表了多年冷战对抗造成的思维定式和固化了的军方、情报界等部门利益。

在里根两届总统任期内,布什都任其副总统。在里根政府内部,对苏联存在着两派意见,其中,国防部部长温伯格(Caspar Wilard Weinberge)是对苏强硬派代表人物,与国务卿舒尔茨(George Shultz)等就是否和苏联进行实质性裁军谈判争斗不已。布什对于里根政府的内部斗争和管理混乱深为不满,但他对苏联的行为和意图也很是怀疑,认为里根在其第二任期内和苏联进行的核裁军谈判前进步伐过快。

在1988年的总统竞选当中,布什就谈及了对苏"竞争战略"。[3] 1988年9月23日,苏联外长谢瓦尔德纳泽访美,时任副总统的布什就对他表示,苏联应该在里根总统任期结束前尽可能多地达成交易,裁军协议应全速完成。他会当选为下届总统,但他与美国国会

---

[1] Gerald Holden, *Soviet Military Reform: Conventional Disarmament and the Crisis of Mlitarised Socialism*, London: Pluto Press, 1991, pp. xii-xiv, 20, 40.

[2] John Lewis Gaddis, *The United States and the End of the Cold War: Implications, Reconsiderations, Provocations*, New York and Oxford: Oxford University Press, 1992, p. 127.

[3] Steve Garber and Phil Williams, "Defense Policy," in Dilys M. Hill and Phil Williams (eds), *The Bush Presidency: Triumphs and Adversities*, Hampshire and London: The Macmillan Press Ltd., 1994, p. 187.

的关系无法与里根相比。国务卿舒尔茨认为布什的表态过于消极，缺乏远见。10月14日，中情局代理局长罗伯特·盖茨（Robert Gates）在美国科学促进协会演讲时说，他不确定戈尔巴乔夫能否给苏联带来根本性的经济改革，还说后者的地位可能很快就会不稳。① 里根政府内对苏强硬派势力很强，尽管受到压制，而且其代表人物温伯格等也已去职，但对苏怀疑情绪仍很有市场，在部分人头脑中根深蒂固。

布什的态度让戈尔巴乔夫十分失望。苏联总书记要确保美国下届政府延续里根的外交政策，继续和苏联共同推动裁军进程。1988年10月31日，他召开会议，谋划在出席联合国大会时发表"反富尔顿"演说，制造轰动效应，对美国政界施压。他对政治局说："我们要推出我们的内外政策——让布什无路可退。"② 1988年12月7日，他在联合国大会发表演说，宣布苏联将单方面裁军50万人，从华约的东欧成员国撤出6个坦克师，演说在国际上引起轰动。当日，布什对戈尔巴乔夫表示，他会继续在里根和戈尔巴乔夫所创造的基础上前进。次日，他却打电话告诉苏联总书记说：尽管他期待和苏方一起进行建设性合作，但他对此并不着急。舒尔茨也告诉谢瓦尔德纳泽：苏方需要在人权问题上做得更多，美国才会达成更多协议。③

美方的消极姿态让苏方感到沮丧。戈尔巴乔夫把裁军外交攻势的重点指向了西欧各国，尤其是西德。1989年1月，苏联外长在

---

① Robert Service, *The End of the Cold War 1985-1991*, New York: Public Affairs, 2015, p. 354.
② Ibid., pp. 354-355.
③ Steve Garber and Phil Willams, "Defense Policy" in Dilys M. Hill and Phil Williams (eds.), *The Bush Presidency: Triumphs and Adversities*, Hampshire and London: The Macmillan Press Ltd., 1994, p. 187; Robert Service, *The End of the Cold War 1985-1991*, New York: Public Affairs, 2015, pp. 356-357.

## 第六章 美国在德国统一进程中的"超越遏制"战略

维也纳宣布,苏方在按计划单方面从东欧部分撤军的同时,将撤走其装备的战术核武器。[①] 依照美苏于1987年12月达成的《中导条约》,北约和华约将会销毁其中程核导弹(INF)和短中程核导弹(SRINF),实现"双零点"。北约内部对于战术核武器,也就是短程核武器(SNF)谈判应何时开始,北约和华约是否应该在"双零点"之后,再走向销毁短程核武器,即第三个"零点"问题上产生激烈争论。英国坚持要升级SNF,西德坚决反对升级,要求和苏联尽快谈判,销毁这些使用时会给两德和东欧人民造成巨大伤亡的近程导弹和近战武器。苏联的核裁军和常规裁军攻势不仅对北约发起了政治挑战,还影响到北约的内部团结。

1989年1月20日,布什政府宣誓上台,新政府对苏联的裁军攻势感到压力很大,又疑虑重重,布什认为:"回应戈尔巴乔夫的提议是一种现实的政治需要。我知道他的提议会吸引欧洲人,尤其是德国人。……他的演说迫使我们正在组建中的政府要加速完成,并且还要提出我们的对策,以迎接其挑战。"[②] 但布什并未选择立即对苏联的挑战做出回应,因为新政府多数成员对里根全部销毁核武器的立场存疑,布什也希望制定出新政策,与前任有所区别,为此开始了长达数月的"战略重估"(Strategic Review),导致美苏关系和裁军进程"暂停"。

布什政府决策层由总统本人、国务卿贝克及国家安全事务顾问斯考克罗夫特等人组成,他们都不同程度地对苏联抱有怀疑,担忧

---

[①] 周爱群:《苏联的欧洲裁军新攻势》,《世界知识》1989年第12期,第7~9页。
[②] 〔美〕乔治·布什、布伦特·斯考克罗夫特:《重组的世界:1989—1991年世界重大事件的回忆》,胡发贵等译,江苏人民出版社,2000,第7页。

293

| 德国统一的外交

苏联离间美欧关系,怀疑苏方想把美军赶出欧洲。贝克在回忆录中说,他们担心苏联宣布的改革越多,西方的团结就越难维系。为此,布什在1988年的竞选活动中就要求提前召开北约峰会。因为在苏联威胁性降低后,北约内部的离心倾向增强了。[1] 除去对苏联的疑虑,布什政府还有很强的与苏联竞争欧洲政治主导权意图。贝克说,美国设计出三条方略对付苏联。第一,和苏联直接谈判。鉴于苏联在持续衰落之中,要对苏联做出有限的互惠安排,但主导权不能为苏联所得,美方应提出自己的战略性建议。戈尔巴乔夫喜欢搞高调行动,试图以吸引西方民意的倡议从西方换取经济好处,美方则要迫使苏联更加开放,行为更稳定和可以预测,使苏联在改革上不能走回头路,要推动其民主化,只是不对外明确说出这一意图。第二,在推动东欧民主化问题上,美国则可做得更直接,还要引导苏联一起介入。戈尔巴乔夫习惯以耸动西欧的高调来谋求在政治上对美国占上风,美方就以推动东欧民主化反制之。美方和西德等西欧国家已谈妥分工,西德等主要负责对进行改革的东欧国家进行经济援助,美国则负责推动戈尔巴乔夫使苏联外交去军事化,在苏联推动政治改革。第三,在地区冲突问题上,既然戈尔巴乔夫本人都在鼓吹民主,那么美国就在第三世界推动自由选举,使在尼加拉瓜、安哥拉、阿富汗等国的苏联代理人政权下台。[2] 贝克说,布什此时要以中美洲问题"检验"戈尔巴乔夫的"新思维"。[3] 此时,布什部署的对美苏关系"重估"正在进行中,美国对苏外交战略

---

[1] James A. Baker, III and Thomas M. Defrank, *The Politics of Diplomacy: Revolution, War & Peace, 1989–1992*, New York: G. P. Putnam's Sons Publishers, 1995, pp. 43–44.

[2] Ibid., pp. 45–46.

[3] Ibid., pp. 49–51.

第六章 美国在德国统一进程中的"超越遏制"战略

的确立仍需时日。

1989年2月15日，布什签发了三份国家安全评估文件。在第三号文件中，布什指示："要削减苏联军力，解决长期国际争端……苏联军力仍十分强大，令人生畏，与美国的利益相冲突，在欧洲和其他地区是对美国新的和复杂的挑战……苏联因内部困难，对外收缩，面目友善化，对美国的挑战更大了……要评估美国对苏联应该采取何种政策，如何改变苏联的内外行为是重点。"[①] 同时，美国政府对东欧局势发展也在继续观察，同日签发的第4号国家安全评估报告称："美国在东欧的目标是促进人民追求自由、繁荣和自决。只要苏联还占领东欧，这些期望就不能实现。"东欧国家自由的先决条件是苏联从东欧撤军。报告提出："我们必须抓住、利用我们面前的机会……要研究苏联撤军对东欧的影响……研究欧洲常规裁军谈判的影响。"[②] 第5号国家安全评估报告要求研究："美国和欧洲的世界观还一致吗……欧共体寻求到1992年建立共同市场，戈尔巴乔夫及苏联成功地让欧洲公众对苏联的恐惧降低了，美国和欧洲没有共同的敌人了吗？……美国的领导权仍是核心，要重新强化大西洋联盟，要研究出一个关于欧洲未来的政治概念。……美国的国家战略、军事结构、军控进程要与此相配合。要留意盟国对苏联威胁的不同看法、态度。要研究欧洲常规裁军谈判的前景，尤其是对两德的影响……研究西欧想追求何种对苏联政策，欧洲盟

---

[①] NSR-3, "Comprehensive Review of US-Soviet European Relations," February 15, 1989, George Bush Presidential Library and Museum, http://bushlibrary.tame.edu/research/pdfs/nsr/nsr3.pdf.

[②] NSR-4, "Comprehensive Review of US-East European Relations," February 15, 1989, George Bush Presidential Library and Museum, http://bushlibrary.tame.edu/research/pdfs/nsr/nsr4.pdf.

国的方向问题。"面对北约的内部争论，布什要求研究怎样才能为大西洋共同体"确立议程"，给出大方向，并提供机会感，让人们觉得美欧会一起繁荣，更为团结。①

上述三份文件表明，布什政府对苏联的战略仍然符合"遏制"战略：要改变苏联的内外行为，促使苏联从东欧撤军，确保和强化美国在欧洲的地位。此时，西德的内政与外交走向，西德和美国在核裁军谈判上的不同态度，是布什政府关注的北约内部和欧洲政治主要问题。

布什团队对苏联怀有深刻疑虑和竞争心态，同时，他们对欧洲和世界局势发展的"不确定性"也有深切担忧。布什回忆道："因为我们看到了变化更困难的一面。不是说会因此发生战争，而是因为……不确定性，我们的世界可能更不安全。"② 深刻疑虑、竞争心态、对不确定性的担忧，是布什政府上台之初对苏联战略的思想背景。此时，美国对苏联裁军攻势引发的欧洲盟国躁动非常担忧。布什的国家安全问题顾问斯考克罗夫特则说："我的担心是，戈尔巴乔夫会说服我们解除武装，而苏联却没有对其军事力量做任何必需的、根本性的压缩。"③ 1989 年 3 月 3 日，布什政府发布的国家防卫战略评估提出：世界面对新的挑战和不确定性；重建美国军力作用重大，要继续下去；苏联内外政策在变，给人带来希望，但不

---

① NSR-5, "Comprehensive Review of US-West European Relations," February 15, 1989, George Bush Presidential Library and Museum, http://bushlibrary.tame.edu/research/pdfs/nsr/nsr5.pdf.
② 〔美〕乔治·布什、布伦特·斯考克罗夫特：《重组的世界：1989—1991 年世界重大事件的回忆》，胡发贵等译，江苏人民出版社，2000，第 13 页。
③ 〔美〕乔治·布什、布伦特·斯考克罗夫特：《重组的世界：1989—1991 年世界重大事件的回忆》，胡发贵等译，江苏人民出版社，2000，第 8 页。

## 第六章　美国在德国统一进程中的"超越遏制"战略

能鲁莽地去削减军力,如果认为所有的危险都消失了,或者认为削减不可避免,那都是愚蠢的;要维持军力,维系联盟(即北约——笔者注),在变化然而仍旧危险的世界中履行职责。[①]对不确定性的担忧,影响到布什政府对裁军进程的态度,谨慎对待,或者说迟滞裁军进展,成为这届政府上台初期的选择。

### (二)东欧政治转变促使美国提出对苏新战略和对未来欧洲的构想

1989年3月5日,欧洲常规裁军谈判在维也纳举行,取代了从1973年延至1989年2月的中欧裁军谈判。[②]贝克在出席开幕式时和匈牙利外长、波兰外长等进行了会谈。匈牙利外长表示,苏联进行改革是东欧各国改革的前提条件,他还告诉贝克,匈牙利已经准备拆除对奥地利边境的铁丝网。波兰外长也对美国人和盘托出其政治改革计划,要求美国予以支持,而不是缺席观望。在会见谢瓦尔德纳泽时,贝克表示,美国此时仍处于战略"重估"之中,所以不能和苏方商讨裁军细节问题。但是他要苏方知道,布什政府真心支持苏联改革,苏联放松对东欧的控制符合西方利益。3月8日,贝克回国后向布什汇报:波兰、匈牙利改革速度很快,可能在东欧造成新的政治现实。两人商定美国应该在经济上帮助东欧,并促进东欧政治自由化。布什开始考虑适时访问波、匈两国。更重要的是,贝克表示,戈尔巴乔夫等人的改革很匆忙,且没有计划,他们在寻找新

---

[①] NSR12, "Review of National Defense Strategy," March 3, 1989, George Bush Presidential Library and Museum, https://bush41library.tamu.edu/files/nsr/nsr12.pdf.
[②] 也被称为共同均衡裁军谈判,在长期扯皮过程中,东西方就裁军原则、重点、方式都无法达成一致——笔者注。

| 德国统一的外交

观念,拼命想抓住主导权。主导权尤其涉及对欧洲政治的影响,戈尔巴乔夫可能在北约峰会前后提出重大裁军建议,美方必须大胆提出影响广泛的对案。贝克此时已经认为布什部署的对苏战略"重估"为官僚们所控制,提不出新思想。2~4月,布什、贝克召开了多次国安会议和研讨会,研究对苏战略与政策。贝克的高级顾问丹尼斯·罗斯(Dennis Ross)和鲍勃·佐利克(Bob Zoellick)认为,苏联的"公开性"和"新思维"可以为美所用,应推动戈尔巴乔夫朝有利于美国的方向转变,贝克同意他们的看法,认为应该以戈尔巴乔夫所言检验其所行,美方如抓住主导权,戈尔巴乔夫就会就范。如果美国停滞不前,戈尔巴乔夫就会完全占据上风。"美国越动起来,戈尔巴乔夫占我们的上风就越难。"贝克还认为,美苏议题此前过于着重裁军,现在应该更多地讨论地区冲突、跨国问题、人权和民主化。美国要以更广泛的政治议题来推动裁军,而不是相反。[1]

1989年3月14日,布什政府高层认为国家安全评估三号文件(NSR3)有缺陷,以赖斯的"时事评估"代替了它。赖斯的报告提出:第一,要有信心,迎头赶上戈尔巴乔夫;第二,对盟国关心的事情要表现出态度,美国要坚持对短程核武器进行现代化,在常规裁军上让苏联领先;第三,经济上援助东欧。[2] 赖斯报告表明,布什政府陷入所谓战略"重估"难以自拔,大方向有误。美方如继续坚持短程核武器现代化,会和西德的民意相违;如果把常规裁军主导权让与苏联,只能让苏联在欧洲政治中得利。布什和斯考克

---

[1] James A. Baker, III and Thomas M. Defrank, *The Politics of Diplomacy: Revolution, War & Peace, 1989-1992*, New York: G. P. Putnam's Sons Publishers, 1995, pp.64-72.
[2] 〔美〕乔治·布什、布伦特·斯考克罗夫特:《重组的世界:1989—1991年世界重大事件的回忆》,胡发贵等译,江苏人民出版社,2000,第43页。

第六章　美国在德国统一进程中的"超越遏制"战略

罗夫特两人在合撰的回忆录中也承认，赖斯报告是布什政府初期对苏政策指南，但在日后欧洲变革迅速展开时，对其进行了广泛修订，有的地方还做了紧急修改。

随着东欧局势的演变，美国在波兰、匈牙利事态中看到希望，开始走出战略"重估"的藩篱。1989年4月5日，波兰政府与团结工会达成圆桌会议协议，将举行有团结工会参加的国会选举。白宫发言人表示：团结工会即将合法化，波兰将向多元化和自由发展，摆脱极权主义，走向政治和经济上更好的未来。[①] 从4月17日开始，布什相继于5月12日、5月21日、5月24日发表四次演说，提出了对苏联的"超越遏制"战略：明确支持苏联改革，欢迎苏联回到国际大家庭，但要求苏联以实际行动证明其诚意，要求其削减大量进攻性常规武器，允许东欧自决，抛弃勃列日涅夫主义，拆除铁幕。美国将寻求与苏联及其盟国达成可检查的、稳定的军控与裁军协议。布什称苏联的短程核武器数目是北约的12倍，坦克数量是北约的2倍，苏联必须削减军力优势。美国愿意抓住一切机会和苏联建立更加稳定的关系，支持苏联改革取得成功。布什还提出其对欧洲愿景，即"完整而自由的欧洲"，要求结束欧洲分裂。布什还表态支持西欧经济一体化，称其可作为吸引东欧的磁石。他强调美国不会离开欧洲，苏联别想分化美欧。[②]

---

[①] Statement by Press Secretary Fitzwater on the Polish Roundtable Accords, April 5, 1989, George Bush Presidential Library and Museum, https://bush41library.tamu.edu/archives/public-papers/275.

[②] The Four Remarks of President George Bush, George Bush Presidential Library and Museum, https://bush41library.tamu.edu/archives/public-papers/326, https://bush41library.tamu.edu/archives/public-papers/413, https://bush41library.tamu.edu/archives/public-papers/437, https://bush41library.tamu.edu/archives/public-papers/448.

| 德国统一的外交

　　布什提出其重大战略和构想，除去东欧局势对他的推动，也有战略"重估"让他失望这一因素的影响。5月13日，"重估"报告终于上报布什，报告对于苏联的"战略行为"仍显出有两派观点，两方只在一点上有共识，即"20世纪90年代，苏联仍将是美国及盟国的首要对手"，因此对苏联要谨慎；如果苏联真的继续去军事化，美国会找到机会改变政策的；美国对苏联既要灵活，又要警惕。报告未能对布什提供任何有价值的政策建议，一切交给他自己去决断。在"重估"消耗了4个月的宝贵时间后，布什终于下定决心自行决策。5月29日，他下令终止"暂停"，并就裁军问题致信戈尔巴乔夫，建议削减美苏在欧洲的常规军力。他还说，同日他将在北约峰会上解释其新观点。①

　　布什"超越遏制"的对苏战略与"完整而自由的欧洲"的构想，重点都放在欧洲常规裁军谈判上，要求苏联大规模削减其常规军力和进攻性武器，降低对西欧的威胁，放松对东欧的政治控制。在德国统一前，美国的政策重点放在了欧洲常规裁军上，而不是苏联希望的核裁军。布什、贝克等人在上台之初，回避核裁军谈判进展，不合时宜，缺乏远见，然而其转向常规裁军谈判却和德国问题新动向适时地结合在一起。裁军进程重点转向欧洲常规裁军，已使冷战末期的美苏双边谈判开始向多国互动转变。德国统一问题重上国际议程，则给布什政府提供了利用和主导多国互动的机会，实现使美国和美军留驻欧洲，而苏军撤离欧洲的长期战略目标。在此期间，善于因应西德的崛起，回应其意愿，是布什政府的一大外交成绩。

--------

① Robert Service, *The End of the Cold War 1985-1991*, New York: Public Affairs, 2015, pp. 373-374.

第六章 美国在德国统一进程中的"超越遏制"战略

## 三 布什提出重大裁军建议并提升西德在北约内的地位

### (三) 西德影响北约军事战略的决心和意志增强

从20世纪70年代开始,随着"新东方政策"的推行和东西方关系的缓和,西德的国际地位不断上升。在北约内部,西德的影响力也不断扩大,用西德总理施密特的话说,北约在"根本上是美、德联盟"。[1] 经过中导危机期间的斗争,西德还是确保了美国中程核导弹在西德的部署。苏联开始担忧这种几分钟内就可以打到莫斯科的核导弹的威胁。科尔政府在中导危机中的表现为西德在西方和北约内部赢得了名声,使西德日后对东西方关系有所动作时确保能得到盟国支持。[2] 西德对北约核决策的影响越来越大。除此之外,西德还在西欧各国中保有规模最大的常规军力,承担最重的对东方集团常规防御任务。[3] 西德外长根舍对此评价说:"北约对西德的参与以及美国在西欧的驻军有同等依赖。西德对北约的贡献越大,我们对北约安全决策的影响就越大。西方对东方的政策也主要是由西德制定的。"[4]

---

[1] Gottfreid Niedhart, "The Federal Republic of Germany Between the American and Russian Superpowers:'Old Friend' and 'New Partner'", in Detlef Junker and Philipp Gassert, Wilfried Mausbach and David B. Morris (eds.), *The United States and Germany in the Era of the Cold War*, 1945-1990, A Handbook, Volume, 2: 1968-1990, Cambridge and New York: Cambridge University Press, 2004, p. 30.

[2] Hans-Dietrich Genscher, *Rebuilding A House Divided: A Memoir by the Architect of Germany's Reunification*, Translated from the German by Thomas Thornton, New York: Broadway Books, 1998, p. 167.

[3] Ibid., p. 218.

[4] Ibid., p. 126.

| 德国统一的外交

　　除去中程核武器，北约和华约在欧洲还部署了短程核武器，苏联占有数量优势。升级短程核武器，是里根任内的决策，西德对此不能认同，因为短程核武器射程有限，其潜在受害者只能是中部欧洲百姓——两德和波兰人民。1987年6月10~12日，北约在冰岛召开峰会，根舍指出，美苏仅谈判削减50%的战略核武器还不够，还应该谈判销毁中程核武器和短程核武器，他进一步要求削减欧洲常规武器，在更低军力水平上实现全面、稳定和可检查的常规军力平衡。里根在峰会结束后访问西柏林，在柏林墙下呼吁戈尔巴乔夫"拆掉这堵墙"①。美国要推动裁军和东西方关系进展，已经离不开西德的支持。德国分裂问题，也是美国对苏联集团施压的重要工具，但美国和西德之间在北约核战略和哪种核武器应予以升级问题上的利益有别，屡有龃龉。

　　1987年12月美苏《中导条约》达成之后，根舍决心力促东西方开始谈判销毁短程核武器。短程核武器不仅包括短程核导弹，还有核大炮这样的近战武器。西德人更无法接受美国人在谈论的"有限核战争"，有限核战争的战场只能是德国领土。西德要利用中程核武器条约的达成，趁热打铁，推进全面裁军。美国却决心升级部署在西德的"长矛"（Lance）短程核导弹，1988年，长矛导弹升级成了北约内部的核心话题。科尔支持升级，根舍反对，西德执政联盟内部出现重大分歧。北约内部的保守派担心中程核武器销毁之后，再销毁短程核武器，会使北约在西欧的防卫"去核武

---

① Hans-Dietrich Genscher, *Rebuilding A House Divided: A Memoir by the Architect of Germany's Reunification*, Translated from the German by Thomas Thornton, New York: Broadway Books, 1998, pp. 203, 207.

## 第六章 美国在德国统一进程中的"超越遏制"战略

化",导致西德倾向中立主义。撒切尔夫人是保守派的代表人物,她提出不顾西德民意,立即升级短程核武器。根舍判断苏联、东欧即将发生重大变化,此时升级瞄准东欧的短程核武器绝对不合时宜,坚决反对。[①] 北约内部的争论在 1989 年上半年达到高潮,继中导危机之后,北约又迎来短导危机。

### (二) 布什政府面对苏联裁军攻势压力,谋划推出应对方案

美英升级短程核武器的政治理由在苏联裁军攻势下更遭人质疑了,但撒切尔夫人坚持升级这些武器,还指责科尔不会领导国民,只会迁就其情绪。英国和西德不和,让美国非常为难。1989 年 2 月初,贝克在八天时间内遍访北约十五个盟国,各国都要求面对苏联裁军攻势,美国应当抓住主导权。根舍说,北约如果坚持在 1989 年和 1990 年升级短程核武器,会导致科尔和他的联合政府在 1990 年大选中失败,北约应该把升级与否推迟到 1991 年或者 1992 年再做决策。荷兰外交大臣范登布鲁克(Hans Van Den Broek)建议把美方对短程核武器谈判的规避和其他军控建议合并提出,让贝克大喜:这既避免因为升级短导给西德造成重大政治麻烦,又有利于在政治上对苏联的主动。贝克下定决心不让戈尔巴乔夫利用短程核武器升级争论造成北约内部的失和,也不能再让苏联挑动西欧公众反对本国政府,但解决问题的关键在于提出欧洲常规裁军建议。在他看来,欧洲常规裁军谈判有三大好处:第一,促使苏联从东欧

---

[①] Hans-Dietrich Genscher, *Rebuilding A House Divided*: *A Memoir by the Architect of Germany's Reunification*, Translated from the German by Thomas Thornton, New York: Broadway Books, 1998, pp. 203, 229-234.

地区撤军,利于东欧政治解放;第二,德国人反对美国驻军情绪在上升,减少美军驻军可以消解这一情绪;第三,可以让苏联外交去军事化,使苏联更为开放,苏联军方地位也会因此降低。[1] 在和根舍会谈时,贝克还考虑到1989年6月戈尔巴乔夫将访问西德,布什为此倾向让北约峰会在苏联戈尔巴乔夫访问西德的两周前召开。根舍也表示希望北约能够及时达成共识,苏联在东欧的短程核武器优势过大,应该尽早开始短程核武器谈判,而不是选择升级。贝克表示美方对提出总体裁军计划感兴趣,根舍表示西德对此会予以合作。

1989年春季的西方外交议程为短程核武器升级争论所贯穿,欧陆国家都支持西德反对短程核武器升级的立场。1989年4月27日,根舍在西德国会演讲:西德对和平和克服欧洲分裂的责任包括德国全体人民,延伸到东德同胞。根舍以此表明,短程核武器升级涉及德国民族利益,绝不允许美英此时推动其升级;欧洲此时面临着在整个欧洲大陆实现持久和平的历史性机会,断不容为短程核武器升级所毁。西德国会对根舍的立场表示支持。5月12日,根舍又在北约布鲁塞尔外长会议上表示:东欧此时正在发生重大变革,走向民主化,此时决定升级短程核武器,制造紧张和对抗,只会增大民主运动遭到镇压的危险。[2]

5月10日,在布什提出对苏"超越遏制"战略前两天,贝克访苏。次日,戈尔巴乔夫在与其会谈时说,他决定今年从东欧撤走

---

[1] James A. Baker, III and Thomas M. Defrank, *The Politics of Diplomacy: Revolution, War & Peace, 1989-1992*, New York: G. P. Putnam's Sons Publishers, 1995, pp. 84-91.
[2] Hans-Dietrich Genscher, *Rebuilding A House Divided: A Memoir by the Architect of Germany's Reunification*, Translated from the German by Thomas Thornton, New York: Broadway Books, 1998, pp. 203, 240-252.

## 第六章 美国在德国统一进程中的"超越遏制"战略

500枚战术核武器;如果美国愿意采取更大的步骤,苏联可以考虑到1991年从东欧撤走所有战术核武器。戈尔巴乔夫说:"苏联不认为这是个急迫问题,但是我们在欧洲的感觉与此不同。"贝克对此评价说,苏方这是在公然挑战。戈尔巴乔夫知道美国此时正与西德、英国等盟国商讨短程核武器升级事宜,问题很敏感。这是要用战略上并不重要的建议来达到更大的政治目的,要影响西欧公众舆论。贝克表态说:苏联在欧洲的短程核武器发射装置达到1400部,而北约只有88部,苏方的常规军力优势也很大。他还表示明白戈尔巴乔夫这一建议背后的"政治感染力"。西方媒体纷纷报道,贝克为戈尔巴乔夫的建议所压倒,这更让贝克决心促使布什在下次北约峰会上提出重大建议,否则,布什在外交上将受到戈尔巴乔夫的压制。[①]

美国必须确保北约内部团结,否则东西方关系将为戈尔巴乔夫所主导。5月17日,布什对美国国防部部长切尼和参联会主席克罗下了死命令:必须在两周内制定出大胆的欧洲常规裁军建议。斯考克罗夫特也明白,5月12日布什提出的对苏"超越遏制"战略,具体落实办法太少,媒体反应不热烈,有的还称其为"现状+",必须提出有力对案,力促苏军撤出东欧,才能改变外界对布什外交消极被动的观感。[②]

在提出对苏联战略和对欧洲构想后,布什首先需要解决因苏联裁军攻势引发的北约内部不和。斯考克罗夫特回忆说,戈尔巴乔夫在联合国掀起的裁军旋风,使西欧领导人质疑美国的短程核武器升

---

① James A. Baker, III and Thomas M. Defrank, *The Politics of Diplomacy: Revolution, War & Peace, 1989-1992*, New York: G. P. Putnam's Sons Publishers, 1995, pp. 82-83.
② James A. Baker, III and Thomas M. Defrank, *The Politics of Diplomacy: Revolution, War & Peace, 1989-1992*, New York: G. P. Putnam's Sons Publishers, 1995, pp. 91-96.

| 德国统一的外交

级计划，尤其是西德，还提出是否要保持美国在欧洲部署核武器的问题，一时间德国人对美国军事存在的重要性产生了怀疑。他说，当时要使德国人哪怕坐下来讨论核武器问题，要使盟国间步调完全一致，都是非常困难的外交工作……联邦德国急于尽早举行短程核武器裁军谈判，否则不愿再参加冷战。这种局面将削弱美国对北约的领导，美方有在北约内部陷于孤立的危险。美国和西德分歧的公开化令布什大伤脑筋。① 布什及其同事谋求重塑美国和西德关系，避免美国被排挤出欧洲中心。②

与此同时，苏联的裁军攻势当中也并非没有实质性内容。1989年3月初，欧洲常规裁军谈判在维也纳开幕后，苏联同意进行不对等裁军，华约裁减量将是北约的2倍。国际舆论批评布什政府立场过于消极，坚持冷战思维。③ 布什及其幕僚面对北约内部和苏联两方面的压力，要想夺回裁军及欧洲政治主导权，必须采取重大步骤。

1989年5月29日，北约布鲁塞尔峰会召开，布什提出其欧洲常规裁军建议：第一，削减北约和华约双方的坦克、装甲车和大炮，并予以销毁；第二，削减北约的攻击机和直升机，削减比例为15%；第三，减少双方战斗兵力，美苏驻欧洲兵力各自保持27.5万人，苏联为此要削减32.5万人，美国则只需要削减3万人；第

---

① 〔美〕乔治·布什、布伦特·斯考克罗夫特：《重组的世界：1989—1991年世界重大事件的回忆》，胡发贵等译，江苏人民出版社，2000，第71~78页。
② 〔德〕维尔讷·魏登菲尔德等：《德国统一史（第四卷）——争取德国统一的外交政策：决定性的年代（1989—1990）》，欧阳甦译，梅兆荣、邓志全审校，社会科学文献出版社，2016，第21页。
③ 〔美〕乔治·布什、布伦特·斯考克罗夫特：《重组的世界：1989—1991年世界重大事件的回忆》，胡发贵等译，江苏人民出版社，2000，第62~70页。

四，缩短欧洲常规裁军协议达成的时间表，6~12个月内就要达成协议，1992~1993年内完成欧洲常规裁军。[1] 布什的提议受到北约各国热烈欢迎，也受到国际舆论好评。北约峰会公报要求苏联大为降低其短程核武器数量，削减到北约当前水平，还称北约的常规裁军目标是削减东方集团突然袭击和大规模进攻的能力。欧洲常规裁军协议应快速达成，一旦苏联常规军力开始实质削减，美国就同意开始短程核武器谈判。[2]

布什是以对常规裁军的重大提议及推迟短程核武器升级安抚西德，并应对苏联裁军攻势。布什的迁就让西德满意，西德在北约内部的地位进一步提升。根舍说：北约峰会支持了西德联合政府，西德和美国的联盟关系更清楚了；美国和西德的合作并未使北约瓦解，而是更为团结，美国也看到了东欧剧变的历史性机会，放弃了单纯军事观点；我和贝克在峰会前后形成的互信，奠定了德国统一进程中双方合作的基础。[3]

事实上，布什的常规裁军建议还是促使苏联从东欧撤军的时间表。北约公报称：苏联在欧洲的驻军，远远大于防卫自身安全所需，直接威胁北约各国安全，不利于建立欧洲和平秩序；苏联的军力可被用于政治恫吓或以侵略施加威胁；只要苏联驻军还在，欧洲

---

[1] Remarks Announcing a Conventional Arms Control Initiative and a Question-and-Answer Session With Reporters in Brussels, May 29, 1989, George Bush Presidential Library and Museum, https://bush41library.tamu.edu/archives/public-papers/464.

[2] North Atlantic Treaty Organization Communique: A Comprehensive Concept of Arms Control and Disarmament, May 30, 1989, George Bush Presidential Library and Museum, https://bush41library.tamu.edu/archives/public-papers/466.

[3] Hans-Dietrich Genscher, *Rebuilding A House Divided: A Memoir by the Architect of Germany's Reunification*, Translated from the German by Thomas Thornton, New York: Broadway Books, 1998, p.259.

就难以建立起更好的政治关系;苏联在欧洲过多的兵力,特别是其坦克、装甲车、大炮等进攻性武器给予苏军发起突然袭击和大规模进攻的能力;苏军还有很多秘密和不确定性,其实际能力和意图不明;北约寻求公正和持久的和平,通过军控可以促进东西方政治对话,改变政治关系。① 布什在峰会之后的记者会上也表示,要把欧洲从苏联军力的阴影下解放出来,使美欧能够更多合作。他要求把短程核武器谈判的开始与欧洲常规裁军协议尽早达成及获得切实执行挂钩。北约将把重点放在快速进行欧洲常规裁军谈判上,美方要求谈判以 6~12 个月为期,这是对苏联发出的挑战。②

### (三) 布什提升西德地位,使其先行在西方内部实现完全主权

布鲁塞尔峰会于 1989 年 5 月 31 日结束后,布什马不停蹄地访问西德,并在美因茨发表重要演说,称要寻求东德和东欧各国的自决,并针对戈尔巴乔夫的"欧洲共同家园"倡议提出:"只有从一个房间到另一个房间可以自由通行,才有真正的欧洲共同家园。"布什呼吁拆除柏林墙,结束欧洲分裂。他说:让欧洲"完整而自由",将是北约的新使命。布什还提出西德是北约"领导层中的伙伴"(Partner in Leadership),称两国关系从来没有像今天这样好。③

---

① North Atlantic Treaty Organization Communique: A Comprehensive Concept of Arms Control and Disarmament, May 30, 1989, George Bush Presidential Library and Museum, https://bush41library.tamu.edu/archives/public-papers/466.
② The President's News Conference Following the North Atlantic Treaty Organization Summit Meeting in Brussels, May 30, 1989, George Bush Presidential Library and Museum, https://bush41library.tamu.edu/archives/public-papers/468.
③ Remarks to the Citizens in Mainz, Federal Republic of Germany, May 31, 1989, George Bush Presidential Library and Museum, http://bushilibrary.tamu.edu/research/pulic_papers.php?id=476&year=1989&month=5.

这都表明，西德已代替英国，成为美国在西欧最重要的盟国，美国的政治、军事战略和政策都会顾及西德的特殊利益。科尔对布什在艰难时刻对西德和他本人的支持表示由衷感谢。[1] 实际上，在布什的演讲稿中，斯考克罗夫特以"完整而自由的欧洲"代替了前一版本中"德国统一"的提法，是不想毫无必要地刺激德国的民族主义。[2] 但这表明美国人此时已虑及德国可能将会统一，因而在战略上占据了先机。

短程核武器危机使美国意识到西德立场对北约团结的至关重要性，西德在东西方关系中的地位日益重要，美国断不能失去西德，否则美国和美军在欧洲的存在将失去基础。短程核武器危机的解决、美国对西德利益的迁就和照顾，为德国统一过程中的两国合作奠定了坚实基础。在德国问题上，为对付苏联的压力或诱惑，美国人还创立了召开北约峰会、形成共识、团结北约各国、一致应对的外交模式，以此加强美国在欧洲的影响力。

面对苏联的裁军攻势，美方决心以助推东欧政治演变进行反制。1989年6月12日，戈尔巴乔夫访问西德，大受民众欢迎。7月4日，他又访问了法国。7月6日，他在法国的斯特拉斯堡对欧洲委员会发表演说，建议北约、华约双方立即开始削减短程核武器。戈尔巴乔夫还系统论述了其最新版本的"欧洲共同家园"构

---

[1] Remarks and a Question-and-Answer Session With Reporters Following Discussions With Chancellor Helmut Kohl in Bonn, Federal Republic of Germany, May 30, 1989, George Bush Presidential Library and Museum, https://bush41library.tamu.edu/archives/public-papers/470.

[2] Thomas Blanton, "Ronald Reagan, George H. Bush, and the Revolutions of 1989: Amesican Myths Versus the Primary Sources," in Mark Kramer and Vit Smetana (eds.), *Imposing, Maintaining, and Tearing Open the Iron Curtain*, *The Cold War and East-Central Europe*, *1945-1989*, Maryland and Plymouth: Lexington Books, 2014, pp. 293-294.

想，要求在维持北约、华约两大集团政治界线的基础上，促进西欧和东欧全方位合作。斯考克罗夫特称其为"含蓄地重申了勃列日涅夫主义"。布什则说："对东欧有可能的民主变革，我们有义务成为一种可靠的催化剂。"[①] 为了和戈尔巴乔夫竞争欧洲政治主导权，并推动东欧政治变革，布什在7月访问了波兰、匈牙利两国。布什的"完整而自由的欧洲"构想与戈尔巴乔夫的"欧洲共同家园"构想，形成了竞争关系。

**（四）美方对西德的迁就为两国在德国统一进程中的合作奠定基础**

1989年夏，在东欧出现的对苏联统治的挑战，扩展到苏联本土。长期受压制的民族主义暗流纷纷涌现，苏联的经济形势也不断恶化。1989年8月，波罗的海三国民众组成人链，要求从苏联独立，使苏联领导人忙于内务，忽视了东德爆发的民众逃亡潮，直至柏林墙倒塌，更大的危机到来。

美国乐于见到苏联对东欧的控制开始瓦解，但是对东欧剧变可能带来的风险和不稳定也有担忧。美国此时对苏联的政策可从1989年9月22日下达的第23号国家安全指令（NSD23）中略窥一斑，该指令提出："我们正处在变化和不确定性的阶段。我们不会对还未发生的苏联改革做出回应，也不会对每项创议做回应。……美国会质疑苏联，逐步、逐事、逐个机制地让苏联行为符合其领导人宣称的高标准。"美国对苏政策是：改变苏联行为，削减苏联军

---

① 〔美〕乔治·布什、布伦特·斯考克罗夫特：《重组的世界：1989—1991年世界重大事件的回忆》，胡发贵等译，江苏人民出版社，2000，第99~100页。

## 第六章 美国在德国统一进程中的"超越遏制"战略

力,检验苏联的意图,让苏联和西方更加合作。美国人还称苏联的改变要制度化,要降低对西方的威胁,这需要几十年的时间。美国的军事政策不是要对苏联经济施加压力,寻求军力优势,美国要阻止苏联出现不确定性的长期发展。"[1] 此时,在美方看来,尽管冷战的对抗性随着苏联内外政策改变而降低,但仍将是个长期过程。"超越遏制"战略的实施,绝非一蹴而就。

贝克此时决心压制美国国内疑苏派,推动美苏关系发展到新阶段。10月4日、16日、23日,他先后发表三次演讲,谈论苏联经济改革、美苏整体关系、战略及军控问题。贝克表示,戈尔巴乔夫领导的改革是真的革命,改革使苏联的行为对美国更有利了。他提出在促进欧洲完整而自由、解决地区冲突、扩大军控谈判、使苏联公开性和民主机制化、为苏联经济改革提供技术援助这五个领域来促进美苏共同利益。贝克后来回忆说,日后德国统一及苏联和平地完全退出东欧都证明他当时的决策是正确的。[2]

1989年11月9日,柏林墙开放,德国统一问题重上国际日程,使苏联退出东欧的时限大大压缩。美国通过对这一进程的控制和设计,在密度空前的多国互动中,对苏联使用了压力和诱导两手策略。布什在提升西德地位后,大力支持德国统一快速实现,在应对苏联上,得到西德密切配合,获得了强劲助力。

在柏林墙倒塌前,美苏两国对欧洲政治主导权的竞争以及美国对苏联旨在"逐美离欧"的疑虑,是美国人大力支持德国统一快

---

[1] NSD-23, "U.S. Relations with the Soviet Union," September 22, 1989, George Bush Presidential Library and Museum, http://bushlibrary.tame.edu/research/pdfs/nsd/nsd23.pdf.

[2] James A. Baker, III and Thomas M. Defrank, *The Politics of Diplomacy: Revolution, War & Peace, 1989-1992*, New York: G. P. Putnam's Sons Publishers, 1995, pp. 155-158.

速实现的政治背景，也是其大力推动欧洲常规裁军进程，借此促使苏联尽快从东欧，尤其是从东德撤军的根本原因。

## 四 美国以多进程相配合促使苏联接受两德按西方方案统一

德国统一重上国际议程后，美国和西德通力合作，压制苏联、英、法等国对德国统一的阻挠。进程的主导权在美国、西德手中，两国一起设计了"2+4"谈判框架，以此与欧洲常规裁军谈判、欧安会进程、美苏峰会等多个进程相互配合，控制德国统一外部问题的进展。美国还利用波罗的海三国独立运动对苏联施压，对戈尔巴乔夫寻求达成苏美贸易协议、寻求让苏联融入世界经济的愿望进行诱导，许诺美苏会建立"伙伴关系"，从而使"超越遏制"战略对处于弱势地位的苏联产生了重大影响，最终实现了既让德国统一又使苏军撤离东欧而美军继续驻留欧洲的战略目的。

在此过程中，美国对苏联的政策也有微调，但是迫使苏联做出更多让步一直是其根本目标。一方面，美国从担忧苏联的竞争，"质疑和检验苏联的行为"，要求一个在国际上更负责任的"新苏联"，转向给苏联"面子与声望"，帮助戈尔巴乔夫维持其在国内的政治地位，防止苏联强硬派上台，以便维持有利于美国的苏联改革局面。另一方面，美国的战略目的是把西德和统一后的德国更深程度地融入北约，所以大力支持德国统一，设计了把统一区分为内部与外部两个方面但又相互联系的战略，力促两德尽快实现内部统一，让苏联接受既成事实；同时，限制"2+4"谈判的权限，要求苏联参加

第六章 美国在德国统一进程中的"超越遏制"战略

谈判的前提是同意谈判的目标是使德国获得统一,讨论的题目只能是废除四大战胜国对德国的权利,给予统一后的德国完全主权。面对苏联提出统一后的新德国应保持中立化、分割内部统一与外部统一、设置较长过渡期、保留四大国权利、限制统一后德国兵力规模等多个方案,美国坚持了德国统一快速实现,新德国享有完全主权的立场。美方仅在搁置短程导弹升级计划上对苏联显示了一点让步。

北约管辖权东扩,是美国更深层次的战略目的,为此,美国进行了精巧设计。1990年1月底,根舍提出北约不东扩,让苏军暂驻东德,换取苏联同意德国统一,这被称为"根舍公式"。根舍公式意味着北约部队和北约管辖权都不能在德国统一后东扩到原东德领土。1990年2月9日,贝克在前往苏联向苏方推介"2+4"谈判框架时,也采用根舍的说法,表示北约不会东扩。斯考克罗夫特和布什等人对此十分紧张,他们不能接受北约管辖权不可东扩。1990年5月,在"2+4"谈判出现僵局时,贝克等设计的包括北约部队不东扩到原东德领土、未来德国大规模削减兵力、放弃寻求核生化武器等"九项保证",表面上看似向苏联主张的原东德领土军事中立化方案靠近,实际上是以北约部队不进入原东德领土,换取苏方接受北约管辖权在法理上东扩到原东德。[①] 1990年7月中旬,戈尔巴乔夫和科尔在高加索谈判当中,没有抓住德国人提出的只让不参加北约的德国部队驻守原东德的让步,同意让进入北约军事结构的德军部队在苏联驻东德军队撤走后进入原东德地区,从而使美国让

---

[①] Philip Zelikow, Condoleezza Rice, *Germany Unified and Europe Transformed: A Study in Statecraft*, Cambridge, Massachusetts: Harvard University Press, 2002, p.263.

北约管辖权实质上东扩的目的得以实现。①

美国帮助和利用德国统一,主要体现在压制苏联等国反对和阻挠德国统一的企图,促进两德按照西方方案统一,以及力求对美方有利的欧洲安全安排这三个方面。

### (一) 美国压制苏联等国对德国统一的反对和阻挠

1989年11月9日,柏林墙倒塌,戈尔巴乔夫给布什、科尔发去信息,警告科尔不要煽动局势,要求布什不要做出过激反应。布什认为统一是应由德国人民自决的问题,戈尔巴乔夫阻挡不了,但布什此时主要考虑的是美国军费问题,即怎样降低美国在欧洲的防务支出。一段日子后,布什致信戈尔巴乔夫称,科尔没有煽动东德局势,美国也不会单方面谋取利益,但是支持《赫尔辛基最后文件》中规定的民族自决权。11月10日,科尔给布什打电话称,东德改革已维持不了几个星期了,民众还在大逃亡。他对美方表示感谢,称没有美国,就不会有今天的变化。② 两人商定要就局势保持时时商讨。③ 不难看出,问题的关键在于东德是否有能力依靠自身的力量和改革措施继续维持国家的存在。

苏联方面一开始担心柏林墙倒塌会导致乱局,希望和西方共同商讨危机管控机制。1989年11月10日,戈尔巴乔夫致电美、英、

---

① Alexander Von Plato, *The End of The Cold War? Bush, Kohl, Gorbachev, And The Reunification of Germany*, Translated by Edith Burley, New York: Palgrave Macmillan, 2015, p.300.
② 〔美〕乔治·布什、布伦特·斯考克罗夫特:《重组的世界:1989—1991年世界重大事件的回忆》,胡发贵等译,江苏人民出版社,2000,第138~142页。
③ Philip Zelikow, Condoleezza Rice, *Germany Unified and Europe Transformed: A Study in Statecraft*, Cambridge, Massachusetts: Harvard University Press, 2002, p.105.

## 第六章 美国在德国统一进程中的"超越遏制"战略

法,要求召开四大国会议讨论局势,西方三国对此予以拒绝。这是在美国领导下西方与苏联就东德局势的第一次交锋。只有撒切尔夫人致信戈尔巴乔夫,表示愿意与苏联共商召开四强会议。苏联外长谢瓦尔德纳泽在11月11日会见西德外长根舍时,批评科尔11月8日要求东德进行政治改革的国会讲话。此时,苏联还寄希望于东德自主改革能够进行下去,但西德加大了对东德的压力。11月16日,科尔再次在国会发表演讲,敦促东德进行政治改革,称这是西德进行经济援助的前提。为显示改革意图和应对西德压力,11月17日,东德新任总理莫德罗提出自主进行政治改革,但拒绝德国统一。莫德罗提出两德建立"契约共同体",一起寄希望于"欧洲共同家园"的发展。此时:大多数东德民众还是支持保留本国主权独立,莫德罗的建议一时占了上风。科尔迅速与布什通话,布什表示支持德国统一,但要求不要激怒苏联,不设立时间表。[1]

欧共体各国对德国局势也极为关注,并提出其关切。11月18日,法国邀请十二个欧共体国家首脑在巴黎开会。密特朗让科尔谈对两德关系的目标和欧洲各国边界问题。撒切尔夫人说世界不可轻动,欧洲国家疆界如有变动,戈尔巴乔夫就会下台,引发大乱。她还说,必须保持北约和华约两大集团。英国强调要保住戈尔巴乔夫的执政地位,维持两大集团,反对德国统一。英法的干涉从德国统一问题刚一浮现就出现了。然而,与英法相比,美国立场大为不同。11月20日,布什会见根舍,表态支持德国统一。但根舍此时对统一还不感兴趣,并且担心苏联的反应。11月24日,布什与撒

---

[1] Philip Zelikow, Condoleezza Rice, *Germany Unified and Europe Transformed: A Study in Statecraft*, Cambridge, Massachusetts: Harvard University Press, 2002, pp.108-112.

| 德国统一的外交

切尔夫人在戴维营会晤，撒切尔夫人又谈及反对德国统一的意见。撒切尔夫人称巩固东欧民主化的问题应该居先，德国统一会带来动乱，危及戈尔巴乔夫的地位。布什对此不予理会。11月16日前，苏联认为英法美全都反对德国统一，苏联不应出头去反对德国统一。后来认识到真实的形势，才开始明确反对德国统一。

科尔为反制莫德罗计划，不给它在国际上获得支持的机会，在未告知盟国和苏联的情况下，突然于11月28日提出《十点纲领》，公开提出德国统一问题及在欧洲一体化进程中德国渐进统一的设想。美国国安会迅速决定，保护科尔免受国际舆论的批评，也提出美方对德国统一问题的指导原则。11月29日，贝克在记者招待会上就德国统一问题公布四项原则：第一，尊重自决原则；第二，必须与德国作为北约和欧共体成员角色一致；第三，统一过程要渐进、和平，考虑别国利益；第四，尊重《赫尔辛基最后文件》，欧洲各国边界只能和平变更。贝克提出德国统一是渐进过程，是要缓解英法等国的忧虑。[①] 更重要的是，美方提出了统一的德国参加北约的问题。11月29日晚，布什接受记者采访，讲述了他和科尔的电话交谈，表态支持科尔的《十点纲领》，称"完整而自由的欧洲"快要实现了，正在从"愿景"变为"现实"。美国人判断，科尔担忧美苏在马耳他峰会上会针对德国统一问题做雅尔塔式的交易，所以抢先抛出《十点纲领》，做出单方面行动。美方对此予以容忍，不仅支持德国统一，而且要将德国统一进程纳入美方

---

① 〔美〕乔治·布什、布伦特·斯考克罗夫特：《重组的世界：1989—1991年世界重大事件的回忆》，胡发贵等译，江苏人民出版社，2000，第185页。

第六章　美国在德国统一进程中的"超越遏制"战略

轨道。[1]

1989年12月3日，布什在马耳他峰会上对戈尔巴乔夫谈德国统一问题时称："我们不会采取什么行动，以试图加速德国的统一。……难以要求我们反对德国的重新统一。我们的一切行动不应逾越《赫尔辛基最后文件》。"[2] 布什在峰会上所谈重点是立陶宛问题。戈尔巴乔夫在峰会上认可美国介入欧洲政治，但是对德国问题没有明确划出政策界限。

次日，布什起身前往北约首脑会议通报马耳他峰会情况。在首脑会议前，布什先和科尔会面，向科尔和盘托出对德国统一的支持，并提醒科尔，戈尔巴乔夫反对《十点纲领》。科尔通报东德最新局势发展，认定东德已无法走出危机。他做出保证，称欧洲一体化和北约成员身份是德国命运所系，所谓西德会为获得民族统一而滑向东方的说法是荒唐的。他还称德国统一将是渐进过程，五年内才会实现。布什则要求设计一种既能推进统一，又能不惹怒戈尔巴乔夫的安排。[3] 布什准备用欧洲常规裁军谈判、美苏削减战略武器谈判和化学武器裁军谈判促使苏联转变态度，让苏军从东欧撤走，帮助科尔推进统一。[4] 布什和科尔在布鲁塞尔的会见确立了美国和西德在德国统一问题上通力合作的关系。

---

[1] Philip Zelikow, Condoleezza Rice, *Germany Unified and Europe Transformed: A Study in Statecraft*, Cambridge, Massachusetts: Harvard University Press, 2002, pp. 113-124.

[2] 〔美〕乔治·布什、布伦特·斯考克罗夫特：《重组的世界：1989—1991年世界重大事件的回忆》，胡发贵等译，江苏人民出版社，2000，第158~161页。

[3] 〔美〕乔治·布什、布伦特·斯考克罗夫特：《重组的世界：1989—1991年世界重大事件的回忆》，胡发贵等译，江苏人民出版社，2000，第187页。

[4] Bush-Kohl meeting record［memcon］（German unification）［declassified］, 3 Dec, 1989, Margaret Thatcher Foundation, http://www.margaretthatcher.org/document/109453.

德国统一的外交

综上可见,柏林墙倒塌之后,德国统一问题浮现,美苏英法及两个德国的初步立场也展示出来:美国支持德国民族自决,支持德国统一,并保护科尔。布什回忆说:他并不担心科尔在统一问题上自行其是,只担心科尔会疏远盟国。而斯考克罗夫特则称他担心科尔会以德国中立换取统一。[①] 苏联寄希望东德改革,认为东德还能存在下去,反对德国统一。英国要求先巩固东欧民主化成果,担心德国统一会危及戈尔巴乔夫地位。出于英国对欧陆政策的传统和对二战历史的记忆,撒切尔夫人不愿意看见欧洲出现另一个重量级大国。[②] 密特朗对德国统一表现出超然的态度,但要求西德加速推动欧洲一体化。[③] 科尔坚持只有德国统一后才能对边界问题做出最终承诺,不愿意因为对德国东部边界问题做承诺而丧失原东部领土上被驱逐者们的选票。边界问题属于科尔因为选举需要给统一进程制造的麻烦,英法等国抓住科尔的态度对德国统一问题施压。科尔此时设想的是,东德举行自由选举后民众追求统一的意愿将会显露出来,统一将是一个渐进过程,东西两个德国各自仍留在华约、北约之内。东德的莫德罗政府此时还拒绝统一,提出两德建立"契约共同体"的方案,在戈尔巴乔夫提出的"欧洲共同家园"框架内进行交往。对于德国是否应统一,各国立场相继明晰。总体上,美国和西德此时设想的还是渐进过程。

---

[①] 〔美〕乔治·布什、布伦特·斯考克罗夫特:《重组的世界:1989—1991年世界重大事件的回忆》,胡发贵等译,江苏人民出版社,2000,第182页。

[②] 翁裕斌:《英国前首相撒切尔夫人论德国统一(上)》,《德国研究》1994年第1期,第45~46页;翁裕斌:《英国前首相撒切尔夫人论德国统一(下)》,《德国研究》1994年第3期,第46~50页。

[③] 张锡昌:《密特朗与德国统一》,《外交学院学报》2002年第4期,第36~42页。

## （三）美国主导了对德国统一谈判框架的设计

随着形势变化，东德民众的统一愿望更显著地表现了出来。1989年12月19日，科尔与莫德罗在德累斯顿会见，东德民众向科尔欢呼，科尔由此坚定了推动民族统一的决心。1990年1月，西方在设想以何种方式实现统一，希望莫德罗政府维持到东德举行大选，等到5月通过自由选举，让东德统一社会党下台，之后两德可通过联邦形式在五年内实现统一。然而，东德经济崩溃，政局也没有稳定下来，动荡和混乱继续发展，东德圆桌会议中的反对党派迫使大选提前于3月18日举行，反对党派与莫德罗政府在政治上分道扬镳，同时东德反对党派寻求"第三条道路"发展模式的希望也就此终结了。莫德罗政府还因试图保护秘密警察势力，而引发民众暴力抗争。东德局势迅速恶化，西方政策则顺势而为，不断更新。到1990年1月底，美国和西德都否定了渐进统一方案，开始呼应东德民意，推动德国统一加速。1990年2月3日，科尔顾问特尔切克会见斯考克罗夫特，后者猜测3月18日东德进行自由选举之后，德国统一可能将快速实现。美方此时主要担心戈尔巴乔夫在柏林墙倒塌后不久提出的召开第二次欧安会峰会的建议会带来不利影响，因此不愿对召开峰会表态，以防苏联等国把欧安会开成针对德国问题的替代性和会。斯考克罗夫特还对特尔切克明确表示，如果苏联利用四大战胜国的权利掣肘统一进程，美国不会参与。[①]美国国安会幕僚布莱克威尔也判断称：苏联会迫使德国中立，要求

---

① 〔德〕霍斯特·特尔切克：《329天：德国统一的内部视角》，欧阳甦译，胡琨审校，社会科学文献出版社，2016，第85~86页。

| 德国统一的外交

美军撤离欧洲。苏联现在发生内乱,应该利用这一局势,推动德国统一,不用在意英法等欧洲国家的不同意见。赖斯则判断称:苏联不会阻挡德国统一,四大国加上两德,六国举行谈判即可实现统一,并且在六个月内即可实现。[1] 在这些复杂算计的基础上,美国开始和西德一起设计"2+4"谈判模式。

此时的苏联,正面临民族主义运动带来的危机。立陶宛于1990年1月宣布独立。戈尔巴乔夫去维尔纽斯劝说立陶宛人放弃独立,无功而返。1月20日,阿塞拜疆发生了巴库事件,据称造成几百人死亡。苏联内部暴力事件的发生给戈尔巴乔夫带来极大压力。1990年1月25日,他召集顾问们紧急讨论四小时后决定的对德政策是:绝不动武。戈尔巴乔夫总结称:可以进行六国讨论,今后苏联要多接近科尔,因为不得不和他打交道。统一的德国不可加入北约,苏联应考虑从东德撤军。与此同时,戈尔巴乔夫要求科尔给予苏联价值1亿美元的紧急食品援助,其中包括超过10万吨的肉制品。在接获苏联请求后,科尔立即满足了苏方,这不啻是戈尔巴乔夫对科尔对苏诚意的一次考验。

1990年1月底,莫德罗访苏。在会谈中,戈尔巴乔夫表示,希望东德大选后统一社会党的政权能够保住;统一的德国不能加入北约。在会谈中,苏联首次原则上接受了德国内部统一。莫德罗以为获得了苏联的支持,回国后于2月1日公布了其实现德国统一,但新德国保持中立化计划,苏联立即表示支持:苏联承认德国民族的自决权,两德应渐进走向邦联,邦联与一项对德和约、全欧进程及德国

---

[1] Philip Zelikow, Condoleezza Rice, *Germany Unified and Europe Transformed: A Study in Statecraft*, Cambridge, Massachusetts: Harvard University Press, 2002, p. 159.

## 第六章 美国在德国统一进程中的"超越遏制"战略

中立化、去军事化联系在一起。苏联还要拉英法一起推进此计划。[①] 2月10日,科尔访苏,戈尔巴乔夫亲自证实,苏联接受德国民族自决权,原则上接受了德国统一,但坚持苏方主张的渐进统一方案。

美国此时在对"2+4"谈判框架,以及事关德国统一的军事安排进行紧张思考和设计。在1990年1月底,美国有三项考虑:第一,美方希望以何种速度实现德国统一,北约能承受何种结果?第二,采取何种形式解决外部问题以支持德国统一?第三,美国在20世纪90年代应在欧洲维持何种军事地位,美国保持在德国的军事存在应如何反映到裁军谈判中?[②]

马耳他峰会后,布什开始为1990年5月的美苏华盛顿峰会做准备,为推进裁军进程加紧在美国国内布局。布什要求提出"更大胆的削减战略武器和常规武器的方案"。然而,国防部部长切尼等人反对大规模裁减。撒切尔夫人也"担心苏联人从东欧撤军,但将这些军队布置在乌拉尔山脉西侧,并保持高度机动性"。她还要求将欧洲常规裁军谈判、德国统一及中立问题全部纳入北约战略的通盘考虑中。密特朗则称裁军不应受中立化的影响。西德表示支持进一步裁军,以使苏军撤出德国土地。切尼因而改变了立场,但要求打破同等裁减原则,只裁减苏军,不裁减美军。美军留在中欧,可裁减,但驻欧洲其他地区的军队不计入裁减。美国决策层最后确定,驻中欧美军可保留19.5万人,其他地区3万人,这样驻

---

[①] Philip Zelikow, Condoleezza Rice, *Germany Unified and Europe Transformed: A Study in Statecraft*, Cambridge, Massachusetts: Harvard University Press, 2002, pp. 157-164.

[②] Philip Zelikow, Condoleezza Rice, *Germany Unified and Europe Transformed: A Study in Statecraft*, Cambridge, Massachusetts: Harvard University Press, 2002, pp. 165-166.

| 德国统一的外交

欧苏军也会介于 19.5 万~22.5 万人。美国由此确定了裁军目标：迫使苏军更多撤出中欧，而美军继续留驻。①

关于德国统一的外部问题，国安会幕僚布莱克威尔设计的路线图是：统一后的德国加入北约，德国东部（原东德）处于特殊军事地位，六国讨论统一问题后，将结果提交欧安会。罗斯、佐利克把"2+4"谈判设想提交贝克：推动德国统一快速实现，西德与四大国平权参加谈判，而东德只有在自由选举之后才能参加。"2+4"谈判的目标就是确定寻求德国统一，其权限限定为只涉及外部统一，不讨论两德内部统一、军事归属、驻军等问题，以此限制苏联利用这一谈判发起不利于西方的动议。佐利克认为，没有公开论坛，科尔就会屈服于苏联的中立化统一方案，因此要设计一套解决德国统一面临的外部问题的方案，对科尔进行帮助，同时使这一交易由美方批准。②

到 1990 年 1 月底，美方对三项考虑都安排好了：第一，确立了北约如何应对德国快速统一；第二，为统一外部问题设计了"2+4"限制性论坛；第三，布什确定了未来在欧洲驻军数量、水平与欧洲常规裁军的关系。③ 1990 年 1 月 31 日，布什和盟国商量后，致信戈尔巴乔夫，提出要大力促进常规裁军，但同时表示，不管苏军去留如何，美军必定驻留德国。戈尔巴乔夫则回应说，其他国家的裁军问题也要谈。④

---

① 〔美〕乔治·布什、布伦特·斯考克罗夫特：《重组的世界：1989—1991 年世界重大事件的回忆》，胡发贵等译，江苏人民出版社，2000，第 197~203 页。
② Philip Zelikow, Condoleezza Rice, *Germany Unified and Europe Transformed: A Study in Statecraft*, Cambridge, Massachusetts: Harvard University Press, 2002, pp. 165-167.
③ Ibid., pp. 168-170.
④ 〔美〕乔治·布什、布伦特·斯考克罗夫特：《重组的世界：1989—1991 年世界重大事件的回忆》，胡发贵等译，江苏人民出版社，2000，第 205 页。

## 第六章 美国在德国统一进程中的"超越遏制"战略

美国在设计"2+4"框架的同时,还要打消西德外长根舍一派发展全欧框架的主张。2月2日,根舍访美。根舍的访问再次确认了美方认为德国统一已在快行线上的观点。根舍称在东德大选后处理其国际影响的首要机制应是欧安会。贝克不同意,称需要其他协商机制。根舍做出让步,承认其他机制也应介入。在根舍确认德国统一已进入快车道后,美方决定年内让多个进程相融,以应对德国统一问题。根舍不接受以四强柏林会议为机制,贝克说要扩大成"2+4"框架,并要尽快访苏推销这一设想。此外,对"根舍公式"中包括的"北约不东扩"这一对苏承诺,美方有所保留,但不打算现在就明确表态。①

1990年2月11日,东西方两大集团的所谓"开放天空"会议在渥太华召开。此前,在欧共体都柏林会议上,欧共体各国接受了苏联观点,同意年内召开欧安会峰会。贝克劝西欧各国在欧洲常规裁军条约达成后再召开欧安峰会,以此将峰会延迟到1990年底,使其难以干预德国统一进程。就这样,欧洲常规裁军谈判成了美国压制欧洲不同意见、抵制将欧安会峰会作为讨论德国问题机制的工具。法国外长敦促不管欧洲常规裁军达成与否,都应在巴黎召开欧安峰会,美国、西德对此表示反对。② 最终,美国通过北约和华约各国在渥太华举行的东西方峰会正式推出了"2+4"谈判框架,确保了欧安会不会成为讨论德国统一问题的多边机制,以避免欧洲小

---

① "Genscher's Visit to Washington: 2 February," Sir A. Acland to Mr Hurd, No. 295 Telegraphic [PREM: Internal Situation in East Germany], Washington, 5 February 1990, 5: 30 p.m., in P. Salmon, K. Hamilton and S. Twigge (eds.), *Documents on British Policy Overseas*, *German Unification*, New York: Routledge, 2010, pp.254–255.

② Philip Zelikow, Condoleezza Rice, *Germany Unified and Europe Transformed: A Study in Statecraft*, Cambridge, Massachusetts: Harvard University Press, 2002, pp.191–192.

国对德国统一问题置喙。

## （三）美国借德国统一之机重组欧洲安全架构

1989年12月5日，根舍访苏，戈尔巴乔夫称科尔提出的《十点纲领》是要毁掉全欧进程。因为担心苏联不允许德国统一，根舍设计出了北约不东扩的让步措施，1990年1月31日，他在图青（Tutzing）新教学院发表演说，提出统一后的德国加入北约，但是北约不东扩，此即日后通常所称的"根舍公式"。美方认为根舍讲话没有提及美国在德国的核武器和驻军问题。斯考克罗夫特担心这会引发东德向非军事化方向发展。[①] 美国国安会官员提出北约管辖权必须东扩，德国统一后，德国东部地区（原东德）不可非军事化，新德国的东部在北约内可享有特殊军事地位。1990年2月10日，科尔访苏，提出北约部队不进入东德地区，但北约管辖权必须东扩。科尔还说苏军可以留在东德。2月中旬，西德国防部部长施托尔滕贝格公开反对新德国中立化，反对德国东部非军事化，要求北约应对德国全境具有管辖权，北约可派兵进入东德，与根舍立场对着干。根舍公开批评施托尔滕贝格的"私人观点"，称其是错误的，因为苏联难以接受德国整体参加北约。根舍害怕戈尔巴乔夫为此下台，或者引发苏联迫使德国在统一与中立化间二选一。更重要的是，英国也提出苏军不必撤出德国。2月24日，科尔访美，布什敦促他向美方立场靠拢，即苏军必须撤出东德。在此次戴维营会谈后，美国和西德发表共同声明，称统一德国的东部将享有特殊军

---

[①] 〔美〕乔治·布什、布伦特·斯考克罗夫特：《重组的世界：1989—1991年世界重大事件的回忆》，胡发贵等译，江苏人民出版社，2000，第232页。

第六章　美国在德国统一进程中的"超越遏制"战略

事地位，苏联等国的利益将获西方考虑。[1]

然而，苏联一直不能接受北约东扩。3月20~22日，谢瓦尔德纳泽在出席纳米比亚独立仪式时会见贝克，要求美国也从西德撤军。5月5日，在波恩举行的"2+4"论坛首次外长会议上，由于受到国内保守派和军方的巨大压力，谢瓦尔德纳泽提出应将德国统一的内部和外部问题分割，要求为统一设立较长过渡期，继续保持四大国对统一后德国的监督权，限制统一后德军兵力等，还要让苏联继续驻军德国。[2] 西方将裁军谈判与"2+4"谈判并立，苏联看到无法在"2+4"谈判内撼动西方立场，转而在裁军问题上发力，使欧洲常规裁军谈判陷于停顿。然而，裁军谈判一旦停滞，"2+4"谈判也会陷于停顿，预计在1990年底召开的欧安峰会也会搁浅。形势要求美国对苏联做出一定让步。

5月16日，贝克访苏，美苏开始用欧洲常规裁军削减兵力条款处理新德国兵力削减问题。西方同意在后续欧洲常规裁军谈判中限制中欧各国兵力，但苏联要求现在就开始谈限制德国未来兵力规模，且要在"2+4"会议内谈，不在欧洲常规裁军中谈，贝克对此坚决拒绝。美国不愿意在欧洲常规裁军内谈限制德军兵力的问题，提出不得单独限制德国一国，美国对欧洲常规裁军谈判的目的，是用其削减苏军，而不是用来削减德军的。

面对苏联的要价，贝克于5月18日对苏方提出"九项保证"：

---

[1] Philip Zelikow, Condoleezza Rice, *Germany Unified and Europe Transformed: A Study in Statecraft*, Cambridge, Massachusetts: Harvard University Press, 2002, pp. 213-221.
[2] 〔德〕霍斯特·特尔切克：《329天：德国统一的内部视角》，欧阳甦译，胡琨审校，社会科学文献出版社，2016，第150~151页。

325

德国统一的外交

在后续欧洲常规裁军谈判中将讨论限制中欧军力、推迟短程核武器升级、新德国放弃寻求核生化武器、设立相当长一段过渡期方便苏联撤军、苏军撤离过渡期内北约部队不进入德国东部、北约改变对苏威胁性军事战略、加强欧安会、加强苏德经济关系等。美方接受了苏联要求，给苏联撤军设置较长过渡期，属于较大让步。与此同时，苏联对西方提出 200 亿美元贷款的经济要求。[①] 美国由于在立陶宛独立问题上要对苏联保持压力，无法给予贷款。对苏经济援助主要由西德承担，西德则不但表示愿意承担苏联暂时在德驻军数年的费用，而且答应将给予苏联大笔撤军安置费。

1990 年 7 月初，北约在伦敦召开峰会，在美国主导下，北约除对军事战略进行改革，并对华约示好外，还决定在欧洲常规裁军条约于年底达成时，对新德国的兵力规模也做出限制，美国放弃了不得单独限制德国兵力的立场。1990 年 7 月 15 日，科尔访苏，与戈尔巴乔夫会谈，确认了统一后的德国军队削减至 37 万人。[②] 两德总兵力达 62 万人之多，削减到 37 万人属于大规模裁减，是西德对苏联的重大让步。

综上所述，美苏核裁军谈判、欧洲常规裁军谈判曾是东西方关系的主要进程。这些进程延伸至德国统一过程中，美国使这些进程与"2+4"谈判相互配合，和西德一起主导了对苏交涉，还借这些进程压制了北约内部以英法为代表的不同意见。同时，苏联的改革

---

① Philip Zelikow, Condoleezza Rice, *Germany Unified and Europe Transformed: A Study in Statecraft*, Cambridge, Massachusetts: Harvard University Press, 2002, pp. 248-250, 263-265.

② Philip Zelikow, Condoleezza Rice, *Germany Unified and Europe Transformed: A Study in Statecraft*, Cambridge, Massachusetts: Harvard University Press, 2002, p. 323.

困境、立陶宛等加盟共和国追求独立引发的苏联国家分裂危机也影响了苏方对于德国统一讨价还价的能力，戈尔巴乔夫和谢瓦尔德纳泽要维护他们开创的苏联与西方关系的改善，改变苏联外部形象，降低军费开支，进行全面改革的总体战略，就要维持与西方合作，最终苏联做出了重大让步接受了西方的有限补偿，使德国实现了和平统一。

## 五 美国在德国统一进程中的外交谋略特点及其战略收益

在德国统一进程开启前，布什政府从与苏联竞争国际政治主导权的意图出发，提出对苏"超越遏制"的战略，以欧洲常规裁军倡议为手段，促使苏联对西方做出更大让步。对于欧洲分裂问题和东欧各国政治改革，布什政府提出"完整而自由的欧洲"构想，要求苏联允许东欧国家自决。布什政府对苏联战略和对欧洲构想的最终目的，是促使苏联从东欧撤军，消除苏联强大军力对美国及其欧洲盟国的军事威胁。随着东欧政治剧变局面的形成和发展，布什政府在坚持其对苏战略和对欧洲构想的同时，也有很强的忧虑感，担忧欧洲会因此陷入不稳定，因而在对待东欧剧变时，尽量保持克制。在东欧剧变、苏联出现内乱因素背景下，国际舞台和欧洲政治的主导权再次回到美国手中。

从里根到布什时期，美国的对苏政策，既有继承性，又能根据国际局势变化不断做出调整，表现出施压与诱导相结合，及利用苏联内部困难促变的特点。美苏之间此时已经有削减战略进攻性武器

## 德国统一的外交

谈判、欧洲常规军力谈判、维也纳建立信任与安全措施谈判、化学武器谈判等众多裁军与军事互信进程，苏联要实现降低对西方威胁，与西方展开合作，引进其资金、技术，开辟对外贸易，以利国内改革的目标，就必须继续推进这些谈判，无法因东欧剧变、德国走向统一而走回头路，重新与西方对抗。竞争性和利用优势地位适时调整是美国对苏谋略的特点。

德国分裂的背景是四强在德国和柏林的政治与军事存在。核心问题是如何让四强同意德国统一并撤走其大部分军队。① 美国在1989年春季，已开始预研德国统一的可能性。贝克说：在欧洲剧变时刻，不能任由西德这样分量的国家不受控制地滑向他方。② 美国在欧洲的领导地位建立在北约之上，美国驻西欧部队的主要组成部分在西德。美国对美苏在欧洲竞争的主要担心，是苏联获得主动权，引诱西德滑向东方，鼓动西德民众的反核武器运动，造成美军在西德驻军权不稳，甚至最终迫使美国离开欧洲。美国对苏联可能提出让新德国中立化的计划早有预判，1989年11月13日，也就是柏林墙倒塌后四天，布什邀请基辛格赴宴，后者判断苏联将会对德国统一提出两个要求：中立化及要求解散北约、华约两个集团。③ 对布什政府来说，只有确保新德国参加北约，才能保住北约，确保美军留驻欧洲，确保美国在欧洲的地位。而且，在布什和贝克

---

① Helga Haftendorn, "The Unification of Germany, 1985–1991," in Melvyn P. Leffler and Odd Arne Westad, eds., *The Cambridge History of the Cold War*, Volume III, *Endings*, Cambridge: Cambridge University Press, 2010, p.333.

② James A. Baker, III with Thomas M. Defrank, *The Politics of Diplomacy: Revolution, War & Peace*, 1989-1992, New York: G. P. Putnam's Sons Publishers, 1995, p.198, 245, 159.

③ 〔美〕乔治·布什、布伦特·斯考克罗夫特：《重组的世界：1989—1991年世界重大事件的回忆》，胡发贵等译，江苏人民出版社，2000，第177页。

## 第六章 美国在德国统一进程中的"超越遏制"战略

看来,统一的德国参加北约,会成为欧洲大变动局面中的稳定器。[1] 11月13日,布什就告诉贝克:应该把不可避免的事情转变成"审慎的演变"[2]。实质上是要按美国意图控制、引导德国统一的进程。精准预判是美国对苏战略的又一特点。

美国国安会及国务院的专家接手西德提出的"2+4"谈判设想,设计了一个既让苏联参与德国统一进程,又严格限制其目标和权限的框架。美方对"2+4"谈判框架的设计,不乏历史先例。1970年,美国为了控制西德的"新东方政策",防止西德和苏联过于接近,从而突破西方三大国对西德的总体控制,设计了美英法和西德四国协调机制,以形成西方共同谈判策略,同时,由美苏英法四强来审议两德协议,将其最后纳入四大国柏林协定之中。[3] 到1989年底1990年初,布什政府在对"2+4"谈判框架的设计当中,还有防止西德为获得统一与苏联私下交易的意图在内。而且,贝克在和苏联外长的多次会谈中,也明确告知对方,这一框架实际上权限有限,需要和欧洲常规裁军谈判等机制相互配合。美国人的目的是,在欧洲常规裁军谈判内讨论限制新德国军力规模的问题,既可防止引发德国人反感的"被单独裁减",又可防止因为"2+4"机制享有处理德国统一问题的全权,使苏联借机提出不利于西方的德

---

[1] John Newhouse, "The Diplomatic Round: Shunning the Losers", *The New Yorker*, 26 October 1992, p. 44.

[2] 〔德〕维尔讷·魏登菲尔德等:《德国统一史(第四卷)——争取德国统一的外交政策:决定性的年代(1989—1990)》,欧阳甦译,梅兆荣、邓志全审校,社会科学文献出版社,2016,第26页。

[3] Helga Haftendorn, Georges-Henri Soutou, Stephen F. Szabo, and Samuel F. Wells Jr. (eds.), *The Strategic Triangle: France, Germany, and the United States in the Shaping of the New Europe*, Baltimore: The Johns Hopkins University Press, 2006, pp. 220-221.

国统一方案，或者阻碍德国统一快速实现。① 在谈判框架设计上，美国人既继承了传统套路，又有所创新。

随着科尔支持的包括东德基民盟在内的"德国联盟"在东德大选中获胜，德国内部统一进程显著加快，东德新政府也转向支持统一尽快实现。戈尔巴乔夫和谢瓦尔德纳泽因为东欧剧变、德国开始统一遭到国内保守势力的尖锐批评。他们试图向西方要求推动全欧安全架构，作为允许德国统一的条件。1990年4月6日，谢瓦尔德纳泽访美，在与布什会谈时，两人主要讨论了立陶宛要求独立引发的苏联内部危机。关于德国问题，苏联外长说：对德国统一问题，此次不展开细节讨论，下次在欧安会峰会上，我们必须设计全欧安全架构，对德国和东欧的变革做出安全保证。苏联外长对美国支持苏联的改革表示感激，但是称虽然目前苏联国内问题很多，但并不存在危机。布什表示：即便德国统一加速，也还是有序的。"2+4"机制有利于让四强放弃对德国的权利，对统一的德国不能施加主权上的限制。美苏可以一起加强欧安会机制，它将是新欧洲的重要支柱，但是不能让它承担超出其能力的担子。我们当中的多数人不希望回到注定不会成功的集体安全机制。美国愿意留在欧洲，这有利于欧洲的稳定。布什称美国留在欧洲有利于"完整而自由的欧洲"的利益，也就是苏联人说的"欧洲共同家园"的利益，德国在北约内对苏联不是威胁，北约扩大其使命对苏联也不是威胁，北约会考虑新的条件。②

---

① James A. Baker, III with Thomas M. Defrank, *The Politics of Diplomacy*: *Revolution*, *War & Peace*, *1989-1992*, New York: G. P. Putnam's Sons Publishers, 1995, pp. 198, 245, 250.
② Memorandum of Conversation between George Bush and Eduard Shevardnadze in Washington, April 6, 1990, George H. W. Bush Presidential Library, http://nsarchive.gwu.edu/NSAEBB/NSAEBB481/docs/Document%209.pdf.

第六章 美国在德国统一进程中的"超越遏制"战略

布什由此否定了苏联提出的全欧安全架构,但为安抚对方,表示他主张的"完整而自由的欧洲"和戈尔巴乔夫宣扬的"欧洲共同家园"是相近的。到1990年5月5日,"2+4"机制部长级会谈正式开始时,苏联终于感受到"2+4"已变成了"1+5",其他五国都要求德国尽快统一,苏联被孤立了。[①] 在对苏谈判上,布什等利用苏联内外部遭遇的困难,只以话语安抚,而不用付出任何实质行动,手段相当老到。

布什政府在否定全欧安全结构的同时,开始改变本国和北约的军事姿态,以政治姿态对苏示好。德国统一问题促使美方从关注欧洲军力平衡的单纯军事观点,向政治、战略考量方向转变,美方不再坚持要等苏联军事战略改革见到成果之后,美国才能改变军事姿态,美方在1990年初期就已开始考虑削减军费,让北约重估其灵活反应战略。[②] 一方面,美方否定了西德外长根舍提出的北约不东扩设想,要求北约管辖权必须东扩;另一方面,贝克在5月中旬对苏联提出"九项保证",接受了苏联提出的"过渡期",允许苏联暂缓撤军,由西德对苏联予以经济援助和贷款支持。最后,布什在1990年7月的北约伦敦峰会上,复制1989年5月北约布鲁塞尔峰会模式,直接把美方建议提交盟国最高领导人讨论,促成北约战略调整。北约不再沿用首先使用核武器路线,改变"前沿防御"军事姿态,与华约国家建立联络制度,与华约共同声明不再互相为敌。北约的改革和向东方集团示好,帮助戈尔巴乔夫在苏共二十八

---

[①] Eduard Shevardnadaze, *The Future Belongs to Freedom*, London: Sinclair-Stevenson Ltd., 1991, pp. 137-139.

[②] Gerald Holden, *Soviet Military Reform: Conventional Disarmament and the Crisis of Mlitarised Socialism*, London: Pluto Press, 1991, p. 161.

| 德国统一的外交

大上保住了权位，促使他最终在高加索款待科尔，并同意统一的德国加入北约，并享有完全主权。

德国统一过程中的多国互动，集中在"2+4"谈判、欧洲常规裁军谈判、美苏峰会、北约峰会等核心进程中。随着东方集团的式微和苏联内部困难日益加重，布什政府对苏政策也从怀疑、竞争转向给苏联留有尊严和面子，保护戈尔巴乔夫的执政地位，以便防止苏联强硬派上台，执行对美国不利的政策。从苏联方面来讲，戈尔巴乔夫倾向使苏联回归欧洲，不与西方重新对抗，使冷战再起，形成了一种谐振关系，戈尔巴乔夫将改善与西方关系作为其个人的政治成就。布什在1990年4月立陶宛危机高潮时，致信戈尔巴乔夫称："我的愿望不仅是看到改革成功，而且也愿看到你个人的顺利。"但同时，他又通知戈尔巴乔夫美将中止美苏贸易谈判，停止美苏贸易往来。① 对美国的施压戈尔巴乔夫未做出任何反抗，他只是回复了一封措辞冷淡的信。在美国对北约进行改革，对苏联示好之后，戈尔巴乔夫迅速下定决心，允许统一的德国加入北约，以此换取德国人对苏联的感激，从而获得德国的经济回报和长期合作。戈尔巴乔夫在1990年7月15日与科尔交谈时说："到我们面向欧洲的时候了，到我们走上与德国合作之路的时候了。"② 正是这种对西方的信任感使"戈尔巴乔夫和谢瓦尔德纳泽做出了最大限度的让步"③。

综上可见，美国对德国统一的构想、设计都从属于其对苏联和

---

① 〔美〕乔治·布什、布伦特·斯考克罗夫特：《重组的世界：1989—1991年世界重大事件的回忆》，胡发贵等译，江苏人民出版社，2000，第221页。
② 〔美〕梅尔文·莱弗勒：《人心之争：美国、苏联与冷战》，孙闵欣等译，华东师范大学出版社，2012，第428~429页。
③ 〔美〕梅尔文·莱弗勒：《人心之争：美国、苏联与冷战》，孙闵欣等译，华东师范大学出版社，2012，第431页。

第六章　美国在德国统一进程中的"超越遏制"战略

对欧洲的战略，布什政府上台之初，缺乏主动性，1989年有很多决策都是在事变后才做出的被动反应，颇受批评。[①] 但随着德国统一重上日程，布什政府上下一心，与西德通力合作，设计出精巧的谈判框架，最后实现了其战略目的。20世纪60~70年代，西德人设想的是先发展欧洲和平秩序，中间经过军控谈判，最后再实现德国统一的长期方案。[②] 历史给了美国人机会，使德国统一进程以惊人的速度完成，还加强了美国在欧洲的地位，而没有出现排斥美国的欧洲新秩序。

## 六　结论

1989年末至1990年秋，德国统一在329天内快速完成。德国问题的和平解决，推动冷战格局走向终结，德国统一所涉及的军事、安全和经济安排，是大国间复杂互动的结果。大国的战略、策略互动则是以东西方之间和欧洲的几大进程为载体的。欧洲常规裁军谈判的开展、西欧一体化的加速以及欧安会进程的扩展为各国提供了互动场所。依托哪些进程和谈判框架处理德国统一问题，对此的决定权和对具体进程的支配力反映了大国间新的力量对比，各大国依托这些进程的互动，尤其是各国高层的密集外交折冲，使由东德人民开启的德国统一进程，最后按照西方的方案快速完成，而各

---

[①] Christopher Maynard, *Out of the Shadow: George H. W. Bush and the End of the Cold War*, College Station: Texas A&M University Press, 2008, p. 128.

[②] Werner Link, "Ostpolitik: Detente German-Style and Adapting to America," Translated by Richard Sharp, in Detlef Junker and Philipp Gassert, Wilfried Mausbach and David B. Morris (eds.), *The United States and Germany in the Era of the Cold War, 1945-1990, A Handbook, Volume 2: 1968-1990*, Cambridge and New York: Cambridge University Press, 2004, p. 35.

| 德国统一的外交

方的得失也由此得以确定。

德国统一问题重上国际议程，使欧洲的核心问题从核裁军、常规裁军变为新欧洲如何容纳德国，以及新欧洲是否应把苏联包括在内。诸多欧洲国家要求加强欧安会框架，希望借此介入德国统一问题；连英国也提出应加强欧安会，把苏联纳入对欧洲未来的讨论当中；密特朗也希望法苏两国能合作应对统一的德国；科尔当时也在考虑建设全欧安全体系，使统一的德国一体化于其中。[1] 然而，美国对欧安会和全欧安全体系都不热心，尤其防备苏联等国要求的以"和会"形式处理德国统一问题，为此，美方推出了"切分"方案：一方面，将德国统一问题分为内部问题和外部问题两个方面，以便于两德，尤其是西德能够抓住内部统一的主导权，不让四强介入两德内部统一问题；另一方面，在统一的外部问题上，美方也要"多进程相互配合"，为此设计了限制苏联和英法利用战胜国权利的"2+4"谈判框架，以此作为处理德国统一问题的机制，而把欧安会的功能定位为服务于东欧民主化巩固、向市场经济转型及民族争议调解等，不使其有向全欧安全体系发展的机会。布什政府使"2+4"机制与欧洲常规裁军等进程相互配合，大力支持德国统一，并支持西德吞并东德，快速实现统一。最终，美国按照自己的路线，抓住了克服美欧利益分化的时机，实现了其战略目标，即避免新德国中立化，造成北约瓦解，而是使统一的德国加入北约；迫使苏联退出欧洲，而美军继续留驻欧洲，特别是留驻德国。

---

[1] Helga Haftendorn, "The Unification of Germany, 1985-1991," in Melvyn P. Leffler and Odd Arne Westad (eds.), *The Cambridge History of the Cold War*, Volume III, Endings, Cambridge: Cambridge University Press, 2010, pp. 344-345.

## 第六章 美国在德国统一进程中的"超越遏制"战略

德国统一进程及其结果对苏联内政产生了重大影响,且后果极为严重。戈尔巴乔夫本来设想把华约变为军事联盟加经济集团,他和助手们相信苏联式社会主义能够实现现代化,只要对其进行急剧改革,就可以实现。他们对苏式社会主义现代化后的竞争力仍有信心,相信和西方合作处理东欧剧变会有好结果,苏联能够与西方互动,而非对抗。这与戈尔巴乔夫的轻信和以西方为伙伴的政策有很大关系。戈尔巴乔夫等人希望开放柏林墙,对人民让步,能给东德执政党和政府重生的机会,增加对西方谈判的筹码。事实证明这是过于乐观了。[1] 德国统一问题急速来临,而苏联领导层对这样的历史大转向根本未做好准备,也无力挽救其对东欧政治和经济的影响力,华约很快名存实亡。新德国参加北约,对苏联而言更是形成如芥子须弥般的冲击。苏联的撤军压力急剧上升,撤军速度太快,在毫无保障的条件下就从东欧撤军完毕,而且从匈牙利、捷克斯洛伐克和原东德都是提前撤完的。同期,经互会也迅速消亡。苏联外部集团的解体,苏联在东欧影响力的消失,大大削弱了戈尔巴乔夫的执政地位。东欧剧变,各卫星国摆脱苏联控制,激发了苏联内部民族运动的发展,使解体的大火开始在苏联国内延烧,[2] 这也导致了戈尔巴乔夫本人的政治失败。

德国统一进程的安全和经济安排,使冷战后欧洲秩序得以发

---

[1] Alex Pravda, "Moscow and East Europe, 1988-1989: A Policy of Optimism and Caution," in Mark Kramer and Vit Smetana (eds.), *Imposing, Maintaining, and Tearing Open the Iron Curtain, The Cold War and East-Central Europe, 1945 – 1989*, Maryland and Plymouth: Lexington Books, 2014, pp. 305-328.

[2] Marc Kramer, "The Demise of the Soviet Bloc," in Mark Kramer and Vit Smetana (eds.), *Imposing, Maintaining, and Tearing Open the Iron Curtain, The Cold War and East-Central Europe, 1945-1989*, Maryland and Plymouth: Lexington Books, 2014, pp. 413-415.

## 德国统一的外交

端,美苏这两个冷战中的超级大国,再不可能支配新欧洲了。[1] 这正是布什政府千方百计要保证美国继续留在欧洲的原因。美国得以留在欧洲,且呈现影响力加强趋势,这也成为日后北约东扩的基础。尽管西德为了实现民族统一,愿意对苏联做出让步,并加以援助和合作,发展德苏特殊关系,但苏联失去了东欧卫星国,自身也进入解体阶段,最终无奈地退出了欧洲。苏联的唯一收获是苏德特殊关系的建立。

由此可以对布什政府"超越遏制"的战略做出判断:它仍然从属于美国传统的对苏联遏制战略的范畴。这一战略立意要和苏联竞争政治、外交影响力,要抓住机会削弱后者,改变其内外行为,迫使其在裁军和地缘政治上做出重大让步,最终把苏联推离东欧。布什政府的创新之处是抓住了冷战终结时期多国在多个进程中形成的信任关系和缓和气氛,又充分利用了东欧剧变、德国统一、苏联内乱造成的紧张和担忧心理,与西德合作创立了以两德为主而大国只做陪衬的谈判机制,使由东欧各国人民发动的政治大转变进程在东德垮台和德国统一中,仍然得以延续,未使其被美国之外的大国可能的合作所扼杀。值得注意的是,德国统一是冷战终结的核心篇章,但其结果仍未超越冷战的胜负逻辑,在这一逻辑下的西方行为模式,在日后北约东扩争议中仍不断复现,并带来长远影响。

---

[1] Helga Haftendorn, "The Unification of Germany, 1985-1991," in Melvyn P. Leffler and Odd Arne Westad, eds., *The Cambridge History of the Cold War*, Volume III, Endings, Cambridge: Cambridge University Press, 2010, p. 355.

# 第七章

## 苏联在德国统一进程中的外交[*]

德国统一既是两极格局瓦解、冷战结束的起点，也是苏联失去在欧洲影响力的序幕。德国问题是二战后苏联对欧洲外交政策的重心。民主德国是华约组织的重要成员，是苏联对抗以美国为首的西方阵营的前沿阵地。然而，柏林墙倒塌后不到一年，联邦德国完全按照自己的版本和平"吞并"了民主德国，深刻地改变了欧洲乃至世界的地缘格局。虽然与分裂德国有牵扯的各国都不认为这种分裂是永恒不变的，但是法国、英国和苏联并不乐见德国统一这一进程的快速推进。然而在德国统一问题上具有相当大话语权的苏联及其领导人戈尔巴乔夫的对德政策，实际上加速了德国统一的进程。德国统一改变了欧洲的地缘格局。苏联经营多年的经济政治空间被撕裂，华约组织解散，苏联从此被排除在欧洲事务之外，继而苏联自身解体，之后的俄罗斯经历了二战以来从未有过的地缘政治危机。

作为德国实现和平统一的重要外部势力，在戈尔巴乔夫时期，

---

[*]【作者简介】初冬梅，法学博士，中国社会科学院中国边疆研究所副研究员，主要从事俄罗斯问题研究。

| 德国统一的外交

苏联在对德国统一问题上没有制定出深思熟虑、一以贯之的外交政策，而是被动地应对变幻的局势。戈尔巴乔夫对德政策经历了从反对统一到接受统一、从认为统一是一个漫长的过程到认可德国可以迅速统一、从不允许德国加入北约到允许德国加入北约的转变。本章尝试从大国外交的视角出发，追寻苏联在德国统一进程中的外交。

# 一 从防御到对抗：苏联 1945~1985 年的对德外交政策

二战后，苏联对德国外交政策的出发点是：不允许德国问题成为引起有关国家担心和不信任的根源，从而牵扯欧洲和世界的敏感神经。在 1945~1985 年，德国问题是苏联对欧洲政策的核心问题。苏联无论是支持德国统一还是承认德国分裂的现实，都是基于对西欧和美国的外交防御甚至对抗的需要。第二次世界大战以后，全球政治格局发生了颠覆性的变化。苏联从一个落后国家变成了与美国并立的超级大国。苏联诗人马雅可夫斯基的诗（《百老汇》，1925 年）这样写道："苏联有自己的骄傲：我们瞧不起资产阶级。"二战后，全球力量格局总体形成美苏两极对峙的局面。美国成为超级军事和经济大国；苏联经济虽然受到战争的重创，但拥有庞大的常规武装力量和顽强的意识形态，成为可以与美国平起平坐的一极。随着国力增强，苏联的势力范围迅速在中东欧地区扩张。

二战后初期，苏联希望看到的是一个亲苏联的统一的德国。苏联不同意分裂德国，不希望西德国占领区成为北约遏制苏联的前沿，而是希望看到一个不属于东西方任何一个阵营的统一的德国。

第七章　苏联在德国统一进程中的外交

如果德国分裂,从政治影响看,苏联的影响力只能局限在苏占区。此外,苏联无法继续获得西占区的赔偿和西德的技术体系。甚至有人提出,"苏联真正关心的是与西德的关系",以及与其相伴随的整个战后安全体系。[①] 确如其言,斯大林觊觎德国西占区的经济资产,并寻求能"对西欧产生更深入的影响";他"需要一个统一的德国",他相信这样的德国"将会被马克思主义所吸引"。[②] 苏联尝试在中东欧地区和德国的苏占区复制苏联的社会主义模式,并希望苏联的影响力在欧洲不断扩张。

乔治·凯南在分析苏联行为根源的基础上,提出"遏制"苏联的政策建议,这极大地影响了美国对苏决策。随后美国出台"杜鲁门主义",拒绝在德国问题上与苏联合作。为了帮助欧洲在废墟上复苏,共同遏制来自苏联的"红色威胁",美国也转变了本不愿留在欧洲的想法。随着冷战爆发,为了遏制苏联,为了防患统一的德国被纳入苏联的势力范围,西方坚决否定了苏联提出的德国统一方案。1947年,西方决定把德国西占区纳入"马歇尔计划"。1949年9月,德意志联邦共和国(简称联邦德国或西德)在西占区成立。由于西方反对,苏联只好放弃原来较为强硬的统一德国的立场。1949年10月,苏联支持的德意志民主共和国(简称民主德国或东德)成立。德国正式分裂为民主德国和联邦德国。可以说,德国分裂是苏联被迫接受的事实。在此期间,苏联再次提出德国统一方案,要求首先签订对德和约,但苏联方案遭到西方国家的反对。

---

① Marc Trachtenberg, *A Constructed Peace: The Making of the European Settlement, 1945 – 1963*, Princeton University Press, 1999. p. 261.
② James McAdams, *Germany Divided: From the Wall to Reunification*, Princeton: Princeton University Press, 1993, pp. 25–27.

| 德国统一的外交

　　苏联希望建立统一的、中立的德国，希望美国军队退出欧洲。苏联在1952年又一次提出让德国实现统一，并且保持中立化的建议。苏联的建议包括以下几点：第一，合约生效后一年内，从德国撤走占领国的武装部队，撤销在德国领土上的外国军事基地；第二，接过东德和西德签署的条约和协定所承担的军事政治义务；第三，德国有权拥有保卫国家所必需的本国武装部队，并生产武装部队所必需的军事物资和技术。但是，德国不能参加反对任何一个参加过反希特勒德国战争的国家的军事同盟。苏联希望西方国家无法利用西德来对抗苏联和东欧国家，并且让德国成为北约和华约之间的天然屏障。然而，西方担心中立化的德国可能会被苏联颠覆，没有回应苏联的建议。为了防范苏联，从1950年朝鲜战争爆发起，美英积极筹划武装西德，敦促西德加入欧洲防务集团和北大西洋公约组织，使之成为对抗苏联的基地。西德逐步被建设成为北约对抗华约集团的前沿。1955年5月5日，巴黎协定生效。根据该协定，西德正式加入北约。

　　鉴于联邦德国加入北约成为既成事实，苏联放弃了德国统一的努力，被迫承认两个德国的事实。苏联提议建立新的欧洲安全体系，希望消除北约武装联邦德国对苏联构成的威胁。并且，苏联积极与西德建立外交关系，并促使西方国家承认东德。1955年9月，苏联与西德建立外交关系，国际社会开始承认两个德国的现实。由于苏联一开始并不支持两个德国，因此苏联政府后来一直强调，在分裂德国上，苏联没有过错。

　　欧洲一直是苏联的外交优先方向。20世纪50年代，在美苏关系恶化的背景下，苏联推动全欧进程，希望建立一个没有美国影响的欧洲架构。苏联呼吁建立全欧集体安全体系，在欧洲提倡中立，放弃美国核保护。欧洲在苏联外交政策中的地位非常特殊。几百年来,欧洲是俄罗斯的文明参照系,共产主义思想也是来自西欧,苏联对西欧抱有正面的感情。只不过,苏联认为,西欧被以美国为首的西方所包围,失去了自己的独立性。所以,苏联在冷战中的目标之一就是把美国逐出欧洲大陆。苏联一些领导人,如格·马林科夫、拉·贝利亚、格·朱可夫等都曾希望战后欧洲能沿着"第三条道路"发展,因而主张对欧洲采取相对缓和的外交政策。[1] 苏联希望西欧是一个中立的力量。

然而,西欧并不认同苏联的构想。苏联试图让西欧中立的做法,遭到西欧的拒绝,苏联因而更加孤立。在西欧看来,从沙皇俄国开始,俄罗斯就发生了历史的倒退,从非西方国家退化为"坏到极致的东方专制国家"。西欧甚至认为苏联是欧洲大陆最大的安全隐患。不过,西方也被迫承认苏联是与西方身份平等的劲敌。西欧并不接受共产主义苏联,以及苏联所设想的通过全欧进程达成的欧洲愿景。从1945年至20世纪60年代初期,美苏两国处于均衡状态,欧共体当时还处于筹备时期。美苏多次会谈,在欧洲划分了势力范围,形成北约和华约两大阵营对立的局面。20世纪60年代中期至70年代中后期,苏联的国家实力赶超美国。朝鲜战争和越南战争削弱了美国的实力,1968年的美元危机更使其雪上加霜。苏联自身战略核力量逐步上升,并且在欧洲采取进攻性战略。勃列日涅夫时期,苏联在国际战略上采取主动的进攻性战略,谋求世界霸权,与美国争夺全球利益。

---

[1] Norman M. Naimark, "The Russians in Germany: A History of the Soviet Zone of Occupation, 1945-1949," *The Journal of Modern History*, Vol. 71, No. 1, 1999, pp. 266-269.

| 德国统一的外交

20世纪70年代以后，美苏在欧洲的争夺趋于缓和，在这种背景下，苏联和美国分别调整了对德国政策，双方达成妥协，相互承认西德和东德分别属于各自的社会阵营。苏联政府也不再坚持德国统一政策。1971年柏林协定的签署，缓解了美苏在西柏林问题上的对峙。1972年11月，《关于联邦德国和民主德国之间关系的基础条约》签署，联邦德国和民主德国实现了相互承认和关系正常化。美苏关系的缓和，提升了西德的国际地位。1973～1975年，欧洲安全与合作会议的召开让德国问题进入了超越美苏的多边框架。联邦德国开始追求在北约内部的平等地位。

综上，二战后苏联在德国问题上的政策发生了几次重要调整，政策出发点是最大限度地维护苏联在欧洲的地缘政治和经济利益。由于美苏势均力敌，在西方阵营的坚持下，苏联被迫放弃德国统一。不过苏联一直希望欧洲能够保持中立，并放弃美国的保护。苏联对德国政策的出发点在于，加强东德在华约组织中的支柱作用，确保苏联对欧洲的影响力，降低西方利用西德对苏联造成的负面影响。为此，民主德国长期得到以苏联为首的经互会的经济支援，是社会主义阵营国家发展的样板。苏联特别重视与民主德国的关系，派遣入驻民主德国的官员都经过精挑细选。苏联重要的官员，乃至当今的俄罗斯总统普京，都曾有在民主德国任职的经历。

## 二 戈尔巴乔夫外交政策调整下的对德外交政策

勃列日涅夫时期，苏联谋求世界霸权的对外政策，极大地限制了苏联自身的改革进程和能力，消耗了苏联的综合国力。戈尔巴乔夫上台初期，苏联对德政策延续了前任的做法。在执政初期推行"加速战略"失败后，戈尔巴乔夫意识到苏联问题的根源在于深层次的政治经济体制。为了推行国内政治经济体制改革，戈尔巴乔夫提出"新思维"及重启"欧洲共同家园"。戈尔巴乔夫的新外交思想不仅改变了苏联与以美国为首的北约集团之间的关系，也改变了苏联与华约组织成员国的关系性质，并且直接牵涉苏联对东德和西德的政策，虽然戈尔巴乔夫当时并未意识到这一点。

直到柏林墙倒塌事件初期，戈尔巴乔夫都没有意识到德国统一的可能性，一直坚持两个德国并立政策。戈尔巴乔夫希望通过改革，苏联、东德以及所有华约组织成员国能够和北约组织成员国一道，纳入"全欧大厦"，并肩建设"欧洲共同家园"。只是，戈尔巴乔夫绘制了美好的未来图景，却没有制定出具体的路线图和实施政策的工具。戈尔巴乔夫对苏联和东欧的政治局势变化过于乐观，没有察觉到风暴即将来临，还切断了苏联决策机关不同意见的传送渠道。

### （一）戈尔巴乔夫"新思维"框架内的苏联外交政策调整

1985年，戈尔巴乔夫接管了一个经济持续衰退的苏联。戈尔巴乔夫最初实行"加速战略"，然而，该战略没有让苏联经济局势得到改观，反而将苏联体制的弊端"加速"地表现出来。改革势在必行。改革也是当时苏联精英和社会的呼声。戈尔巴乔夫最初无意改变苏联外交政策，对德国政策继承了前任的做法。随着经济改革的深入，戈尔巴乔夫逐渐形成了一种观念，即只有实施政治体制的深刻变革才是扭转苏联衰败局面的必由之路。戈尔巴乔夫的"改

| 德国统一的外交

革与新思维"初衷是为了解决苏联国内的社会经济问题,后来影响到了苏联外交政策的制定,其思维逻辑是:若要顺利进行经济与政治改革,苏联需要借助西欧的经济资源,这就需要改善苏联同美国及西欧各国的关系。苏联的外交思想和行为自此发生了重大转向。

戈尔巴乔夫首先修正了苏联外交政策的理论基础。之前,苏联外交政策的理论基础是:世界政治是建立在竞争与对抗基础之上的。戈尔巴乔夫在《改革与新思维》一书中指出:"新思维的核心就是承认全人类价值观的优先地位,即承认人类的生存。"① "占主导地位的全人类的观念和准则""国际社会的准则,被国际社会称之为文明的东西"应该作为判断是非的标准。戈尔巴乔夫认为,苏联应该放弃意识形态之争,外交应该是通过对话途径,实现世界和平,从而争取国家利益最大化。

放弃阶级对立的思想,为苏联与西方资本主义国家发展关系做出了理论铺垫。"新思维"宣布放弃阶级利益,放弃社会主义将战胜资本主义的信念,认为资本主义和社会主义是辩证统一的关系,消除两大体系对抗的途径是寻找全人类的共同点和全人类面临的共同问题。至此,戈尔巴乔夫提出了苏联"维护全人类和平"的新身份。② 作为全人类共同利益的捍卫者,苏联重新界定了各国国际地位的划分标准。

在"新思维"的指导下,苏联外交政策发生了明显的变化。

---

① 〔苏〕米·谢·戈尔巴乔夫:《改革与新思维》,岑鼎山等译,世界知识出版社,1988,第24~126页。
② Deborah W. Larson, Alexei Shevchenko. "Shortcut to Greatness: The New Thinking and the Revolution, in Soviet Foreign Policy," *International Organization*, Vol.57, No.1, 2003, pp.77-109.

## 第七章 苏联在德国统一进程中的外交

苏联外交政策的一个重大变化就是同美国和西欧国家改善关系。在"新思维"的解释中，美国及西欧国家不再是苏联地缘政治的敌人，苏联可以同美国及西欧国家和平共处，共同应对全球性问题。为了积极改善同美国和西欧国家间关系，戈尔巴乔夫积极利用核裁军、常规裁军谈判来争取西欧。裁军问题是20世纪80年代美苏关系的焦点问题。戈尔巴乔夫希望苏联能够摆脱东西方对峙局面，加入国际经济体系。为了表达诚意，化解美国保守派的疑虑，戈尔巴乔夫1988年在联合国大会宣布，苏联计划单方面裁军50万人，并从东欧撤出6个坦克师。在没有得到美国积极回应的情况下，戈尔巴乔夫把裁军外交的重点方向指向了西欧各国，特别是西德。在西欧，苏联的裁军外交成功地制造了北约内部的争吵，对美国形成了压力。

美国政府一开始对戈尔巴乔夫的裁军外交持怀疑态度。尽管戈尔巴乔夫的内外政策在变，但美国需要对裁军持谨慎态度，防止被苏联战略讹诈。不过，西方经过反复审视，最终给予戈尔巴乔夫积极的回应。戈尔巴乔夫的东欧政策符合美国的利益。美国希望苏联从东欧撤军，希望东欧不再是苏联的势力范围，以确保美国在欧洲的影响力。鉴于苏联政治外交的新变化，布什政府修改对苏联的外交战略，目标是让苏联放弃对东欧各国的控制，改造苏联，使其加入美国主导的世界体系。截至1989年，戈尔巴乔夫与美国总统举行了两次峰会，同美国进行了裁军和削减武器的谈判。德国统一议题是美国实现"完整而自由的欧洲"构想的历史性机遇，而苏联完全没有把德国问题提上日程。

西方给予戈尔巴乔夫的肯定，让非常重视国际声望的戈尔巴乔夫得到了渴望已久的正向激励。英国首相撒切尔夫人一再赞扬戈尔

| 德国统一的外交

巴乔夫进行改革的勇气。[①] 撒切尔夫人与戈尔巴乔夫惺惺相惜。"国外开始刮起戈尔巴乔夫旋风，整个世界都患上戈尔比（戈尔巴乔夫的昵称）热病。"苏联"宣布结束疯狂的核竞赛，全世界都为此感激我们"[②]。西方的鼓励与热捧让戈尔巴乔夫更加确信自己的外交方针，也帮助戈尔巴乔夫在随后发生的苏联内部政治斗争中赢得了胜利。

在"新思维"指导下苏联外交政策的另一个变化在于与社会主义"兄弟国家"间的关系。苏联领导人根据对外政策的思想来处理苏联与华约国家的关系。勃列日涅夫提出了"社会主义大家庭"理论。根据这个理论，苏联成为社会主义大家庭的"家长"，有权干涉这些兄弟国家的内政，为兄弟国家提供各种援助和军事保护。戈尔巴乔夫放弃了苏联奉行多年的大国沙文主义和干涉主义，逐渐采取了"选择自由"政策，在社会主义阵营内奉行国际关系民主化原则。戈尔巴乔夫不仅在苏联国内推行改革，也敦促东欧各国进行政治经济改革。

戈尔巴乔夫提出的"选择自由"，最初也许只是美丽的辞藻。他自己也没有预料到，这些言论竟然成了悬在苏联头上的达摩克利斯之剑，东欧的局势发展逐渐挣脱了戈尔巴乔夫的掌控。戈尔巴乔夫改变外交政策，初衷是为推动苏联国内政治经济体制改革营造良好的国际环境，获取包括西方社会在内的广泛的经济与政治支持。戈尔巴乔夫为华约盟国提供的"选择自由"，也包含了甩包袱的意

---

[①] 杨成绪：《二战后德俄关系发展历程及其前景展望》，《俄罗斯研究》2018年第1期，第30页。
[②] 〔白俄〕S. A. 阿列克谢耶维奇：《二手时间》，吕宁思译，中信出版社，2016，第139页。

味。苏联经济状况欠佳,无力通过经互会为社会主义阵营其他国家提供经济援助。苏联与华约组织盟国关系原则的变化决定了,苏联不能像从前一样武装干涉社会主义阵营国家的内政和离心倾向,这些国家最终走上了脱离苏联控制的道路。[①] 各国执政党由此获得了寻找符合本国国情发展道路的权力。

1989年,匈牙利和波兰的改革速度很快,极有可能改变东欧的政治形势。美国决定为东欧国家提供经济援助,帮助其实现政治自由化。布什政府看到了戈尔巴乔夫改革的无计划性。戈尔巴乔夫及其智囊团只是在不断炒作新的概念,缺少有建设性的战略布局。布什政府认为可以利用戈尔巴乔夫的"新思维"和"公开性",实现美国的战略利益。美国抓住主导权,逼迫戈尔巴乔夫按照美国的逻辑行事。随着东欧政治局势的变化,美国看到了希望。1989年4月,布什正式提出对苏联"超越遏制"的战略:明确支持苏联改革,欢迎苏联回到国际大家庭,但要求苏联削减大规模进攻性常规武器,允许东欧国家自决,拆除铁幕。美苏之间的议题要扩大到地区冲突、跨国问题、人权和民主化等方面。自此,美国有步骤、有计划地主导设计了遏制苏联的方案,德国统一作为重要步骤被镶嵌其中,而苏联则是一步步被动地应对局势的发展。

### (二)"欧洲共同家园"的重新阐释

欧洲一体化进程的顺利发展,提升了欧洲在苏联外交政策中的地位。欧共体自创立以来,快速发展。20世纪70年代,欧共体经

---

[①] 崔海智:《俄国解密档案:苏联对东欧剧变的反应和思考》,《冷战国际史研究》2016年第2期。

济开始超过美国。20世纪80年代后期至冷战结束，欧共体发展成为继美苏之后世界上非常有竞争力的经济体。1979年，西欧国民生产总值第一次超过美国，成为世界第一。1980年，欧共体的国民生产总值达到苏联的两倍。由于布雷顿森林国际金融体系的崩溃，美国对西欧的支配力度也逐渐减弱。在苏联经济非常糟糕的状况下，发展与西欧的关系，获得西欧对苏联的支持，特别是经济支持，对戈尔巴乔夫而言非常重要。

苏联对欧洲政策的转向具有深厚的历史与文化渊源。在历史上，俄罗斯的地理位置和发展特点让俄罗斯面临身份"选择困难"，西方派和欧亚派的意识形态之争不绝于耳。俄罗斯是源于西方，应该完全属于西方，还是属于"独立自主的文明"[1]，立足于欧亚本土来发展？数百年来，俄罗斯思想家一直努力为这个俄罗斯发展道路的基本问题寻找答案。[2] 欧洲在俄罗斯国内争论中占据重要地位，并创造了俄罗斯统治者维护其核心价值的环境。[3] 内心深处，俄罗斯一直渴望被西方承认，成为西方世界的一部分。[4] 至今，莫斯科书店的书架上，还充斥着诸如《为什么俄罗斯不是欧洲》《欧洲不接纳俄罗斯的历史根源》之类的书。

为了获得西方的政治与经济支持，勃列日涅夫时代的"欧洲

---

[1] Daniil Dondurey, "Film Distribution: Entertainment Industry Gem," *Otechestvennye Zapiski*, Vol. 25, No. 4, 2005, p. 4.

[2] Vladimir Yakunin et. al. (eds.), "National Idea of Russia," *Nauchnyy Ekspret*, Vol. 6, 2012, pp. 16-20.

[3] 〔俄〕安德烈·齐甘科夫：《俄罗斯与西方：从亚历山大一世到普京》，关贵海等译，上海人民出版社，2017，第4~5页。

[4] Iver B. Neuman, *Russia and the Idea of Europe. A Study in Identity and International Relations*, Routledge, 1996, p. 253.

共同家园"概念被重新拾起（苏联当年的"欧洲共同家园"，原意是将美国挤出欧洲，建立苏联在欧洲的势力范围）。戈尔巴乔夫在1987年的一次政治局会议上说："为了改革，我们需要（欧洲）。"[1] 1987年戈尔巴乔夫在布拉格论述了"欧洲共同家园"的思想，当时只是提出了一个概念框架。经历了最初的模糊不清后，1989年6月，戈尔巴乔夫在访问西德时，更加确切地阐述了自己的想法。戈尔巴乔夫认为，在"欧洲共同家园"中，应该以东方条约和全欧赫尔辛基进程为基础，各个不同制度的参与方应建立深入合作的机制。

"欧洲共同家园"方案，实际上是苏联与美国争夺欧洲政治主导权的地缘政治方案。戈尔巴乔夫原本希望美军撤离欧洲，希望排除美国参与东欧和西欧的经济合作。[2] 为了表达诚意，苏联以裁军攻势展开对西欧外交。1989年1月，谢瓦尔德纳泽在维也纳宣布，苏联将单方面从东欧撤出部分军队，并撤走战术核武器。西德反对升级短程核武器，因为该武器的使用会对中欧地区造成巨大伤害，要求尽快与苏联谈判。1989年3月，在欧洲常规裁军谈判中，苏联允诺的华约组织裁军量是北约的两倍。这一表态为苏联赢得了国际舆论。苏联的裁军攻势在西欧国家确实赢得了很好的声誉。

不过，戈尔巴乔夫"欧洲共同家园"方案的内容也是随着时

---

[1] Sergey Radchenko, "Gorbachev in Europe and Asia," in Lorenz M. luthi (ed.), *The Regional Cold Wars in Europe, East Asia, and the Middle East: Crucial Periods and Turning Points*, Stanford University Press, 2015, p. 289.

[2] Sergey Radchenko, "Gorbachev in Europe and Asia," in Lorenz M. luthi (ed.), *The Regional Cold Wars in Europe, East Asia, and the Middle East: Crucial Periods and Turning Points*, Stanford University Press, 2015, p. 288.

| 德国统一的外交

局而发展丰富的。在一体化发展中，西德地位不断上升，苏联的"欧洲共同家园"进程中开始有美国的位置。苏联希望同美国一道共同应对西德崛起，同时，苏联希望把影响力扩展到整个欧洲。戈尔巴乔夫在"新思维"框架内重新调整了"欧洲共同家园"的概念。他表示欢迎美国和加拿大参与。根据"新思维"，苏联提出了"全欧大厦"的主张。作为远期目标，戈尔巴乔夫希望通过"全欧进程"，把北约和华约纳入全欧集体安全体系。作为近期目标，苏联希望推动东西方接近，加强苏东地区与西欧的经济联系。新外交和经济战略体现了戈尔巴乔夫对欧洲的认同。① 这样，西欧不仅是苏联的重要伙伴，而且逐渐成为苏联改革的目标。

"欧洲共同家园"构想中缺失了苏联对德国未来考虑这一重要内容。若要实现"欧洲共同家园"，打破东西方分裂的两极局面，就必然要面对德国统一的问题。然而，戈尔巴乔夫当时没有看到这两者之间的联系。戈尔巴乔夫一直认为德国不可能统一，不同意东德与西德平等地就统一问题进行谈判。因为在当时，苏联没有对西德政策赋予应有的政治分量。苏联政府认为，西德政府不是苏联首要的西方对话伙伴。1989年6月戈尔巴乔夫对西德进行国事访问，让莫斯科与波恩进一步靠近了。西德公众对戈尔巴乔夫表现出极大的好感和赞同。戈尔巴乔夫在这里获得的掌声甚至多于在莫斯科获得的掌声。② 但积极的双边关系并没有改变戈尔巴乔夫对德国统一的

---

① 田少颖：《戈尔巴乔夫的"共同欧洲家园"外交构想研究》，《俄罗斯研究》2018 年第 2 期，第 56 页。
② 〔德〕维尔讷·魏登菲尔德等：《德国统一史（第四卷）——争取德国统一的外交政策：决定性的年代（1989—1990）》，欧阳甦译，梅兆荣、邓志全审校，社会科学文献出版社，2016，第 170 页。

看法。他多次强调苏联在德国分裂上没有错误。轻易改变二战后的欧洲现实,可能导致欧洲的动荡。至于历史遗留问题,历史会给予最后的裁决。"欧洲共同家园"里,没有明确阐述德国的未来。1989年夏天的欧洲局势非常稳定,戈尔巴乔夫不认为德国在可见的未来有统一的可能。

与此同时,美国已经考虑到德国统一的可能性,战略上比苏联占了上风。作为对"欧洲共同家园"的回应,布什提出,北约的新使命是让欧洲"完整而自由"。布什"完整而自由的欧洲"的构想是同戈尔巴乔夫"欧洲共同家园"相竞争的。为了同戈尔巴乔夫争夺欧洲政治主导权,布什政府决定推动东欧国家政治变革。布什呼吁拆掉柏林墙,结束欧洲分裂的局面。他倡议东德和东欧各国实行政治自决。美国在战略上主动出击,一方面迫使戈尔巴乔夫只能在自己提出的"新思维"框架内行事,不可干涉东欧和东德事务;另一方面积极对东欧国家的政治变革提供支援。

在外交决策方面,戈尔巴乔夫用自己提出的理念,为自己画地为牢,限定了自己的行动方案。戈尔巴乔夫的外交有目标(建立"全欧大厦")、有原则(不能动用武力),然而缺少具体的行动计划。具体怎么把德国纳入"全欧大厦",戈尔巴乔夫缺少清晰的行动步骤。由于坚持"新思维",戈尔巴乔夫排除了用武力干涉来解决东德以及东欧其他国家剧变的可行性。排除了军事行动方案,但又缺少其他可行的应对预案,苏联对东德和东欧的形势变化就只能放任自流了。1989年夏天,东欧政局动荡,波及苏联本土。民族主义在中东欧和苏联迅速蔓延。苏联内忧外患,波罗的海三国愈演愈烈的独立运动促使了民族主义情绪的蔓延。与此同时,苏联的经济形势也不断恶化。

### (三) "西德"与"东德": 苏联的两线外交

二战后,苏联对东德和西德采取两线外交方针。苏联对西欧的政策排在美国和社会主义盟国关系之后。苏联对于西欧的政策基础就建立在分裂的德国之上。苏联最初并不重视西德,认为西德仅是美国的卫星国,对美国言听计从。不过,西德政府一直寻求改善与苏联的关系。西德政府对外政策的核心是,坚定地站在西方阵营内,这赢得了西方国家特别是美国对于德国统一的支持。不过西德清楚,解决德国问题的关键在于苏联。因此,西德在立身西方阵营的同时,加大力度改善与苏联的关系,争取苏联对德国统一的支持。1970年8月,西德与苏联签署了《莫斯科条约》。并且,西德也尽力改善与中东欧国家的关系,为德国统一营造良好的周边环境。[①] 联邦德国的"东方政策"及其在欧共体中地位的上升,让苏联越来越重视对联邦德国的外交。而民主德国糟糕的政治经济形势,以及不得戈尔巴乔夫欢心的政治改革,逐步弱化了民主德国在苏联外交政策中的重要性。

苏联精英非常欢迎联邦德国的"东方政策"。根舍的"东方政策"强调"以接近求转变",提出弥合东西方裂痕,建立包括东西方在内的"泛欧安全结构",在此基础上实现德国统一。这和戈尔巴乔夫的"欧洲共同家园"愿景非常接近。并且,联邦德国的"东方政策"考虑苏联的安全关切并给予满足。利特尔认为,以

---

[①] 程卫东:《分裂现实的确认、解构与两德统一——从〈基础条约〉到〈统一条约〉的渐变与突变》,《欧洲研究》2019年第3期,第59~73页。

第七章　苏联在德国统一进程中的外交

"东方政策"为基本立场的根舍发挥了相当重要的作用。[①] 联邦德国的"东方政策"赢得苏联精英的欢迎，为苏联采取合作的态度提供了基础。

蓬勃发展的欧共体逐渐吸引了苏联的注意力。戈尔巴乔夫的经济改革需要欧共体的经济实力。苏联对美国的外交成就仅限于裁军领域，在苏联更为需要的经济与政治合作方面没有取得进展。因此，经济实力强大的西欧在苏联外交中的重要性得以凸显。随着联邦德国崛起，联邦德国在苏联外交政策中的分量逐渐加强。1987年1月，联盟党（基民盟-基社盟）和自民党的执政联盟大获全胜，科尔—根舍政府成为苏联的对话伙伴。联邦德国不仅仅经济实力雄厚，而且还是欧洲一体化的"发动机"，因此，苏联发展与西欧，包括联邦德国的合作具有重要意义。1987年以来，苏联对联邦德国的态度逐步发生变化。不过，戈尔巴乔夫依然认为，德国统一问题并不在国际政治议程之中。

形成对照的是，民主德国的重要地位逐渐下降。最初，民主德国在苏联外交中具有重要的地位。为了防止西方国家的敌对渗透活动，苏联支持民主德国修建了柏林墙。1964年和1975年，苏联与民主德国分别签署了《苏德友好合作互助条约》。两个双边条约都把民主德国作为独立的国家，并且规定了苏联和民主德国在各方面的互助关系，包括军事援助，深化了苏联与民主德国的战略盟友关系。戈尔巴乔夫的前任们为了展示社会主义优越性，在经互会框架

---

[①] Kerstin Brauckhoff and Irmgard Schwaetzer (eds.), *Interview zwischen Hans-Dietrich Genscher und Gerd Appenzeller*, Springer Pachmedien Wiesbaden, 2015, pp. 209-239.

内，给予民主德国大量物资援助和优惠政策，把民主德国打造成"社会主义橱窗"、华约组织的支柱。当时华约阵营的经济社会发展排序是这样的：其他盟国仰望苏联，而苏联仰望民主德国。民主德国的经济社会发展状况一直为人们津津乐道，其在华约组织内的政治地位也不言而喻。苏联人怎么也弄不明白：如此繁荣的民主德国为什么会羡慕联邦德国，迫不及待地要投入联邦德国的怀抱。然而，自1987年以来，戈尔巴乔夫逐渐意识到，民主德国的经济技术远比想象中落后。更重要的是，戈尔巴乔夫的政治改革无法在民主德国得到支持。戈尔巴乔夫改革所必需的政治和经济支持，只能从西欧得到。

民主德国对戈尔巴乔夫的改革与"新思维"持警惕的态度。因为民主德国得以存在的基础就是东西方两大阵营的对立。而戈尔巴乔夫倡导的改革，弱化了对立的格局，并可能导致苏东阵营国家的政治体制改革。更重要的是，戈尔巴乔夫倡导的改革可能威胁民主德国政体的合法性和领袖的地位。并且，民主德国对本国的经济社会发展比较满足，看不到深层次的严重问题，缺少进行改革的动力。因此，民主德国抗拒苏联的改革要求。1988年，民主德国限制戈尔巴乔夫的书在境内印刷和发行，并限制苏联报刊在民主德国的订阅和出售。民主德国和苏联的关系逐渐恶化。

民主德国政府对改革的抵制态度，让戈尔巴乔夫非常不满意。戈尔巴乔夫的改革遭到了东德统一社会党的反对。戈尔巴乔夫认为，东德非常有必要进行深刻的政治与经济体制改革。他多次批评昂纳克对改革的迟疑态度。1989年10月，戈尔巴乔夫非常不情愿地出席了东德成立40周年的庆典活动。他已经不指望能够说服统一社会党的领导进行改革。昂纳克对戈尔巴乔夫说，联邦德国以经济援助做诱饵，鼓励社会主义国家进行所谓的改革。他说，"我们不允许给我们规定行动规则"。他认为当前最重要的问题是重视意识形态工作。昂纳克的这些言论使戈尔巴乔夫十分反感。戈尔巴乔夫对昂纳克及东德领导层表示失望，但他恪守自己的"新思维"原则，不打算插手东德的内政。

受到戈尔巴乔夫"新思维"的影响，同东欧其他盟国一样，1989年秋，民主德国国内的局势也发生了动荡。民主德国很多地方出现了大规模的反政府抗议示威活动，反对派"新论坛"声势迅速壮大。游行队伍最初提出的要求仅仅是出入境自由，以及实行政治和社会改革等。不过当时，苏联国内对民主德国形势进行了误判。苏联决策者不了解民主德国的民情，也高估了统一社会党稳定国内局势的能力。1989年11月1日，戈尔巴乔夫与新当选的统一社会党中央委员会总书记克伦茨在莫斯科会面。戈尔巴乔夫和克伦茨表示，虽然民主德国当前形势很糟糕，但推行改革是可行的。戈尔巴乔夫表示，苏联会坚定地站在民主德国这一边。两个德国并存的局面不容改变。不过，戈尔巴乔夫的表态没有在苏联媒体中公开。

民主德国政府也犯了很多错误，东德群众一开始要求的仅仅是自由出入西德而已，因为东西德的社会联系依然存在。1987年东德总理回到自己在西德的故乡，民众以为自己也有可能自由出入西德。可是东德总理说，柏林墙的存在有其合理性，即阻断来自资本主义的破坏活动。如果需要，柏林墙可以继续存在50年或者100年。这碾碎了东德群众自由出入西德的念想，引起东德群众的强烈不满。面对乌泱泱要求过境的东德民众，东德政府束手无策。克伦茨致电戈尔巴乔夫，得到的回复是，戈尔巴乔夫相信东德领导人可以做出"符合实际的决定"。于是，东德决定彻底开放柏林墙。民主德国领导人希望通过开放柏林墙缓解国内压力，却无意间拉开了德国统一的序幕。

当戈尔巴乔夫和谢瓦尔德纳泽得知柏林墙倒塌之时，苏联已经无法介入控制东欧的局势。尽管苏联有官员提出调动军队关闭边界，但戈尔巴乔夫和谢瓦尔德纳泽坚持不干涉和不使用武力。即使在这么极端的情况下，戈尔巴乔夫也坚守了"新思维"的基本原则。戈尔巴乔夫对柏林墙倒塌事件的泰然处之，完全出乎西方的意料。

戈尔巴乔夫的镇静源自他对德国问题的判断。在这段时间里，戈尔巴乔夫对德国问题的基本判断依然没有改变。他认为，德国分裂是历史造成的，也只能由历史来纠正，这应该是一个非常长期的过程。并且，两德并存的局面将继续存在下去。尽管柏林墙倒塌，东西德边界开放，也不会改变德国分裂这个现实。戈尔巴乔夫依然相信东德可以进行深刻的改革，建成人道的社会主义。他仍寄希望于东德可以稳定局势。戈尔巴乔夫还呼吁西德政府不要破坏东德自然演变式的改革进程。"山雨欲来风满楼"，戈尔巴乔夫却对此充耳不闻。既然德国统一问题不可能被提上政治日程，戈尔巴乔夫的外交决策层也没有对德国局势的发展做出过任何预案。

### （四）柏林墙倒塌之初：苏联依然反对德国统一

柏林墙倒塌被苏联当局视为一个意外。直到1989年底，苏联领导层对德国问题也没有形成一个清晰明确的行动计划。苏联社会和苏联领导层没有从心理和政策上意识到德国有可能统一。不仅苏

## 第七章 苏联在德国统一进程中的外交

联,在柏林墙倒塌之初,包括西德在内的其他国家也没有察觉到德国统一的可能性。因此,在柏林墙倒塌之后,苏联官方表示反对有关德国统一问题的任何讨论,但态度有些矛盾。与苏联形成对照的是,美国则是有计划分步骤地实施自己的对苏联战略。美国大力支持德国统一,希望把统一的德国纳入北约,未来北约的管辖权东扩,可以更好地遏制苏联。

苏联的官方表态中,坚持反对德国统一。戈尔巴乔夫和谢瓦尔德纳泽在与科尔和根舍的通话中,以及与其他三大国政治家的谈话中,公开表示反对改变二战后的欧洲边界。苏联外交部发言人格拉西莫夫强调,德国统一是不现实的。不过他提出,只要东德留在华约,并履行组织规定的国际义务,政府变更是有可能的。1989年11月15日,戈尔巴乔夫提出,两个德国都是联合国成员国,分别属于两个军事和经济联盟。当天,塔斯社发表了戈尔巴乔夫的讲话:"有关重新统一的讨论意味着对两个德国内部事务的干涉。"

戈尔巴乔夫的一系列表态表明,虽然戈尔巴乔夫对德国统一这个概念不再陌生,但他不喜欢"德国统一"这个想法。因为德国的变动涉及的不仅仅是欧洲的边界变更,还有两个军事集团的问题。戈尔巴乔夫希望局势的发展是缓慢的、深思熟虑的,以确保欧洲稳定与苏联安全。西德想把德国统一问题列入议事日程的做法,在苏联引起了"巨大的忧虑",这使得"欧洲大陆整个领土和政治秩序都将受到质疑"[1]。在公开层面,苏联坚决拒绝德国统一的提

---

[1] 〔德〕维尔讷·魏登菲尔德等:《德国统一史(第四卷)——争取德国统一的外交政策:决定性的年代(1989—1990)》,欧阳甦译,梅兆荣、邓志全校审,社会科学文献出版社,2016,第58页。

法。12月5日,根舍到莫斯科会谈。戈尔巴乔夫和谢瓦尔德纳泽谴责了联邦德国政府的行为。戈尔巴乔夫希望两个德国作为主权国家继续并存,也寄希望于西德对东德的政治经济改革进程提供经济援助。不过,西德完全没有理由在政治经济上支持东德。

然而,苏联官方对德国问题也表现出矛盾性。例如,苏联驻联邦德国大使克维钦斯基向苏联政治领导层提出,由于苏联20%的外贸是与东德开展的,东德居民的不断外流,损害了苏联的经济利益。他建议,苏联应该向西德提出目标明确的建议,以苏联的意图对德国问题施加影响。几天以后,苏联的德国问题专家尼古拉·波图加洛夫试图践行这个想法。与公开表态不同,在戈尔巴乔夫授权的私人接触层面,苏联表示考虑了两个德国相互靠近的各种可能性。苏共中央国际关系部部长瓦伦丁·法林(曾任苏联驻西德大使)希望两个德国作为主权国家存在,不过可以在经济、生态和文化领域形成某种"邦联"结构。谢瓦尔德纳泽在最高苏维埃外交委员会的讲话中,也论述了各种可能的替代性选择。苏共中央委员会国际部副部长兼戈尔巴乔夫顾问安德烈·格拉乔夫11月27日接受RTL电视台采访时承诺,将把德国问题再次列入议事日程,尽管东西方的政治家并不愿意看到这一情况。

对于科尔提出的分阶段统一德国的《十点纲领》,苏联政府持否定态度。苏联对此毫无准备。当科尔11月28日提出《十点纲领》后,苏联驻西德大使克维钦斯基没有表态,只是直接把科尔的演讲稿转达苏联政府。11月29日科尔会见苏联副总理伊万·西拉耶夫时,苏联官员们没有提起《十点纲领》,或许他们没有收到戈尔巴乔夫的明确指示。[①] 苏联政府对德国此后的事态发展完全没有预案。戈尔巴乔夫在12月2日与布什总统在马耳他会晤时,批评了联邦德国政府。戈尔巴乔夫认为西德搞统一的动作太快了,科尔太着急了。戈尔巴乔夫在新闻发布会上提出,欧安会进程是德国问题的基础。在欧洲有两个德国,这是历史决定的。"为了维护现实,我们应该声明,历史自身会对欧洲大陆的进程和命运以及两德的命运做出决定……任何人为的加速进程,只会使局势恶化并加重许多欧洲国家转变的困难。"

苏联领导层担心东欧和东德的发展失控。谢瓦尔德纳泽警告不要"将社会主义国家改革进程的困境用于单方面的、自私自利的目的"。塔斯社报道称,科尔《十点纲领》的各个要点等同于向东德提出"直接的苛刻条件"。对于苏联,"规定拥有主权的东德以何种形式建立与另一个德国的关系,是不可接受的",而"人为的加速"却可能导致无法预测的后果。当时,苏联军队依然驻扎在东德、波兰、捷克斯洛伐克和匈牙利。然而,由于动用武力被排除在选项之外,苏联施加政治影响的途径只剩下了呼吁和警告。不过,此时苏联的公开声明和评论开始保持克制。

1989年12月4日,华约组织非正式首脑会议在莫斯科召开。在这次会议上,针对科尔的《十点纲领》,戈尔巴乔夫提出,德国问题是国际政治的重大问题,科尔的两个德国组建一个邦联的方案,会严重破坏欧洲和世界的正常发展进程。12月9日在苏共中央委员会全体会议上,戈尔巴乔夫再次强调了苏联在德国问题上的

---

[①] 〔德〕霍斯特·特尔切克:《329天:德国统一的内部视角》,欧阳甦译,胡琨审校,社会科学文献出版社,2016,第48页。

立场。他提出苏联不会损害东德的利益，东德是苏联的战略盟友，是华约成员国。各国必须承认二战后的事实，就是存在两个主权德国，而且这两个德国都是联合国成员国，否则会威胁欧洲的稳定。不过，苏联可以接受东、西德国的关系变化。戈尔巴乔夫认为东德与西德之间应该发展和平的合作。

美国总统布什的安抚，对于戈尔巴乔夫的态度转变开始发挥潜移默化的作用。西方国家对戈尔巴乔夫进行了外交安抚。布什总统在马耳他峰会期间向戈尔巴乔夫保证，一切都会深思熟虑之后再决定。布什总统欢迎东欧的局势变化。他特别肯定戈尔巴乔夫的提法，即东欧国家民众应该自己决定自己的发展道路和未来。布什表示，美国在加强与东欧国家关系的时候，不会危害苏联的安全利益。在这种令人舒服的气氛中，戈尔巴乔夫做出了回应，他认为历史将解决德国问题。苏联不否定德国人民的自决权。1989年12月4日，在北约峰会上，布什谈到了他与戈尔巴乔夫在马耳他的谈判，他呼吁北约国家支持戈尔巴乔夫的改革，扩大经济合作并商定继续开展裁军谈判。北约理事会商定"塑造新欧洲的未来"，通过德国统一克服欧洲的分裂。1989年12月9日，在欧洲理事会会议上，欧洲在经济和政治一体化的道路上向前迈出了重要的一步。经济与货币联盟工作日程清晰地商定下来。欧洲理事会对波兰和匈牙利一揽子措施做出了决定。应该与这些国家以及捷克斯洛伐克、苏联和东德签订贸易与协作协议，建立欧洲复兴开发银行。

科尔政府非常重视苏联在统一进程中的作用，积极争取苏联的支持，并且及时提供经济援助。科尔认为德国顺利统一需要有三个前提条件：戈尔巴乔夫不能失败、稳定波兰和匈牙利的局势、东德必须进行自由选举。西德也在北约层面争取对戈尔巴乔夫的支持。12月15日，北约部长会议在布鲁塞尔结束。西德在统一德国问题上，取得了欧共体十一个伙伴和北约十五个国家的支持。在西德的呼吁下，北约决定向苏联提议开展全面合作。西方国家的外交安抚，特别是关于提供经济援助、支持戈尔巴乔夫改革的提议，在软化戈尔巴乔夫的立场上发挥了作用。12月6日，《真理报》和塔斯社报道了根舍与戈尔巴乔夫和谢瓦尔德纳泽的会谈。戈尔巴乔夫的说法变得比较温和。戈尔巴乔夫谈到"自我约束、责任、深思熟虑"，以及维护"国际稳定"并加强安全。

科尔给戈尔巴乔夫写信，向戈尔巴乔夫解释西德的德国政策和欧洲政策目标。科尔解释说，《十点纲领》的动机是希望东德民众采取有责任的行动，阻止欧洲动乱。至于德国统一，没有时间压力。未来德国大厦将纳入全欧安全大厦，西德不会强制统一，并且，科尔承认苏联合法的安全要求。西德的积极争取，对科尔与戈尔巴乔夫的个人友谊发展，以及西德与苏联的良好关系，发挥了正面作用。

12月20日召开的欧洲议会会议上，谢瓦尔德纳泽表达了对东德局势的看法。这是苏联最全面的一次表态。谢瓦尔德纳泽的要点包括：应该尊重欧洲现有的战后现实，阻止对欧洲秩序的破坏，东德是苏联的战略联盟。他对两德关系发展过快表示不满。但谢瓦尔德纳泽的措辞也是矛盾的。虽然措辞强硬，但不难发现，谢瓦尔德纳泽希望与西德继续保持合作，不想挑起与西德之间的争执。

苏联国内的社会经济形势极为严峻，急需西德的经济援助。苏联在德国统一问题上的态度只能日渐缓和。克维钦斯基1990年1

| 德国统一的外交

月7日以谢瓦尔德纳泽的名义致电特尔切克。克维钦斯基提醒说,科尔在1989年6月戈尔巴乔夫访问西德时提议帮助苏联,这一许诺是否有效,苏联现在需要帮助,这些帮助涉及生活物资,特别是肉类供应。科尔立刻打电话给农业部部长英格纳茨·柯西勒,问他最快可以供应多少肉类产品。科尔从中看到了可以与苏联改善关系的机会。西德立刻起草国家层面的文件,以及欧共体框架内的建议文件,以共同帮助苏联,因为如果戈尔巴乔夫倒台,德国统一的进程也将可能受阻。当天下午,科尔接见了克维钦斯基。科尔表示支持戈尔巴乔夫,希望早日与戈尔巴乔夫会晤。克维钦斯基说,谢瓦尔德纳泽提到了苏共中央委员会会议。苏联能独自克服经济困难,但为了克服某些特定生活物资的短缺,特别需要肉类、油脂、植物油和奶酪。苏联希望西德方面提供友情价格。此时的苏联国内困境重重,立陶宛和阿塞拜疆问题更是让戈尔巴乔夫焦头烂额。

1990年初,特尔切克向科尔提交了对苏联局势的内部分析:戈尔巴乔夫面临日益扩大的问题:经济和供应形势仍然紧张;旧的经济机制已不再起作用,新的机制尚未建立起来;政府只能继续运用行政杠杆,几乎没有可用来刺激经济的手段;社会危机尖锐化,有6000万到1亿的苏联公民生活在最低生活水平的边缘线上;军队和强力部门的不满情绪日益加重;苏联面临能否继续生存的问题。① 1月24日,科尔最终同意了柯西勒向苏联提供特价食品的建议。在随后的八周之内向苏联供应5.2吨牛肉罐头、5万吨猪肉、

---

① 〔德〕霍斯特·特尔切克:《329天:德国统一的内部视角》,欧阳甦译,胡琨审校,社会科学文献出版社,2016,第73页。

2万吨黄油、1.5万吨奶粉和5000吨奶酪。为了确保友情价格，西德政府从联邦预算中拿出2.2亿西德马克进行补贴。

苏联的态度开始转变。特尔切克1990年1月13日指出，戈尔巴乔夫准备最大限度地给予华约国家内部改革的空间，但有两个条件：保证不触及苏联的安全利益并保证欧洲版图的现状，西方应该支持戈尔巴乔夫及其改革，帮助中东欧国家顺利改革。西德认为，不能危害戈尔巴乔夫的地位，否则局势将会失控，建议科尔在与戈尔巴乔夫的会晤中，对全面合作，包括安全政策领域的合作提出具体的建议。而且，西德敏锐地捕捉到，莫斯科需要德国统一以后的相关承诺。

东德政治经济形势迅速恶化，柏林墙倒塌更是加剧了东德局势的动荡。1989年底，东德出现了游行示威活动。街头革命要想获得成功需要具备下列五个因素。第一，需要获得对颠覆该国政权感兴趣的境外势力的支持，特别是资金支持。东德的情况就是这样，西德提供资金，支持东德民众发动街头革命。并且，这种革命要发展得越快越好。因为如果进程缓慢，民众就会逐渐地开始理性思考，考虑自己在这种革命之后会有怎样的地位和生活，很有可能不再支持街头革命。第二，需要一个鲜明的、容易被大众所接受的口号。"推倒柏林墙"就是这样的一个口号。东德民众最开始的诉求也仅仅是希望能够自由出入西德。自1961年开始，东德人不能够随意进入西德。西德则利用电视信号，向东德展示西德美好的生活方式，东德人民不会费精力去思考其真伪。第三，精英阶层固化。人民需要改变，然而精英不希望发生变革，也惧怕变革。第四，政府执政能力低下。东德爆发民众骚乱后，政府无力维持秩序。第五，执政当局缺少外援。繁荣的西德有着强大的西方支持，而又弱又乱的东德却得不到苏联的支持。东德的街头革命恰恰具备了这五个因素。

从国家机器状况来看，东德当时已没有国家强力部门了：安全部门、执法部门，以及军队都被解散了。东德警察的形象已被贬损，警察甚至不敢穿制服上街。因此，发生集会游行活动，政府根本没有可以用来维持秩序的力量。民主德国与福音教派的关系友好。游行示威活动正是在福音教堂周围进行的。按规定，警察不可以出入福音教堂，反对派在福音教堂里印制抗议传单，进行集会演讲，将福音教堂变为反政府的一个据点。何况这些集会游行活动实际上都是有组织的，都有西方的幕后支持。西德的执法人员持续不断地前往东德帮助维持基本社会秩序。

戈尔巴乔夫没有对东德局势问题提出明确的解决方案。苏联对东德基本上采取不干预政策，既不用武力帮助维持秩序，也不提供必要的经济支持。苏联原本一直向东德提供廉价的石油，东德是得到廉价石油的唯一的苏联盟友，后来苏联国内经济形势恶化，减少了对东德石油的供应份额。民主德国本来是华约组织的重心，地缘地位重要。苏联要想保住华沙条约，首先就不能让东德对西德产生依赖性的联系，特别是经济联系。就像莫斯科国立国际关系学院一位德国问题专家批评的："苏联领导人没有远见，看不到比鼻子更远的地方。"由于得不到来自经互会和苏联的经济援助，民主德国民众也不再相信改革，而寄希望通过与西德统一来改变现状。在这种背景下，科尔不再向民主德国提供经济援助，借此压垮民主德国。民主德国政府迫于压力，被迫接受了德国统一的可能性，提出了"分阶段统一"的方案。

1990年1月1日,民主德国总理莫德罗向戈尔巴乔夫递交工作计划,戈尔巴乔夫予以批准。该计划主要包括以下内容:第一,与西德建立"契约共同体",这需要时间;第二,建立邦联国家,东德和西德的主权移交邦联,这同样需要时间;第三,建立德国联邦或者德国联盟,具体由民众选举决定。莫德罗政府拒绝统一,提议两个德国可以建立"契约共同体",并且在戈尔巴乔夫的"欧洲共同家园"框架内密切交往。这个计划一环扣一环,约需要10年时间才可完成。但事实上,这个计划缺乏实现的可能性,当时的历史背景是:时间不等人。

缺少预案是戈尔巴乔夫在德国统一问题上轻易做出妥协的一个重要原因。直到1989年底,苏联领导层对德国问题也没有形成一个清晰明确的行动计划。苏联社会和苏联领导层都没有从心理上和政策上意识到,德国有可能实现统一。1990年1月26日,戈尔巴乔夫主持召开了一个针对德国问题的小范围会议。这是戈尔巴乔夫当政以后,苏联领导层第一次在克里姆林宫就德国问题召开会议,它从一个侧面说明克里姆林宫对民主德国的事态变化缺乏应有的准备和预案。由于缺少预案,戈尔巴乔夫只能被形势牵着走,表态多变,被动地做出反应。

## 三 戈尔巴乔夫对德国统一问题的步步退让

在西德和美国精心设计的德国统一计划不断推进的形势下,戈尔巴乔夫的对德政策却是步步退让。首先,苏联被迫放弃了民主德国,接受了德国统一的可能性,联邦德国成为苏联对西欧外交的重点对象。然后，苏联提出在"全欧大厦"的框架内解决德国统一问题，希望德国统一进程是渐进式的。在德国统一进程的讨论平台建设问题上，苏联被安排在"2+4"框架内，实际上苏联的参与度受到了限制，话语权被严重缩小。在统一后德国的地位问题上，苏联被迫接受德国加入北约，只得到了北约不东扩的口头允诺。戈尔巴乔夫幻想北约可以和华约在"全欧大厦"框架内化干戈为玉帛。在此过程中，苏联没有提出任何具有建设性的意见，失去了实际的干预能力，只能一步步地被卷入美国和联邦德国设计好的大网之中。

（一）苏联接受德国统一的可能性

1990年初，苏联官方不断释放出态度变化的信号。1月22日，谢瓦尔德纳泽在《消息报》发表题为《欧洲——从分裂到统一》的文章，首次提出把两德关系变成"全欧进程的催化剂"而不是"破坏因素"。他建议把涉及"欧洲安全核心问题"的德国问题纳入"欧洲的议事日程"中。这表明，苏联领导层也在努力寻求妥协。当西德和美国政府开始考虑德国统一的程序和具体步骤时，东德和苏联政府仍在努力阻挠，哪怕是能延缓德国统一的进程也好。

然而，形势比人强。从1990年1月起，戈尔巴乔夫在德国问题上一再妥协。先是认可德国统一。东德改革的执行力度让苏联很不满意，东德国内形势的急剧恶化，让戈尔巴乔夫改变了对德国问题的立场。戈尔巴乔夫绕开苏共中央政治局，仅仅与自己的智囊团开了小范围的会议，商讨德国问题。与会者都认为东德肯定会垮台，苏联没有必要再支持东德，苏联应该仅仅与西德进行接触。西德遂成为苏联对两德政策的重心，东德则被苏联彻底抛弃。

在1990年1月26日的苏共中央总书记办公室小范围会议上，戈尔巴乔夫阐述了对东德内政的无奈："我们现在同民主德国的关系，是在那里没有什么人可以依靠，同谁的关系都不可靠。我们在民主德国没有能用得上的力量。"苏共中央政治局委员、国家安全委员会主席克留奇科夫说："统一社会党执政的日子没几天了。"苏共中央政治局委员、苏联部长会议主席雷日科夫也表示同意："形势发展是不可抗拒的，应当客观看待。现在只能在战术上采取措施，因为我们已经保不住民主德国了。两德之间的所有屏障都已被解除，东德经济已被击垮，整个国家制度都已解体。要想保住民主德国是不现实的。我们应提出未来德国邦联的具体搞法，不能把一切都放手交给科尔。"不过，在这次会议上，戈尔巴乔夫明确提出不允许统一的德国加入北约。①

1990年1月30日，莫德罗与戈尔巴乔夫在莫斯科的会谈表明，戈尔巴乔夫已经接受德国统一的想法。但戈尔巴乔夫提出，统一的德国不能加入北约。在这次会谈中，苏联第一次原则上接受德国统一。戈尔巴乔夫对应邀访问苏联的民主德国总理莫德罗表示：德国人有权统一，不排除今后两个德国重新统一的可能性。戈尔巴乔夫希望民主德国采取主动行动，并且，德国统一应该在欧洲一体化的框架内进行。在科尔和莫德罗在达沃斯会晤之前，戈尔巴乔夫表示赞同将"'契约共同体'作为两德实现邦联的一个阶段"。不

---

① А. А. Галкин, А. С. Черняев, Михаил Горбачев и германский вопрос. С67документов. 1986-1991. М.: Издательство «Весь Мир», 2006. сс. 307-312.

过，苏联的德国统一方案是渐进式统一，未来统一的德国应建立邦联，苏联与德国签署合约，德国中立化，并纳入全欧进程。苏联希望同英法一道落实这个方案。[①] 显然，英法绝不会允许欧陆出现一个中立化的德国，因为这将打破欧陆的战略平衡。纳入北约的德国才符合英法的安全需求，苏联对此并没有察觉。

苏联高层对德国政策并非高度一致。例如原苏共中央书记处书记、中央国际部部长瓦连京·法林认为，苏联建立的欧洲战后结构正在瓦解，他谴责戈尔巴乔夫单方面的让步。然而，苏联虽然官僚机构庞大，但决策圈子很小。戈尔巴乔夫为了减少改革阻力，很少通过不支持改革的官僚机器进行国家决策。2月7日在莫斯科召开的苏共中央委员会全体大会表明，德国问题是苏共党内有争执的问题。有一部分势力强烈反对戈尔巴乔夫的德国外交政策。苏联最高苏维埃联盟院外交委员会主席叶戈尔·利加乔夫说，这是吞噬民主德国，是不可饶恕的短视。但在苏联体制下，反对的声音通常会被湮没，全体大会的表决结果总是积极支持当权者。于是人们不再讨论德国是否应该统一，而是讨论应该如何以及何时实现统一。

时任苏联驻西德大使的助手弗拉基米尔·福缅科认为，苏联当时的德国政策是无力的，是对社会主义阵营的背叛。东德是苏联用40多年时间经营起来的重要阵地，没有任何理由不对其予以支持。问题根源就在于戈尔巴乔夫对于德国问题根本没有准备。并且，戈尔巴乔夫自认为自己非常伟大，当时苏联也把一切希望都寄托在戈尔巴乔夫身上。事实上，戈尔巴乔夫听不进去别人的不同意见，不

---

[①] Philip Zelikow, Condoleezza Rice, *Germany Unified and Europe Transformed: A Study in Statecraft*, Cambridge, Massachusetts: Harvard University Press, 2002, pp.157-164.

适合作为一个大国领导人。①

### （二）苏联为德国统一打开绿灯

柏林墙倒塌和两个德国的靠近，让欧洲国家非常不安，它们担心这个过程会威胁欧洲大陆的和平和安全稳定，破坏当前的势力均衡格局。英国最初对德国统一持相当强硬的反对立场，非常担心德国成为新的超级大国。法国的欧共体一体化发展方案与西德方案存在分歧。法国担心统一的德国会让以巴黎—波恩为轴心的推动欧共体一体化的力量失去动力。此外，奥得—尼斯河边界问题也是法国关心的问题。美国总体上支持德国统一，但先决条件是统一的德国必须保留北约成员国身份，并承认欧洲边界不可侵犯。美国把德国统一纳入美国对苏联战略的一部分，其更深层次目标是实现北约东扩，并且把苏联的影响力驱逐出欧洲。因此，美国坚持将统一的德国纳入北约阵营，承认波兰西部边界是统一德国的东部边界，支持德国统一后再形成统一的欧洲。

1990年2月10日，科尔一行前往莫斯科。在访苏之前，为了避免西德抛弃西方阵营，布什坚决要求科尔守住保留德国的北约身份、保留美国在德国驻军的底线，并要求苏联从东德撤军。访问中，科尔提出德国不能中立，不过北约也不应该扩张。戈尔巴乔夫无奈地承认德国统一不可避免。在这次会谈中，戈尔巴乔夫说出了让西德非常振奋的话：在苏联、联邦德国、民主德国之间，对于统

---

① 2018年5月24日，福缅科先生在接受笔者访问中所谈。福缅科现为罗莎·卢森堡基金会俄罗斯代表处负责人。

| 德国统一的外交

一和民众追求统一的权力并不存在意见分歧。德国问题应该由德国人自己解决，德国人自己确定自己的选择、国家形式、解决期限、解决的步骤和统一的条件。戈尔巴乔夫说可以考虑"2+4"的会谈形式。① 可以说，苏联已为德国统一打开了绿灯。

不过对于德国统一，戈尔巴乔夫表示了以下的几点担心：首先是担心德国未来会提出更改欧洲边界的主张，以及欧洲力量格局的变化会威胁欧洲的稳定与安全；其次是北约成员国的归属问题和军事地位问题，戈尔巴乔夫说，北约扩张对他来说是不可接受的，但戈尔巴乔夫并没有提出解决办法；最后，戈尔巴乔夫关心苏联与统一后德国的经济关系问题。戈尔巴乔夫还谈到了对苏联国内改革的担心。科尔表示将迅速寻找解决这些问题的途径，扩大苏德双边合作。科尔在此次会谈中，拿到了解决德国问题的钥匙。②

但是这次访问结束一天后，苏联决定再次展示自己的军事力量，以此提醒西德，没有征得苏联的同意，德国人是不可能实现统一的。该行动也向西方表明，西方希望借助德国统一而扩大北约势力范围的图谋不会得逞，否则，其后果就是终止裁军谈判，这会使国际形势恶化。苏联在德国统一进程中有协调的权力和责任。苏联领导人试图证明，苏联可能采取的回应措施是基于《雅尔塔协定》和《波茨坦公告》。苏联政府认为："外国军队驻扎在东德和西德，这是特殊问题，是四个国家二战后的责任，该问题只有考虑到所有

---

① А. А. Галкин, А. С. Черняев, Михаил Горбачев и германский вопрос. Сб67документов. 1986-1991. М.: Издательство «Весь Мир», 2006. сс. 339-356.
② 〔德〕霍斯特·特尔切克：《329天：德国统一的内部视角》，欧阳甦译，胡琨审校，社会科学文献出版社，2016，第201页。

相关国家的安全利益,才能得到解决。"①

### (三) 苏联提出把德国统一进程纳入"全欧大厦"之中

在接受了德国可能统一这个事实后,苏联希望四大国依然能在德国问题上发挥作用,共同把德国统一进程纳入"全欧大厦"之中。统一进程必须与全欧进程、与创造原则上新的欧洲安全机构这一主要方向有机地联系起来。这被苏联提出作为德国统一的前提条件。苏联希望通过建立"全欧大厦",把德国统一进程纳入其中,让民主德国以平等的身份与联邦德国分阶段地实现统一,让欧洲的局势变化处于可控的范围内。

第一个条件是希望由苏美英法四大国和两个德国以"4+2"形式一起协商谈判,且统一后的德国军事力量不能具有破坏性。1990年2月21日,戈尔巴乔夫在《真理报》发表文章,强调苏联从来也不反对德国人的自决权,但仍要强调四大国的责任。但实际上,联邦德国最后在美国的支持下,坚持了德国人主导统一谈判进程的"2+4"模式。进行"2+4"谈判是六个国家外长1990年2月13日在奥塔夫达成的意见。美国主导设计的"2+4"模式,一方面把欧洲其他小国排除在德国统一进程之外,另一方面也可压制英法的不同意见,该模式规定只讨论德国统一的外部问题,不讨论德国统一的内部问题。更为重要的是,该谈判机制,既允许苏联参与德国统一进程,又限制了苏联参与的权限与力度。同时,"2+4"框架也

---

① Николай В. Павлов, *Россия и Германия*: несостоявшийся альянс ( история с продолжением). Издательство «Аспект Пресс», 2017. сс. 520−560.

| 德国统一的外交

防止西德为了实现统一，与苏联达成私下交易。

第二个条件是德国的军事地位问题。德国统一进程，直接牵涉一些最重要的国际问题，例如东西方的战略平衡、"欧洲共同家园"的建设前景、欧洲大陆的军事结盟政策、统一后德国军事政治地位问题等。苏联坚持统一的德国应保持中立国地位，德国领土上不能驻扎任何外国的军队。并且，德国统一不能伤害两大联盟军事战略的均衡。最重要的是，德国不能加入北约。而美国、英国、法国和联邦德国对此都不同意。华约组织成员国也不支持苏联的立场。因此苏联专家被迫承认，苏联的建议得不到支持，行不通。

谢瓦尔德纳泽的言论表明了苏联政策的摇摆，也再次表明，苏联政策的模棱两可。谢瓦尔德纳泽在渥太华提出一个新的解决方案，即统一后的德国应同时具有北约和华约双重身份。他在返回莫斯科的飞机上对《消息报》记者称，德国应该在"全欧大厦"中实现统一；当然如果苏联获得"担保"，可以制约北约政策的基本变化，那么他也不反对德国归属北约。苏联此时的对德政策仍在摇摆之中，因为苏联认为德国统一的进程恐怕还要持续数年，所以目前不必为此明码要价。①

2月23日，谢瓦尔德纳泽在接受《新时代》采访时再次抱怨，德国统一进程跑在了建设"全欧大厦"的前面。3月7日，戈尔巴乔夫在德国电视一台的访问中声明，苏联断然拒绝让统一后的德国成为北约成员国。3月8日，在《柏林新画报》记者的采访中，谢瓦尔德纳泽说，根据联邦德国《基本法》第23条实现德国统一

---

① 〔德〕霍斯特·特尔切克：《329天：德国统一的内部视角》，欧阳甦译，胡琨审校，社会科学文献出版社，2016，第222页。

第七章　苏联在德国统一进程中的外交

"完全是一条危险的道路",作为主权国家的民主德国及其相关的义务和权力都将立刻消失。谢瓦尔德纳泽认为,西方有关统一后的德国应该加入北约的说法很"不得体",不过他说必须找到一个解决办法。谢瓦尔德纳泽还强调必须签署包含有"充分国际法效力"的"综合多边文件"。有一条值得注意的是,苏联希望统一后的德国,能够一如既往地履行现在民主德国对苏联的经济义务。[①]

2月23日,民主德国外交部向欧安会成员国递交了一份备忘录,题为《将两个德意志国家的统一纳入泛欧统一进程》。3月5日,民主德国总理莫德罗访问莫斯科,希望苏联支持民主德国的统一政策。莫德罗向戈尔巴乔夫强调,德国统一的进程必须牢固地建立在泛欧进程之中。德国统一必须分阶段进行,不能够与泛欧进程脱钩。戈尔巴乔夫表示同意莫德罗的意见,认为业已启动的德国统一进程必须循序渐进地进行。

从以上的表述可以看出,苏联政府希望把德国统一进程纳入"全欧大厦"之中。在全欧合作的基础上,建立新的安全体系,这是未来"全欧大厦"最重要的组成部分。苏联希望欧洲现存的军事政治联盟转变成政治联盟和组织。"全欧大厦"最后吞噬现有的北约和华约组织。戈尔巴乔夫还准备起草俄德双边关系条约,以此作为"全欧大厦"的基柱。然而,无论戈尔巴乔夫,还是谢瓦尔德纳泽,对于新的欧洲架构均没有明确清晰的概念,自然也就不可能有切实可行的实现路径。

3月18日,民主德国人民议院进行选举。受到联邦德国大力

---

[①] 〔德〕霍斯特·特尔切克:《329天:德国统一的内部视角》,欧阳甦译,胡琨审校,社会科学文献出版社,2016,第230~245页。

支持的"德国联盟"获胜并进行组阁。随着亲西德政府的"德国联盟"上台，苏联彻底失去了影响民主德国的工具。不过，新政府在德国统一的外部问题方面，与苏联的立场相近。民主德国外长梅克尔主张在欧洲建立中立的安全区，希望尽快建立欧洲新安全机制，取代现有的军事联盟。由于民主德国新政府在"2+4"中的次要地位，民主德国的声音没有得到任何回应。

1990年4月，苏联外长谢瓦尔德纳泽访美期间表示，苏联希望在欧安会的平台上设计全欧安全架构，以便把德国和东欧的变革纳入可控的轨道，不会威胁苏联的安全。布什对此表示反对。他认为欧安会可以加强安全职能，但不能发展为集体安全机制，集体安全机制被证明必然会失败；为了欧洲稳定，美国愿意留在欧洲；德国加入北约不会威胁苏联。最终，布什说服了戈尔巴乔夫。

（四）允许统一后的德国加入北约

对于苏联和国际社会来说，统一后的德国是否归属北约，是德国统一的关键问题之一。因为统一的德国将会极大地改变欧洲的势力对比。西德希望留在北约，苏联反对。苏联提出，德国统一应该在有序的轨道上运行，不能降低其他国家的安全利益。民主德国和联邦德国应该继续履行自己的义务，并且考虑到苏联在现有条约及协议中的权力和利益。

美国和西德在这方面进行了精心的设计。1990年1月底，联邦德国就提出了"根舍公式"，承诺北约部队和北约管辖权都不会在德国统一后东扩到原东德领土。联邦德国希望以此换取苏联同意德国统一。1990年2月9日，美国国务卿贝克在建议苏联同意以

"2+4"框架作为德国统一的谈判框架时,也表示了北约不会东扩。

德国和西方其他三国坚持统一后的德国加入北约,因为只有把德国纳入北约框架,北约成员国的安全才更有保障。在这种情况下,苏联反复提出了多种解决方案和建议。克维钦斯基与科尔3月22日的会谈表示,苏联最关心的是统一后的德国的军事集团归属问题,因为苏联国内无法接受德国的北约成员国身份。苏联试探性地提出,德国是否可以同时属于东方和西方,或者是否可以设立一个纵深到联邦德国150公里的非军事地带。苏联的这一提法遭到科尔的拒绝。

3月28日,波图加洛夫与特尔切克会谈时提出,德国是否可以考虑像法国一样。法国在北约内部的地位很特殊,不参与北约的军事一体化。并且,如果统一后的德国成为北约成员国,原民主德国对华约的义务也必须得到维护。另外,是否可以考虑苏联也有可能具备北约的某种成分。或者华约和北约彼此依存,两大联盟之间建立交叉式的架构。这表明,苏联决策层对德国的成员归属问题没有形成统一固定的立场。谢瓦尔德纳泽的观点是,统一后的德国应该是两个联盟组织的成员国。不过,谢瓦尔德纳泽没有清晰地阐明德国双重成员国的地位究竟是什么形式,该如何具体运作。苏联的这些提议缺少实操性,必然遭到拒绝。

贷款与经济协作在改变苏联立场方面继续发挥作用。在5月14日的苏德会谈中,雷日科夫总理、谢瓦尔德纳泽等官员以苏联领导层的名义,请求西德政府给予经济方面的支持。为了继续改革,雷日科夫请求科尔短期内提供15亿~20亿卢布的无限制贷款;此外还有一项100亿~150亿卢布的长期贷款。5月15日,科尔表

| 德国统一的外交

示坚决支持戈尔巴乔夫及其改革,并为总额达50亿西德马克的贷款提供担保。在5月17日科尔与布什的会谈中,双方集中讨论了苏联局势。科尔希望美国也给予戈尔巴乔夫一定的经济支持,并且希望5月底戈尔巴乔夫对华盛顿的国事访问时能得到布什的热情招待。

1990年5月,美国国务卿贝克等提出了"九项保证",包括北约部队不东扩到东德领土、未来德国大规模削减兵力、设立相当长一段过渡期用于苏联撤军、苏联撤离过渡期内北约部队不入东德、北约改变对华约威胁性军事战略、提高欧安会地位、加强苏德经济关系等。这实际上是以北约部队不进入东德领土,换取苏联接受北约管辖权在法理上东扩到东德。[①] 苏联则借此向西方提出200亿美元贷款的要求。

5月19日,贝克与谢瓦尔德纳泽在莫斯科的谈判结束。关于德国同时拥有北约和华约双重成员国身份的提议,显然不为联邦德国所接受,苏联也不再坚持自己的提议。关于四大国的权利问题,谢瓦尔德纳泽表示,苏联不会谋求永久保留该权利。

苏联立场变化的最初信号是在5月23日发出,当时谢瓦尔德纳泽和根舍在日内瓦会晤。在会晤中,谢瓦尔德纳泽提出,"2+4"谈判可以圆满结束了,统一的德国可以成为北约成员国,但西方需要满足苏联提出的重要条件:苏联首先要求对本国的安全领域提供保障,北约应该彻底改变自己的性质,同华约组织缔结某种伙伴关系;苏联还要求一次性解决边界问题,极大减少德国军费,继续减

---

① Philip Zelikow, Condoleezza Rice, *Germany Unified and Europe Transformed*: *A Study in Statecraft*, Cambridge, Massachusetts: Harvard University Press, 2002, p. 263.

少美国在欧洲的军事存在水平；苏联方面支持建立欧洲安全系统，通过建立常设国际机构的方式，实现欧安组织的制度化。

此外，苏联要求西方尽快提供经济援助。根舍对谢瓦尔德纳泽的要求表示充分认可。日内瓦会晤后，戈尔巴乔夫公开发表言论：为什么统一的德国不能和法国站在同一个立场，法国拥有北大西洋公约组织政治成员身份，但退出了军事一体化机构；两个德国也分别属于两个军事政治集团，统一后的德国可以寻求将其联系起来的途径。实际上，统一的德国可以同时属于两个集团。也许可以利用这个机会，加强北约和华约两个组织的政治职能，削弱它们的军事职能。但这需要重新修订北约的理论和北约的战略。

最重要的是6月初，戈尔巴乔夫访问美国。在同布什的会谈中，戈尔巴乔夫提出这样的想法，新德国在两个联盟同时拥有成员国地位。这样的成员关系可以成为纽带，搭建新的欧洲框架。在过渡期，就是新的欧洲框架建立之前，德国遵守两个组织的所有规则，联邦德国国防军依然属于北约，而民主德国军队属于新德国政府。三个西方国家和西德都极力反对这样的主意。

在1990年关于德国统一的协调中，西方领导人在不同场合对戈尔巴乔夫表示支持，给予并给足了戈尔巴乔夫肯定和面子，这对于戈尔巴乔夫改变立场发挥了积极作用。1990年6月，在都柏林会议上欧共体十二国政府详细分析了苏联的状态，表示对戈尔巴乔夫的政治军事改革感兴趣。与会者同意立刻制定方案，对苏联的结构性改革提供短期贷款和长期援助。7月9~11日，休斯敦经济高峰论坛中，七国元首表示政治上支持戈尔巴乔夫的政治经济改革，每个国家都会按照自己的方式提供相应的贷款。在最后的新闻发布

德国统一的外交

会上科尔表示，西德现在就准备好并且有能力这样做，提供50亿西德马克的贷款，由德国银行贷给苏联使用，根据1990年6月18日的协议，贷款期限是15年，年化利率9%。

美国主导的北约改革，对苏联最终同意德国加入北约具有重要的促进作用。在美国主导下，北约主动向华约示好，还对新德国的兵力规模做出限制。7月5~6日，北约首脑峰会在伦敦举行。此次会议通过宣言，强调北约可以提议与华约发表互不使用武力的声明。北约将大幅度缩减欧洲常规武装部队力量，制定新的北约战略，减少边界地带的军事存在和核武器基地。北约的改革和向华约的示好，帮助戈尔巴乔夫渡过苏共二十八大的难关，保住了戈尔巴乔夫总书记的职位。不过，美国修改了"根舍公式"，要求北约管辖权东扩。

德国协调中具有关键意义的时间节点是7月中旬科尔对苏联的访问。这次访问比之前三场重要的高峰论坛更为关键，对苏联改变立场具有决定性影响。戈尔巴乔夫和科尔在格鲁吉亚阿尔赫兹小镇的会谈确定了未来德国地位问题的框架。1990年7月，戈尔巴乔夫和科尔在高加索发表声明，统一的德国可以自由和独立地决定自己属于哪个联盟和集团。这等于苏联放弃了第二个条件。在苏联的一再让步下，德国顺利地实现了统一。而苏联却从此被排挤出欧洲，丢失了地缘安全屏障。

7月15日，科尔来到莫斯科，随后，科尔和戈尔巴乔夫在高加索小镇举行非正式会谈。会谈结果对于德国来说简直如童话一般，美好得令人难以相信。苏联同意德国按照西德的方案实现统一。统一后德国兵力削减至37万人，这么大规模裁军是西德对苏联的重要让步。戈尔巴乔夫认为这一决定符合德国人民的愿望。最后，戈尔巴乔夫和谢瓦尔德纳泽同意统一后的德国留在北约，希望以此给西方留下好的印象，并以此换取德国对苏联的感激，并获得来自德国的经济回报，以及苏德长期的经济合作。

苏联提出了这样的条件：苏军在民主德国的驻留问题，将在有时间限制的单独条约中加以解决，而且必须与北约不能扩张的保证联系起来，只要苏军驻扎在民主德国，北约就不能扩张到那里。科尔坚持，这一限制仅仅在苏军驻扎民主德国期间有效。苏联撤军后，德国将独自解决自己的事情。不过，德国的决定必须顾及维也纳裁军谈判的结果。而谢瓦尔德纳泽希望苏军撤离后，北约也不能违背苏联的意愿，将驻军扩大到民主德国地区。苏联的出发点是：不能损害苏联的安全利益，不能部署核武器。关于四大国在柏林的军事存在问题，在苏军驻扎于民主德国期间，四大国的武装力量继续在柏林保留，但军队的规模、装备和武器配备不能超过当前的水平。民主德国地区的德国军队不能融入北约部队。戈尔巴乔夫强调，必须注明配备核武器或者核基地的北约军事力量不能进入民主德国地区。8月18日，联邦德国和苏联交换了有关德苏睦邻、伙伴和合作条约的草案。

德国给苏联提供经济援助，德国继续留在北约，但不可以拥有核武器。西德负责苏联军队从东德撤出的费用。西德在1994年底前支付苏联120亿西德马克。其中78亿西德马克用于修建住所。30亿西德马克用于苏联驻军从1991年到1994年的生活支出。10亿西德马克用于交通费。其他资金用于军人转业安置。此外，苏联还被许诺得到为期5年的30亿西德马克无息贷款。3年后，当时

| 德国统一的外交

西德的财长承认,从财政角度而言,西德非常廉价地实现了统一。他承认,西德战后准备支付很多钱,避免国家分裂。西德的所有政治体系全部保留,东德的一切都被摧毁。当时的苏联精英并不是都持这种态度。比如苏联驻西德大使法林,就支持莫德罗的计划,然而没有被戈尔巴乔夫采纳。[①]

除经济援助外,联邦德国还同意向苏联提供安全保障。关于全欧安全架构,科尔表示,北约峰会将考虑全欧安全架构与欧安会的关系。科尔提议发表互不侵犯和放弃使用武力的共同声明,建议北约与华约成员国之间建立外交关系,邀请戈尔巴乔夫参与北约理事会,北约准备修改战略和军事理论等。苏联对这些建议表示积极接受。联邦德国还单方面宣布放弃三种大规模杀伤性武器,并接受苏联军队在民主德国的过渡时期,并且限定统一后德国武装力量的最高规模。

9月12日,"2+4"各国外长在莫斯科举行最后一次会谈,签署了《关于最终解决德国问题的条约》。10月1日,美苏英法和两德外长在纽约签署宣言,宣布停止四大国在德国行使权力。1990年10月3日,民主德国正式加入联邦德国,德国实现统一。

苏联让步的原因还有,苏联不愿意被排挤出欧洲,希望融入欧洲的经济和政治合作系统,并希望有可能在未来与欧洲大国——统一的德国建立优先关系。在东欧剧变的步步紧逼下,苏联认为,新的外交政策的出发点应该是承认该地区社会制度的急剧转变,东欧各国获得完全独立也有助于实现苏联的国家利益。在很大程度上可

---

[①] Николай В. Павлов, *Россия и Германия: несостоявшийся альянс (история с продолжением)*, Издательство «Аспкет Пресс», 2017. с. 560.

第七章　苏联在德国统一进程中的外交

以说，中东欧地区的政治进程是二战后时代的终结，有可能意味着雅尔塔体系部分遗产的终结和两大敌对阵营的终结。为此，苏联政策的首要目标是避免同西方大国发生冲突。为此，需要放弃自己在东欧的统治地位，消除欧洲分裂和集团对立的局面，让苏联融入西欧和世界文明。① 布什和科尔的努力加强了戈尔巴乔夫对西方的信任。

## 四　结论

对于苏联为什么采取与西方合作的外交政策，允许德国和平统一，并允许统一后的德国加入北约，学者们给出各种解答。现实主义者认为，应当从权力的视角审视苏联与德国统一问题。苏联结构性权力下滑是苏联态度软化的主要原因。从全球格局看，20世纪80年代中后期，两极权力失衡，美强苏弱。从社会主义阵营看，"苏联无力通过经济援助来稳固摇摇欲坠的东德，迫使苏联无可选择并最终承认既成事实"②。

自由主义学派从国家利益的角度解释外交政策。在安全已经不是唯一公共产品的情况下，戈尔巴乔夫认为通过争取西方国家的经济援助，缓解国内经济压力，继续推动改革，最终建成"人道的、民主的社会主义"，才符合苏联的国家利益。"莫斯科对德国统一决策的关键点都是由德国经济援助塑造的。"③ 从苏联国内情况看，

---

① 崔海智：《俄国解密档案：苏联对东欧剧变的反应和思考》，《冷战国际史研究》2016年第2期。
② Adomeit Hannes, "Gorbachev, German Unification and the Collapse of Empire," *Post–Soviet Affairs*, No. 3, 1994, p. 226.
③ Newnham Randall, "The Price of German Unity: The Role of Economic Aid in the German–Soviet Negotiations," *German Studies Review*, Vol. 22, No. 3, 1999, p. 438.

| 德国统一的外交

戈尔巴乔夫及其克里姆林宫的同僚受困于苏联国内政治的困境，认为推动经济改革和化解波罗的海危机才是自己的外交重点。① 自由主义，特别是制度自由主义认为，相应的制度安排有助于推动合作。东、西德国在欧共体框架下的经济合作，为德国和平统一奠定了基础，也提高了其他欧洲国家对德国统一的接受度。②

有学者强调"新思维"在德国统一中的推动作用。戈尔巴乔夫希望在结束冷战和建立"全欧大厦"方面有所建树。德国统一进程被视为新的全欧框架的重要组成部分，是"新思维"的一个重大成果，有助于提高苏联的国际威望和在欧洲的地位。③ 此外，戈尔巴乔夫在自传中阐述，自己是根据"信任、观念、自由"的理念，制定苏联对德政策的。④ 作为政治领导人，戈尔巴乔夫认为德国统一是国际进程的一个部分。这个国际进程就是结束冷战，消除核战争威胁，为了人类更美好的未来奋斗。⑤

从四大国和联邦德国与苏联的外交斡旋可以发现，西方国家对苏联的外交安抚甚至是战略欺诈，以及联邦德国对苏联慷慨的经济援助，对苏联态度的变化不能说没有发挥作用。美国在同意联邦德国的统一计划后，就与联邦德国一道，很有耐心地对苏联进行了外

---

① Jeffrey A. Engel, *The Fall of the Berlin Wall: The Revolutionary Legacy of* 1989, Oxford University Press, 2011, pp.69-92.
② Pekka Kalevi Hamalainen, *Uniting Germany: Action and Reactions*, Dartmouth Publishing Co Ltd., 1994, pp.1-286.
③ 吴伟、王游:《苏联与德国统一》,《历史教学》2016年第14期,第11~12页。
④ 参见〔俄〕米·谢·戈尔巴乔夫《"真相"与自白:戈尔巴乔夫回忆录》,述弢等译,社会科学文献出版社,2003;〔俄〕米哈伊尔·戈尔巴乔夫:《我与东西德统一》,王尊贤译,中央编译出版社,2006。
⑤ 参见〔俄〕米·谢·戈尔巴乔夫《"真相"与自白:戈尔巴乔夫回忆录》,述弢等译,社会科学文献出版社,2003;〔俄〕米·谢·戈尔巴乔夫《我与东西德统一》,王尊贤译,中央编译出版社,2006。

交解释和安抚工作,有效消除了苏联的疑虑,换得了苏联的支持。以美国为首的西方国家虽然没有以文件的形式,但至少以口头方式向苏联保证过北约将朝着政治联盟的方向转型,不再视苏联为对手,并且保证不会东扩。西方国家表示对戈尔巴乔夫的改革提供支持,并提供经济援助,虽然这些保证的兑现日后成为问题。1990年7月15日,科尔在与戈尔巴乔夫的会谈中告诉戈尔巴乔夫,在东柏林欧洲理事会峰会、伦敦北约峰会和休斯敦七国峰会上,参会国一致认为应该支持苏联的改革进程。但随着苏联解体,很多援助仅仅停留在了口头上。

时至今日,戈尔巴乔夫对德国统一的观点没有变化。他强调的是自己作为领导人所需要解决的问题。他撰书写道,很多人认为他(戈尔巴乔夫)是德国统一的英雄。他认为英雄有两者:德国人民和苏联人民。德国人民表现出了争取祖国统一的勇气;苏联人民不计前嫌,在德国人民需要帮助的时候提供了帮助。[1] 作为政治领导人,戈尔巴乔夫依旧认为德国统一是国际进程的一部分。这个国际进程就是结束冷战,消除核战争威胁,为了人类更美好的未来奋斗。他对自己与国际社会领导人的合作给予高度评价,这些人是老布什、科尔、里根、密特朗等。他认为是这些人负责任地结束了东德剧变,最终使冷战结束、德国统一。

虽然苏联国内经济形势恶化,然而在德国统一问题上仍然有很大的战略空间,可以为自己挣得更多利益。因为当时的西方国家,对德国问题的态度并不一致。美国赞成德国统一,力争德国留在北

---

[1] Михаил Горбачев, Как это было. Издательство «ВАГРИУС», Москва, 1999. cc. 173-200.

## 德国统一的外交

约内部，以削弱苏联在欧洲的地位；联邦德国热衷统一；然而法国担心在欧洲出现强大的竞争对手，不是很支持德国统一；英国则曾经激烈反对德国统一。戈尔巴乔夫没有把握住外交斡旋的机遇。

德国统一对苏联乃至对当前的俄罗斯产生了深远的地缘政治影响，从根本上改变了欧洲的地缘政治格局：俄罗斯从此被排挤出欧洲，北约持续东扩，步步压缩俄罗斯的战略空间。德国统一的结果使苏联的损失很大。不仅失去了国际社会上的道义支持，也遭受了很大的物质损失，还包括苏军从东德撤退的地缘政治溃败。苏联驻西德外交官伊戈尔·马克西梅切夫批评说："戈尔巴乔夫把能犯的错误都犯了，科尔则抓住了历史赋予的每一个机会，做了每个时刻能够做的一切事情。"[①] 美国则利用并主动设计了德国统一的路线，加强了美国在欧洲的地位。

第一，苏联输掉了在东欧发生的第一场"颜色革命"。迄今为止，任何一场革命依然保持了旧有的公式，这个公式基本上决定着革命的成败："底层人民不能忍受以往的生活，上层社会没有能力维持以往的生活。"在我们这个时代，世界经济和政治循环系统的相互交织越来越紧密，这个公式自然要加上一个变量：外部对一个国家革命局势的积极干预。如果更强调细节的话，可以说，革命的发生取决于：社会上存在相当数量的人，支持政治暴力；反对派活动的组织手段相当有效；有规划的口号，能够引起大众的呼应。关键因素依然是选择最有利的时机，公开攻击权力机构。对立双方最后的胜负在很大程度上取决于最高权力机关是否有决心、有决断

---

[①] 俄罗斯科学院欧洲研究所研究员伊戈尔·马克西梅切夫（时任苏联驻西德参赞）2018年5月24日接受笔者访问中所谈。

力，敢于使用合法手段和力量对抗暴力革命。1989年秋天，东德具备了爆发革命的所有前提条件。由于最高执政阶层没准备诉诸暴力解决问题，[①] 所以德国统一的形式是和平的，但结果是西德的所有政治体系得以保留，而东德的一切机制都被摧毁。

第二，德国统一直接导致了华约组织的解散，苏联失去了在欧洲的盟友，失去了在中东欧地区的势力范围。苏军的撤退也刺激了苏联各加盟共和国的离心趋势，苏联统一的政治经济空间被打碎了。这些加盟共和国在谋求独立方面，得到了德国的外交支持。苏联从中东欧国家撤军后，苏联在中东欧地区的战略空间迅速被西方大国所占领。苏联就这样失去了打造了几十年的欧洲阵地。东欧剧变，华约组织解体，激发了苏联内部的民族主义运动。苏联强力部门开始反对和质疑戈尔巴乔夫的改革与外交政策，苏联大厦岌岌可危。

第三，北约东扩，步步紧逼俄罗斯，俄罗斯的地缘安全形势严重恶化，这一影响持续至今。北约不断东扩，吸收了东欧和东南欧的一些国家，甚至是一些华约组织和苏联原加盟共和国成员，俄罗斯的地缘战略空间被严重压缩。这一切都发生在解决德国问题之时，苏联没有从法理上阻断北约管辖权东扩的可能性。乌克兰危机就是北约东扩、步步撕裂后苏联空间的结果。

第四，俄罗斯（苏联法定继承者）最根本的战略变化是，单方面缩减了军事实力，世界军事格局朝着不利于俄罗斯的方向发生变化。苏联单方面裁军、销毁中程导弹和大量的坦克、飞机、潜水

---

[①] Игорь Максимычев, Падение Берлинской стены. Из записок советника - посланника посольства СССР в Берлине. Фото Антони Суаву «Огонек». 1990. № 15.

艇。统一后的德国依靠东德的军备力量，增加了自己的军事实力。西方大国利用新的局势不仅扩充了自己的势力范围，还扩大了自己军事集团活动的范围。

德国统一后，伴随着苏东剧变，华约阵营瓦解，而北约安全体系不断扩大到昔日对手的领土之上，靠近俄罗斯边境。冷战的终结改变了全球权力格局。美国占据一家独霸的权力位置，欧盟具有了全球影响力，而作为苏联的继承者，俄罗斯的权力位置一落千丈。苏联解体后，俄罗斯很多人都幻想能同西方国家实现一体化，但2007年普京在慕尼黑的演讲中宣布这种尝试结束。2008年爆发了俄格战争。虽然俄罗斯在欧洲方向的努力持续到2014年，比如俄欧宣布启动的现代化伙伴关系倡议，但欧盟和西方国家利用伙伴关系，限制俄罗斯自主权并干预俄罗斯内部事务，美国和欧盟使用深化贸易合作协定这个工具，在乌克兰等国搞"颜色革命"，结果引发了强烈的外交冲突和随后的经济战。俄罗斯与欧盟和美国的关系在合作与对抗之间来回切换，直至2014年定格在了冲突模式。①

---

① 〔英〕理查德·萨科瓦：《统一的欧洲抑或分裂的欧洲》，丁端译，《俄罗斯研究》2018年第3期，第9页。

# 附　录

## 附录一　《联邦德国基本法》第23条

1949年5月23日版《联邦德国基本法》第23条曾经以列举的方式规定了联邦德国的领土。

第23条（基本法的适用范围）

"本基本法先在巴登、巴伐利亚、不来梅、大柏林、汉堡、黑森、下萨克森、北莱茵—威斯特法伦、莱茵兰—法尔茨、石勒苏益格—荷尔斯泰因、符腾堡—巴登和符腾堡—霍恩佐伦各州生效。本法在德国其他部分将在加入联邦共和国之后，也将在那里生效。"

**资料来源**：世界知识出版社编《德国统一纵横》，世界知识出版社，1992，第316页。

## 附录二 《克服德国和欧洲分裂的"十点纲领"》

德意志联邦共和国总理赫尔穆特·科尔在德意志联邦议会的公开讲话（1989年11月28日）

**第一点**：为了应对近几周的事态，尤其是人员迁徙流动以及旅行者规模的激增，需要出台一些紧急措施。联邦政府将在需要的地方提供直接援助。只要是必要且有用，我们将在人道主义领域和医疗保障方面提供援助。我们也知道，我们每年向民主德国的每位访客支付的欢迎资金并不能解决旅行经费筹措问题。最终，民主德国自身不得不为它的旅行者们提供必要的外币。不过，我们愿意在一段过渡期内成立用于旅行的外汇基金。但前提是前往民主德国旅行时不再有最低兑换要求，这就大大简化了进入民主德国的手续，并且民主德国本身也可以为该基金做出实质性贡献。我们的目标是尽可能地保持双向旅行的畅行无阻。

**第二点**：与过去一样，联邦政府将继续在直接造福于双方人民的所有领域与民主德国展开合作，尤其是在经济、科学、技术以及文化领域。尤为重要的是在环境保护领域加强合作。不论其他领域发展如何，在该领域都能够快速出台针对新项目的决策。同样适用于——联邦邮政部部长已经开启适当的对话——尽快全面扩展同民主德国的电话连接以及扩展民主德国的电话网络。关于扩建汉诺威—柏林铁路线的谈判仍在继续。然而，我认为这还不够，鉴于当下的事态，我们应该从根本上讨论民主德国和联邦德国的交通和铁路线。四十年的分离意味着一些运输路线早已大相径庭。不单是在过境点上,而且在联通东西方的中欧传统交通路线等方面都已截然不同。很难理解,在高速火车时代以及相应的欧洲运输体系扩建前夕,为什么一直由科隆牵头,并且自始至终非常重要的莫斯科—华沙—柏林—巴黎这条经典路线不应该被纳入其中。

**第三点**:如果民主德国能有约束力地推进在政治和经济体系领域的根本变革,并且使一些必要措施不可逆地生效,我建议全面扩大我们的援助和合作。对我们来说,尤其是对我来说,"不可逆"意味着民主德国政府与反对派团体必须就宪法修正案和一部新的选举法达成一致。我们支持民主德国自由、平等和秘密选举的诉求,这其中当然有独立,这就是说,非社会主义政党也能参与。必须废除统一社会党的权力垄断。必须推行法治,首要的就是废除政治刑法,并且随即释放所有的政治犯。

主席先生,女士们,先生们,只有在经济体系中推行根本性变革,经济援助才能行之有效。所有经互会成员国的经验都表明了这一点,这并非来自我们的指令。官僚计划经济必须被废除。我们不想要维护业已危如累卵的局面。我们知道:只有在民主德国向西方开放投资,创设市场经济条件,并促进私人部门活动的情况下,经济才能够取得腾飞。在这种环境下,我不理解那些被指责为搞家长制的人。

在匈牙利和波兰,每天都有这样的例子表明,民主德国(也是经互会的一员)能够轻松地进行自我定位。我们以及我殷切地希望能够尽快通过此类立法。因为对我们而言,更为有益的是联邦德国已在波兰有许多私人投资,(此外,如果进展顺利的话,我也希望)将在匈牙利和未被投资的德国中部投资。我希望更多的公司能够尽可能多地推进此类投资。

我想再次强调：这些不是先决条件，而仅是为了帮助其行之有效的事实之需。此外，毫无疑问的是，民主德国人民也要求这样做。他们想要经济自由化，他们想要最终收获自己的劳动果实并获得更大的繁荣。

如果我今天所讨论的主题——民主德国未来的经济秩序——在统社党内部继续讨论，公众便能够在几天后的统社党代表大会上体验到这些，我看不出有谁能说这是干涉民主德国的内政。我觉得那样说相当荒谬。

**第四点**：莫德罗总理在其政府声明中谈到了"条约共同体"（Vertragsgemeinschaft）。我们准备接受这一想法。因为两个德国之间亲密和特殊性关系需要一张在所有领域和所有层面都更为紧密的协作网。这一合作也越来越需要共同机制。现存的委员会将被赋予新的职能，并建立起新的机构，我认为尤其是在经济、运输、环境保护、科学和技术、健康和文化事务方面。我无需强调，在即将发生的这些事情上，柏林必须对我们保持充分的包容性。过去、现在以及将来这仍是我们的政策。

**第五点**：但我们也打算继续迈出决定性的一步，即在德意志两国之间建立"邦联结构"（konföderative Strukturen），以期在德意志构建一个"联邦"。但这将以选举一个民主的民主德国政府为前提。

在尽快推进民主选举后，我们可以设想创设以下一些机构：

- 用以开展持续磋商和进行政治协调的政府间联合委员会；
- 联合技术委员会；
- 联合议会机构；

- 根据新进展而建立的其他许多机构。

鉴于这种情况，以前对民主德国的政策不得不限于小步子政策，我们的首要目的便是减轻分裂对人民造成的影响并保持生机，增强民众对国家统一的认知。如果我们面对的伙伴是一个民主的合法化的，也就是未来通过自由选举的政府，那么我们将启动崭新的合作框架。新形式的机制合作可以逐步萌发并壮大。

主席先生，女士们，先生们，这种联合依靠的是德国历史的延续性。在我们的历史中，德意志的国家组织基本上都采取一种邦联或者联邦的形式。我们仍然可以依靠这些历史经验。如今，没有人知道一个统一的德国最终将是什么样的。但我确信，当德国人民想要统一的时候，统一便会到来。

**第六点**：两德内部关系的发展仍然植根于泛欧进程，这就是说，它始终存续于东西方关系的框架之中。未来德国的架构必须与未来整个欧洲的架构相匹配。为此，西方以其持久和公正的欧洲和平秩序之概念展现了其自身的标兵角色。

我过去引用的，今年六月戈尔巴乔夫总书记与我在联合声明中谈到的有关"共同欧洲大家庭"的结构性要素，它包括：

- 完全尊重各国的尊严和安全。各国都有权自由选择其自身的政治和社会制度；
- 毫无保留地尊重国际法的原则和规范，特别是尊重人民的自决权；
- 实现人权；
- 尊重和照顾欧洲人民历史悠久的文化。

有了这些要素，正如戈尔巴乔夫总书记和我写下的那样，我们希望与历史悠久的欧洲传统紧密结合，为克服欧洲分裂做出贡献。

**第七点**：欧洲共同体的吸引力和魅力是、并将继续是泛欧发展的决定性因素。我们希望且必须进一步加强它。

欧共体必须以开放和灵活的态度接近中欧、东欧以及东南欧的改革型国家。欧共体成员国国家和政府首脑近期在巴黎会晤上为此背书。这自然也包括民主德国在内。

因此，联邦政府主张尽早与民主德国缔结贸易合作协定。这将扩大民主德国进入共同市场的渠道，同时也是考虑到1992年共同体的发展之远景。

我们可以很好地设想将来联合的某种形式，这种联合将引导中欧和东南欧的改革型国家在经济上更为接近共同体，进而帮助缩小欧洲大陆的经济和社会鸿沟。如果明天的欧洲将成为一个联合的欧洲，那么这是非常关键的问题之一。

主席先生，女士们，先生们，我们始终将恢复德国统一的过程视为一种欧洲关切。因而，它也必须在欧洲一体化的背景下被检视。简单地说，欧共体不可能终止于易北河，它也必须保持向东的开放性。

只有从这个意义上讲——我们一直仅将十二国的欧洲作为部分而不是整体——欧共体才能成为欧洲真正全面统一的根基。只有从这个意义上讲，它才能维持、保护和发展所有欧洲人的身份。这种身份，女士们，先生们，不仅基于欧洲文化的多样性，而且最重要的是基于自由、民主、人权和自决等基本价值。

只要中欧和东南欧国家符合必要条件，我们也欢迎它们加入欧洲理事会，尤其是加入《保护人权与基本自由公约》。

**第八点**：欧洲安全和合作会议（KSZE、CSCE）进程是泛欧结构的核心。我们希望利用即将到来的以下论坛有力地推进它：

- 1990年哥本哈根人权会议和1991年莫斯科人权会议；
- 1990年波恩经济合作会议；
- 1991年克拉夫科文化遗产会议；
- 最后但同样重要的，下一次的赫尔辛基后续会议。

在这些会议中，我们也应思考泛欧合作的新制度形式。我们完全能够设想，用一个共同机构来协调东西方的经济合作，也可以想象创设一个泛欧环境理事会。

**第九点**：克服欧洲分裂和德国分裂也需要在裁军和军备控制方面采取深远而迅速的步骤。裁军和军备控制必须与政治发展保持同步，并在必要时予以加速。

这尤其适用于削减欧洲常规武装力量的维也纳谈判，达成建立信任措施的协议，以及我希望在1990年生效的、世界范围内的禁止化学武器公约。这也要求超级大国的核潜能削减至战略上必要的最低限度。

即将到来的布什总统和戈尔巴乔夫总书记的会晤，将为当下正在推进的磋商赋予新动力，并提供很好的机会。

我们同样与华沙条约国家（包括民主德国）一起以双边的形式努力支持这一进程。

**第十点**：通过这项全面的政策，我们正努力实现欧洲的和平状态，在这种状态下，德国人民能够通过自由的自决而重新获得他们的统一。重新统一，即重获德国的民族统一，仍是联邦政府的政治目标。

| 德国统一的外交

我们感谢，在今年5月布鲁塞尔北约峰会后发表的宣言中我们再次获得了我们盟友对此事的支持。

女士们，先生们，我们知道，在实现德国统一的道路上将会出现诸多困难，准确地说，至今没有人能够对此给出最终答案。最重要的是，这还包括我强调的欧洲整体安全架构这一困难的、关键的问题。

如同我在上述这十点中阐释的，将德国问题与泛欧发展以及东西方关系联结起来，就可以实现考虑到所有涉事方利益的有机发展，并且为欧洲自由与和平发展奠定基础，这是我们的目标。

只有在共同协作和相互信任的氛围下，我们才能够和平地克服以德国分裂为标志的欧洲分裂。

这要求我们在所有方面都要保持审慎、理解，以及有判断力，以使当前充满希望的发展稳固、和平地持续下去。能够破坏这一进程的不是改革，而是拒绝改革。造成不稳定的不是自由而是镇压。朝向改革的每一步成功都意味着整个欧洲的更加稳定、自由和安全。

主席先生，女士们，先生们，几周之内本世纪的最后十年行将开始，这个世纪经历了如此多的悲惨、杀戮和痛苦。今天，有许多希望的迹象表明，90年代将为欧洲和德国带来更多的和平与自由。人们都能感受到，这在很大程度上取决于我们德国的贡献。我们都应当面对这一历史的挑战。

**资料来源**：https：//www.chronik-der-mauer.de/material/180402/rede-von-bundeskanzler-helmut-kohl-im-bundestag-10-punkte-programm-28-november-1989。

# 参考文献

## 中文文献：

邓红英：《民主德国德国政策的演变（1949—1990）》，湖北人民出版社，2009。

丁建弘、陆世澄、刘祺宝主编《战后德国的分裂与统一：1945—1990》，人民出版社，1996。

梁强：《苏联与大同盟（1941—1946）——基于新解密档案的研究》，中国社会科学出版社，2014。

世界知识出版社辑《欧洲安全和德国问题文件汇编（第一集）(1945—1953)》，世界知识社，1956。

世界知识出版社编《德国统一纵横》，世界知识出版社，1992。

吴友法、邢来顺：《德国：从统一到分裂再到统一》，三秦出版社，2005。

邢广程：《苏联高层决策70年——从列宁到戈尔巴乔夫》，世界知识出版社，1998。

熊炜编著《外交谈判》，北京大学出版社，2014。

晏小宝：《德国的统一》，上海远东出版社，1992。

张曙光：《美国遏制战略与冷战起源再探》，上海外语教育出版社，2007。

## 翻译文献：

〔联邦德国〕康拉德·阿登纳：《阿登纳回忆录1953—1955》（第2

| 德国统一的外交

册），上海外国语学院德法语系德语组等译，上海人民出版社，1975。

〔德〕赖因霍尔德·安德特，沃尔夫冈·赫兹贝格：《倒台：昂纳克答问录》，顾增文等译，世界知识出版社，1992。

〔民主德国〕埃里希·昂纳克：《我的经历》，龚荷花等译，世界知识出版社，1987。

〔英〕R.P. 巴斯顿：《现代外交（第二版）》，赵怀普等译，世界知识出版社，2002。

〔美〕乔治·布什、布伦特·斯考克罗夫特：《重组的世界：1989—1991年世界重大事件的回忆》，胡发贵等译，江苏人民出版社，2000。

〔苏〕米·谢·戈尔巴乔夫：《改革与新思维》，苏群译，新华出版社，1987。

〔苏〕米·谢·戈尔巴乔夫：《改革与新思维》，岑鼎山译，世界知识出版社，1988。

〔俄〕戈尔巴乔夫：《对过去和未来的思考》，徐葵等译，新华出版社，2002。

〔俄〕米·谢·戈尔巴乔夫：《"真相"与自白：戈尔巴乔夫回忆录》，述弢等译，社会科学文献出版社，2002。

〔俄〕米·谢·戈尔巴乔夫：《戈尔巴乔夫回忆录》，述弢等译，社会科学文献出版社，2003。

〔俄〕米·谢·戈尔巴乔夫：《我与东西德统一》，王尊贤译，中央编译出版社，2006。

〔联邦德国〕卡尔·哈达赫：《二十世纪德国经济史》，扬绪译，商务印书馆，1984。

〔德〕特奥多尔·霍夫曼：《最后一道命令：东德剧变亲历记 民主德国末任军职国防部长的回忆》，王建政等译，海南出版社，2001。

〔美〕约翰·加迪斯：《遏制战略：战后美国国家安全政策评析》，时殷弘、李庆四、樊吉社译，世界知识出版社，2005。

〔俄〕弗拉基米尔·卡尔波夫：《大元帅斯大林（修订版）》，何宏江等译，社会科学文献出版社，2013。

〔德〕赫尔穆特·科尔：《我要的是德国统一——科尔自述》，葛放主译,辽宁人民出版社,1999。

〔德〕埃贡·克伦茨:《89年的秋天》,孙劲松译,中共中央党校出版社,2005。

〔德〕埃贡·克伦茨:《大墙倾倒之际:克伦茨回忆录》,沈隆光等译,世界知识出版社,1991。

〔德〕埃贡·克伦茨:《我看中国新时代》,王建政译,世界知识出版社,2019。

〔德〕克里斯塔·卢夫特:《最后的华尔兹:德国统一与回顾》,朱章才译,中央编译出版社,1995。

〔美〕梅尔文·莱弗勒:《人心之争:美国、苏联与冷战》,孙闵欣等译,华东师范大学出版社,2012。

〔英〕戴维·马什:《欧元的故事:一个新全球货币的激荡岁月》,向松祚、宋姗姗译,机械工业出版社,2011。

〔德〕汉斯·莫德罗:《起点与终点:前东德总理莫德罗回忆录》,王建政译,军事科学出版社,2002。

〔德〕汉斯·莫德罗:《我眼中的改革》,马细谱等译,中央编译出版社,2012。

〔美〕汉斯·摩根索:《国家间政治:权力斗争与和平(第七版)》,徐昕等译,北京大学出版社,2006。

〔英〕玛格丽特·撒切尔:《唐宁街岁月》,李宏强译,国际文化出版公司,2009。

〔德〕霍斯特·特尔切克:《329天:德国统一的内部视角》,欧阳甦译,社会科学文献出版社,2016。

〔德〕里夏德·冯·魏茨泽克:《通向统一之路》,孟虹译,东方出版社,2014。

〔德〕卡尔-鲁道夫·科尔特等:《德国统一史》(四卷本),周弘主编,刘宏宇、邓文子、杨橙、欧阳甦等译,社会科学文献出版社,2016。

〔德〕维尔讷·魏登菲尔德等:《德国统一史(第四卷)——争取德国统一的外交政策:决定性的年代(1989-1990)》,欧阳甦译,社会科学文献出版社2015年12月第1版。

## 中文论文：

崔海智：《俄国解密档案：苏联对东欧剧变的反应和思考》，《东欧研究》2016年第2期。

邓红英：《论二战后阿登纳的德国统一政策》，《武汉大学学报（人文科学版）》2004年第3期。

端木美：《密特朗与历史学——国际史学会秘书长贝达里达采访密特朗概述》，《世界历史》1996年第2期。

桂莉：《联邦德国的新东方政策》，《国际研究参考》2018年第2期。

兰鹏：《德波关系中的奥得-尼斯河边界问题》，《德国研究》2002年第1期。

王超：《科尔的"德国政策"与"统一外交"评析》，《武汉大学学报（人文科学版）》2011年第6期。

王帅：《两德统一的外交史研究》（1989—1990），南京大学研究生博士论文。

王帅：《两德统一与欧洲一体化》，《历史教学》2019年第12期。

杨成绪：《二战后德俄关系发展历程及其前景展望》，《俄罗斯研究》2018年第1期。

朱明权：《联邦德国早期的"一个德国"政策》，《德国研究》2001年第1期。

周琪：《联邦德国的重新统一政策》，《西欧研究》1990年第4期。

邹耀勇：《第二次柏林危机与联邦德国统一政策的转变》，《历史教学问题》2007年第2期。

## 外文参考文献：

Abelshauser, Werner (2010). *Deutsche Wirtschaftsgeschichte seit 1945*, München: C. H. Beck.

Address Before a Joint Session of the Congress on the State of the Union, 31 Jan 1990, George Bush President Library and Museum, http://

bush41library. tamu. edu/archives/public-papers/1492, 2016-09-20.

Anderson, Jeffrey (1999). *German Unification and the Union of Europe*, Cambridge and New York: Cambridge University Press.

Angermann, Hedda (1991). *Aufbrüche. Dokumentation zur Wende in der DDR: Oktober 1989 bis März 1990*, München: Goethe-Institut.

Attali, Jacques (1995). *Chronique des années 1988-1991*, Paris, Fayard.

Baker, James A. with Defrank Thomas M. (1995). *The Politics of Diplomacy: Revolution, War & Peace, 1989-1992*, New York: G. P. Putnam's Sons Publishers.

Baring, Arnulf (1982). *Machtwechsel*, Stuttgart: Deutsche Verlag-Anstalt.

Bark, Dennis and Gress, David (1993). *A History of West Germany: Democracy and Its Discontents, 1963-1991*, 2d ed. Cambridge: Basil Blackwell.

Bozo, Frédéric (2005). *Mitterrand, the End of the Cold War, and German Unification*, New York and Oxford: Berghahn.

Braun, Sabine und Michalowski, Bernhard (Hrsg.) (1990). *3. Oktober 1990. Der Weg zur Einheit: Eine Dokumentation 1949-1990*, München: Heyne.

Bruns, Wilhelm (1989). *Von der Deutschlandpolitik zur DDR-Politik: Prämissen-Probleme-Perspektiven*, Opladen: Leske u. Budrich.

Bräutigam, Hans Otto (2009). *Ständige Vertretung: Meine Jahre in Ost-Berlin*, Hamburg: Hoffmann und Campe.

Bozo, Frédéric (translated from the French by Susan Emanuel) (2009). *Mitterrand, The End of the Cold War and German Unification*, New York and Oxford: Berghahn Books.

Becker, J. -J (1998). *Crises et alternances (1974-1995)*, Paris, Seuil.

*British Politics*, 1979-1990, New York: Palgrave Macmillan Press.

Bundesministerium für innerdeutsche Beziehungen (Hrsg.) (1986). *Innerdeutsche Beziehungen. Die Entwicklung der Beziehungen zwischen der Bundesrepublik Deutschland und der Deutschen Demokratische Republik 1980-1986: Eine Dokumentation*, Bonn.

Bundesministerium für innerdeutsche Beziehungen (Hrsg.) (1970). Texte zur Deutschlandpolitik, Reihe I/Bd. 4, Bonn: Deutscher Bundes-Verlag.

Bundesministerium für innerdeutsche Beziehungen (Hrsg.) (1976). Texte zur Deutschlandpolitik, Reihe II/Bd. 2, Bonn: Deutscher Bundes-Verlag.

Bundesministerium für innerdeutsche Beziehungen (Hrsg.) (1990). Texte zur Deutschlandpolitik, Reihe III/Bd. 7, Bonn: Deutscher Bundes-Verlag.

Bundesministerium für innerdeutsche Beziehungen (Hrsg.) (1991). Texte zur Deutschlandpolitik, Reihe III/Bd. 8a, Bonn: Deutscher Bundes-Verlag.

Bundesministerium für innerdeutsche Beziehungen (Hrsg.) (1980). Zehn Jahre Deutschlandpolitik. Die Entwicklung der Beziehungen zwischen der Bundesrepublik Deutschland und der Deutschen Demokratischen Republik 1969-1979: Bericht und Dokumentation, Bonn.

*Cold War International History Project Bulletin*, Issue12/13. http://www.wilsoncenter.org/publication-series/cwihp-bulletin

Childs, David (2000). *The Fall of the GDR: Germany's Road to Unity*, New York: Longman.

Delors, Jacques (1992). *Le Nouveau Concert Européen*, Paris: Éditions Odile Jacob.

*Deutsche Einheit. Sonderedition aus den Akten des Bundeskanzleramtes* 1989/90, Oldenbourg, 1998.

Deutschland (Bundesrepublik) Deutsche Bundesbank (Hrsg.) (1999). Die Zahlungsbilanz der ehemaligen DDR 1975 bis 1989, Frankfurt am Main: Dt. Bundesbank.

Diehl, Ernst (1978). *Geschichte der Sozialistischen Einheitspartei Deutschlands: Abriss*, Berlin: Dietz.

Diekmann, Kai und Reuth, Ralf Georg und Kohl, Helmut (1999). *Helmut Kohl: Ich wollte Deutschlands Einheit*, 2. Aufl., Berlin: Ullstein.

Dukes, Jack and Sodaro, Michael J. (1990). *Germany, and the West from Khrushchev to Gorbachev*, Ithaca: Cornell University Press.

Dyson, Kenneth and Featherstone, Kevin (1999), *The Road to Maastricht: Negotiating Economic and Monetary Union*, Oxford University Press.

Elvert, Friederike (2003). Deutschland 1949-1989: *Von der Zweistaatlichkeit zur Einheit*, Stuttgart: F. Steiner.

Freedman, Lawrence (1999). *The Politics of British Defence*, 1979-98, London: Macmillan Press Ltd..

Fry, Geoffrey K. (2008). *The Politics of the Thatcher Revolution: An Interpretation of* Gaddis, John Lewis (1992). *The United States and the End of the Cold War: Implications, Reconsiderations, Provocations*, New York and Oxford: Oxford University Press.

Galkin, Aleksandr und Tschernjajew, Anatolij (Hrsg.) (2011). Michail Gorbatschow und die deutsche Frage: Sowjetische Dokumente 1986-1991, München: Oldenbourg.

Genscher, Hans Dietrich (1991). *Unterwegs zur Einheit: Reden und Dokumente aus bewegter Zeit*, Berlin: Siedler Verlag.

Genscher, Hans-Dietrich (1998). *Rebuilding A House divided: A Memoir by the Architect of Germany's Reunification*, Translated from the German by Thomas Thornton, New York: Broadway Books.

Gilbert, Mark (2015). *Cold War Europe: The Politics of a Contested Continent*, Lanham, Maryland: Rowman & Littlefield.

Glitman, Maynard W. (2006). *The Last Battle of The Cold War: an Inside Account of Negotiating the Intermediate Range Nuclear Forces Treaty*, New York: Palgrave Macmillan.

Glynn, Patrick (1992). *Closing Pandora's Box: Arms Races, Arms Control, and the History of the Cold War*, New York: BasicBooks.

Grachev, Andrei (2008). *Gorbachev's Gamble: Soviet Foreign Policy and the End of the Cold War*, Cambridge: Polity Press.

George, Stephen (1991). *Britain and European Integration since 1945*, Oxford: Basic Blackwell Ltd..

Gillingham, John (2003). *European Integration, 1950-2003: Superstate or New Market Economy?* New York: Cambridge University Press.

Gowland, David, Turner, Arthur and Wright, Alex (2010). *Britain and*

*European Integration Since* 1945：*On the Sidelines*, London and New York：Routhledge.

Greenwood, Sean (2000). *Britain and the Cold War*, 1945 – 1991, Basingstoke England：Macmillian.

Haftendorn, Helga et al. (eds.) (2006), *The Strategic Triangle*：*France, Germany, and the United States in the Shaping of the New Europe*, Baltimore：The Johns Hopkins University Press.

Halverson, Thomas E. (1995). *The Last Great Nuclear Debate*：*NATO and Short-Range Nuclear Weapons in the* 1980*s*, Hampshire and London：Macmillan Press Ltd..

Hänisch, Werner und Krüger, Joachim und Vogl, Dieter (1985). *Geschichte der Außenpolitik der DDR*：*Abriss*, Berlin：Staatsverlag der Deutschen Demokratischen Republik.

Heins, Cornelia (1994). *The Wall Falls*：*An Oral History of the Reunification of the two Germanies*, London：Grey Seal.

Herf, Jeffrey (1991). *War by Other Means*：*Soviet Power, West German Resistance, and the Battle of the Euromissiles*, New York：The Free Press.

Herles, Helmut (Hrsg.) (1990). *Vom Runden Tisch zum Parlament*, Bonn：Bouvier.

Heuser, Beatrice (1997). *NATO, Britain, France and the FRG, Nuclear Strategies and Forces for Europe*, 1949–2000, London：Macmillan Press Ltd..

Hilger, Andreas (Hrsg.) (2011). *Diplomatie für die deutsche Einheit*：*Dokumente des Auswärtigen Amts zu den deutsch-sowjetischen Beziehungen* 1989/90, München：Oldenbourg.

Hitchcock, William I. (2004), *The Struggle for Europe*：*The Turbulent History of A Divided Continent*, 1945 *to the Present*, New York：Anchor Books.

Holden, Gerald (1991). *Soviet Military Reform*：*Conventional Disarmament and the Crisis of Mlitarised Socialism*, London：Pluto Press.

Hutchings, Robert L. (1997). *American Diplomacy and the End of the Cold War*：*An Insider's Account of U. S. Policy in Europe*, 1989 – 1992, Washington

D. C. : The Woodrow Wilson Center Press.

Jarausch, Konrad and Gransow, Volker ( eds. ) ( 1994 ). *Uniting Germany: Documents and Debates*, 1944-1993, Oxford: Berghahn Books.

Kohl, Helmut ( 2005 ). *Erinnerungen 1982 - 1990*, München: Droemer Verlag.

Kotschemassow, Wjatscheslaw ( 1994 ). *Meine letzte Mission: Fakten, Erinnerungen, Überlegungen*, Berlin: Dietz Verlag.

Küchenmeister, Daniel und Nakath, Detlef und Stephan, Gerd-Rüdiger ( Hrsg. ) ( 2001 ). *Berlin-Bonn-Moskau: Das Dreiecksverhältnis zwischen neuer Ostpolitik und deutscher Einheit*, Schkeuditz: GNN Verlag.

Küsters, Hanns und Hofmann, Daniel ( Hrsg. ) ( 1998 ). *Dokumente zur Deutschlandpolitik: deutsche Einheit Sonderedition aus den Akten des Bundeskanzleramtes 1989/90*, München: Oldenbourg Verlag.

Kunz, Diane B. ( 1997 ). *Butter and Guns: America's Cold War Economic Diplomacy*, New York: The Free Press.

Jain, Rajendra Kumar ( 1993 ). *Germany, the Soviet Union, and Eastern Europe, 1949-1991*, New Delhi: Radiant Publishers.

Lange, Thomas and Pugh, Geoofrey ( 1998 ). *The Economics of German Unification: An Introduction*, Cheltenham, UK: Edward Elgar Publishing Limited.

Larres, Klaus and Meehan, Elizabeth, eds. ( 2000 ) *Uneasy Allies: British-German Relations and European Integration since 1945*, New York: Oxford University Press.

Leffler, Melvyn P. ( 2007 ). *For the soul of Mankind: the United States, the Soviet Union, and the Cold War*, New York: Hill and Wang.

Lévesque, Jacques ( 1997 ). *The Enigma of 1989: the USSR and the Liberation of Eastern Europe*, Translated from the French by Keith Martin, Berkeley: University of California Press.

Lundestad, Geir ( 1991 ). *The United States and Western Europe since 1945: From "Empire" by Invitation to Transatlantic Drift*, Oxford: Oxford University Press.

Lippert, Barbara and Stevens-Stroehmann, Rosalind (1993). *German Unification*

*and EC Integration: German and British Perspectives*, London: Pinter Publisher

Maynard, Christopher (2008). *Out of the Shadow: George H. W. Bush and the End of the Cold War*, College Station: Texas A&M University Press.

Maier, Charles (1997). *Dissolution: The Crisis of Communism and the End of East Germany*, New Jersey: Princeton University Press.

McAdams, James (1993). *Germany Divided: From the Wall to Reunification*, Princeton, N. J.: Princeton University Press.

Meeting with President Mitterrand of France, 19 Apr 1990, George Bush President Library and Museum, http://bush41 library. tamu. edu/files/memcons-telcons/1990-04-19--Mitterrand%20 [2] .pdf, 2016-10-10.

Meeting with Prime Minister Tadeusz Mazowiecki of Poland, 21 Mar 1990, Geroge Bush President Library and Museum, *Memcons and Telcons between President George Bush and World Leaders*, http://bushlib. tamu. edu/archives/memcons-telcons

MfAA (Hrsg.) (1990). *Außenpolitische Korrespondenz*, 09.03.1990.

Mitter, Armin und Wolle, Stefan (Hrsg.) (1990). "*Ich liebe euch doch alle!*" *Befehle und Lageberrichte MfS Januar-November* 1989, Berlin: BasisDruck.

Mittérand, François (1996). *De l' Allemagne, de la France*, Paris, Odile Jacob.

Münch, Ingo von (Hrsg.) (1976). Dokumente des geteilten Deutschland, Bd. 1, Stuttgart: Alfred Kröner.

Nakath, Detlef und Neugebauer, Gero und Stephan, Gerd-Rüdiger (Hrsg.) (1998). Im Kreml brennt noch Licht: Die Spitzenkontakte zwischen SED/PDS und KPdSU 1989-1991, Berlin: Dietz Verlag.

Nakath, Detlef und Stephan, Gerd-Rüdiger (Hrsg.) (1996). *Countdown zur deutschen Einheit: eine Dokumentierte Geschichte der deutsch-deutschen Beziehungen 1987-1990*, Berlin: Dietz Verlag.

*Neues Deutschland.*

*Nuclear Weapons*, 1970-1976, New York: Palgrave Macmillan.

Pierre Haski, Quand Mitterrand tentait de ralentir la réunification allemande, Rue89, 07/11/2016, https://www.nouvelobs.com/rue89/rue89-politique/20090915.RUE2478/quand-mitterrand-tentait-de-ralentir-la-reunification-allemande.html

Pfeil, Ulrich (dir.) (2002). *La RDA et l'Occident (1949-1990)*, Presses Sorbonne Nouvelle.

Plato, Alexander Von (2015). *The End of The Cold War? Bush, Kohl, Gorbachev, And the Reunification of Germany*, Translated by Edith Burley, New York: Palgrave Macmillan.

Plock, Ernest D. (1993). East German-West German Relations and the Fall of the GDR, Boulder: Westview Press.

Pond, Elizabeth (1993). *Beyond the Wall: Germany's Road to Unification*, Washington, DC: The Brookings Institution.

President Bush Meeting with Francois Mitterrand of France, 16 Dec 1989, George Bush President Library and Museum, http://bush41library.tamu.edu/files/memcons-telcons/1989-12-16--Mitterrand.pdf, 016-09-20.

Prokop, Siegfried (Hrsg.) (1994). *Die kurze Zeit der Utopie: Die „zweite DDR"im vergessenen Jahr 1989/90*, Berlin: Elefanten Press.

Ross, George (1995). *Jacques Delors and European Integration*, New York: Oxford University Press.

Salmon, Patrick, Hamilton, Keith and Roberttwigge, Stephen (eds.) (2009). *German Unification 1989-1990: Documents on British Policy Overseas*, Series3, Volume7, London: Routledge.

Savranskaya, Svetlana, Blanton, Thomas and Zubok, Vladislav (eds.) (2010). *Masterpieces of History: The Peaceful End of the Cold War in Europe*, 1989, Budapest and New York: Central European University Press.

Sauveur, Anne Saint et Schneilin, Gérard (dir.) (1998). *La Mise en* oeuvre de l' unification allemande 1989-1990, Presses Sorbonne Nouvelle, 1998.

Schabert, Tilo (2009). *How World Politics is Made: France and the Reunification of Germany*, Columbia: University of Missouri Press.

Schmidt, Helmut und Weizsäcker, Richard von (Hrsg.) (2008). *Die Deutschen und ihre Nachbarn*, München: Beck.

Shevardnadaze, Eduard (1991). *The Future Belongs to Freedom*, London: Sinclair-Stevenson Ltd

Schuster, Rudolf (Hrsg.) (1981). *Deutsche Verfassungen*, 13. Aufl. München: W. Goldmann.

Schweiger, Christian (2007). *Britain, Germany and the Future of the European Union*, New York: Pargrave Macmillan.

Schweigler, Gebhard (1975). *National Consciousness in Divided Germany*, London: Beverly Hills, Calif. : Sage Publications.

Sharp, Paul (1997). *Thatcher's Diplomacy: The Revival of British Foreign Policy*, London: Macmillan Press Ltd.

Sarrote, Mary Elise (2014). *1989 - The Struggle to Create Post-cold War Europe*, Third Printing, New Jersey: Princeton University Press.

Service, Robert (2015). *The End of the Cold War 1985 - 1991*, New York: PublicAffairs.

Shevardnadaze, Eduard (1991). *The Future Belongs to Freedom*, London: Sinclair-Stevenson Ltd. .

Smyser, William. R. (1999). *From Yalta to Berlin: The Cold War Struggle Over Germany*, New York: St. Martin's Press.

Sodaro, Michael J. (1990). *Moscow, Germany, and the West: From Khrushchev to Gorbachev*, Ithaca and London: Cornell University Press.

Spohr, Kristina (2016). *The Global Chancellor: Helmut Schmidt & The Research of The International Order*, Oxford: Oxford University Press.

Stoddart, Kristan (2014). *The Sword and the Shield, Britain, America, NATO and* Smyser, W. R. (1999). *From Yalta to Berlin: The Cold War Struggle over Germany*, New York: St. Martin's Press.

Stent, Angela (1999). *Russia and Germany Reborn: Unification, the Soviet Collapse, and the New Europe*, Princeton: Princeton University Press.

Sutton, Michael (2007). *France and The Construction of Europe, 1944-2007, The Geopolitical Imperative*, New York & Oxford: Berghahn Books.

*Süddeutsche Zeitung*, 27.7.1989.07.27

Teltschik, Horst (1991). *329 Tage, Innenansichten der Einigung*, Berlin: Siedler Verlag.

Terry, Sarah M. (ed.) (1984). *Soviet Policy in Eastern Europe*, New Haven, Conn: Yale University Press.

Telephone Conversation with Mikhail Sergeyevich Gorbachev Chairman of the Supreme Soviet of the USSR, 31 Jan 1990, http://bush41library.tamu.edu/files/memcons-telcons/1990-01-31--Gorbachev.pdf, 2016-09-25

Telephone Conversation with President Mitterrand of France, 27 Jan 1990, George Bush President Library and Museum, http://bush41library.tamu.edu/files/memcons-telcons/1990-01-27--Mitterrand.pdf, 2016-11-09.

Thatcher, Margaret (1993). *The Downing Street Years*, London: Haper Collins Publishers.

Thomaneck, J. K. A. and Niven, Bill (2001). *Dividing and Uniting Germany*, London: Routledge.

Uschner, Manfred (1991). *Die Ostpolitik der SPD*, Berlin: Dietz.

Vaisse, Maurice et Wenkel, Christian (2011). *La diplotatie française face à l'unification allemande*, Editions Tallandier, Paris.

Védrine, Hubert (1996). *Les mondes de François Mitterrand (A l' Elysée 1981-1995)*, Paris, Fayard.

Wallach, H. G. Peter and Francisco, Ronald A. (1992). *United Germany: The Past, Politics, Prospects*, Westport, Conn.: Praelger.

Weidenfeld, Werner (1998). *Aussenpolitik für die deutsche Einheit. Die Entscheidungsjahre 1989/90*, Stuttgart: Deutsche Verlags-Anstalt. Zelikow, Philip and Rice, Condoleezza (2002). *Germany Unified and Europe Transformed: A Study in Statecraft*, Cambridge, Massachusetts: Harvard University Press.

*Die Welt*

*WeltTrends*

Zatlin, Jonathan R. (2007). *The Currency of Socialism: Money and Political Culture in East Germany*, Cambridge and New York: Cambridge University Press.

Zelikow, Philip und Rice, Condoleezza (1997). *Sternstunde der Diplomatie: Die deutsche Einheit und das Ende der Spaltung Europas*, 2. Aufl., Berlin: Propyläen.

Zelikow, Philip & Rice, Condoleezza (2002). *Germany Unified and Europe Transformed: A Study in Statecraft*, Cambridge, Massachusetts: Harvard University Press.

Zimmerling, Zeno und Zimmerling, Sabine (1990). *Neue Chronik der DDR: Berichte, Fotos, Dokumente*, Berlin: Verl. Tribüne.

Zubok, Vladislav M. (2007). *A Failed Empire: The Soviet Union in the Cold War from Stalin to Gorbachev*, Chapel Hill: University of North Carolina Press.

Галкин А. А. и Черняев А. С. (2006), Михаил Горбачев и германский вопрос. Сб. документов. 1986-1991. Москва: Весь Мир.

Максимычев И. Ф. (2011), Падение Берлинской стены. Из записок советника-посланника посольства СССР в Берлине. М: Вече.

Горбачев М. С. (1999), Как это было. Москва: ВАГРИУС.

Павлов Н. В. (2017), Россия и Германия: несостоявшийся альянс (история с продолжением), Москва: Аспкет Пресс.

## 档案文献：

BArchP, DC 20, 4973.

BArchP, DC 20, 5061

BArchP, DC 20, 5331.

BArchP, DC 20, I/3-2926.

BArchP, DC 20, I/3-3000.

BStU，ZA，Hauptverwaltung Aufklärung（HVA）50.

SAPMO-BArch，DY 30/2/2 A/3255.

SAPMO-BArch，DY 30/Ⅳ 2/2035/60.

SAPMO-BArch，DY 30/Ⅳ 2/2039/314.

SAPMO-BArch，DY 30/Ⅳ 2/2039/329.

# 索　引

## 一、人名

阿登纳　12，15，38，46-49，51，62，86，91，92，226，234，286

阿克森　105，106

阿塔利　227

艾哈德　42，48，49

安德罗波夫　51

昂纳克　12，16，50，53，54，95-98，100-102，104-106，110，216，354，355

邦达连科　117

贝克　8，65，81，82，149，152，163，172，173，177，240，249，250，293，294，297，298，300，303-305，307，311，313，316，322，323，325，328，329，331，374，376

贝文　26，284

勃兰特　12，49，50，52，62，63，86，88，194

布什　8，16，29，31-35，39，64，66，73，74，78，81，83，86，125，133，134，139，144，146，147，149，150，153-156，159-161，167，169，171-175，184，188，189，197，198，210，222，223，247-253，257，281，289-301，303-311，313-318，321，322，324，327-334，336，345，347，351，359，360，369，374，376，377，381，383，393

达希切夫　105

戴高乐　19，38，209，211，214，226，235，236，241，250，254，256，258，262

德洛尔　17，21，22，33，41，135，241，242，260-271，273，278，280

德梅齐埃　15，75，123-125，194

迪马 152，215，227，244，246

杜鲁门 25，26，282－284，288，339

法林 111，358，368，380

菲舍尔 117，118

盖茨 292

戈尔巴乔夫 3，4，6，8，16，19，20，28－32，34，37，38，40，41，45，52，55，63，66，68，70，71，73，74，77－87，99，101，102，104，105，108，110－112，115，116，119，121－123，125，127，133，134，136，139，143－148，153，154，160，170，171，174－176，183，184，196，197，200，201，207，220－223，228，229，234－236，250，251，253，254，289，290，292－298，300，302－305，308－322，324，326，327，330－332，335，337，338，342－374，376－385，391，393

哥穆尔卡 98

格罗提渥 90

根舍 8，32，33，40，55，62，63，66，67，69，80，134，149，151，160，164，165，173－177，179－181，186，192－194，200，204，221，232，239，266，267，301－304，307，313，315，323，324，331，352，353，357，358，

361，374，376－378

哈格尔 101

豪伊 268，269，278

赫德 141，143－145，147，148，151，152，158，160－162，164，165，168，169，172－182，184，185，187，189－194，197，200，206

赫鲁晓夫 28，286

吉古 241，242

柯尼希 104，116

科尔 3，6，8，12－18，20－22，33，35－38，40－43，45，51，54，55，57－86，88，113－118，120－123，130，131，134，136，138－143，145－154，156－161，166，168－171，177，180－185，188－196，199，201，204，210－214，217，220－223，225，226，228，229，231－233，236，238－242，244－248，253－255，257，261，263，264，267－271，274，278，301－303，309，313－322，324，326，330，332，334，353，357－364，367，369，370，375，376，378－381，383，384，388

科佩尔 84

科切马索夫 105，113

科维钦斯基 73，74，79，80，82，84

克伦茨　16，57，58，109-113，355，356
赖斯　298，299，320
雷日科夫　84，367，375
里宾特洛普　38
里根　28，51，288-293，302，327，383
马歇尔　26，43，284，339
马佐维耶茨基　246，247，268
梅德韦杰夫　106
梅克尔　125，374
密特朗　8，17，19，20，32，33，38-40，63，67-70，73，74，82，83，147，158，159，161，164-167，169，170，209-236，238，239，241-248，250-258，261，263，264，268，269，278，315，318，321，334，383
莫德罗　8，13，33，42，60，63，64，71-77，98，114-123，130，145-147，166，168-171，176，182，315，316，318-320，365，367，373，380，390
内梅特　52，55
乔治·凯南　25，283，339
切尼　305，321
丘吉尔　24
撒切尔夫人　5，8，17-20，32，33，38，39，63，67，70，81，83，132-137，139-160，162-170，172-174，176，177，180-208，223，224，230，234，236，240，244，246，261，263，266，268，303，315，316，318，321，345，346
施密特　50，51，237，287，288，301
舒尔茨　291，292
朔伊布勒　103
斯大林　3，23-26，37，77，90，91，282，284，285，339
斯考克罗夫特　293，296，299，305，309，310，313，318，319，324
坦西　215，227
特尔切克　64，68，73，74，80，84，85，159，168，178，183，192，195，223，226，230，240，248，319，362，363，375
韦德里纳　215，226，227，239
乌布利希　92-94，97，98，126
西贝尔　111
谢松　263
谢瓦尔德纳泽　34，82，84-86，100，118，158，173，176，185，199，291，292，297，315，325，327，330，332，349，356-359，361，362，366，372-377，379
伊戈尔伯格　141
佐利克　163，172，298，322

## 二、事件

柏林墙倒塌　4，18，20，34，42，45，58，63，66，68，87，108，113，128，135，137，142，197，211，214，221，223，234，244，247，261，264，310，311，314，318，319，328，337，343，356，357，363，369

东欧剧变　45，52，87，88，108，173，232，249，307，310，327，328，330，335，336，380，385

立陶宛独立　197，198，228，326

苏联改革　101-103，207，297，299，310，312，347，350

苏联解体　220，225，383，386

颜色革命　9，384，386

## 三、会议

"2+4"　7，22，34-37，42，79，84，86，121，125，177，181-186，188，191-193，195，197-200，202-204，245，247，248，312，313，320-323，325，326，329-332，334，366，370，371，374-376，380

"开放天空"会议　323

北约峰会　68，134，153，155，156，294，298，300，304，305，307，309，332，360，380，383，394

布鲁塞尔峰会　133，154，156，249，306，308，331

都柏林特别峰会　268

伦敦债务会议　48

斯特拉斯堡峰会　156-158，170，232，238，240，241，246

## 四、条约、协定、文献

《爱丽舍条约》　213

《波茨坦协定》　6，130，243，244

《德国，统一的祖国》　119

《德意志联邦共和国和德意志民主共和国关于建立货币、经济和社会联盟条约》（俗称《经济统一条约》）　124

《德意志联邦共和国和德意志民主共和国关于实现德国统一的条约》（俗称《政治统一条约》）　124

《多纳利报告》　270

《告德国人民书》　23

《格尔利兹条约》 6
《关于欧洲共同体经济与货币联盟》 21
《关于西柏林问题的四方协定》 112
《关于最终解决德国问题的条约》 7，37，86，125，202，380
《赫尔辛基最后文件》 53，65，68，148，149，152，153，158，159，167，240，244，246，265，287，314，316，317
《华沙条约》 6，50
《联邦德国基本法》 387

《罗马条约》 265
《马斯特里赫特条约》 271
《民主德国国籍法》 93
《莫斯科条约》 49，50，65，68，352
《十点纲领》 13，15，18，20，22，33，59-66，70，71，73，114-116，130，150-152，156，157，160，212，213，220-223，225，229，231，238，240，244，245，316，317，324，358，359，361
德国分割程序研究委员会 23

## 五、党派

德国民主社会主义党 115，116
德国社会联盟党 15，76
德国同盟 76
德国统一社会党 26，93，94，101-103，105，106，108，110，111，113，115，116，128，285

东德基民盟 15，61，75，76，194，330
民主觉醒 15，76，194
团结工会 299
匈牙利社会主义工人党 53

## 六、机构/机制

"德国统一"内阁委员会 121
班格曼小组 271，274
北约 5-7，9，15，18，27，29-33，36，38，40，65，66，68，71，78-81，91，94，118，121，122，132-134，138，140-142，148，149，152-159，161-166，169，171-180，183-198，200，201，205，207，223，229，242，249-255，257，258，281，285，286，288，290，293，294，296-310，312-318，320-326，328-332，334-336，338，340-343，345，349-351，357，360，361，366-

370，372—381，383—386，394

北约理事会　32，200，360，380

各英语民族的兄弟联盟　24

华约　5，7，9，27，30，31，36，40，80，81，121，139，140，142，143，146，148—150，154，155，157，158，160，163—165，174，184，185，197，205，211，253，285，286，292，293，302，306，309，310，315，318，323，326，328，331，335，337，340—343，346，347，349，350，354，357，359，360，363，364，366，372，373，375—378，380，385，386

经互会　5，12，119，128，277，335，342，347，353，364，389

欧安会　35，40，80，81，88，122，148，149，155，157，161，165，174，175，177，178，180，182，187—189，193，196—200，249，250，252，312，319，322，323，326，330，333，334，359，373，374，376，380

欧共体　6，8，12，15—22，31—33，39—41，65，67，74，86，132，134，135，138，140—144，147，149，150，152，155—159，161，163，165，167—169，171—175，179，180，182，185，187，190—192，196，199，200，202—207，211，217，219，228—232，234，236—243，250—252，254，255，257—280，295，315，316，323，341，347，348，352，353，361，362，369，382，392

欧共体理事会　142，158，206，216，219，277，279

欧洲安全体系　26，284，340

欧洲汇率机制　206，207

欧洲货币体系　204，206，237，263

欧洲经济与货币联盟　22，67，134，135，157，159，199，202，205，207，237—239，241，259，268，269，278，280

欧洲议会　21，67，236，263，265，268—270，272，276，278，279，361

全德临时政府　91

## 七、概念

"小步子政策"　52，63，77，86

"以接近求转变"　3，11，12，94，352

"以实力求转变"　48，61，62

奥得—尼斯河边界　6，16，22，38，49，50，65，68，69，87，

157，229，243-246，369
北约东扩　155，157，200，249，251，254，281，325，336，369，385
波德边界　65，242-244，246，247，257，258
勃列日涅夫主义　100，299，310
裁军外交　292，345
大西洋主义　40，205，242，248，249，254，255，257，258
戴高乐主义　254，262
德波边界　6，20，22，165，171，186-188，191，192，194，198，204，247，248
德国问题　7，11，16，24，26，30，37，44，46，47，54，58，59，62，63，66-69，71，77，78，85-87，90，91，96，103-107，112，115，120，121，123，125，127，128，133，138-141，144，146，147，152-154，156，158，160，161，163，182，196，202，209，214，215，220，221，226，231，234，265，283-287，289，290，300，309，317，319，323，330，333，337-339，342，345，352，356，358-361，364-366，368，370，371，380，383，385，394
德国政策　8，23，46，50，51，126，209，282，342，343，361，368
第五纵队　24
东西方关系　49，61，71，81，83，93，134，144，150，165，200，204，235，239，281，285，287，290，301，302，305，309，326，391，394
分裂国家统一　2，9
改革与新思维　30，52，344
哈尔斯坦主义　10，47-49，91
缓和　11，12，27，28，43，49，51，71，93，99，112，137，193，233，236，265，285-289，291，301，336，341，342，361
计划经济体制　90
阶级民族　10
结构调整　12
均势　5，17，20，24，37，39，132，214，221，225，235，284，287
冷战　9，15，26，52，86，88，89，92，99，105，126，127，132，136，137，207，208，211，244，251，256，260，275，281-283，285，288，289，291，300，306，311，332，333，335-337，339，341，348，382，383，386
内部进程　4，15，17，35，178
能源外交　1
欧洲大厦　16，39，104

欧洲共同家园　30-32，34，40，291，308-310，315，318，330，331，343，347，349-352，365，372

欧洲联邦　241

欧洲政治联盟　67，241，268，269

欧洲主义　242，249，254，255，257，258

契约共同体　13，33，60，71-76，114，116-119，145，178，315，318，365，367

全欧大厦　30，343，350，351，366，371-373，382

全欧合作　28，99，373

社会主义大家庭　29，52，346

石油外交　1

外部进程　4，8，15，16，35，42

完整而自由的欧洲　31，32，155，290，299，300，309，310，316，327，330，331，345，351

西方政策　12，15，46，49，51，61，87，88，319

新大西洋主义　29，33，155，249-251

新东方政策　11，12，27，49，50，88，286，287，301，329

雅尔塔体系　89，220，244

颜色革命　9，384，386

疫病防控外交　1

支票外交　3，8

最低兑换额度　96

## 八、地名

爱尔兰　21，242，268，278

巴黎　143，144，147，149，150，218，229，232，233，238，246-248，256，262，315，323，340，369，389，392

比利时　21，134，266，269

波恩　55，74，83，104，105，199，233，238，274，325，350，369，393

波兰　6，7，19，20，22，49，50，52，65，68，69，98，108，109，122，137，138，145，147，148，157，166，180，181，186-188，190-192，211，229，243-248，267，268，282，283，290，297，299，302，310，347，359，360，369，389

波罗的海三国　19，195，310，312，351

布鲁塞尔　29，133，135，153，154，156，162，179，249，274，304，306，308，317，331，361，394

达沃斯 120，367

德累斯顿 72，74，110，117，118，120，170，319

东柏林 54，74，96，116，216，383

东普鲁士 6，23，243

法国 5，8-10，16，19-22，24，30，32，35，39-41，44，63，66-70，82，87，137，139，147，152，154，156，157，159，160，164-167，170，180，189，203，209-211，213-221，223-227，230-260，262，263，267-269，278，280，309，315，323，337，369，372，375，377，384

基辅 170，221，223，250

加里宁格勒 6

柯尼斯堡 6，49

莱比锡 12，56，102，110，111，149，150

立陶宛 81-83，88，197，198，207，228，317，320，326，327，330，332，362

联邦德国 3，4，10-12，14-16，26，37，40，45-69，71，73-76，78，79，81，82，84-89，91-98，101，103-109，111-114，116-132，181，182，210，214，218，219，231，237，238，242，244，255，270-272，274，275，277，279，285，306，337，339，340，342，352-355，358，359，365，366，369，371-377，379，380，382，384，387-389

伦敦 48，254，326，331，378，383

马耳他 146，153，154，159，223，316，317，321，359，360

美国 3，5，6，8-10，12，15，16，18，20，22，24-41，43-45，51，55，64-66，73，74，77，78，81，82，86-88，106，123，125，128，130，133，134，139-141，145，146，148-150，152，154，155，160，161，163，165，167-169，171，174-177，179，184-186，188-190，196，198，200，204，205，207，210，222，223，240，242，244，245，247-255，257，258，281-288，290-292，294-307，309-334，336-345，347-353，357，360，365，366，369，371，372，374，376-378，382-384，386

民主德国 8，10-14，26，29，37，42，45-58，60，61，63，64，67，68，71-79，85，87-131，136，218，219，242，244，255，259，265，266，269，270，272-279，285，337，339，342，352-

356，364，365，367－369，371，373－375，377，379，380，388－393

莫斯科　27，37，47，49，50，65，67，68，72，74，79，83，84，86，88，93，96，100，104，105，110，115，119，121，122，125，171，184，228，231，253，287，301，348，350，352，355，358，359，363，364，367－369，372，373，376，378，380，381，389，393

斯特拉斯堡　67，68，147，156－158，170，232，238，240，241，246，265，309

苏联　3，5－11，13，15，16，18－20，22－32，34－39，41，42，45－52，55，60，61，65－71，73，74，77－93，95，98－108，110－113，115－119，121－123，126－129，132，133，135－137，139，142－145，147－150，154，155，157－160，163－167，169－176，182－185，187，188，192－201，204，205，207，208，210－215，218－225，228，236，243－245，250，251，253－257，279，281－332，334－386

渥太华　121，182，184－186，323，372

西柏林　13，26，43，50，57，93，96，97，111，112，116，129，249，284－286，289，302，342

西里西亚　6，49

意大利　21，24，156，157，269，270

英国　5，8－10，16－20，22，24，26，27，35，45，63，66，67，74，87，132－145，148，150，151，153，155，156，159，160，162－166，168－172，174－179，181－191，193－196，198，199，201－208，211，212，220，223，224，236，237，244，245，248，264，284－286，293，303，305，309，315，318，324，334，337，345，369，372，384

## 图书在版编目(CIP)数据

德国统一的外交 / 周弘主编 . --北京：社会科学文献出版社，2021.6
　ISBN 978-7-5201-7936-2

　Ⅰ.①德…　Ⅱ.①周…　Ⅲ.①对外政策-研究-德国　Ⅳ.①D851.60

　中国版本图书馆 CIP 数据核字（2021）第 029927 号

## 德国统一的外交

主　　编 / 周　弘

出 版 人 / 王利民
责任编辑 / 张苏琴　仇　杨

出　　版 / 社会科学文献出版社·当代世界出版分社（010）59367004
　　　　　地址：北京市北三环中路甲 29 号院华龙大厦　邮编：100029
　　　　　网址：www.ssap.com.cn

发　　行 / 市场营销中心（010）59367081　59367083
印　　装 / 三河市龙林印务有限公司

规　　格 / 开　本：787mm×1092mm　1/16
　　　　　印　张：26.5　字　数：308 千字

版　　次 / 2021 年 6 月第 1 版　2021 年 6 月第 1 次印刷
书　　号 / ISBN 978-7-5201-7936-2
定　　价 / 128.00 元

本书如有印装质量问题，请与读者服务中心（010-59367028）联系

▲ 版权所有 翻印必究